FAUX TITRE

Etudes
de langue et littérature françaises
publiées

sous la direction de Keith Busby,
M.J. Freeman, Sjef Houppermans,
Paul Pelckmans et Co Vet

No. 128

Amsterdam - Atlanta, GA 1997

Lesage, écrivain
(1695-1735)

Textes réunis, présentés et publiés

par

Jacques Wagner

∞ Le papier sur lequel le présent ouvrage est imprimé remplit les prescriptions de "ISO 9706:1994, Information et documentation - Papier pour
documents - Prescriptions pour la permanence".

ISBN: 90-420-0196-8 (bound)   T
ISBN: 90-420-0169-0 (paper)
©Editions Rodopi B.V., Amsterdam - Atlanta, GA 1997
Printed in The Netherlands

1001704252

Textes réunis et présentés par
Jacques WAGNER
Professeur à l'Université Blaise Pascal (Clermont II)
Centre de Recherches Révolutionnaires et Romantiques.

A. R. Lesage de Sarzeau.
Thèmes, styles et pensées d'un écrivain
au 18ᵉ siècle.

Actes du colloque international " Lesage 95 en Sarzeau ", organisé à Sarzeau les
5 et 7 mai 1995 par Monsieur Yves BORIUS, Maire de Sarzeau, et Jacques
WAGNER, Professeur à l'Université de Clermont-Ferrand (Université Blaise
Pascal) avec l'aide de l'Office du Tourisme de Sarzeau, du Conseil Général du
Morbihan, du Centre de Recherches Révolutionnaires et Romantiques (C.R.R.R.
- Université Blaise Pascal) et le parrainage du Ministère de la Culture et de la
Francophonie et de l'Ambassadeur d'Espagne en France.

SOMMAIRE

LISTE DES AUTEURS

ASSAF Francis, Collège Franklin Arts et Sciences, departement of Romance Language, Athens, Georgia (U.S.A.)

BALCOU Jean, Université de Bretagne Occidentale, Brest (France)

BERTHIAUME Pierre, Université d'Ottawa, Faculté de Lettres Françaises (Canada)

BORIUS Yves, Maire de Sarzeau (France)

BRAY Bernard, Université de Sarrebrück (Allemagne)

CAMPBELL Glen, Université de Calgary (Canada)

CAVILLAC Cécile, Université Michel de Montaigne-Bordeaux III (France)

CHUPEAU Jacques, Université de Tours (France)

CORMIER Jacques, Açadémie Royale des Beaux-Arts de Bruxelles (Belgique)

COULET Henri, Université de Provence, Aix en Provence (France)

DEBAUVE Jean-Louis, Magistrat, Paris (France)

DELOFFRE Frédéric, Université de Paris IV-Sorbonne (France)

EVANS M.George, Université du Pays de Galles, Swansea (Grande-Bretagne)

GEVREY Françoise, Université de Toulouse-Le Mirail (France)

HOWELLS Robin, Collège Birckbeck, Université de Londres (Grande-Bretagne)

McKENNA Anthony, UPRES-A 5037, Université Saint-Etienne (France)

MARGERIT Olivier, Université Blaise Pascal, Clermont-Ferrand (France)

MITERAN Nicolas, Université Blaise Pascal, Clermont-Ferrand (France)

MORAUD Yves, Université de Bretagne Occidentale, Brest (France)

PELCKMANS Paul, UFSIA, Université d'Anvers (Belgique)

RUBELLIN Françoise, Université de Lyon III (France)

TROTT David, Université de Toronto, Erindale College (Canada)

WAGNER Jacques, Université Blaise Pascal, CRRR, Clermont-Ferrand (France)

WEIL Michèle, Université Paul Valéry, Montpellier (France)

AVANT-PROPOS
d'Yves Borius, Maire de Sarzeau

J'éprouve un sentiment de grande fierté en préfaçant l'édition des Actes du Colloque qui s'est tenu à Sarzeau, ville natale d'Alain-René Lesage, au mois de mai 1995, pour commémorer le tricentenaire de l'entrée en littérature de ce grand écrivain.

Le pari qui consistait à tenir dans cette petite ville du Morbihan un colloque universitaire de caractère international de l'importance et de la qualité de celui que nous avons connu, n'était pas facile à tenir. La parution de cet ouvrage témoigne de la réussite de cette entreprise.

Ce colloque a eu pour origine une initiative conjointe de deux professeurs des universités, Jacques Wagner, Professeur de Lettres à Clermont-Ferrand et Frédéric Deloffre, Président de la Société des amis de Marivaux. Cette initiative a immédiatement suscité l'intérêt de la Municipalité et je lui ai apporté tout mon soutien : l'histoire de ma famille est, en effet, étroitement associée à celle de la famille Lesage, mais, au-delà de l'anecdote familiale, j'avais toujours considéré que la Bretagne, et plus particulièrement Sarzeau, devaient à Alain-René Lesage une reconnaissance plus affirmée car l'on pouvait avoir le sentiment que la Bretagne - peut être jalouse de l'Espagne de Lesage - n'avait pas toujours su donner à ce grand écrivain la place qu'il mérite et le reconnaître comme l'un des siens. Il était temps que cet oubli soit réparé dans la ville même qui l'a vu naître et où ses premières années ont forgé son caractère et son destin.

Je suis, en effet, tout à fait convaincu que les personnages soi-disant "espagnols" de Lesage ainsi que les caractères et les tableaux qu'il brosse outre-Pyrénées lui ont été largement inspirés par les expériences de son adolescence à Sarzeau et à Vannes, et par certains des aspects de la petite société qu'il y a côtoyée.

Il était temps que la Bretagne, à Sarzeau, pardonne enfin à Lesage de l'avoir, semble-t-il, oubliée et, en reconnaissant le caractère ii

universel mais également breton de son œuvre, lui redonne enfin la place qui lui revient parmi les plus grands écrivains de la Province.

Le Professeur de l'Université de Cadix qui traitait du thème "Lesage et l'Espagne" n'a pu se rendre au Colloque de Sarzeau mais Son Excellence l'Ambassadeur d'Espagne à Paris avait accepté de parrainer cette manifestation.

Ces trois journées consacrées à Lesage ont été, à bien des égards, exceptionnelles : les travaux de ce colloque scientifique international, consacré pour la première fois exclusivement à l'œuvre de Lesage, ont été d'une très grande richesse ainsi qu'en atteste cet ouvrage où sont abordés, avec un regard neuf, tous les aspects des œuvres narratives et théâtrales de l'écrivain.

En outre, car bien évidemment ce colloque devait être aussi l'occasion de relancer l'intérêt pour l'œuvre de Lesage dans sa ville et sa Province, des conférences publiques ont été organisées parallèlement aux travaux scientifiques menés lors des tables rondes. Et, dans le même esprit, afin que ces journées soient fidèles à l'esprit de Lesage, des moments festifs, de musique et de théâtre [1], ainsi que des visites des sites et paysages magnifiques de Sarzeau et de la Presqu'île de Rhuys qu'a parcourus Lesage enfant, et une cérémonie dans sa maison natale, ont été offerts à tous les participants.

Enfin, manifestation "clin d'œil" de Sarzeau à l'Espagne, j'ai invité à ce colloque le Maire de Santillana del Mar, réunissant ainsi après trois siècles, la ville natale de Lesage et sa ville jumelle en Espagne, que Lesage n'a jamais connue... qu'en imagination. Ce jumelage "littéraire" ainsi institué entre les deux villes a constitué l'un des temps forts de ces journées de mai 1995.

Ce colloque ne restera pas sans lendemain : l'intérêt que suscite Lesage est loin d'être épuisé et je souhaite que ces journées de Sarzeau soient le prélude à une série de travaux et de recherches centrées sur l'œuvre de Lesage. Avec le soutien du Professeur Wagner, nous avons décidé de créer une Association des Amis et

---

[1]. Nos remerciements vont pour la musique à l'ensemble ANFIPARNASSO dirigé par Y. Touquet (Rennes) et pour le théâtre à D. Le Govic, dramaturge à Lorient, auteur de la pièce : *La surdité de Le Sage* (inédite).

iii

des Lecteurs d'Alain-René Lesage ; la Municipalité de Sarzeau accueillera à nouveau les chercheurs intéressés par l'œuvre de Lesage et nous voulons, en partenariat avec l'Education Nationale et l'Inspection Académique, faire mieux connaître notre illustre compatriote dans les écoles et les collèges.

Ainsi ont été jetées à Sarzeau, en 1995, les bases d'un véritable renouveau de l'intérêt pour l'œuvre d'Alain-René Lesage.

Yves Borius
Maire de Sarzeau

PRÉSENTATION DES ACTES

à Nicolas Wagner,
en hommage filial.

L'alitérature goguenarde d'un vrai-faux sage

"Je me sens né pour éterniser mon nom
par des ouvrages d'esprit."
(Fabrice,*Gil Blas*,VII,13)

Il y a des auteurs célèbres et méconnus ; il y a des auteurs
inconnus ou disparus ; il y a les grands et les mineurs ; il y a ceux du
premier rayon et ceux du second rayon. Le patrimoine littéraire - le
cimetière, aurait dit Sartre - est constitué de réputation, de
hiérarchies, et d'emplacements symboliques. Il importe sûrement
beaucoup que les œuvres glissent d'un statut à un autre, d'un rayon
à un autre, mais beaucoup plus pour les vivants qui les lisent que
pour les auteurs, morts souvent depuis des siècles qui les
éloigneraient parfois définitivement de nous, si ne veillaient de
curieux lecteurs, souvent des universitaires, parfois des chercheurs
hantés par la menace permanente de la disparition soit physique
(ah ! la peur de l'incendie d'Alexandrie ; et l'eau ; et l'air sec ; et les
vers ; et l'acidité du papier que connaissent bien les conservateurs
de nos bibliothèques ; et le vandalisme) soit spirituelle (l'oubli ; la
négligence ; l'indifférence ; mais aussi la gêne, l'incompréhension,
l'hostilité). Il est vrai que la fortune de certains auteurs semblent
avoir été préservée par des joutes esthétiques, comme si la
réputation se nourrissait aussi de la mort de l'autre dans des duels
dont l'institution littéraire française a été constamment le territoire
au moins depuis la Pléiade. Pas ou peu d'auteurs célèbres sans duo
ou trio assassin voulu ou seulement imposé : Ronsard-Du Bellay,
Malherbe-Desportes, Furetière-Sorel, Racine-Corneille, Voltaire-
Rousseau-Diderot (trois remarquables spécialistes du genre), etc. Le
lecteur, fasciné et troublé par ce mélange de haute esthétique et de
cocasses ou pathétiques passes d'armes, établit des parallèles
(Sainte-Beuve, Péguy, entre d'autres, s'y illustrèrent, avant des

foules d'étudiants) ou des arbitrages entre "frères ennemis" (J. Fabre).

Ces joutes continuent à faire leur vacarme dans le Landerneau littéraire. Mais la Bretagne peut se targuer d'avoir donné naissance à d'autres auteurs qui, pour n'avoir pas bouleversé Landerneau par le bruit de leurs travaux et la fureur de leurs critiques, n'en continuent pas moins à poursuivre, discrets et têtus, leur existence et à imposer leur présence.

Lesage de Sarzeau est l'un d'entre eux. Le beau travail bibliographique d'Olivier Margerit[1] le montre bien : depuis 1970, date initiale choisie de manière à faire suite aux travaux de R. Laufer[2], Lesage ne cesse de retenir l'attention des chercheurs français et surtout étrangers, dont beaucoup[3], heureusement disponibles en ces trois jours de mai 1995, furent en mesure de répondre à l'appel des organisateurs du colloque sarzeautin[4]. Ils se souviennent peut-être plus que d'autres que l'*Histoire de Gil Blas de Santillane* fut l'un des plus grands succès de librairie au 18e siècle[5] . Mais notre homme, modeste jusqu'à l'impersonnalité, retiré jusqu'à l'anonymat, paraît s'être contenté d'une "heureuse médiocrité" : il mena sa vie et pratiqua l'exercice scriptural d'une manière située aux antipodes de la plupart de ses contemporains. Il n'a pas piaffé dans la cour des grands comme Voltaire[6] ; il n'a engagé ni recherche d'honneur ni spéculations financières comme Marivaux ; il n'a pas fait la peinture de cœurs passionnés comme Challe, il n'a pas donné son essor à l'imagination ténébreuse comme Prévost ; il n'a pas criaillé d'"injures" contre le genre humain ni lancé de croisades contre la corruption sociale comme Rousseau ; il n'a pas exalté l'énergie flamboyante de la nature comme Diderot,

---

[1]. Voir l'annexe dans ce volume.
[2]. R. Laufer, *Lesage ou le métier de romancier*, Gallimard, 1971.
[3]. La liste des auteurs, placée en tête de ce volume, indique la dimension internationale des journées sarzeautines.
[4]. Il convient de remercier ici, pour leurs encouragements et leurs suggestions spontanément offerts aux organisateurs du colloque, R. Laufer, J. Herman, S. Menant, G. Artigas-Menant, A. Rodriguez, S. Runte et N. Wagner ; et de rappeler leurs regrets de ne pas être des nôtres.
[5]. H. Coulet précise que le roman bénéficia de 75 éditions, avant 1789.
[6]. Voir les travaux de J. Sareil sur cette question.

toutes méthodes qui procur(ai)ent une visibilité sociale accrue[7]. En outre, honneur, gloire, vertu, sincérité, bravoure, fidélité, toutes les vertus qui rassurent le lecteur sur le compte moral d'un auteur, semblent avoir abandonné ses personnages ; et de même, bonté, beauté, vérité ne semblent plus se croiser dans ses pages.[8]

Cynique, Lesage ? Non, plutôt méfiant devant les images exemplaires transmises par la grande littérature, devant les mythes culturels qu'elle fixe et diffuse à la satisfaction narcissique de tout un chacun et sûrement des esprits cultivés de l'époque louisquatorzienne qui ne cessa de construire d'elle-même une image à la mesure des exigences élevées du Roi-Soleil[9]. Lesage, héritier inattendu d'un Pascal se moquant des "beautés poétiques" au grand dam d'un Voltaire outré[10]? Il n'est pas impossible de le penser, si l'on retient du sévère janséniste[11] l'esprit critique qui, recherchant la "vraie" littérature, se moquait des grandeurs d'établissement[12]. Mais plus évidemment, il héritait d'un courant "populaire"[13], anti-

---

[7]. A l'inverse de ces stratégies de singularisation qui se développeront vigoureusement à mesure que le 18e siècle s'affirmera, Lesage alla même jusqu'à fondre son talent personnel dans une collaboration presqu'in(di)visible avec Fuzelier ; D. Trott rappelle que cette attitude "illustre le caractère collectif du travail théâtral que l'accent mis dans les histoires littéraires sur le texte seul tend à occulter". (voir plus loin son article sur Lesage et Fuzelier).

[8]. H. Coulet évoque, dans son article sur le contexte romanesque de *Gil Blas,* l'admiration de Romain Rolland pour un Lesage qui aurait inventé le héros "quelconque".

[9]. Sur ce point, voir J. M. Apostolidès : *Le roi-machine...* (Minuit, 1981).

[10]. "Lettre philosophique" 25, pensée 57, (éd. GF, pp. 184-185).

[11]. Cette proposition ne s'inscrit pas du tout en faux par rapport à celle d'Anthony McKenna qui avance avec grande raison que le roman de Lesage s'inscrivait dans et participa au mouvement de réhabilitation de la nature humaine engagé en France depuis Malebranche. Lesage ne reprenait du jansénisme que la méthode intellectuelle d'analyse critique, et se détournait du rigorisme religieux et moral de la doctrine ; Lesage fut tout sauf un doctrinal.

[12]. La liberté de l'écrivain à tout le moins se remarque, nous en avertissent B. Bray dans sa lecture des Lettres galantes d'Aristénète, F. Gevrey dans son étude des techniques de la nouvelle et J. Cormier dans son analyse du *Guzman d'Alfarache,* aux techniques très personnelles de traduction ou d'adaptation auxquelles Lesage a recours dans les genres les plus divers.

[13]. J'emprunte le mot à R. Laufer ; même s'il est discutable, je le retiens pour deux raisons ; l'une objective : Lesage a travaillé pour le théâtre de la Foire, après avoir été refusé par les comédiens "français", et il semble avoir participé à

romanesque[14], anti-tragique[15], qui n'en faisait pas, loin de là, un étranger au courant "moderniste" représenté aussi bien par Bayle[16], par Fontenelle[17] ou par Marivaux[18]. Paradoxalement, Lesage fut davantage moderne par ce réseau de références anciennes[19] et beaucoup moins par une appartenance explicite à une école ou un courant qu'en dépit d'une conformité d'esprit, il se plut à brocarder[20] ; c'est par la reprise d'une attitude critique familière au

---

la réécriture des *Contes des Mille et un jours* ; l'autre plus subjective : il a l'esprit spontanément gouailleur, moqueur, irrespectueux des grandeurs (et pas seulement d'établissement), non sans rapport avec l'esprit carnavalesque, comme le suggère R. Howells ; et même, il ne détesterait pas les gauloiseries, à ce que nous signale B. Bray lisant les *Lettres galantes d'Aristénète*.

[14]. On pense à des auteurs comme Sorel, Scarron, Furetière et peut-être La Fontaine (voir une remarque de B. Bray, à ce sujet) ; il ne serait pas sans intérêt de s'assurer si parmi ses lectures, Lesage n'aurait pas eu une prédilection pour des penseurs du genre de Gassendi. H. Coulet situant le travail du romancier dans la production romanesque de son temps, cite ces auteurs et rejoint des conclusions d'Anthony MacKenna.

[15]. Molière, que Lesage vénérait (si tant est que l'on puisse à son sujet recourir à ce genre de mot), comme l'indiquent les études de D. Trott, G. Evans, F. Rubellin et Y. Moraud, avait déjà lancé une attaque directe contre les facilités de l'imagination tragique, dans le domaine esthétique ; on retrouve un refus de la conception tragique dans le domaine intellectuel (voir plus loin McKenna) et psychologique (voir plus loin J. Wagner : "les gaîtés de Gil...").

[16]. E. Labrousse : *P.Bayle...*, rééd. A. Michel, 1996.

[17]. A. Niderst (éd.) : *Fontenelle,* actes du colloque de Rouen, 1987 (PUF, 1989).

[18]. H. Coulet et M. Gilot : *Marivaux, un humanisme expérimental* (Larousse, 1973).

[19]. B. Bray, analysant le travail d'adaptation effectué par Lesage dans ses *Lettres galantes d'Aristénète,* conclut sur l'impression d'un équilibre entre le passé et le présent : "Lesage maintient ainsi un certain équilibre, me semble-t-il, entre deux tendances, l'une tournée vers le passé, l'autre relativement originale en 1695. Du passé, il hérite un fonds de gauloiseries dorénavant qualifiées de galanteries, un répertoire de situations amoureuses irrégulières, abondamment exploité par les conteurs en prose et en vers (je n'oublie pas La Fontaine), les amateurs d'historiettes, les romanciers dits réalistes ou bourgeois. Et d'autre part il tire profit de la mode récente de la forme épistolaire, qui le conduit à faire croire plus que de raison, et plus que le texte grec n'aurait dû le lui permettre, à une relative vraisemblance littéraire de ces "lettres", qui pour la plupart n'en sont pas." (voir plus loin, son article : *"Les lettres galantes d'Aristénète* : une estimation.").

[20]. Gil Blas porte des appréciations peu flatteuses sur le style "singulier" de Fabrice qui se présente en porte-drapeau "de cinq ou six novateurs hardis" qui auraient "entrepris de changer la langue du blanc au noir", visant probablement

"jansénisme bourgeois"[21] qu'il s'écarte de toute chapelle et de toute croyance, qu'elles soient de nature religieuse, esthétique ou morale.

Sceptique, Lesage ? Pas même, car selon l'argumentation pascalienne, cette attitude révélerait que "nous sentons une image de la vérité et ne possédons que le mensonge"[22] ; mais plutôt, s'il n'est pas trop téméraire d'avancer une hypothèse qui mériterait une vérification scientifique, un déçu de l'idéalisme intellectuel des classiques, celui des Jésuites par exemple[23] : apparemment sensible au travail "historique et critique" de P. Bayle, il a renoncé à inventer des fictions et s'est contenté de réécrire, de façon ironique et goguenarde, d'anciens textes pour dévoiler, par des procédés de décalage et de montage, le caractère facile et plaisant de leurs séductions. Notre Breton - est-ce le faux geste d'un vrai sage ou le vrai geste d'un faux sage ? - semble s'être détourné de "ces enchanteurs [qui] nous font prendre souvent des feuilles de chênes pour de vrai or et des morceaux de verre pour des diamants."[24] De ce point de vue, il ne serait pas incongru de voir en Lesage, *mutatis*

La Motte, Fontenelle, Marivaux, entre autres, comme l'a pertinemment signalé R. Laufer, *op.cit.*, p. 382, note 1.

[21]. R. Pomeau a rappelé, à propos de Voltaire, combien cette famille d'esprit avait influencé une génération d'intellectuels à la fin du XVIIème siècle *(La religion de Voltaire*, Nizet, 1962, p. 24).

[22]. Pascal, *Les Pensées*, 131, éd. Lafuma, Seuil, L'Intégrale, 1963, p. 515. H. Coulet avance que le romancier fait preuve de "scepticisme", mais ne contredit pas notre appéciation car il ajoute une explication qui rapproche sa pensée de la nôtre : "l'idée qui soutient cette vue sur l'homme n'est pas celle de la vanité de la vie, de sa dérisoire insignifiance en face du mystère de la mort, de la création et de Dieu - idée sur laquelle repose le picaresque espagnol -, mais l'idée que la vie est miroitement, suite d'accidents, qu'elle mérite à peine d'être prise au sérieux." (voir plus loin son étude : "Lesage romancier et le roman de son temps", 1690-1750).

[23]. En juin 1708, dans la revue culturelle des Jésuites dite *Mémoires de Trévoux*, on pouvait lire un tel exemple de cet idéalisme : "La beauté, la régularité, qui paraît dans le monde démontre qu'une intelligence y préside : les inutilités ou les irrégularités prétendues qui se trouvent dans la nature ne prouvent rien autre chose sinon que nous ignorons la fin à quoi certains êtres sont destinés." (p. 1012) Sur leur importance et leur travail pédagogique, voir plus loin l'article de Jean Balcou sur le "contexte culturel en Bretagne vers 1700", et les recherches de J.L. Debauve consignées dans le Bulletin de la société polymathique du Morbihan (juillet, 1968, pp. 117-125).

[24]. *Nouvelles aventures de don Quichotte de la Manche*, I, 23.

mutandis, un représentant de cette famille d'esprit, nombreuse et fréquente en France dans le monde culturel et dans le monde moral, qu'incarna durant quelques années (1950-1970) ce qui fut appelé "nouveau roman". Ne partage-t-il pas avec les tenants de cette attitude le goût du jeu et le rejet de tout engagement ?[25]

Au-delà de la seule fiction dont le rationalisme classique rendait le développement difficile, Lesage semble aussi avoir été un déçu de l'idéalisme littéraire (*i.e.*, de l'esthétique morale), qu'avait codifié Boileau dans son *Art poétique*, et qu'un Crébillon-père s'acharnait à régénérer pour d'ultimes spectateurs ; l'alcool éventé de cette écriture trop marquée par le sceau poétique n'était plus goûté par ce précurseur d'un désenchantement[26] que connut aussi Crébillon-fils[27], l'un de ses contemporains ; mais Lesage, contrairement à Crébillon-fils, l'éprouva d'une manière plus intellectuelle que psychologique ; le Breton paraît davantage l'élève (une fois encore, le mot lui convient-il bien ?) d'un Fontenelle, qui, à l'opéra, découvrait l'ingénieur derrière le décorateur[28] ; ne lit-on pas, dans l'un des *Contes des Mille et un Jours* :

> " Ce n'est point par des paroles cabalistiques ni par la vertu d'un talisman que ce coffre s'élève en l'air. Son mouvement est produit par l'art ingénieux qui enseigne les forces mouvantes " ?
> (Conte 110)

---

[25]. Il serait inconvenant et injuste de ne pas signaler la caractéristique qui distinguerait Lesage dans cette famille d'esprit et l'en exclurait éventuellement : la gaîté. Sur la notion d'engagement, voir la remarque finale de F. Assaf, à propos des *Aventures de R. Chevalier dit Beauchêne* : "Complexe et déroutant parce que se refusant à toute idéologie, naturel dans son artificialité et explicite sans fausse sincérité, il n'appelle qu'à un seul engagement : le lire."

[26]. Sur ce mot, voir le recueil d'études rassemblées récemment par C. Dornier : "*Les égarements du cœur et de l'esprit*" *de Crébillon ou les Mémoires d'un désenchanté*, Paradigme,1996.

[27]. R. Pomeau rapporte un propos acerbe de Crébillon-fils recueilli par J.S. Mercier sur la tragédie française : "farce la plus complète qu'ait pu inventer l'esprit humain." (in *L'Age classique*, Arthaud, 1971, p. 98).

[28]. Voir ses explications adressées à une dame au cours de la première soirée de ses *Entretiens sur la pluralité des mondes* (1686).

Pour parcourir ce champ d'interrogations et d'hypothèses, il a paru nécessaire de faire le point sur la vie de Lesage : J.L. Debauve a tenté de reconstituer les étapes qui ont conduit l'écrivain breton de Vannes à un mariage parisien et d'apporter des précisions sur son séjour dans la Capitale, en dépit du silence des archives et de la discrétion du personnage ; il présente en particulier avec une grande minutie le contrat et l'acte de mariage dressés en 1694 et signés de son seul nom patronymique en deux mots ; il en ressort que le futur auteur de *Gil Blas* fut un avocat sans plaidoirie et un bourgeois de Paris sans biens immobiliers ni meubles, presque tout venant du côté de son épouse, Marie-Elisabeth Huyard, fille d'un riche "maître menuisier" parisien ; au terme de l'enquête, J.L. Debauve doit reconnaître que "la vie parisienne de Le Sage, avant son départ pour Boulogne en 1742, restera pour nous, à la différence de Molière assez énigmatique." Il confirme ainsi, au moins par la négative, ce trait qui affecte aussi bien l'écrivain que le personnage : la discrétion. Serait-ce à cause d'elle que vient au lecteur l'impression de ne retrouver dans les écrits de Lesage aucune trace bretonne ? Jean Balcou ose même une formule-choc : "que Lesage soit né à Sarzeau ou à Pontoise... Tant il m'a l'air d'être entré de plain-pied dans une sorte de *no man's land* de l'esprit français." Lesage aurait certes bénéficié des campagnes missionnaires durant ses années bretonnes, mais le grand courant mystique qui avait touché la Bretagne au milieu du XVIIe siècle s'était apaisé et les efforts d'un Grignion de Montfort seront insuffisants pour rendre à des jeunes gens d'esprit moderne le goût de la piété. Lesage ne semble pas avoir été davantage sensible à l'activité littéraire bretonne marquée par quatre genres : le conte féérique revu par la Comtesse de Murat, fille du Maréchal de France et Gouverneur de Brest de Castelnau, le roman historico-héroïque lancé par Pezron de Lesconvel, l'historiographie illustrée par le mauriste dom Lobineau (*Histoire de Bretagne*,1707) et la poésie ; mais J. Balcou ajoute une hypothèse extrêmement précieuse concernant "la richesse de la littérature orale et populaire" et son influence (plus mentale que sémantique, probablement) : "Si Lesage reste original même dans la littérature française de son temps, c'est peut-être qu'il est un conteur breton qui s'ignore."

S'il semble avoir été peu marqué par ses origines bretonnes, Lesage s'est nourri de la culture moderne caractérisée, entre 1680 et 1743, par la conscience d'une crise des valeurs morales et esthétiques. Que ce soit Anthony MacKenna ou Henri Coulet, chacun dans son domaine le démontre avec autorité : l'historien des idées décèle dans *Gil Blas,* une "conversion philosophique" qui donne au roman une dimension anti-augustinienne : "Ce qui frappe dans le roman, c'est plutôt la place de l'humain, la marge considérable de la tolérance morale créée par Lesage au moyen d'une complicité très habile, très légère et très sympathique avec son lecteur" ; Lesage remettrait en cause la dénonciation janséniste de l'amour-propre : "le grand roman de Lesage est l'histoire de l'éducation de l'amour-propre, d'une espèce de conversion sociale de l'égoïsme initial." De son côté, l'historien du genre romanesque détecte une ironie dans l'énonciation narrative même : "A la confiance que le lecteur, même averti des conventions littéraires, avait dans le roman, a succédé la défiance, suscitée par les romanciers eux-mêmes, à partir des années 1690-1715."

Après avoir ainsi restitué avec précision notre auteur dans la chronologie de sa vie privée et dans l'histoire morale et littéraire de son temps, ne convenait-il pas de dresser de lui un portrait littéraire d'écrivain ? mais n'était-ce pas relever un défi ? Car s'il est vrai que notre auteur "a du style", pour reprendre un appréciation pertinente de R. Laufer (*op. cit.* p. 282), est-il sûr qu'il ait un style propre ? La question s'impose objectivement dans le cas d'un homme de lettres que nos conceptions post-romantiques de la création littéraire nous inciteraient à doter d'un statut de "polygraphe secondaire" ; polygraphe, parce que Lesage ne conçoit plus son travail d'écrivain à la manière d'un Racine ou d'un Molière, en spécialiste quasi exclusif d'un genre, soumis au règne d'un colbertisme littéraire[29] ; "secondaire", pour reprendre l'idée

---

[29]. Nous nous autorisons une telle expression par analogie avec les répartitions administratives des monopoles de production par manufacture qu'avait instaurés Colbert, évitant ainsi les concurrences économiques et les initiatives individuelles autonomes ; Lesage, en ne s'enfermant plus dans une spécialité ni davantage dans un registre littéraire, n'affirmait-il pas, discrètement selon son

d'H. Coulet[30], parce qu'il ne saurait figurer dans la famille des écrivains d'imagination ni même d'invention.

Il est possible de délimiter trois territoires dans sa production : autour du monument qu'est l'*Histoire de Gil Blas de Santillane,* nous avons distingué, d'une part, les œuvres diverses qui correspondent chacune à un genre différent particulier et clairement identifié (lettres, contes, récit picaresque, pseudo-mémoires, récit de voyage)[31], et de l'autre le théâtre. Devant une telle diversité de genres et de styles, la tentation eût été légitime de répartir les études textuelles par genres ou même par œuvres quitte à nous interdire de repérer, dans la diversité des titres, une unité structurant non peut-être une vision du monde bien affirmée, mais du moins une attitude, une posture énonciative singulière ; notre hypothèse étant que Lesage ne chercherait plus à illustrer le (ou un) dogme littéraire mais à instaurer un dialogue avec sa matière première (la littérature elle-même) et avec sa finalité dernière (le lecteur ou le spectateur[32]), déplaçant ainsi l'enjeu de la littérature du terrain de la croyance à

---

habitude, la prééminence moderne de l'individu dans l'ordre social, au détriment de l'absolutisme ? Les réflexions de Louis Dumont sur ce genre d'hypothèses ne semblent pas sans intérêt : voir, par exemple, ses *Essais sur l'individualisme,* Ps, 1983. *Cf.* ici même, les réflexions vibrantes d'Y. Moraud sur le théâtre de Lesage : "où s'investissent les rêves de changement et de libération, la force vitale d'une société qui s'interroge sur elle-même, tire de son désordre des raisons d'espérer, et s'en remet à un individualisme qui ira s'accentuant."

[30]. Sur ce trait de secondarité chez Lesage, voir plus loin l'article de H. Coulet : "La secondarité est le fait de venir après quelque chose : Lesage n'est jamais copiste aveugle, mais il n'est que rarement inventeur entièrement original." H. Coulet n'hésite pas à valoriser ce choix de la secondarité à la lumière d'un concept récent de l'analyse littéraire qui, tout en s'y référant, dépasse les notions de sources et d'influences : "Lesage fait de la secondarité un jeu que nous appellerions de nos jours intertextuel, qui permet des effets d'ironie." G. Evans rappelle que Lesage fondait son esthétique théâtrale sur un "ingénieux mélange" (voir plus loin, son article sur l'amour dans le théâtre de la Foire de Lesage).

[31]. A suivre le classement générique retenu, la liste serait la suivante : *Les Lettres galantes* (1695), *Le Diable boiteux* (1707), *Guzman d'Alfarache* (1732), *Beauchêne* (1732).

[32]. D'après un "Compliment d'ouverture" probablement dû à Fuzelier, D. Trott cite une expression attribuée par Fuzelier à Lesage soulignant l'importance de ses destinataires littéraires : "Arbitres souverains du destin d'un Auteur" (voir plus loin, sa contribution sur Lesage et Fuzelier).

celui de sa mise en scène et produisant, bien avant Diderot par exemple, des effets d'ironie énonciative[33] ; c'est pourquoi nous avons placé toutes ces études sous le signe paradoxal de l'unité, en les regroupant dans un vaste chapitre intitulé : **Les convergences d'une écriture**.

Comme toujours, avec Lesage, le pluriel s'impose, même à l'intérieur d'un seul genre : ainsi le théâtre, sous sa plume, se démultiplie en <u>scènes du rire</u> : D. Trott rend le plus précisément possible son dû à Lesage collaborant, dès 1712, avec Fuzelier dans la rédaction de 95 pièces destinées au Théâtre de la Foire ; il repère deux traits spécifiques de notre auteur : la gaîté par la parodie et le goût de l'équilibre (ici à dominante revendicative) à travers sa volonté d'intégrer le genre forain "dans l'univers des formes théâtrales officiellement admises." G. Evans souligne "l'ingéniosité spirituelle" de Lesage traitant de l'amour et, précédant le désir de Beaumarchais de revenir à une "franche gaîté", confère à ce thème traditionnel "toute la joie carnavalesque fournie par les travestissements qui sont la version comique des déguisements sentimentaux ; on arrive à faire l'amour dans toute une gamme de langages peu convenables, peu bienséants, peu corrects, mais qui correspondent si bien, du point de vue comique, à la situation ou aux personnages." F. Rubellin analyse avec enthousiasme les procédés du parodiste qui, rappelle-t-elle justement, "ne visent pas seulement à faire rire le public du théâtre de la Foire, mais, parce qu'ils dégradent un texte littéraire consacré par le théâtre officiel, ont une portée critique qu'il importe de mesurer". Enfin Y. Moraud donne toute son envergure au théâtre de Lesage en l'intégrant à une modernité mise "sous le signe de l'allégresse et de la cruauté, de la jouissance et du défi", et témoignant "d'un irrépressible appel à la libération des désirs et des besoins, à l'affirmation et à l'expression de soi." En dépit de son recours à des formes esthétiques héritées d'un passé récent, Lesage semble avoir tourné le dos à l'image tragique qu'elles impliquaient : "Nul sens du tragique dans

---

[33]. L'ironie de Lesage ressemble parfois à celle de Voltaire en ce qu'elle dénonce des vices ou des abus ; mais elle relève surtout d'une posture d'énonciation fondée sur la distance d'un regard, amusé plus qu'indigné d'ailleurs.

l'évocation de ce monde dangereux, tricheur et corrompu, dominé par Turcaret et Frontin, mais un comique dur, décapant, à mi-chemin entre la caricature moliéresque et la charge d'un Daumier ou d'un Octave Mirbeau, propre à révéler, comme le ferait le regard froid d'un expérimentateur scientifique, les modes de fonctionnement d'une société, en train de se désagréger" ; Lesage n'adopte pas davantage le profil du moraliste mélancolique qui connut son heure de gloire au 17ᵉ siècle : " Le monde est pour les personnages de Lesage dotés d'une énergie inépuisable, d'un entrain triomphant qui les voue à une perpétuelle vivacité, un monde ouvert d'occasions, la vie, une aventure aléatoire, protéiforme."

Ce rire multiple se retrouve dans la prose narrative de Lesage, mais l'écrivain y développe, avec plus de bonheur encore semble-t-il, ses qualités d'esprit moderne. Il ne s'enferme pas dans un genre unique, cherchant son plaisir dans la variété disponible. Fiction autobiographique, lettres, conte, récit de voyage, tout lui est bon, pourvu qu'il raconte encore et encore, et confère aux récits de soi ou des autres, l'éclat de réécritures jubilatoires.

B. Bray découvre que dans sa première "œuvre", Lesage ne se contente pas de traduire un texte légué par la tradition, mais qu'il tente de lui donner une tonalité contemporaine en lui insufflant une dimension épistolaire bien marquée par des formules "adlocutives", au point d'affaiblir "l'aspect narratif et anecdotique du contenu" de l'original au profit du JE et du TU qui "sont souvent chez lui mêlés au moins allusivement à l'action, alors même que chez Aristénète ils n'ont d'autre fonction que d'encadrement et de dénomination. "De même dans le genre du conte, vieux et usé comme le monde, Lesage parvient à manifester son "originalité", ainsi que le détaille savamment F. Gevrey ; il revient à Lesage, entre autre et de façon signifiante, "d'avoir fait du diable une incarnation de l'écrivain, comme le prouve la description du manteau d'Asmodée", et de la dissonance un principe de composition et d'invention dans *Le Diable boiteux*. A propos de la même œuvre, P. Berthiaume met en évidence un élément esthétique assez proche : le "décentrement de l'argument emprunté à la pièce espagnole", dans l'"Histoire du Comte de Belflor et de Leonor de Cespedes". J. Cormier confirme l'incapacité de Lesage à inventer des histoires tragiques : dans son adaptation du *Guzman d'Alfarache,* les très nombreuses distorsions "montrent que Lesage n'a pas voulu ou pas pu entrer dans le monde noir et désespérant de Mateo Aleman où le rire est un sarcasme" et conclut sur une nécessaire leçon épistémologique : "Les contresens ne se trouvent pas tant dans la démarche de l'écrivain français que dans le jugement des spécialistes de la littérature comparée." F. Assaf fait ressortir le travail textuel de Lesage dans *Les aventures de Robert Chevalier dit Beauchêne* (1732) : "l'intérêt de *Beauchêne,* ce n'est pas tant la valeur historique ou documentaire du récit aussi fragmentaire que douteux de la vie d'un corsaire français au 17ᵉ siècle, mais plutôt ce qui génère le discours, ce qu'on appellera faute de mieux des structures narratives, dont la plus évidente est l'existence de deux narrateurs, lesquels se partagent également l'espace textuel".

Comme un joaillier, obsédé par le brillant promis, taille et retaille un diamant, Lesage a donc enrichi son œuvre, non par la construction d'un univers personnel ou singulier, mais par l'éclat dispersé de ses réécritures calculées ; et en sens inverse (Lesage serait-il un géomètre de l'esthétique), il a su, à l'intérieur d'une même œuvre, multiplier les jeux de l'écriture : l'*Histoire de Gil Blas de Santillane* manifeste tout à la fois la profondeur d'une philosophie de l'histoire, selon C. Cavillac qui, comparant Lesage à Hegel, établit la supériorité du romancier dont la "réflexion immanente ne le cède nullement en rigueur et en richesse à la pensée du philosophe" et la jubilation de mots. Campbell détaille la variété des tons et surtout des enchâssements dans *Gil Blas,* qui permettent à Lesage, désireux avant tout de plaire à son lecteur, de puiser "dans son inventaire littéraire pour lui offrir une sélection diverse de genres" malgré le risque manifeste de dispersion. R. Howells, un peu déçu de ne pas y trouver une grande œuvre carnavalesque[34], n'en constate pas moins l'importance des mots : "La réalité dans ce roman est aussi très verbale. Elle est moins vécue que nommée" ; par ailleurs, il reconnaît que "compte tenu des multiples emprunts et adaptations pratiqués par Lesage, il est aussi

---

[34]. Il n'y repère que de trop "rares exemples de figures de corporalité joyeuse".

en quelque sorte une encyclopédie de la littérature narrative et dramatique de l'âge d'or espagnol. Ainsi Gil Blas "extériorise" le fait que tout énoncé un peu long est, comme le dit Kristeva après Bakhtine, une mosaïque de citations." J. Wagner tente d'interpréter comme une sagesse ultime le recours à l'écriture gaie, une fois que l'expérience a révélé au pauvre Gil le danger de tous les autres plaisirs : "pour éviter les enthousiasmes dangereux ou les folies téméraires provoquées par les passions, Gil récusera toute croyance et tout sérieux intellectuel ou artistique : il atteindra ainsi le troisième degré de la sagesse : la gaîté de l'esprit." Le sourire des mots survivrait seul au naufrage des illusions de la jeunesse idéaliste, comme si la littérature était une revanche sur l'existence, et surtout comme si Lesage n'était pas seulement un professionnel des mots, mais aussi un sujet marqué par une expérience, sinon vécue du moins ressentie.

C'est en tout cas ce que suggèrent les trois études du dernier chapitre regroupées sous le titre Représentations idéologiques ou les images d'une sensibilité : P. Pelkmans voit dans le traitement réservé aux vieillards dans Gil Blas, l'indice d'un narcissisme d'auteur : "Gil Blas est de ces romans foncièrement narcissiques où il n'est pas question que le héros s'astreigne sans plus à la loi commune". Michèle Weil démontre comment Lesage (ainsi que R. Challe) ne peut se résoudre à la seule représentation de la violence archaïque à laquelle la tragédie classique cédait encore volontiers et confie au langage le soin de la civiliser : "La puissance du langage et de la sociabilité qui lui est liée est fermement valorisée : civilité polie, amitié, plaisirs de la table, entretiens, correspondance féminine. La même parole qui a raconté l'histoire "funeste" se fait voix plaisante et douce du bonheur de vivre, car seul un malheur narré peut se maîtriser." Enfin F. Deloffre décèle dans la fascination de Lesage pour la Nouvelle-Orléans une sensibilité utopique, mais "relative", ajoute-t-il, retrouvant ainsi, en fin de parcours, le trait le plus caractéristique de notre auteur : la discrétion.

La boucle serait presque bouclée, si ne subsistait pas une question, que nous nous sommes posée en conclusion pour mettre à l'épreuve les diverses caractéristiques morales et esthétiques de Lesage, homme et écrivain : cet amateur ludique d'histoires et de contes ne serait-il pas tout juste bon à figurer dans le répertoire de la littérature pour enfant ? J. Chupeau a répondu de façon catégorique, en écartant l'idée par une étude originale des éditions de *Gil Blas* pour la jeunesse : "Le prestige littéraire du roman de Lesage ne pouvait qu'encourager ce travail d'adaptation" ; mais en dehors de l'édition donnée par Léo Clarétie, rares sont les tentatives qui parviennent à préserver les charmes très particuliers d'une œuvre que "notre époque semble avoir renoncé à considérer comme l'une des œuvres majeures pouvant permettre aux jeunes lecteurs d'accéder au monde de la littérature."

Voilà donc un Lesage, qui semble s'amuser plus que penser, réservé aux grands et toujours aux chercheurs du monde entier, comme l'indiquent sans l'ombre d'un doute les recherches bibliographiques d'O. Margerit que nous avons jugé bon d'ajouter en annexe à ces actes qui, nous l'espérons, seront suivis de nouvelles rencontres aussi conviviales et fructueuses que celle de ce joli mois de mai 1995, durant laquelle la belle cité de Sarzeau accueillit, sans réserve, la libre parole des amateurs de son plus grand écrivain, grâce à la bienveillance de son maire.

Qu'il en soit ici infiniment remercié, et avec lui tous ceux qui, autour de lui, et sous son autorité, nous ont apporté leur soutien généreux et le bénéfice de leur précieuse compétence. J'aimerais associer à cet hommage les trois étudiants clermontois qui m'ont secondé de leur discrète et courtoise assistance.

Enfin qu'il me soit permis de terminer cette présentation sur une touche personnelle : je voudrais rappeler le rôle d'initiateur que mon père joua dans ma connaissance et mon goût pour Lesage. C'est un peu à cause de lui que tant de chercheurs ont quitté durant quelques jours leur cher bureau pour la cité de Sarzeau : je leur demanderai, pour le coupable, la grâce d'un pardon sincère, même si ce mot risque de n'avoir plus grand sens pour des lecteurs assidus de Lesage.

Jacques WAGNER
Juillet 1996.

I - LES SILENCES D'UNE VIE

Nouvelles données biographiques parisiennes

Alors que nous connaissons assez bien la carrière provinciale puis parisienne d'un auteur dramatique comme Molière, notre connaissance de celle d'Alain-René Lesage se limite au collégien breton et non à l'homme de lettres, dont la vie privée restera pour nous une sorte de mystère et en tout cas dénote chez l'écrivain une discrétion bien étonnante.

Jusqu'à présent, le dernier séjour attesté de Le Sage dans la presqu'île de Rhuys se situe au 10 mai 1689, jour où on le rencontre comme parrain de Françoise Janotin, fille de sa cousine germaine. Il avait tout juste 21 ans, nous dit Melle Mosser, qui a retrouvé sa signature sur l'acte de baptême.

Etant donné que son acte de mariage le qualifie d'avocat, il est évident qu'après avoir quitté le collège de Vannes, il a entrepris des études de droit et fréquenté pendant au moins trois ans les bancs d'une faculté pour obtenir sa licence, ce qui pourrait se situer entre 1690 et 1693. Il subsiste peut-être un trou d'un an, après mai 1689, pendant lequel, selon beaucoup d'anciens biographes, il aurait occupé un emploi dans les fermes, mais sans préciser ni où ni lequel ; ils ajoutent d'ailleurs, pour les plus sérieux, que ce n'est pas vérifiable car les archives anciennes des fermes ont été détruites quelques années avant la révolution.

Restait donc à rechercher dans quelle faculté il avait pu étudier. Nous avons soigneusement dépouillé le registre des licenciés de la faculté de Paris pour les années 1691 à 1694. Nous y avons rencontré une dizaine de bretons, et même deux vannetais, mais aucun Le Sage[1], pas plus d'ailleurs que l'écrivain Danchet dont on

1. Il s'agit des nommés Aegidus Isidorus Baury (ou Bansy) "venetensis" reçu à la licence le 18 mai 1693, et Claude Marie Girard, reçu bachelier en droit le 24 mars 1694 (*A.N. microfilm MM 1121*). Il existe deux groupes de registres d'inscription des étudiants que nous n'avons pas pu consulter car, en raison de

dit qu'il aurait fait la connaissance sur les bancs de cette faculté. Il n'a donc pu effectuer ses études qu'à celle de Nantes qui n'a été transférée à Rennes qu'en 1734. Malheureusement aucun document pour la période qui nous intéresse n'est conservé dans les séries D des archives de la Loire-Atlantique et de l'Ille-et-Vilaine.

Les frères Parfaict, qui écrivent deux ans après la mort du romancier, en 1749[2], situent son arrivée à Paris vers 1692-1693. Bien que Léo Claretie et d'autres auteurs les jugent souvent peu crédibles, cette affirmation n'est nullement invraisemblable, même si nous n'avons trouvé aucune pièce pour l'attester. Mais nous ignorons tout de ses activités pendant l'année précédant son mariage au cours de l'été 1694.

Les actes originaux de l'état-civil parisien ont, comme tous les historiens le savent, brûlé en 1871. Les archives de Paris ont procédé à des reconstitutions partielles pour les XVIIème et XVIIIème siècles, mais nous n'y avons rien découvert sur les Le Sage[3]. Nous ne disposons que de notes et d'extraits, vérifiés sur les documents originaux en 1819 par l'historien Charles Audiffret pour la notice qui figure dans le tome XXIV du dictionnaire biographique Michaud[4], puis en 1864 par Auguste Jal qui, lui, donne des extraits des actes qu'il a pu compulser sur les originaux avant 1864[5].

Malheureusement pour cet historien, l'auteur de *Gil Blas* n'était pas un personnage aussi important que Molière dont il publie intégralement divers actes, et c'est bien dommage. Il en avait peut-

---

leur état, ils sont devenus incommunicables.
2. François et Claude Parfaict, *Histoire du théâtre français depuis ses origines jusqu'à présent*, T. XV, P. Saillant, 1749, pp. 4-5.
3. Il existe bien, pour la paroisse Saint-Sulpice, des transcriptions partielles anciennes des registres, conservés au département des mss. de la B.N. Mais ces copies, faites par des généalogistes au XVIIIème siècle, concernent essentiellement des familles nobles.
4. Audiffret précise en note avoir travaillé dans divers dépôts d'archives et même provoqué une intervention ministérielle auprès du préfet du Morbihan, pour obtenir l'acte de baptême.
5. *Dictionnaire critique de biographie et d'histoire [...]* p. 1864 ; seconde édition, 1872.

être gardé des copies dans ses papiers, mais ceux-ci n'ont jamais été retrouvés.

Voici donc ce qu'il nous a conservé de l'acte de mariage, dressé paroisse Saint-Sulpice le 2 septembre 1694. Le futur est "René Le Sage avocat demeurant rue du Vieux-Colombier" ; il épouse "Marie Elisabeth Huyard, âgée de vingt-deux ans, fille d'André Huyard bourgeois de Paris et de Marie Carlos (*sic*) demeurant même rue". Audiffret ajoute qu'une dispense de publication des bancs a été obtenue le 17 août.

On peut, pour cet extrait, formuler quelques observations intéressantes. D'abord le prénom retenu, qui est René comme dans le contrat de mariage dont nous allons parler, alors que l'état-civil breton mentionne celui d'Alain seulement. Par contre l'écrivain, dans les autographes conservés, ne signe que de son nom patronymique. Aucun prénom ne figure d'ailleurs dans les privilèges accordés pour la publication des œuvres. Ensuite, en Bretagne il signe très nettement Le Sage en deux mots, alors que les éditeurs et critiques actuels, suivis d'ailleurs par la mairie de Sarzeau, n'en retiennent qu'un. La forme double, que nous adoptons, semble au contraire la plus logique.

Enfin, la dispense de publication mentionnée par Audiffret n'a rien d'anormal. Elle s'explique, à notre avis, par la difficulté qu'il pouvait y avoir à faire procéder aux publications en Bretagne, compte tenu de la distance entre Sarzeau et la capitale, car le futur n'avait évidemment aucune attache parisienne.

Cette union a été précédée, le 2 août 1694, par un contrat passé devant le notaire Charles-François Garnier, en l'Ile de la Cité près de Notre-Dame, assisté de son confrère Bru. Nous en avons trouvé la référence dans l'ouvrage de Roger Laufer, qui en avait eu communication par la regrettée Madeleine Jurgens, mais jusqu'à présent aucun historien ne semble avoir publié ou même analysé cet acte, dont on trouvera le texte complet en appendice[6].

---

6. A.N. minutier central, étude XXIV, liasse 260. Laufer lui-même n'a pas examiné l'acte, bien qu'il indique que la signature de l'écrivain soit suivie du titre d'avocat (p. 130), car cette mention n'y figure absolument pas. Nous

Le notaire désigne d'abord les parties du contrat et en premier le futur époux, âgé d'un peu plus de vingt-cinq ans, qui est qualifié de sieur de Kerbistoul et bourgeois de Paris. Son père qui est qualifié de Noble homme est dit "Bourgeois de Vannes en Bretaigne". Mais cette qualité est très fréquente chez la bourgeoisie bretonne, et la possession de la seigneurie de Kerbistoul, qui relevait noblement du Roi, ne suffisait évidemment pas à en faire un noble d'extraction. Par contre cela pouvait peut-être impressionner le modeste milieu parisien auquel il s'alliait.

La future, Marie-Elisabeth Huyard, âgée de vingt-deux ans selon l'acte de mariage et donc née probablement vers 1672, est fille d'André Huyard et Marie Carlot. Le notaire écrit le nom avec un t alors que l'intéressée signe avec un d qui est la graphie de l'acte de mariage[7]. Dans les deux actes, il est dit bourgeois de Paris, demeurant, comme son gendre, rue du Vieux-Colombier.

Les frères Parfaict racontent qu'après une liaison passagère avec une "femme de condition assez riche", Le Sage ressentit une passion très vive pour la fille d'un maître menuisier de la rue de la Mortellerie "qui était très jolie et qu'il épousa peu de temps après". Leurs affirmations ont été contestées par plusieurs auteurs, à commencer par Audiffret qui ne retient que le rang social, évidemment plus reluisant, de "bourgeois de Paris", ce qui laisserait supposer que le beau-père vivait de ses rentes, puisqu'aucune profession n'est spécifiée. Léo Claretie abonde dans le même sens, en qualifiant cela de "fable", et donne comme résidence aux beaux-parents l'Ile de la Cité, paroisse Saint-Barthélémy.

En réalité, les affirmations de ces historiens du théâtre sont loin d'être invraisemblables. D'après le fichier des Archives Nationales qui comporte notamment un dépouillement des minutes de notaires concernant les artisans, le 9 mai 1687, André Huyard "maître

---

remercions ici bien vivement M. Pierre Janin, conservateur au département des mss. de la B.N., à qui le déchiffrement de cet acte doit beaucoup. Quelques mots sont toutefois illisibles. Nous avons par contre suppléé (entre parenthèses) quelques lettres, harmonisé quelques graphies et ajouté une ponctuation absente.
7. Audiffret, qui avait déjà relevé des variations d'orthographe dans les noms propres, avait adopté, comme le fera Jal, le d final. Le fils Guillaume et sa sœur signent : "Huiard" et non "Huyard" comme leur père.

menuisier" demeurant "entre les portes Saint-Jacques et Saint-Michel" délivre une quittance pour des travaux effectués en 1684. Son activité devait même être plus ancienne, car en 1683 il fait insinuer un acte le concernant[8]. Les portes en cause, situées entre les actuelles rues Saint-Jacques, Monsieur le Prince et le boulevard Saint-Michel, ont, selon Hillairet, été démolies en 1684. Rien n'interdit donc de penser que la famille a pu déménager pour s'installer d'abord rue de la Mortellerie, voie située à l'emplacement de la caserne Lobeau et de l'actuelle rue de l'Hôtel de Ville, alors occupée surtout par des ouvriers maçons et des gâcheurs de mortier. Elle aurait pu ensuite, comme le dit Claretie, habiter paroisse Saint-Barthélémy, qui correspondait à une partie de l'actuel palais de justice, sauf pour la partie relevant de la Sainte-Chapelle. Enfin, dans le contrat de mariage, un des deux témoins de la future est son frère Guillaume Huyard maître menuisier, dont l'adresse n'est malheureusement pas spécifiée. Il est évident que le père, ayant acquis une certaine aisance avait, après une quinzaine d'années d'activité, cédé son entreprise à son fils et s'était retiré des affaires rue du Vieux-Colombier, ce qui, compte tenu de son milieu social, lui permettait de prendre la qualité, très répandue, de bourgeois de Paris.

On sait qu'habituellement, à cette époque, les Parisiens avaient recours aux notaires de leur quartier, sauf de rares exceptions qui sont d'ailleurs justifiées dans chaque cas. Ici le notaire rédacteur demeure, non dans le quartier de Saint-Sulpice ou Saint-Germain-des-Prés, mais dans l'Ile de la Cité. C'est donc que les Huyard y avaient résidé antérieurement et avaient peut-être eu recours à lui.

Selon Jal, la belle-mère se nomme Marie Carlos, avec un s[9]. Et Claretie de s'en prévaloir pour disserter sur son origine espagnole et l'influence qu'elle aurait pu exercer sur les choix littéraires du futur auteur de *Gil Blas*. Mais il est évident qu'il y a eu soit une étourderie du curé rédacteur, ce qui était fréquent, soit un mauvais déchiffrement de l'acte par Jal, car dans le contrat de mariage elle signe très nettement, et à trois reprises, Carlot (avec un t), graphie

---

8. A.N. étude CV, liasse 916.
9. Audiffret ne mentionne pas son nom.

qui est également celle du notaire[10]. Il faudra donc éliminer cette source de "l'espagnolisme" de Le Sage.

Sur le plan formel, l'acte présente une curieuse particularité : un intervalle de près de deux mois sépare la signature du contrat de la célébration, alors qu'en général, ce délai n'est que de quelques jours. Très exceptionnellement, Molière s'est marié vingt-huit jours après avoir signé son contrat. Il est difficile d'expliquer un si long délai. On pourrait peut-être penser, mais ce n'est qu'une hypothèse de notre part, que la situation pécuniaire d'Alain-René n'était pas encore très assurée ou qu'il ne disposait pas de la totalité du capital destiné au douaire de la future, ce qui pouvait d'ailleurs être aussi le cas du beau-père pour la dot de sa fille.

Examinons maintenant les clauses de l'acte. Comme la plupart des Parisiens, les futurs époux adoptent un régime de communauté réduite aux acquêts, selon la coutume de Paris. Le mari consent à sa future épouse un douaire préfix de 400 livres de rente, avec un dédit de 3 000 livres[11]. Le douaire, institution qui a disparu avec la révolution, était un droit d'usufruit accordé à l'épouse survivante sur tous les propres de son mari ; mais à l'époque ce n'était plus qu'une clause de style et il était habituellement transformé en une rente calculée, selon l'importance des fortunes, sur le tiers, la moitié ou les trois-quarts du patrimoine du futur. Le douaire parisien était préfix, c'est-à-dire sur les meubles et les immeubles, à la différence du douaire coutumier qui, en Bretagne, ne portait que sur les immeubles.

On doit surtout retenir de ces deux clauses qu'Alain-René ne possédait plus le moindre droit immobilier en Bretagne, car dans le cas contraire, le notaire n'aurait pas manqué d'ajouter une mention spéciale renvoyant à la coutume de cette province, ce qui était courant pour les praticiens de la capitale.

---

10. Elle avait manifestement un bon niveau d'instruction car, dans ce contrat, ses signatures sont très élégantes.
11. Il est pratiquement impossible de convertir ces chiffres en francs actuels. Madeleine Jurgens, dans ses recherches sur Molière parues en 1963, retenait très approximativement entre cinq et vingt francs pour une livre.

L'acte contient ensuite une clause de préciput, usuelle à Paris mais rare dans l'Ouest, permettant au survivant, avant tout partage de la communauté, d'en prélever une portion en nature ou, à son choix, l'équivalent en espèces fixé ici à 2 000 livres. Ce préciput est suivi d'une clause de renonciation à la communauté dont le libellé, usuel, ne nécessite aucune remarque. Ajoutons encore que, à la différence de bien des Parisiens, les futurs ne consentent aucune donation mutuelle, ce qui peut se comprendre, le mari n'ayant, comme on le verra, aucune fortune.

En effet, les actes parisiens ne manquent pas d'énumérer les biens des futurs époux[12]. Ici, absolument rien du côté de Le Sage ; même l'origine du capital du douaire n'est pas spécifiée. Du côté opposé, la fortune des Huyard est presque "éblouissante", même si leur fille n'a rien en propre en dehors de sa dot. Il lui en est consenti une de six mille livres, dont cinq mille payables comptant la veille du mariage, le solde étant constitué par un trousseau à prendre sur leurs successions futures. En fait l'intégralité sera versée dès la rédaction du contrat.

A cette dot vient encore s'ajouter, in extremis, une donation de meubles dont la valeur n'est pas spécifiée, mais dont l'inventaire, non signé, intitulé : "Mémoire des meubles que j'ay donnez à Monsieur Lesage" est annexé à l'acte. Il est certainement de la main d'André Huyard[13].

Cet état énumère successivement six lits dont deux "de repos" plus petits, tous avec leur literie ; une douzaine de draps, trois ou quatre douzaines de serviettes, huit nappes ; une vingtaine de chaises et fauteuils "tournés à torses" ; huit chaises de paille ; une douzaine de tabourets ; des tables de diverses tailles ; une armoire en chêne "à deux guichets" ; six chandeliers en cuivre, deux feux, du matériel de cuisine en cuivre et en étain ; un garde-manger ; deux

---

12. Lelièvre, qui a étudié les contrats de mariage parisiens postérieurs mais dont les conclusions nous semblent également valables pour 1694, observe que sur cent six actes examinés, trois seulement comportent une fortune inférieure à 500 livres.
13. Cet inventaire est d'une lecture très aisée, à la différence de la mention notariée d'annexe au contrat.

petites fontaines et une cuvette. S'il n'y a rien en argent, il figure tout de même quelques objets plus luxueux comme cent aunes de tapisserie de Bergame et une "cassette de tapisserie avec son pied", sans doute une sorte de table à ouvrage.

En contrepartie de cette donation qu'ils acceptent, les bénéficiaires prennent toutefois l'engagement de nourrir et loger les beaux-parents Huyard. Ce curieux arrangement n'était sans doute pas anormal, mais la clause reste malgré tout excessivement rare chez les notaires parisiens ; ou alors elle comporte, ce qui n'est pas le cas ici, des modalités spéciales en cas d'éventuel désaccord.

Il semble évident, d'après cet état, que le futur romancier n'avait guère en propre que la garniture de sa chambre et de son bureau. André Huyard, resté désormais seul avec son épouse et s'installant chez son gendre, a vidé son appartement au profit de ce dernier, en y ajoutant sans doute des meubles venant de son ancien atelier. Il y a là, en tout cas, de quoi meubler un appartement de quatre ou cinq pièces principales plus une cuisine. Cela pouvait aussi inciter les jeunes mariés à avoir une progéniture abondante. Les donateurs ne seront pas déçus car leur fille aura quatre enfants.

A Paris, les préciputs variaient entre 200 et 20 000 livres ; ici, avec 2 000 livres, il situe le couple dans la moyenne bourgeoisie, car il est plus important que chez un quelconque maître artisan, mais moindre que pour un avocat au conseil du Roi, titulaire d'une importante charge judiciaire, dont le préciput est de 5 000 livres.

Notre compatriote s'intégrait donc dans un milieu social relativement aisé. Mais quel était-il ? Hélas, sur ce point, nos renseignements sont beaucoup plus minces. Normalement, le contrat de mariage aurait dû nous fournir des précisions complémentaires car, en dehors des quatre témoins indispensables, l'usage était, dans la plupart des familles, de faire signer un grand nombre de parents, amis, voisins, dont le nombre ou la qualité venait rehausser le rang des familles qui s'unissaient.

Or, ici, l'acte ne renferme strictement que les mentions de trois témoins. L'un est Guillaume Huyard, frère de la mariée ; le second, Alexandre Vitu "avocat en parlement" est un ami commun des deux familles et remplace donc le témoin manquant. Leur adresse n'est pas précisée. Le dernier, chez qui est passé l'acte, est un certain François Ancéaume "bourgeois de Paris", rue Dauphine. Cette identité correspond à celle d'un bénédictin de la congrégation de Saint-Maur, célèbre canoniste, philosophe, enseignant et érudit, né vers 1651 et mort à Saint-Denis le 21 août 1729, à qui l'on doit notamment des *Sujets de conférences ecclésiastiques*. C'est le seul en tout cas qui se prénomme François, mais ce n'est pas forcément notre témoin. Il est aussi fort curieux que Le Sage n'ait même pas convié à la cérémonie son ami Antoine Danchet (1671-1748), auteur dramatique et censeur royal avec qui, selon la plupart des auteurs anciens, repris par Léo Claretie, il s'était lié d'amitié sur les bancs de la faculté de droit, ce qui, nous l'avons vu, reste à démontrer[14].

Il faut donc essayer de savoir ce qu'a fait le couple, pendant les premières années du mariage. La désignation de "bourgeois de Paris" portée au contrat est trop vague pour être d'un quelconque secours. Heureusement, l'extrait de l'acte de mariage relevé par Jal, le qualifie cette fois d'avocat.

Nous avons donc procédé à des recherches dans les archives judiciaires. Il est hors de doute que ce n'était pas un avocat au conseil, car cet emploi constituait un office et le notaire en aurait fait mention. Il ne pouvait être alors qu'avocat au parlement. Hélas, nos sondages dans les registres du parlement n'ont pas permis de découvrir sa prestation de serment[15]. Nous avons réussi à retrouver les très rares tableaux annuels imprimés des avocats au parlement. Malheureusement le nom de Le Sage ne figure sur aucun de ceux parus entre 1693 et 1731[16]. Et, ce qui est même étonnant, nous n'y

---

14. Les frères Parfaict disent seulement que Le Sage s'était lié avec lui "en arrivant à Paris". En tout cas nous n'avons pas trouvé son nom dans le registre des étudiants ayant obtenu une licence.
15. La "Chambre Secrète" du parlement ne recevait que les serments des titulaires de charges comme les procureurs (*A.N. X / I B / 8882,* qui contient les réceptions de 1693 à 1695). Il existe sous la cote *X / A / 9327* un registre énumérant les avocats au parlement de 1706 à 1751, mais ce document n'est pas un registre matricule, comme le précise l'inventaire de la série ; il concerne uniquement les droits de plaidoirie. Le Sage n'y figure d'ailleurs pas.
16. Il ne subsiste, selon les années qu'un ou deux exemplaires de ces tableaux. Remercions ici les bibliothécaires de l'ordre des avocats de Paris et de la Cour

avons pas rencontré non plus le témoin Alexandre Vitu qui, selon le notaire, a la qualité d'avocat au parlement, ce qu'il n'aurait pas précisé si l'intéressé avait cessé d'exercer antérieurement.

Le résultat négatif de nos recherches semble donc contredire la mention de l'acte de mariage et tous les biographes du XVIIIème siècle. Il n'est toutefois pas impossible, comme nous l'a suggéré M. Ozanamm, archiviste bibliothécaire de l'ordre des avocats à Paris, que l'écrivain ait pris le titre d'avocat sans se faire effectivement admettre dans l'ordre. La mention relevée par Jal ne spécifie d'ailleurs pas qu'il est avocat au parlement.

Ces remarques trouvent leur confirmation dans l'œuvre de Le Sage qui ne comporte que fort peu d'allusions au droit et à la justice. On y voit évoluer des personnages de conditions sociales très diverses : médecins, artisans, acteurs, militaires, domestiques, mais très peu de magistrats et d'hommes de loi. Gil Blas ne sert d'ailleurs chez aucun d'eux[17]. En Espagne, on rencontre quelquefois des alguazils et des gardiens de prison, ainsi que l'inquisition qui effraye même le malin, mais il s'agit d'une institution spéciale qui n'était pas uniquement judiciaire. Le guide de Don Cléofas, dans *Le Diable Boiteux*, lui explique qu'il existe un diable de la chicane et de l'esprit du barreau, qui "inspire les plaideurs, possède les avocats et obsède les juges". Ce démon lui fait visiter diverses prisons et insiste sur la vénalité du personnel, car il ne peut délivrer un prisonnier qu'en finançant l'opération (Chapitre VII). On voit encore un greffier altérer au profit d'un tuteur un arrêt rendu en faveur de son pupille (Chap. III), mais ici l'auteur s'est peut-être souvenu de ses propres mésaventures familiales. C'est donc finalement assez peu de choses et Le Sage n'ajoutera rien de plus sur le milieu judiciaire dans la réédition de 1726.

---

de cassation grâce à qui nous avons pu en avoir communication. Pour Vitu nous n'avons toutefois pas examiné les tableaux de 1680 et 1687.

17. Comme l'a relevé Laufer, on rencontre quelques notaires dans *Gil Blas* , mais uniquement pour établir des testaments. Ajoutons encore que, dans la lettre III de la seconde partie des *Lettres Galantes d'Aristénète*, une femme se plaint de son époux avocat qui, la nuit, lui parle de droit civil au lieu d'amour.

A notre connaissance les seules mentions relatives à la justice se rencontrent dans la pièce posthume : *Arlequin colonel*. Ce personnage répond au docteur qui veut le corrompre : "Ah ! Ventrebleu ! Me prenez-vous pour un homme de robe ?". Dans la scène X du premier acte, Melle Godon dévoile ses conquêtes, dont un Robin ; et Isabelle de questionner : "L'homme de robe est président ou conseiller ? [...] C'est quelque avocat écoutant ? J'ai deviné. [...]" Melle Godon : "C'est un grand clerc de procureur / Je ne puis lire une syllabe / des billets doux que j'en reçois. / Je crois que je lis des exploits [...]" Colombine : "Franchement c'est fort grand dommage / car si vous lisiez ses billets / Vous pourriez bientôt du Palais / entendre le langage".

Deux autres figurent enfin dans *La Valise trouvée* (1740). Dans la lettre III, un procureur entretient son client de pièces de procédure comme un inventaire de production et un mémoire en contredit. Ce Rapin, procureur au parlement, a un fils avocat : "Il plaida la semaine passée une cause qu'il perdit à la vérité, mais qui lui fit bien de l'honneur. Tout le monde fut très content de son plaidoyer". Dans la lettre XII, un avocat au conseil écrit à une parente de Lisieux au sujet d'un père qui veut avantager ses enfants naturels au détriment des légitimes et lui explique les droits de chacun d'eux selon sa qualité et son sexe[18].

Finalement, en l'état actuel de nos connaissances, Le Sage ne semble pas avoir plaidé, mais il a dû fréquenter quelque peu les milieux judiciaires[19].

---

18. Finalement, aucun des enfants ne voulant savoir qui étaient les bâtards, il est procédé à un partage égal par tête.

19. Une anecdote, reprise par Claretie, veut que, convié à lire son *Turcaret* dans un salon à la mode, il se soit attiré des reproches de la maîtresse de maison pour son retard ; il se serait alors justifié en alléguant qu'il venait de plaider un procès, fort long, qu'il aurait d'ailleurs perdu, quittant ensuite l'assistance. Mais la version originale qui nous est rapportée dans le *Journal* de Collé, qui la tenait de Fuzelier, ne fait nullement mention d'un procès qu'il aurait plaidé. (V. *Mémoires* de Charles Collé, Didot, 1866, T. I, pp. 187-188).

Quelles étaient alors les ressources des jeunes époux, avant que le mari ne touche ses premiers droits d'auteur, et au moment où il allait être en charge d'enfants ?

Son premier-né, René-André (le futur comédien Montmeny) avait été baptisé paroisse Saint-Sulpice le 31 juillet 1695 avec pour parrain son grand-père Huyard. Les parents, qui avaient déménagé, habitaient alors, selon Jal, Cul-de-sac de la foire Saint-Germain, voie aussi appelée Cul-de-sac des quatre-vents, qui débutait au carrefour de l'Odéon et a disparu lors de l'extension de la partie haute de la rue de Seine. Mais ni lui ni Audiffret n'ont relevé la profession du père.

D'après une communication que nous fit l'historien Pierre de la Haye, de Lannion, en 1968[20], et à partir d'un tableau généalogique dressé par le général de Montsabert (avec qui nous avions d'ailleurs été en relations épistolaires), ce Montmény s'est marié à Saint-Sulpice le 10 octobre 1726, à 31 ans, avec une certaine Marie-Françoise Ricard. Il en aurait eu deux filles et un garçon, dont la descendance entra ensuite par alliances dans les familles du comédien et futur conventionnel Fabre d'Eglantine (1750-1794), pour le garçon ; du général Goislard de Montsabert (1887-1981), pour l'une des filles. Ces précisions viennent contredire la version courante qui veut que ce fils soit mort sans postérité. Mais nous n'avons pas pu savoir si la famille conservait une copie de cet acte de mariage, qui ne figure pas à l'état-civil parisien et est resté inconnu des biographes de l'écrivain[21].

---

20. On doit à M. Pierre de la Haye deux études sur l'écrivain : "Le tour de France d'une famille bretonne" dans *Héraldique et généalogie*, n° 4, janvier-février 1971, qui contient une généalogie sommaire ; "Alain-René Le Sage était-il d'ascendance bretonne ?" dans *La Bretagne à Paris* du 25 octobre 1968, étude consacrée aux origines normandes et pyrénéennes de la famille aux XIVème et XVème siècles.

21. D'après l'arbre généalogique qui nous a été communiqué et que nous complétons par les dictionnaires d'acteurs de Lyonnet et Max Fuchs, René-André épousa une certaine Marie-Françoise Ricard, décédée à Montsabert en 1783. Il en eut trois enfants : Marie-Anne retirée dans un couvent d'Angers vers 1790 ; Elisabeth-Françoise, née vers 1730, qui mourut en 1814, mariée à Avignon le 28 octobre 1759 à Anne-Louis Goislard de Montsabert, conseiller au parlement de Paris ; enfin Jean-René, clerc tonsuré, puis marié à Strasbourg avec

La même année, Le Sage donnait au public sa première œuvre : *Les Lettres galantes d'Aristénète, traduites du grec*, mais sans que soit précisé le nom du traducteur et sous l'adresse supposée de Rotterdam qui semble recouvrir en réalité une édition chartraine.

A supposer que le traducteur en ait retiré quelque profit pécuniaire, cela ne pouvait ête qu'insignifiant. Et il ne reprendra la plume qu'en 1699 avec une traduction de comédies espagnoles[22], alors que, dans l'intervalle, un autre enfant avait vu le jour : Julien-François (le futur chanoine), baptisé le 24 juillet 1698, à Saint-Sulpice sans doute, bien que les biographes ne le précisent pas. Audiffret observe toutefois que le père est encore qualifié de "bourgeois de Paris". Comme à Boulogne, ce fils était déclaré "prêtre du diocèse de Paris", il est vraisemblable que ses études religieuses se sont déroulées au séminaire de Saint-Sulpice.

Il nous semble donc évident que la belle-famille, en 1694-1695 au moins, a aidé pécuniairement le couple chez qui elle vivait, ne serait-ce par exemple qu'en avançant les frais du mariage religieux qui s'élevaient officiellement à 19 livres 40 sols, y compris la bénédiction du lit conjugal[23]. Nous ne savons d'ailleurs ni combien de temps a pu durer ce ménage à quatre, ni les dates de décès des beaux-parents. Ils ont pu aussi commencer à écorner la dot de l'épouse.

Pour les années suivantes, et certainement au moins jusqu'en 1700, il n'y a guère que deux réponses possibles : ou bien Le Sage s'est livré à d'obscurs travaux littéraires et juridiques ou à des compilations pour le compte de tiers, dont nous ne connaîtrons

---

une dame veuve Godin qui ne lui donna pas d'enfant mais avait une fille d'un premier lit, Marie-Anne Nicole (1760-1812), comédienne, qui épousa le comédien Fabre d'Eglantine à Strasbourg le 9 novembre 1778. Mais ici il n'y a aucun lien de sang. Le fils de Fabre d'Eglantine fut ingénieur maritime à Lorient sous la Restauration ; il s'était allié par mariage à la famille du négociant Henry de la Blanchetais et mourut à Versailles le 17 janvier 1840. Cette branche s'est éteinte en 1888.

22. L'ouvrage a été publié en 1700 avec privilège à l'éditeur Moreau du 27 novembre 1699.

23. Règlement du 30 mai 1693 de l'archevêque de Paris, homologué par le parlement le 10 juillet (*A.N. X / IB / 8881*). Selon une mention portée sur l'acte, le contrat de mariage a coûté 3 livres 12 sols.

jamais la nature ; ou bien il a vécu de la pension que lui faisait l'abbé Jules-Paul de Lionne (1647-1721), aumônier du Roi et prieur de Saint-Martin-des-Champs. Ce fils d'un ancien ambassadeur en Espagne l'aurait d'ailleurs, selon une tradition invérifiable, initié à la littérature espagnole. Mais il est fort peu probable, comme l'admet Roger Laufer, qu'il ait été pensionné dès 1690, puisque son arrivée dans la capitale ne remonte qu'à 1693, au mieux en 1692. Laplane, plus prudent, situe globalement la rencontre entre 1692 et 1700, avec une préférence pour cette dernière année. Cette pension, selon les reçus qu'il a pu retrouver, semble s'être élevée à 670 livres, du moins en 1716, 1718, et 1721 (dernière année perçue, le protecteur étant décédé), alors que l'écrivain avait dépassé la cinquantaine[24].

Entre-temps était né un troisième fils, François-Antoine (le futur comédien Pittenec), baptisé sans doute à Saint-Sulpice comme ses frères, bien que ni Audiffret ni Jal ne le précisent, le 22 février 1700. Le premier spécifie seulement que le parrain est l'écrivain Danchet.

L'auteur de *Gil Blas* déménagera une dernière fois pour s'installer dans un quartier très différent : celui des anciennes halles, où étaient groupés, autour de l'église Saint-Eustache, les marchands de poisson et un certain nombre de confréries. C'est dans cette église que fut baptisée (comme Molière), selon Audiffret, le 6 août 1702, son dernier enfant, Marie-Elisabeth[25].

Nous avions espéré découvrir dans les minutes des notaires parisiens quelques détails sur la situation pécuniaire et sur la vie matérielle de Le Sage à cette époque. Mais le dépouillement des répertoires des notaires de son quartier, y compris celui qui a dressé le contrat de mariage, n'a donné aucun résultat. La longueur des recherches ne nous a pas permis d'aborder les études du quartier Saint-Eustache.

---

24. Les besoins de l'écrivain ont parfois été pressants, avec demande d'avances, car le reçu de 1721 porte sur des acomptes d'un montant total de 800 livres 10 sols 6 deniers payés "en différentes fois". Les frères Parfaict précisent "M. l'abbé de Lionne qui considérait beaucoup M. Le Sage lui faisait souvent des présens et de plus lui donnait une pension de 600 livres".
25. Léo Claretie mentionne un dernier domicile rue Saint-Jacques où serait venu le rejoindre son fils Montmeny, mais sans donner de date ni surtout de source.

Nous n'avons trouvé, mis à part une dizaine d'homonymes, qu'un acte du 6 juillet 1717 concernant un certain Antoine Le Sage, bourgeois de Paris, rue des Bons Enfants, paroisse Saint-Eustache, à qui sont cédées pour 800 livres, quarante livres de rente constituées. Mais il n'est pas du tout certain que cet acte concerne le troisième fils de l'écrivain, encore mineur à cette date, ce qui aurait nécessité l'intervention de son père[26].

Il faut donc admettre qu'à la différence de tous les parisiens, Le Sage n'aura jamais eu besoin de recourir à un officier ministériel, même pour passer un bail de son logement.

En fait, même si nous n'avons que des documents un peu imprécis pour l'assurer, les ressources de l'écrivain provenaient surtout de sa contribution, seul ou en collaboration, au théâtre de la Foire[27]. Un état des papiers Favart "concernant les anciennes foires" et antérieur à décembre 1739, de la main de Fuzelier, observe :

> " On donne 50 livres par jour de représentation de leurs pièces aux auteurs depuis plus de vingt-cinq ans. Avant ce tarif-là, M. Le Sage et moy avions chacun 2 000 livres par foire pour entretenir un seul théâtre de pièces infiniment plus aisées à faire que celles d'à présent [...] ".

Il a donc reçu au moins 2 000 livres de 1712 à 1714, probablement moins entre 1715 et 1739, époque à laquelle prend fin son activité dramatique. Pour la période antérieure, nous disposons de chiffres très précis concernant ses trois pièces représentées à la Comédie-Française : en 1709 notamment, il toucha 598 livres 6 sols pour *Turcaret*. C'est ce qui explique que, pour les œuvres dramatiques, les privilèges ont été accordés à l'auteur lui-même et

---

26. Cession par Jean-Robert Voland, écuyer rue des Bons-Enfants (*A.N. étude XCII, liasse 392*). La signature : **Lesage**, nous semble présenter des analogies avec celle d'Alain-René, mais sans certitude.

27. Un "Etat secret" fait mention, pour la foire Saint-Germain, de 54 représentations (*Bibl. de l'Opéra, fonds Favart, carton I, C ; 7*). Nous remercions ici vivement M. David Trott, de l'Université de Toronto (Canada) qui, lors du colloque, nous a spontanément communiqué photocopie de ce document dont nous n'avions pas soupçonné l'existence.

non aux éditeurs qui ne versaient que des sommes forfaitaires pour un premier tirage de 1 000 à 1 500 exemplaires.

Les privilèges imprimés dans chaque ouvrage ne donnent malheureusement pas, non plus que les originaux conservés à la B.N., l'adresse de l'auteur qui, dans ses préfaces, s'est montré très chiche en données biographiques.

Finalement, en dehors d'anecdotes contemporaines à utiliser avec précaution, la vie parisienne de Le Sage, avant son départ pour Boulogne en 1742, restera pour nous, à la différence de celle de Molière, assez énigmatique.

Nous venons de citer l'auteur du *Misanthrope*. Terminons par une particularité commune aux deux écrivains. Aucun de leurs manuscrits n'a été conservé. Pour Molière, nous disposons seulement de 67 signatures sur 61 actes, la plupart retrouvées par Mme Jurgens.

L'écriture de Le Sage est mieux connue. Nous avons d'abord de lui un texte autographe, certes secondaire, mais c'est le seul, d'une comédie restée longtemps inédite : *Arlequin colonel*. Il nous a également laissé trois lettres autographes, dont deux adressées à Fuzelier sont conservées à la B.N. et à la bibliothèque de Nantes. Par contre, nous sommes beaucoup plus pauvres en signatures. Il n'en a été retrouvé que onze, dont trois sur son contrat de mariage, qui est publié ici, et deux sur des reçus de pensions. Nous ne pouvons croire à l'absence totale de documents. Il serait souhaitable qu'un chercheur, disposant de temps et ayant une bonne pratique des écritures notariales du XVIIème et du début du XVIIIème siècle, explore plus à fond que nous n'avons pu le faire le minutier central des Archives Nationales.

Jean-Louis Debauve

Bibliographie sommaire.

- CLARETIE Léo, *Lesage romancier d'après de nouveaux documents*, 1890, réimpression Slatkine, 1970.
- CORDIER Henri, *Essai bibliographique sur les œuvres d'Alain-René Lesage,* 1910.
- DEBAUVE Jean-Louis, "La jeunesse bretonne d'Alain-René Le Sage" dans *Bulletin de la société polymatique du Morbihan*, 1968, p. 15 sq.
- LAPLANE Gabriel, "Le Sage et l'abbé de Lionne", *Revue d'histoire littéraire de la France,* 1968, pp. 588-604.
- LAUFER Roger, *Lesage ou le métier de romancier*, Gallimard, 1971.
- LELIÈVRE Jacques, *La pratique des contrats de mariage chez les notaires au Châtelet de Paris de 1769 à 1804*, 1959.
- LEMASNE-DESJOBERT Marie-Antoine, *La faculté de droit de Paris aux XVII et XVIIIèmes siècles*, 1966.
- LE SAGE, *Arlequin colonel,* opéra-comique en deux actes publié par H. de Rotschild, 1893.

Appendice : Contrat du 2 août 1694

Furent présens en leurs personnes René Lesaige sieur de Queribistou(l) bougeois de Paris, y demeurant rue du Vieil Colombier quartier s(ain)t Germain paroisse Sainct-Sulpice, fils de deffunt M(aitr)e noble Claude Lesaige bourgeois de Vannes en Bretaigne et de demoiselle Jeanne Brenugat sa femme, ses père et mère, pour luy et en son nom d'une part, et André Huiart bourgeois de Paris et Marye Carlot sa femme de luy auctorisée pour l'effect des présentes, demeurans à Paris en lad(ite) rue et mesme paroisse, stipulans en cette partye pour Marye Elizabeth Huiard leur fille pour ce présente de son voulloir et consentement d'autre part, lesquels en la présence des cy après nommez scavoir de la part dud. sieur Lesaige de François Anceaume bourgeois de Paris, et de la part le ladic(te) Huiart, outre sesd(its) père et mère, de Guillaume Huiart, M(aitr)e menuisier son frère, et de M(aitr)e Allexandre Vitu advocat en parlement leur ami commun.

Vollontairement ont recogneu et confessé avoir faict entr'eux les traictez de mariage, dons, douaire, promesses et obligations quy ensuivent. C'est assavoir que lesd. Huiart et sa femme ont promis donner leurd(ite) fille de sond.

consentement aud. sieur Lesaige quy de sa part à promis la prendre pour sa f(em)me et légitime espouse et en faire et sollempniser le mariage en face de nostre mère S(ain)te Eglise catholique, apostolique et romaine le plus tost que faire se pourra et lorsque l'une des partyes en requerrera l'autre, pour estre les futurs espoux comme ils seront unis et communs en tous biens meubles et conquetz immeubles(,) suivant et au désir de la coustume de cette ville, prévosté et vicomté de Paris(.) Et ne seront tenus aux debtes l'un de l'autre faictes et crée(e)s avant leur mariage ainsi sy aucunes y a seront payées et acquittées par celluy ou celle quy les aura faictes et crée(e)s et sur son bien sans que ceux de l'autre en soient tenus. Led. Huiart et sa femme promettent sollidairement l'un pour l'autre soubz les renonciations requises donner à leurd. fille la veille de leurs espousailles la somme de six mil livres sacvoir cinq mil livres en deniers comptans et mil livres en un trousseau crée en advencement de leurs successions futures.

En outre, lesd. père et mère de lad. future ont promis de luy donner tous et chacuns les meubles et autres choses contenues et mentionnez au mémoire quy a esté faict d'iceux et demeure annexé à la présente minutte pour y avoir recours sy besoin est, après avoir esté paraphé desd. père et mère et futurs espoux et à leur réquisition des notaires soubzsignés. Et consentant ce (¹), lesd. futurs espoux ont promis de no(u)rir et loger lesd. père et mère leur vie durant et le survivant d'eux.

De laquelle somme de six mil livres il en entrera en la future communauté la somme de mil livres et les cinq mil livres restantes, ensemble ce quy adviendra et eschiera à la future espouze par succession, donna(ti)on ou autrement luy demeurera propre et aux siens de son costé et ligne. Lesd. futur espoux a doué et doue la future espouze de la somme de quatre cens livres de rentes de douaire préfix (;) au cas qu'il y aye deffault dud. mariage et s'il n'y en a poinct de la somme de trois mil livres unr fois payée sans retour, a icelluy avoir et prendre lorsqu'il aura lieu sur tous les biens meubles et immeubles quelconques présens et advenir dud. futur espoux qui les a dès à présent obligez et ypotecquez. Le survivant des futurs époux aura et prendra par preciput et avant partaige des biens de la communauté tels qu'il voudra choisir suivant la prisée de l'inventaire et

---

1. Mots douteux.

sans crue réciproquement jusques à la somme de deux mil livres ou lad. somme en deniers comptans au choix et option du survivant.

Arrivant dissolution de la future comm(unauté) sera loisible à la future espouze et aux enffants quy naistront dud. mariage d'y renoncer ou l'accepter et au cas de renonciat(ion) reprendre tout ce que la future espouze aura apporté aud. mariage et quy luy sera advenu et escheu pendant et constant icelluy par succession, donnation et autrement tant en meubles qu'immeubles, ensemble lad. future espouze, sy elle survit led. futur espoux, son douaire et préciput tels que dessus, le tout sans estre ny sesd. enffans tenus d'aucunes debtes et ypotecques de lad. communauté encore qu'elle y eust part, s'y fut obligée ou y eust été condamnée dont ils (*sic*) seront acquittées par les héritiers et sur les biens dud. futur espoux et pour ce auront ypotecque de ce jourd'huy. Car ainsy etc, promettant etc, obligeant etc.

Faict et passé à Paris en la maison dud. Anceaume sise rue Dauphine l'an mil six cent quatre vingt quatorze, le deuxième jour d'aoust après midy et ont signé.

Lesage   André Huyard   Guillaume Huiard   Marie Carlot
Marie Elisabeth Huiard   Anceaume   Vitu
Bru   Garnier.

Et lesd. jour et an que dessus lesd. sieur Lesaige et demoiselle Marye Elizabeth Huiard (...) confessent avoir receu desd. Huiard et sa femme (...) la somme de six mil livres qu'ils avoient promis leur donner en faveur de mariage par le contract devant escript et outre leur ont baillé et deslivré les meubles contenus aud. mémoire cy dessus annexé à la minutte dud. contract et ont signé, promettant etc, obligeant etc. Faict et passé à Paris l'an dessusd. et aud. jour.

Lesage André Huyard Marie Carlot Marie Elisabeth Huiard Bru Garnier.

R(eçu) 3 l. 12 s. Mémoires des Meubles que j'ay donnez à Monsieur Lesage

Premièrement

Deux grands licts garnis l'un d'un tour de lit rouge, et l'autre sans tour, savoir deux licts de plumes, quatre matelas, deux traversains, quatre couverture paillace et bois de lict.

Plus deux autres petits licts de repos garnis de trois matelats couverture et paillace.

Plus vingt aulnes de tappisserie de Bergame.

Plus une vingtaine tant de chaises que de fauteuils tournez à torses.

Plus huit chaises de pailles, plus une douzaine de tabourets.

Plus quatre tables tant petittes que grandes.

Plus un corps d'armoire de bois de chesnes à deux guichets.

Plus une cassette de tappisserie avec son pied.

Plus deux petittes fontaines et une cuvette.

Plus une platinne, plus deux chaudrons.

Plus six chandeliers de cuivres jaunes.

Plus deux passoires, plus trois poislons de cuivres jaunes, plus deux pouelles, plus deux réchauds.

Plus quatre vingt livres d'étain fin servant audit ménage, plus un garde manger.

Plus quatre petits miroirs, plus deux feux garnis de leurs eustancilles.

Plus une douzaine de draps, trois ou quatre douzaine(s) de serviettes, huit nap(p)es et plusieurs autres linges servant au ménage.

Le présent a été paraphé par André Huyart bourgeois de Paris et Marye Carlot sa femme et par Marye Elisabeth Huiart leur fille et par René Lesaige sieur de Queribistou(l) bourgeois de Paris et à leur réquisition des notaires soubzsignés au désir du contract de mariage d'entre lesd. René Lesaige et Marye Elizabeth Huiart, passé par dev(ant) no(tai)re le deuxième aoust mil six cent quatre vingt quatorze.

Lesage   Marie Carlot   Marie Elisabeth Huiard   André Huyard
        Bru Garnier.

II - LES INFLUENCES D'UNE CULTURE

LE CONTEXTE CULTUREL EN BRETAGNE VERS 1700
OU LES ÉLÉMENTS D'UNE CULTURE

Nous avons peu de renseignements sur la jeunesse bretonne de Lesage : il a quitté, entre 1668 et 1690, de 20 à 22 ans, son pays natal pour n'y plus revenir. Avec peut-être ces trois convictions : il ne faut compter que sur soi, mieux vaut connaître son droit, ce collège de Vannes n'était pas si mal... Quant à pister du breton dans son œuvre, j'abandonne. Et les marins de *Beauchêne* ? Mais comment naviguer sans marins bretons ? Je pousserai la provocation : que Lesage soit né à Sarzeau ou à Pontoise... Tant il m'a l'air d'être entré de plain-pied dans une sorte de *no man's land* de l'esprit français. Le sujet que j'ai à traiter serait-il donc hors-sujet ? Non, dans la mesure où, au lieu de partir de l'œuvre pour y surprendre du breton hypothétique, je ne tiendrai compte que du contexte culturel breton de l'époque. Si le lecteur familier de Lesage peut y accrocher telle ou telle réminiscence, tant mieux. Mais surtout, à dire vrai, je n'aurai jamais oublié notre auteur qui sera tout du long dans ma ligne de mire.

En commençant par mettre en perspective la durée lesagienne et "le contexte culturel breton vers 1700". En 1680, Alain-René a 12 ans et le premier, et rare, témoignage que nous ayons de lui est une belle signature du 16 avril ; en 1720, il prépare le troisième tome de *Gil Blas* et on peut considérer qu'il a fait sa carrière. Je proposerai donc la plage 1680-1720. Car la période vaut également pour la Bretagne. En 1688, l'Intendant est installé à demeure inaugurant ce qu'on appellera "le siècle de l'Intendance". Une nouvelle administration se superpose à celle des États et du Parlement. Mais surtout, depuis que Brest constituée en ville en 1681 est destinée à devenir le port du Ponant et la vigie de la France, la province est en voie d'occupation militaire. Une longue résignation secouée de crises a succédé aux révoltes de 1675. Un pitoyable événement clôturera symboliquement la période : l'exécution à Nantes du marquis de Pontcallec et de ses jeunes compagnons en rebellion. Mais parallèlement d'importantes mutations se dessinaient. De la fin du XVIIe siècle au début du XVIIIe, outre l'impact militaire, l'économie bretonne se décentre vers le commerce atlantique. La Compagnie des Indes crée le port de Lorient en 1720 et Nantes s'ouvre à une fabuleuse expansion. Ainsi le dynamisme breton tire au sud. On peut dire que la Bretagne est alors prise entre normalisation forcée et déstabilisation prometteuse : on verra dans quelle mesure le contexte culturel en subit les effets.

Mais à quel territoire correspond-il ? D'abord la Bretagne a été toujours double : la frontière linguistique qui depuis le IXe siècle la traverse du nord au sud la coupe également entre Haute-Bretagne francisante et Basse-Bretagne bretonnante. Mais cette Basse-Bretagne ou bien est bilingue ou bien a elle-même une population francisante : le cas du diocèse de Vannes, dont le dialecte breton est différent des deux autres, est particulièrement complexe. Sans compter que les élites ecclésiastiques sont souvent trilingues : un père Maunoir écrit aussi bien en latin qu'en breton ou en français. La Bretagne est double encore par la bordure maritime "armor" et l'intérieur "argoat". Une conscience d'autonomie, entretenue par la tradition et l'histoire, renforcée par les États et le Parlement, n'exclut pas les situations diversifiées : on rappellera le proverbe "Kant parouz kant giz" (cent paroisses, cent coutumes). Parce qu'elle est variée, dispersée, inattendue, il n'est pas toujours facile de globaliser. Nous disposons heureusement de remarquables travaux en la matière comme ceux de Jean Meyer, Jean Quéniart ou Fanch Roudaut. Ils aideront à présenter un tableau culturel à peu près correct de la période concernée.

Il faudra commencer par évaluer le degré d'instruction des Bretons du moment : il paraîtra d'une médiocrité stable et d'une profonde inégalité. Mais il faudra mettre en avant le rôle joué, principalement au sud, par les Jésuites. On verra, en second lieu, qu'à la suite du travail extraordinaire accompli par les Jésuites de la génération 1660-1680, le clergé qui s'installe n'a plus qu'à réguler la vie spirituelle d'une province qui demeure cependant singulièrement à part. Il restera à voir comment la littérature du temps, aussi bien dans sa dimension bretonnante que française, complète le tableau.

*

Par rapport à ses proches voisins, la Normandie ou les pays de Loire, la situation intellectuelle de cette Bretagne où le rapport de l'intendant Béchameil de Nointel a dénombré en 1698 1 700 000 habitants reste très en retrait. Rennes, la capitale qui a de 25 à 28 000 habitants, n'a ni Université ni Académie. Nantes avec ses 40 000 habitants n'a qu'un embryon d'Université. Aucune ville ne possède de théâtre officiel. Brest qui du XVIIe siècle au début du XVIIIe passe de 2 000 habitants à 15 000 restera sans collège. L'enquête essentiellement rurale menée sur l'alphabétisation par Maggiolo au XIXe siècle est à contrebalancer par l'enquête essentiellement urbaine menée de nos jours par J. Quéniart[1]. La première donne pour la fin du XVIIe siècle des résultats consternants sur les alphabétisés : 16 à 20 % pour l'Ille-et-Vilaine, 11 à 15 % pour la Loire Atlantique et le Finistère, 6 à 10 % pour le Morbihan et les Côtes-du-Nord. Si l'on ne compte que les femmes, cela donne : 15 à 20 % pour le Finistère et l'Ille-et-Vilaine, 6 à 10 % pour les Côtes-du-Nord et la Loire Atlantique, 0 à 5 % pour le Morbihan. Quéniart n'a opéré que sur les 3 villes de l'Est, Saint-Malo, Rennes et Nantes, et seulement sur 2 villes de l'Ouest, Quimper et Brest : mais tel est le déséquilibre. Deux sondages nous intéressent, celui de 1697-98, celui de 1728-29. Pour les sachant-lire, Rennes tombe de 40 à 35, Saint-Malo monte de 34 à 40, Nantes stagne de 31 à 32, Quimper avec ses 10 000 habitants reste stable à 32, Brest fait un bond de 18,5 à 32. Les statistiques sur les imprimeries sont également significatives. En 1701, Nantes a 5 imprimeurs mais Rouen en a 28, Rennes en a 8 mais Caen 11, Brest

---

1. J. Quéniart, *Culture et société urbaines dans la France de l'Ouest au XVIIIe siècle*, Paris, Klincksieck, 1978. Pour sondages 1697-98/1727-28, voir pp. 40-53. Tableau comparatif Maggiolo-Quéniart dans J. Meyer, *Histoire littéraire et culturelle de la Bretagne*, J. Balcou et Y. Le Gallo, Genève, Slatkine, 1987, I, pp. 288-289 (HLCB).

et Saint-Malo en ont 2, Quimper en a 3. Cette conclusion de Quéniart sur Quimper peut être étendue : "Une minorité dotée au moins d'une instruction élémentaire, et souvent bien plus instruite, y contraste, presque sans aucun terme de transition, avec une majorité inculte, celle-ci étant vraisemblablement, d'une façon ou d'une autre, au service de celle-là".[2] Ce qu'illustrent des surprises comme celle récemment notée par J. Kerhervé : le marchand-banquier Nicolas Richard faisant en 1699 à Amsterdam une commande de livres en plusieurs exemplaires lesquels ne sont pas forcément religieux puisqu'on y trouve La Fontaine, Scarron, Saint-Evremond.[3] On peut facilement caractériser cette minorité lectrice : hommes de robe, bourgeoisie marchande, la masse cléricale ; Béchameil dénombrait alors pas moins de 13 116 ecclésiastiques et religieuses.[4]

Leur rôle dans l'alphabétisation de la province est essentiel. Mais on mettra en avant, et au-dessus, les plus dynamiques : les Jésuites. A eux d'impulser, pour les favorisés, l'enseignement secondaire. Non qu'ils aient été acceptés facilement, puisque les ports commerçants comme Saint-Malo et Nantes n'ont pas voulu d'eux. Mais restent les 3 grands collèges de Rennes fondé en 1604, de Quimper fondé en 1620, de Vannes fondé en 1630. On comprendra qu'on se limite ici à Vannes qui a 10 000 habitants comme Quimper, qui abrite le Parlement de 1675 à 1690, où, d'après le rapport de Dubuisson-Aubenais en 1636, on se vantait de "parler le français le plus pur du royaume", Vannes enfin où Lesage fit ses humanités. Pour le collège il faut se rapporter à l'étude d'Allanic datant de 1902[5] et pour l'élève à l'article paru en 1968 de J. L. Debauve.[6] Ce dernier suppose qu'Alain-René, fatalement frotté du bas-breton de la presqu'île et bien préparé au latin et au français par la famille, fréquenta le collège de 1683 à 1688. Une seconde signature à un

---

2. J. Quéniart, *Ibid.*, pp. 46-47.
3. J. Kerhervé, *Histoire de la ville de Quimper*, Toulouse, Privat, 1995, p. 141.
4. Le rapport de Béchameil de Nointel, premier intendant de Bretagne, a été publié par Meyer et Boulanger, Klincksieck, 1976.
5. *Annales de Bretagne*, XVIII, 1902-03, pp. 54-54 et 234-275. Pour le livret *Ménalque*, voir p. 74.
6. *Bulletin de la société polymathique du Morbihan*, juillet 1968, pp. 117-125.

baptême, le 10 mai 1689, est paraphée comme un adieu. Si le collège tournait autour de 800 élèves par an, il offrait toutes les garanties d'un excellent cursus. Lesage y aura bénéficié d'une solide culture classique qui n'a rien d'exceptionnel. Il aura aussi vécu la vie de collégiens, studieux à l'intérieur, tumultueux à l'extérieur. Mais les beaux-arts n'étaient pas négligés. Le document le plus intéressant est assurément la pastorale *Ménalque* publiée à Vannes. L'auteur : le père Bochard de Sarou. Le moment : la fête de la fin d'année 1688 justement. Les acteurs : 40 élèves papillonnant en travestis, et hélas, pas le nom de Lesage. Le sujet : du paganisme en musique. La leçon : apprenons

" A jouir, sans passer un moment

Des plaisirs innocents que l'on perd aisément ".

Il ne pouvait qu'être là, notre Alain-René, du théâtre plein les yeux. Mais que le profane ne détourne pas du fond, qui est l'enseignement religieux.

Si Lesage est la plus belle production du collège de Vannes, il n'est pas la seule. Ces établissements de Jésuites sont en train de devenir des exportateurs de matière grise. Et d'abord matière de Jésuites. L'activité de ces "conquérants"[7] va s'exercer en France, dans l'enseignement ou dans le journalisme. Vannes, dont sont tout de même issus Marquer, du Baudory, de Kervillars, pâlit en comparaison de Rennes et surtout de Quimper. Au Rennais de Tournemine (1661-1739) reviendra de fonder le fameux *Journal de Trévoux*, qui deviendra pépinière de Bretons, et de former à Louis-Le-Grand l'encore plus fameux F.M. Arouet. Mais c'est de Quimper que nous vient, quasi contemporains de Lesage, en attendant d'autres[8], ce trio de qualité : Hardouin (1646-1729), Bougeant (1690-1743), André (1675-1764). Un mot sur le père André de Châteaulin. Malgré la consécration en 1843 de Victor Cousin, il attend encore la belle thèse qu'il mérite. Mathématicien, esthéticien avec ce best-seller du siècle que sera l'*Essai sur le beau* de 1743,

---

7. Le mot est d'E. Guillon dans HLCB, I, p. 367. Voir son développement sur "la Bretagne des Lumières".

8. Dont le plus célèbre, Elie-Catherine Fréron (1718-76), le directeur de l'*Année littéraire*.

redoutable dialecticien, il essaya toute sa vie, en disciple de Descartes et en intime de Malebranche, de concilier, malgré censures et persécutions, la foi et la raison. Les Jésuites mènent à tout, la Bretagne aussi. Mais, comme pour Lesage, à condition d'en sortir.

*

* *

La dimension spirituelle entre naturellement dans le contexte culturel : mais sous quelles formes ?

Les grandes campagnes missionnaires de l'époque précédente, où l'on retrouve aux avant-postes toujours les Jésuites, avaient suffisamment labouré les âmes : c'est pourquoi il faut y revenir. Je me contenterai, en résumant, de suivre deux directions et de conclure sur un point particulier. La première concerne les missions mêmes. C'est le Père Vincent Huby né à Hennebont (1608-1693), issu de l'école mystique du Père Lallemant, qui a formé Julien Maunoir (1606-1683), un Haut-Breton passionnément bas-bretonnisé, et dont la personnalité est si puissante qu'elle a éclipsé les autres.[9] Les missions qu'il organisait en vagues successives, admirablement orchestrées par bandes de 40 à 50 membres, se déployèrent de 1660 à 1683. L'abbé Brémond parlera à propos de sa méthode d'"Université populaire ambulante."[10] Tout y était, en effet, matière à enseignement et à spectacle, du cantique à l'érection

---

9. Par Maunoir sur lequel on a beaucoup écrit (A. Croix, J. Meyer, F. Roudaut) se reporter d'abord à L. Kerbiriou, *Les Missions bretonnes,* Brest, Le Grand, 1933. Dès 1697 le Père Boschet écrivit *Le Parfait missionnaire ou la vie du R. P. Julien Maunoir.* Rappelons que Maunoir sera béatifié. Outre les ouvrages que nous avons cités, on signalera *Canticou spirituel* (Cantiques spirituels), 1641, rééd. 1642 : parmi ceux-ci les *Plaintes des Trépassés* encore chantées aux XXe siècle. En latin : *Le Journal latin des missions.* Le biographe est encore à redécouvrir, mais toutes les biographies de Maunoir sont encore soit aux Archives de Quimper soit pour la plupart dans les Archives privées de Kerdanet à Lesneven : *Vie de dom M. Le Nobletz,* 463 p. - *Vie du P. Bernard* (introuvable) - *Vie de M. de Trémaria,* 1674 - *Vie de Marie-Anice Picard* (qui intéressa Descartes - 253 p.) - *Vie de Catherine Danielou.*
10. Cité par J. Meyer dans *Histoire religieuse de la Bretagne,* Paris, CLD, 1980, pp. 175-186. L'auteur évoque les missions de Le Nobletz, le précurseur, Maunoir, le généralisateur, Grignion de Montfort le vulgarisateur.

de la croix. Mais le clou était le commentaire des "taolennou", ces cartes coloriées sur peaux de mouton et qui représentaient à coups d'adaptations symboliques le dramatique théâtre du salut. Le bilan est extraordinaire : 375 missions pour Maunoir en 23 ans, des dizaines d'autres, un millier de prêtres et de laïcs au combat, une rechristianisation au pas de charge. La deuxième direction porte sur les "retraites", qui sont urbaines et d'un autre ordre. L'initiateur en est encore le Père Huby : on a même pu, à cet égard, parler d'"école vannetaise". "Cette institution, écrit F. Roudaut, née à Vannes en 1663, se répandit ensuite dans toute la Bretagne, haute et basse, et franchit les limites de la province".[11] Des maisons de retraites, pour hommes et pour femmes, pour laïcs et ecclésiastiques, furent créées d'abord à Vannes, puis à Quimper. On s'y réunissait 8 jours par an pour des exercices spirituels. D'après J. Meyer, "les deux maisons de retraite de Vannes ont vu passer en 20 ans plus de 30 000 retraitants".[12] Je voudrais conclure ici sur un point fort : le rôle exceptionnel des femmes, collaboratrices missionnaires et modèles mystiques. Evoquons seulement "Marie Guyon de Servel au diocèse de Tréguier décédée en odeur de sainteté le 20 avril 1687 âgée de 41 ans"[13] : des images pieuses du genre se multiplièrent aussitôt et pour longtemps.

La jeunesse bretonne de Lesage se déroule dans une atmosphère différente, on l'a vu. Le grand souffle mystique qui a balayé la province s'apaise peu à peu. Elle rejoint ainsi, comme elle peut et avec retard, le courant antimystique français. Le relais est pourtant pris par un des grands esprits religieux du temps, Grignion de Montfort (1673-1716). Mais ce dernier est un Haut-Breton, issu de Saint-Sulpice, et ses missions se sont exercées, sans frénésie, au cours de la première décennie du siècle, dans la Bretagne française et même au-delà. Il s'est surtout consacré à entretenir le culte de Marie et la pratique des sacrements. Pour cela il va composer des dizaines de cantiques à chanter sur les airs à la mode. En réalité, ce sont les séculiers qui régulent désormais l'activité spirituelle selon une

---

11. F. Roudaut dans HLCB, I, p. 242.
12. J. Meyer dans *Histoire de la Bretagne*, Toulouse, Privat, 1987, p. 286.
13. *HLCB*, I, illustration 57.

religion à fleur de terre. Chaque diocèse avec ses prélats éclairés, les 4 bretonnants et les 5 francisants, a vu sortir de ses séminaires nouvellement créés, le dernier en date étant précisément celui de Vannes en 1680, un clergé mieux formé. Autre signe : les couvents de tout genre qui avaient envahi les villes au XVIIe siècle voient leur progression contenue. En contrepartie, urbanisation et architecture s'ouvrent aux Lumières.

Reste à s'interroger sur l'interaction de la culture catholique, la seule force en jeu, et de l'inculture populaire. Tant que peuple et clergé communient dans une atmosphère transfiguratrice, il s'agit bien de manifestations culturelles : c'étaient les seules, en fait, où les illettrés devaient se sentir un peu moins illettrés.[14] D'ailleurs comment résister au spectacle ? Dès le début du XVIIe siècle le plus beau théâtre avait fini de se constituer : calvaires et chapelles invitaient à la représentation. Les grandes missions ne font pas oublier ces noyaux de culture que sont les pardons : chaque hameau avait le sien. C'est précisément à ce moment qu'est en train de se développer le pardon qui sera le plus grand pardon de la Bretagne, celui de Sainte-Anne d'Auray en Vannetais. Mais en même temps subsiste toute une mentalité archaïque bloquée. Un exemple contemporain significatif : de 1670 à 1700 les autorités politico-religieuses ont ferraillé avec les habitants de Baud, toujours en Vannetais, pour une statue, objet de culte scandaleux, la statue de Quinipily[15]. Adorer les saints pour services à rendre, adorer les

---

14. Boureau-Deslandes (1689-1757), né au Bengale, commissaire de la marine à Brest auteur d'une *Histoire critique de la philosophie* qui a marqué Diderot, est, par sa correspondance qui commence en 1710 un irremplaçable témoin de la vie culturelle en Basse-Bretagne pendant la première partie du XVIIIe siècle. Il était fasciné par l'idée que les Bretons se faisaient de la messe : "une tragédie sacrée" (27 juin 1729). Il avait lu en manuscrit le *Dictionnaire* de dom Le Pelletier, ce qui détermina sa vocation bretonne. Il collectait des livres qu'il adressait à Bignon à la Bibliothèque du roi contribuant ainsi à fonder le fonds breton de la Bibliothèque. Il lui recommandera le Père G. de Rostrenen dont le *Dictionnaire* de 1732 fera date. Il remarquera la passion des Bas-Bretons pour la poésie. Pour l'auteur et sa correspondance bretonne voir Ch. Laurent, *Bulletin de la société archéologique du Finistère*, 1964, XC, pp. 134-274.
15. Gwenc'hlan Le Scouëzec, *Le Guide de la Bretagne mystérieuse*, Paris, Tchou, 1966, article "Baud". Se rappeler à ce sujet l'important passage de

astres et les pierres, sacrifier aux fontaines, parler avec les morts, tel est le lot de la magie quotidienne. Mais que penser des pratiques démoniaques, des nuits avec le diable qui n'a rien de boiteux, du sabbat et autres formes de magie noire, tout ce contre quoi Maunoir avait lancé une guerre psychologique[16] ? Certes la Bretagne n'a pas l'apanage de toutes ces pratiques, mais avec une grande différence. Autant les superstitions s'y multiplient à volonté, autant, malgré l'obsession de Maunoir mais aussi grâce à son action, la sorcellerie maligne y est exceptionnelle qui, au contraire, a tendance à se développer au fur et à mesure qu'on avance vers le centre de la France. Quoi qu'il en soit, voilà de l'anti-culture absolue. Le contexte culturel breton s'alourdit de tout cet obscurantisme que les Lumières ne dissiperont pas mais qui étaient nécessaires au tableau.

*
* *

De quel contrepoids peut donc être la littérature ? Elle est à envisager au sens large de ce qui s'écrit valablement et dans la double dimension de la française et de la bretonnante. Certes, pour le premier cas, nous n'aurons pas l'équivalent de Noël du Fail ou de Charles d'Espinay pour le XVIe siècle, ni pour le premier XVIIe siècle l'équivalent de l'auteur de *La Vie, Geste, Mort et Miracles des Saints de la Bretagne Armorique*.[17] Certes nous aurons bien l'un des plus grands écrivains du siècle, mais Mme de Sévigné n'est bretonne que par alliance et par moments, et la voilà qui dit adieu à ses "Rochers".[18] Pourtant la maigre littérature francisante de cette

---

Flaubert, qui voyagea en Bretagne en 1847, dans *Par les champs et par les grèves*.

16. Voir L. Kerbiriou, *Op. Cit.*, IIIe partie, chapitres III et IV, pp. 132-174.

17. Le dominicain A. Le Grand de Morlaix est l'auteur de cette légende dorée. Dom Lobineau écrira toute une série sur *Les Vies de saints de Bretagne et des personnes d'une éminente dignité qui ont vécu dans la même province*, Rennes, 1724 : l'auteur en a dénombré 219.

18. Voici les 5 séjours de Mme de Sévigné aux "Rochers" : 27 mai-9 décembre 1671 ; septembre 1675-24 mars 1676 ; 13 mai-27 octobre 1780 ; 24 septembre 1684-3 septembre 1685 ; 8 mai 1689-3 octobre 1690. Ainsi sur 20 ans, cela fait 3 ans et 10 mois pour 330 lettres de Bretagne.

époque offre l'intérêt de mettre en avant 4 thèmes bien bretons. Le premier, dans sa vision à l'eau de rose du pays des korrigans, conduit déjà aux "bretonneries" du XIXe siècle. La responsable, la Comtesse de Murat, fille du Maréchal de France et Gouverneur de Brest de Castelnau, est d'autant plus attachante qu'elle écrira une suite, toujours inédite, au *Diable boiteux*[19]. Un peu de cet esprit court à travers la campagne rennaise de son roman de 1710 *Les Lutins du château de Kernosy*. Le second thème renvoie au roman historique. Or le gentilhomme du pays du Léon Pezron de Lesconvel qui lance la mode n'est pas dénué de tout mérite[20]. Sa *Relation du voyage du prince de Montberaud dans l'île de Naudely*, parue en 1703, sera plusieurs fois rééditée. Mais cet "honorable fainéant", comme il se nomme lui-même, s'exerce aux "nouvelles historiques et galantes" dont il publie une série de 1695 à 1697. Trois héroïnes inspirèrent son patriotisme mélodramatique : la Comtesse de Châteaubriant, la Comtesse de Montfort, Anne de Bretagne. Pezron de Lesconvel qui inaugure le roman historique breton se révèle, en disciple attardé et brouillon de Mme de La Fayette, un anti-Lesage. Le troisième thème concerne l'historiographie. L'*Histoire de Bretagne* de d'Argentré, dont Pezron avait fait un *Abrégé*, était à reprendre. L'initiative en revint à l'évêque de Quimper, Mgr de Coëtlogon. Il confia l'entreprise au prieur de l'abbaye de Landévennec, dom Audren de Kerdrel, qui s'entoura de 4 mauristes remarquables. C'est pourtant un dernier venu, le rennais dom Lobineau, qui devait contrôler et rédiger l'ensemble. Deux tomes sortirent en 1707, le reste devant suivre. Travaillant magnifiquement sur une matière explosive et une documentation hors pair, dom Lobineau sut concilier indépendance bretonne et fidélité française. Cette *Histoire de Bretagne* qui se voulait déjà Histoire totale suscite l'admiration des historiens modernes comme J. Meyer : "L'acquis définitif des recherches bretonnes, écrit-il, si

---

19. Cité par R. Laufer, *Lesage ou le métier de romancier*, Paris, Gallimard, 1971, p. 135.
20. Auteur redécouvert par A. P. Segalen. Voir "P. de Lesconvel écrivain breton de langue française" dans *Bulletin Société Archéologique du Finistère*, 1972, pp. 109-144.

diverses soient-elles, est surtout l'œuvre des mauristes"[21]. Et c'était aussi de la littérature. Le quatrième thème l'est plus spécifiquement puisqu'il est question de poésie chantée. Le seul auteur breton de l'époque à avoir eu les honneurs d'une publication récente de ses *Œuvres complètes* est Grignion de Montfort. Rassemblées en 1966, elles comprennent traités de théologie et cantiques[22]. Si Grignion compte dans une histoire de la spiritualité, sa versification ne dépare pas ce début du XVIIIe siècle. Ses pointes contre joueurs, danseurs, fausses belles et mauvais abbés accompagnent allègrement sa pointe dévotieuse. Voici, en aperçu, sur l'air "Amant frivole", les mondaines avec

" Leurs coiffure(s) à triple étage,
Leur beaux colliers enrichis,
Leurs orgueilleux étalage,
Leurs cheveux noirs tout blanchis " (Cantique 33).

Et voilà, sur l'air "J'ai quitté par cour ", un autre aperçu :
" Vous m'avez cherché comme un pasteur fidèle
Lorsque je m'étais égaré malgré vous.
Tenez malgré soi cette brebis rebelle
Pour la préserver de la gueule des loups "
(Cantique 96).

Quant à la littérature bretonnante, malgré sa rareté et ses faiblesses, malgré l'emprise religieuse, elle reste précieuse à un double titre : elle réinscrit le breton dans le circuit de l'écrit tout en laissant percevoir la richesse de la littérature orale et populaire. Avant de tenter de mesurer l'importance de cette dernière, intéressons-nous à deux auteurs-clés de cette période : l'essentiel Maunoir, le providentiel dom Le Pelletier. Si Maunoir n'est pas le seul, il a vite compris pour son combat l'urgence d'un plan d'action

---

21. Dans HLCB, I, p. 280.
22. Les *Œuvres complètes* de Saint Louis-Marie Grignion de Montfort ont été publiées au Seuil, 1966, 1905 pages. A côté du *Traité sur la vraie dévotion* qui est son œuvre maîtresse et qui compte dans l'histoire de la spiritualité, ont été publiés 164 cantiques. Un disque a été produit par les Studios SM à Paris.

pour la langue bretonne. Son *Sacré collège de Jésus* de 1659 mais plusieurs fois réédité ajoutait au catéchisme des *Quenteliou christen* (Leçons chrétiennes) un dictionnaire et une grammaire bilingues. De la lexicographie si l'on veut, mais où Maunoir a joué un tripe rôle : en adaptant le breton il l'a déformé en "breton de curé", comme on dira ; en le canalisant pour sa mission il en fera une langue de curé ; mais ce faisant, il contribuait à sa sauvegarde. En fait, la littérature passionne Maunoir. Laissons le biographe ou le théologien pour ne voir que le prédécesseur bretonnant de l'auteur de cantiques Grignion. J'ai choisi *Melezour an den yaouank* (Le Miroir des jeunes gens) adaptée d'une histoire tirée du jésuite espagnol Martin Delrio[23]. L'héroïne "Katel Gollet" (Catherine la perdue) est une débauchée qui a été incapable de se confesser avant de mourir. Voici, en traduction, le passage final où sa camarade le voit revenir de l'enfer "son visage plein de serpents et ses yeux pleins de salamandres" :

> " Je suis Katel, ta camarade, condamnée aux flammes
> impitoyables ! Voici ma chair cause de mon malheur !
> Ma main a commis le péché, et ma langue l'a nié [...]
> Un more noir et gris, à longue queue, horrible avec des
> pieds à longues griffes, en me menaçant de me casser
> la tête, m'a contrainte de tenir ma bouche close. Ma
> malédiction sur les mauvaises compagnies, sur les
> sorciers et sur les soirées ; ma malédiction sur les bals
> et les danses, qui m'ont fait tomber dans le péché. "

Cette "Katel Gollet", qu'on identifiera à la fille lubrique des calvaires de Guimiliau et de Plougastel-Daoulas, réintégrera la littérature orale et populaire en devenant une sorte de mythe bas-breton de la fille perdue. Le cas de dom Le Pelletier est également passionnant. L'auteur, né au Mans en 1663 et mort à Landévennec en 1733, a appris le breton avec voracité. Il est même pris dans l'idéologie étymologisante qui réapparaît à ce moment-là : la

---

23. Dans *Canticou spirituel* (Cantiques spirituels), éditions de 1641 et 1652. Mais L. Kerbiniou s'interroge sur la paternité de Maunoir : alors de tradition orale ? Luzel, en 1789, recueillera "Katel Gollet" dans ses *Veillées bretonnes* en reprenant l'attribution éventuelle à Maunoir.

primogéniture de la langue des Celtes autrement appelés Gaulois. Le *Dictionnaire étymologique de la langue bretonne* est prêt dès 1716[24]. Mais ce gros ouvrage qui inaugura en quelque sorte la philologie comparée est en même temps un porche littéraire. Car l'auteur y a retranscrit 3 manuscrits uniques : un mystère, *La Vie de Saint Gwenole* qui renvoie à la légende de la ville d'Ys ; des fragments de *La Destruction de Jérusalem*, des extraits affolés d'une pièce à faire rougir notre saint prêtre, *Amouracusted den coz* (Le Vieillard amoureux), histoire du vieillard et de la pucelle[25]. On voit que le théâtre avait tendance à s'émanciper, à évoluer, ce qui aurait fait plaisir à Lesage, en théâtre de foire. Mais il s'agit là de la partie faible de la littérature orale et populaire bretonnante. Par amour de la langue, le savant Le Pelletier en a laissé soupçonner l'importance. Mais que dire du chant, de ces "gwerziou" ou "soniou" dont "Katel Gollet" nous a donné le goût, que dire de ces récits merveilleux et fantastiques psalmodiés dans ces pardons profanes qu'étaient les veillées ? Etrange paradoxe : cette riche littérature qui irriguait le passé et dont témoigne intensément pour les années 1680-1720 le succès des contes de fées ne sera généralement connue que par les collecteurs du XIXe siècle. Ainsi de la "Mort de Pontcallec" dont j'ai parlé en commençant et dont nous ne connaîtrons la "gwerz" que par le *Barzaz Breiz* (Recueil de poèmes de Bretagne) de La Villemarqué[26].

*

24. Titre de l'ouvrage qui ne sera publié qu'en 1752 et qui se trouve à la Bibliothèque municipale de Rennes : *Dictionnaire étymologique de la langue bretonne où l'on voit son antiquité, son affinité avec les autres langues tant anciennes que modernes...* Dès 1703 le cistercien Yves-Marie Pezron (Hennebont 1640-1706) fait paraître à Paris *Antiquités de la nation et de la langue des Celtes, autrement appelés Gaulois*. Ainsi renaissait, née au XVIe siècle, cette "furor celtica" qui allait culminer à la Révolution avec l'emblématique La Tour d'Auvergne. Le XIXe siècle appellera ce mouvement "celtomanie", c'est-à-dire la manie de voir du celte partout.
25. Pour la culture bretonnante du XVIe au XVIIIe siècle, voir dans *HLCB*, I, pp. 193-230 (C.J. Guyonvarc'h) et pp. 231-245 (F. Roudaut).
26. H. de la Villemarqué, *Barzaz Breiz*, *cf*. édition 1867, Paris, Perrin, 1963, pp. 326-334.

Dans cette exploration du contexte culturel breton de 1680 à 1720, j'ai autant oublié Lesage que Lesage a oublié la Bretagne. Et si ce n'était vrai ni d'un côté ni de l'autre ? Je serais trop heureux qu'on ait pu accrocher à cet exposé telle ou telle référence lesagienne. Je poserai deux questions avant de conclure sur une réaction. D'abord sur les Jésuites dont on a vu qu'ils étaient les phares du moment. Ils étaient aussi humanistes qu'espagnolisés. Quel effet sur l'esprit et l'âme du jeune homme ? La seconde question porte sur cette culture orale d'autant plus riche qu'elle ne s'écrit pas. Si Lesage reste original même dans la littérature française de son temps, c'est peut-être qu'il est un conteur breton qui s'ignore. Je conclurai sur une affaire de réception. C'est au XIXe siècle que la Bretagne, qui sera alors celle du Nord, fera exploser son génie avec les Chateaubriand, Lamennais, Renan, Villiers, Corbière. En récupérant même, avec retard', l'esprit des Lumières. Dans ses *Souvenirs d'enfance et de jeunesse* Renan évoque son oncle Pierre, ce conteur de ville. Sous Charles X, les missionnaires vinrent dire à Tréguier qu'il fallait brûler les livres qu'on possédait car ils étaient presque tous dangereux. "Je fis comme tout le monde, raconte sa mère à Ernest ; mais ton père en jeta plusieurs sur le haut de la grande armoire. "Ceux-là sont trop jolis", me dit-il. C'étaient *Don Quichotte, Gil Blas, Le Diable boiteux*. Pierre les dénicha en cet endroit. Il les lisait aux gens du peuple et aux gens du port"[27]. Etonnant retour de Lesage en pays breton !

Jean Balcou
Université de Brest

---

27. E. Renan, *Œuvres complètes*, Paris, Calmann-Lévy, 1948, II, p. 771.

LESAGE EN 1715 : L'ÉVOLUTION DES IDÉES MORALES

1715, date de la première publication de *Gil Blas*, est une date symbolique dans l'histoire des idées, concluant ce qu'on a appelé la "crise de la conscience européenne" : mort de Louis XIV, ouverture et joie quelque peu dissolue de la Régence, spéculation et bouleversement social, surtout aboutissement d'une longue crise philosophique et morale, aboutissement ou prolongation, la question reste d'ailleurs ouverte. On sait que, dans le grand ouvrage de Paul Hazard, les hommes se sont "convertis" à la libre pensée entre 1680 et 1715, et nous pourrions être tentés de chercher chez Lesage les indices de cette "conversion" philosophique.

Cependant, depuis la publication de l'ouvrage de Paul Hazard en 1934, cette conception de la crise soudaine, rapide, décisive, a souvent été mise en cause ; nous sommes maintenant plus sensibles à la variété des domaines de la vie culturelle et intellectuelle ; la vie, les vies économique, politique, scientifique, philosophique, culturelle..., n'évoluent pas nécessairement à la même vitesse. Par exemple, la révolution galiléenne marque la pensée scientifique et philosophique dès le début du XVIIᵉ siècle ; de même, l'histoire des pyrrhonismes, l'influence formidable de Montaigne, le bouleversement des certitudes du rationalisme scolastique, nous invitent à élargir notre conception de la "crise" de la conscience. Loin d'être figé dans ses certitudes, le XVIIᵉ siècle est en crise permanente : triomphe du pyrrhonisme de Montaigne, défense cartésienne d'un nouveau rationalisme, nouvelles attaques pyrrhoniennes de La Mothe le Vayer et de Gassendi ; dénonciation de l'imposture politique de la religion chez Naudé, matérialisme radical et remise en question des privilèges de la condition humaine dans *L'Autre monde* de Cyrano ; inventaire de l'héritage humaniste dans le traité clandestin du *Theophrastus redivivus* (1659)... Ces étapes de l'histoire intellectuelle ont fortement marqué l'évolution de l'apologétique chrétienne : Pascal apparaît comme le défenseur lucide d'une foi qui ne se réduirait pas à la démonstration de l'existence du "Dieu des philosophes".

Je ne reviendrai pas ici sur ces aspects bien connus de l'histoire intellectuelle du XVIIe siècle ; qu'il suffise de dire que ces quelques allusions permettent d'envisager la date de 1715, non pas comme une date décisive, mais comme un simple moment dans une évolution intellectuelle qui va de la Réforme à la Révolution.

Quels signes découvre-t-on, dans le grand roman de Lesage, de cette crise longue ou de cette évolution, de cette tension philosophique et morale ? Je dirai tout d'abord que, à ma connaissance, Lesage n'était pas un lecteur de manuscrits clandestins. Je ne ferai donc pas le tour des thèmes de la littérature clandestine en y accrochant les apparitions dans le roman de moines lubriques ou goinfres, d'ermites fourbes ou fort sociables, ni même celle du très humain archevêque de Grenade. Non. Ce qui frappe dans le roman de Lesage, ce n'est pas l'annonce d'une polémique anti-chrétienne ; sa satire des ecclésiastiques reste traditionnelle et fort civile, et il n'est jamais question, me semble-t-il, des points fondamentaux du dogme. Ce qui frappe dans le roman, c'est plutôt la place de l'humain, la marge considérable de la tolérance morale créée par Lesage au moyen d'une complicité très habile, très légère et très sympathique avec son lecteur. L'humour et la légèreté de la touche de Lesage, l'ironie exercée très librement à l'égard de lui-même créent une aire de tolérance qui me paraît être une des qualités essentielles du roman et marquer une étape dans l'évolution des idées morales.

En effet, nous avons affaire à ce que j'aimerais appeler - sans polémique - un roman anti-janséniste ou anti-augustinien : un roman qui marque la réhabilitation de l'amour-propre et qui marque ainsi l'influence de Malebranche sur les idées morales du XVIIIe siècle. Permettez-moi d'esquisser rapidement quelques étapes de cette histoire pour préciser ma pensée sur ce point.

La grande tradition moraliste en France est inséparable de l'augustinisme : le "moi haïssable" de Pascal, les "vices cachés" de La Rochefoucauld, l'amour-propre qui se déguise en charité chez Nicole... autant de traits qui caractérisent une même école et un même portrait de la misère humaine. L'honnête homme n'est qu'un hypocrite, le héros est boursouflé d'orgueil, le vernis de la sociabilité déguise mal la jungle des appétits féroces : la vanité de la vie sociale est une punition et une pénitence. Cette démolition du héros se poursuit sous la plume de Pierre Bayle, héritier de l'analyse augustinienne à travers Calvin ; le philosophe de Rotterdam tire les conséquences de ces analyses célèbres des tours et retours de l'amour-propre : les hommes ne se comportent pas selon leurs convictions ; leurs vertus apparentes ne sont que les effets de leurs vices cachés, de leurs passions dominantes, de leur tempérament. Sans insister sur la leçon de tolérance que Bayle tire de ce constat, signalons seulement la reprise massive des textes de Bayle dans *La Fable des abeilles* de Mandeville (1714, 1724) et dans ses *Pensées libres* (1720, traduction française de Van Effen 1723) : toute prospérité sociale, toute vie mondaine a sa source dans l'amour-propre, appétit féroce du moi. Mandeville apparaît ainsi - à une date qui est symbolique pour nous et pour Lesage - comme l'héritier de la grande tradition des "dénigreurs de la nature humaine".

Face à cette tradition, face aux moralistes de Port-Royal, Malebranche œuvre pour une réhabilitation de l'amour-propre. Nous n'entrerons pas ici dans le détail de son analyse très subtile de l'amour d'union et de l'amour de bienveillance, de sa distinction entre la disposition machinale à rechercher le plaisir et "l'amour habituel, libre et dominant de l'Ordre immuable". Qu'il suffise de souligner que, pour Malebranche, l'amour-propre n'est pas condamnable, car sans lui les hommes ne chercheraient pas leur véritable bonheur et leur véritable perfection, et l'on réduirait l'amour de Dieu à "un jugement spéculatif des perfections divines" (XIV. 23) : "Tout motif est naturellement et nécessairement fondé sur l'amour-propre, ou sur le désir invincible d'être heureux [...] en un mot sur la volonté propre" (XI. 102). Privé d'amour-propre, l'homme serait incapable d'amour.

Trouve-t-on des traces de l'influence de Malebranche dans la pédagogie des passions proposée par Fénelon au jeune duc de Bourgogne ? C'est possible. En tout cas, cette réhabilitation de l'amour-propre marque, par l'intermédiaire de Ramsay, les réflexions du club de l'Entresol : on en trouve des traces chez Montesquieu et surtout chez l'abbé de Saint-Pierre, dont les analyses morales, toujours largement inédites, sont autant d'attaques violentes dirigées contre les moralistes de Port-Royal et contre leurs héritiers. Parmi ces manuscrits, nous trouvons une critique du pari de Pascal qui réduit le célèbre paradoxe à un argument solide mais banal en faveur du plaisir, de l'intérêt bien entendu et donc de la bienfaisance, qui est "l'essantiel" de la religion. L'abbé de Saint-Pierre détourne ainsi le *pari* au service du Dieu des Philosophes et d'une nature dont l'eudémonisme est parfaitement légitime. L'amour-propre n'est pas nié ; tout se fonde, au contraire, sur un calcul d'intérêt ; mais ce calcul, cet appétit, cet égoïsme n'est plus féroce, ni tyrannique : il est innocent et il fonde "l'essantiel de la religion raizonable".

Il n'y a plus, dès lors, de conflit ni de "contrariété" dans la nature humaine : la guerre des passions n'a pas lieu ; elles s'apaisent dans la plus parfaite, la plus raisonnable et la plus innocente harmonie. L'intérêt fonde une paix générale dans la nature humaine. C'est dans cet esprit que l'abbé de Saint-Pierre s'en prend aux *Maximes* de La Rochefoucauld, auxquelles il consacre plusieurs cahiers manuscrits. Toutes les passions, l'amour-propre lui-même, ne sont qu'une donnée neutre de la nature qu'il s'agit d'exploiter au service de l'ordre social. L'abbé tourne les mêmes armes contre Pierre Bayle : encore une fois, il ne peut y avoir de conflit entre le recherche du bonheur et la vertu, puisque, par définition, c'est dans la vertu que l'homme trouvera son bonheur ; donc, les hommes cherchent leur bonheur et pratiquent la vertu : il suffit d'être raisonnable. Enfin, sa dernière cible est *La Fable des abeilles* de Mandeville, et c'est dans cet article que l'abbé de Saint-Pierre se prononce le plus fortement pour des "passions innocentes" et un "amour-propre innocent", mieux : pour des "passions vertueuses" et un "amour-propre vertueux" :

> " L'amour des grandes richesses et d'un grand pouvoir, quand c'est pour en faire un usage innocent et vertueux, non seulement n'est pas blamable, mais il est louable. De là il s'ensuit que chercher dans ses antreprises non seulement son propre bonheur, son propre plézir, mais ancore celui des autres est un

dézir trez permis, trez innosant, mais ancore trez vertueux et trez louable. "

Il suffit de faire le tri et de définir les passions utiles : celles-là suffisent à "metre les hommes en mouvement pour la plus grande utilité publique" :

> " Cet auteur [Mandeville] se seroit bien epargné de la peine s'il avoit compris que les passions innocentes sufizoient pour exciter les hommes a acquerir des richesses et de la réputation et sur tout pour les exciter aux travaux qui augmantent le bonheur de la societé... "

L'amour-propre est le grand ressort de la prospérité publique : il est donc innocent ; il est donc vertueux :

> " De là il suit que deux celebres ecrivains fransois de nos jours [Pascal et La Rochefoucauld] pouroient bien n'avoir pas eu assez de penetration dans la morale et dans la politique pour voir qu'en blamant tout amour-propre, tout amour de gloire de distinxion, tout dezir du plézir d'etre loué et estimé, toute passion de surpasser ses pareils, ils afoiblissent sans y panser, le plus grand ressort du createur pour porter les hommes et les grans hommes aux travaux et aux ouvrages les plus importans a l'augmantation du bonheur de leur patrie. "

L'éducation suffira à cultiver les passions utiles et vertueuses : l'harmonie sociale s'établira ainsi par l'harmonie des passions.

Ce détour par le club de l'Entresol n'apparaîtra pas, je l'espère, comme une excursion inutile, dès lors que l'on constate que le grand roman de Lesage est l'histoire de l'éducation de l'amour-propre, d'une espèce de conversion sociale de l'égoïsme initial. En effet, nous assistons aux aventures d'un jeune homme qui part à la découverte du monde et à la recherche de la fortune, et un des aspects les plus sympathiques du récit, c'est la simplicité avec laquelle notre héros avoue ses propres faiblesses, sa vanité, son orgueil, son ambition, son intérêt. Son génie se met au service de ses passions (I. 235), et il avoue avec candeur tous les mouvements de son amour-propre, qui est le grand moteur de la vie affective et sociale : c'est un "homme naturel" (II. 5) aux prises avec "l'enchaînement des causes secondes" (I. 274) qui définit une "succession bizarre de disgrâces et de prospérités" (II. 45). Ces péripéties de la fortune lui permettent de peindre un portrait détaillé de la société de la Régence, peinture comparable aux *J'ai vu* de Lagrange-Chancel, tableau de la corruption, du passe-droit, du favoritisme, de la protection, de la manœuvre, de la duperie... : le roman est resté très moderne. Sa candeur est telle qu'il peut prétendre, comme Montaigne, peindre l'homme, et il a l'art des allusions discrètes qui soulignent la visée morale. "Ecce homo !" "Voilà l'homme !", s'exclame-t-il (II. 283), après avoir souligné un trait de sa malignité à l'égard du duc de Lerme. Malgré tout, il maintient ce qu'il appelle une "délicatesse de conscience" (II. 46), et, après son séjour dans la tour de Ségovie, ce "point de vue moral" (II. 325) devient un critère explicite de jugement sur le "monde" des ambitions et des manœuvres politiques. Il arrive ainsi à un moment décisif de sa vie morale et avoue qu'il est "tenté de [s']enfermer dans une cellule pour y faire pénitence" (II. 346), mais se laisse détourner par Scipion de cette fin stérile : la conversion de son amour-propre naïf et myope en sagesse de l'honnête homme trouvera son achèvement naturel dans la petite communauté amicale des châteaux de Lirias et de Jutella. L'amour-propre trouve ainsi, selon la logique même de l'abbé de saint-Pierre, son expression utile et vertueuse dans la vie sociale.

La conversion sociale de l'amour-propre, la transformation de l'égoïsme en honnêteté et en sociabilité, constituent ainsi une conséquence du mouvement lancé par Malebranche et annoncent un trait caractéristique du moralisme du XVIIIe siècle : dès 1734, Voltaire lancera contre Pascal sa formule : "C'est l'amour de nous-mêmes qui assiste l'amour des autres" (*Lettres philosophiques*, XXV, remarque XI) ; en 1772, Diderot fondera sur le désir utile son utopie tahitienne. C'est dire l'importance de la révolution morale que reflètent les aventures du sympathique Gil Blas.

Antony McKenna
Université de Saint-Etienne

LESAGE ROMANCIER ET LE ROMAN DE SON TEMPS
(1690-1750)

La première œuvre narrative de Lesage (qui est aussi sa première œuvre d'écrivain) parut en 1695, l'auteur avait 27 ans ; la dernière fut publiée en 1743, Lesage devait mourir quatre ans plus tard. Pendant ce demi-siècle, le roman français était devenu, grâce à Prévost, Marivaux, Crébillon, aux *Illustres Françaises* de Challe, aux *Lettres persanes* de Montesquieu, à des écrivains moins prestigieux comme Mouhy, Mme de Graffigny, Duclos, Mme de Tencin, d'Argens, Mme Riccoboni, Mme de Gomez, Mme de Villeneuve, l'abbé Lambert, etc. le genre littéraire le plus important, le plus représentatif de la vie moderne. La critique contestait encore sa valeur, les auteurs eux-mêmes ne bravaient pas ouvertement le préjugé qui lui était défavorable ; c'est seulement dans les dernières décennies du siècle que l'éminente dignité du genre fut reconnue. Lesage fut l'un des artisans de cette promotion, surtout par son *Histoire de Gil Blas de Santillane*, l'un des plus grands succès de libraire du XVIIIᵉ siècle (soixante-quinze éditions).

Les six premiers livres de *Gil Blas* sont de 1715. Auparavant, Lesage avait publié plusieurs œuvres narratives, les *Lettres galantes d'Aristénète*, en 1695 ; les *Nouvelles Aventures de l'admirable Don Quichotte de la Manche*, d'après Avellaneda, en 1704 ; *Le Diable boiteux*, d'après Luis Velez de Guevara, en 1707[1]. Ces textes ont

1. Nous laissons de côté l'*Histoire de la Sultane de Perse et des vizirs, contes turcs*, publiée en 1707, et *Les Mille et un Jours, contes persans*, publiés en 1710-1712 : l'attribution de ces textes à Lesage n'est pas hors de discussion. Roger Laufer (*Lesage ou le métier de romancier*, Paris, [1971], pp. 199-282), s'appuyant sur de nombreux rapprochements de vocabulaire ou d'énoncés, pense que Lesage ne s'est pas contenté de réviser le travail d'un traducteur, mais qu'il a fait des œuvres originales à partir de traductions et qu'il en est l'auteur au même titre qu'il est l'auteur du *Diable boiteux*. Pour Paul Sebag, éditeur des *Mille et un Jours* (Paris, 1971), l'auteur, non moins original dans son adaptation, serait l'orientaliste François Petis de La Croix.

plusieurs traits communs : d'abord, ce sont des adaptations de textes étrangers, l'un grec (connu de Lesage par une version en latin), les deux autres espagnols ; quand Lesage ne s'inspire pas d'Avallaneda ou de Velez de Guevara, il puise dans Cervantès, dans Montalvan ou dans d'autres. Ensuite, et nécessairement, actions, situations et personnages sont d'un monde dont ni l'auteur ni ses lecteurs n'avaient d'expérience directe, la Grèce du Ve siècle après Jésus-Christ pour l'un, l'Espagne du XVIIe siècle pour les deux autres. En troisième lieu, le récit est à la première personne, même si le narrateur n'est pas le personnage principal, dans tout le recueil des *Lettres galantes*, évidemment, et très souvent dans les deux autres romans, dont l'un comporte des histoires racontées par des personnages, et des intrusions d'auteur, et l'autre est fait en grande partie des descriptions et anecdotes d'Asmodée. Enfin l'unité de chacune de ces œuvres est dans le ton, dans l'esprit, non dans la structure : les *Lettres galantes* sont une suite non coordonnée de billets adressés par des épistoliers différents à des destinataires différents ; la cohérence des *Nouvelles aventures de Don Quichotte* ne tient qu'à la présence continue du chevalier et de son écuyer Sancho et à l'existence d'un dénouement, mais leur succession n'est pas commandée par une évolution des personnages ou une progression de leur expérience ; quant au *Diable boiteux*, son récit-cadre n'est fait que pour amener toutes les petites scènes qu'Asmodée fait voir à l'étudiant et les histoires qu'il lui raconte, sans autre principe d'enchaînement que les questions posées par Dom Cléopas et la proximité de leurs objets dans l'espace : cet enchaînement est brusquement interrompu par la disparition d'Asmodée. Dans les *Nouvelles Aventures* et dans *Le Diable boiteux* les histoire insérées font contraste avec cette diversité par leur étendue et par l'unité de leur intrigue.

Les caractères que nous venons de définir sont ceux du genre romanesque en France dans les dernières années du XVIIe siècle et les dix ou quinze premières années du XVIIIe. Les romans de l'époque baroque, ceux de Camus, Vital d'Audiguier, du Verdier, ceux surtout de La Calprenède, Gomberville, Madeleine de Scudéry, Sorel, Desmarets de Saint-Sorlin, étaient complexes ; les romans de l'époque classique, ceux de Mme de Lafayette, Saint-Réal, Catherine Bernard, Guilleragues, Du Plaisir, quelques-uns de Mme de Villedieu, étaient plus linéaires, mais les uns et les autres étaient construits et conclus. Vers la fin de l'époque classique, le roman éclate, perd continuité, progression, dénouement, et s'éparpille en épisodes décousus. Dans le genre épistolaire, les *Lettres diverses du chevalier d'Her****, de Fontenelle, en 1683, devenues en 1699 des *Lettres galantes*, ou les nombreuses éditions de *Lettres de respect, d'obligation et d'amour* et de *Lettres nouvelles* données par Boursault entre 1669 et 1700 n'ont pas plus d'unité que les *Lettres d'Aristénète*, la diversité y est même encore plus sensible, bien que des ensembles plus consistants apparaissent chez Fontenelle et encore plus chez Boursault, qui, en revanche, mêle à des lettres fictives des lettres réelles, des historiettes, de bons mots, des épigrammes, etc. On reconnaîtra que la lettre est par définition un fragment, et qu'un recueil de lettres est forcément lacunaire et discontinu. Déjà les *Lettres portugaises* se présentaient ainsi, en pleine époque classique, et l'on a peut-être exagéré la régularité de leur composition. Mais les textes narratifs les plus nouveaux parus dans les années où Lesage commence sa carrière de romancier ne sont pas plus structurés : les Mémoires fictifs, pseudo-historiques ou para-historiques, dont la mode se répand, accumulent les "singularités", les "particularités", sans développer une intrigue qui ait ses commencements, ses épisodes et son aboutissement ; le personnage principal, quand il n'est pas seulement, comme dans les *Mémoires de la Cour d'Espagne* (1690) ou les *Mémoires de la Cour d'Angleterre* (1695) de Mme d'Aulnoy, un collecteur d'historiettes, a des aventures, mais non un destin : il conduit le récit de ses aventures ou de celles d'autrui jusqu'au moment où, entré dans la retraite, il ne lui est plus rien arrivé, et encore, avant cette fin, il a laissé souvent et longuement la parole à tel ou tel personnage qu'il a rencontré (*Mémoires du comte de Vordac*, par Cavard, 1702) ; ou bien il s'arrête sans donner de cet arrêt d'autre raison que son désir de remettre la suite à plus tard (*Aventures de Rozelli*, par Olivier, 1704) ; ou bien encore il laisse en suspens le résultat d'une action ou l'issue d'un procès (*Mémoires de Mme la marquise de Frêne*, 1701, par Courtilz de Sandras) ; ou bien il finit par s'effacer derrière les événements dont il a été témoin et les personnages qu'il a rencontrés (*Mémoires de Mr. L.C.D.R.*, 1687 ; *Mémoires de Mr. d'Artagnan*, 1700 ; *Mémoires de Mr. de B.*, 1711, par Courtilz de Sandras). Cette façon de composer n'est pas le fait de l'impuissance ou du manque de talent, mais d'un choix très délibéré : l'esthétique de la variété et de l'inachèvement s'oppose à celle de l'ordre et de la clôture et vise à d'autres effets. L'un des ouvrages les plus réussis dans ce genre est celui d'Antoine Hamilton : *Mémoires de la vie du comte de Gramont*. L'esprit d'Hamilton, qui raconte à la troisième personne, celui de Gramont, qui prend souvent la parole pour se raconter lui-même, leur vivacité d'expression, leur sens du saugrenu, tout annonce dans ces *Mémoires* les *Contes* de Voltaire[2] : mais il ne faut pas y chercher les Mémoires d'une vie, ce sont les rencontres, bonnes fortunes, propos, indiscrétions, scandales, coups d'audace où se manifeste l'humeur libertine et aventureuse du comte et de ses amis. Un propos de l'auteur, dans sa Préface, peut s'appliquer à toute cette forme de littérature : "Je déclare que l'ordre des temps, ou la disposition des faits, qui coûtent plus à l'écrivain qu'ils ne divertissent le lecteur, ne m'embarrasseront guère dans l'arrangement des Mémoires", tout comme ce mot du narrateur : "Il est permis de s'écarter un peu du fil de son récit lorsque les faits véritables et peu connus répandent sur la digression une variété qui la rend excusable"[3]. "L'ordre des temps" est en général respecté par les auteurs de Mémoires, mais c'est bien le seul ordre qu'ils y mettent. Chaque épisode a son intérêt en lui-même, le livre défile sous les yeux du lecteur comme un kaléïdoscope dont les scènes successives s'offrent à sa curiosité et à son ironie. La même disposition et la même perspective se trouvent dans des textes qui n'ont pas même d'armature narrative, ou dans lesquels elle ne sert que de léger fil conducteur (comme dans *Le Diable boiteux*) : ce sont

---

2. La première édition est de 1713, mais l'ouvrage circula en manuscrit beaucoup plus tôt.
3. Hamilton, *Mémoires du chevalier de Gramont*, texte établi, annoté et présenté par Claire-Eliane Engel, Monaco, 1958, "Chapitre premier ou Préface", p. 61, et "chapitre VIII", p. 192.

par exemple les *Amusements sérieux et comiques* de Du Fresny (1699), où la société parisienne est vue par un Siamois "tombé des nues", dans toute la "variété" que l'habitude empêche les Parisiens de percevoir, ou les romans de Bordelon, rhapsodies d'historiettes plaisantes ou ridicules, *Les Malades de belle humeur* (1697), *Le Voyage forcé de Bécafort* (1709), l'*Histoire des imaginations extravagantes de Monsieur Oufle* (1710), *Les Tours de maître Gonin* (1713), les *Contes de Roger Bontems* (1715), les *Heures perdues et divertissantes du chevalier de Rior* (1715), etc. Le héros principal n'est plus qu'un étranger, un maniaque, un mystificateur ou un mystifié, un témoin amusé ou naïf de la comédie humaine. Dans ces années-là, Marivaux, devenu écrivain parisien, publie *Le Bilboquet* (1714) et va publier les *Lettres sur les habitants de Paris* (1717). Pour presque tous, un des modèles était La Bruyère, dont *Les Caractères ou les Mœurs de ce siècle* avaient paru pour la première fois en 1688, ouvrage discontinu, fragmentaire, satirique, où l'on trouvait aussi des historiettes, des portraits et ce que Diderot appellera des "mots de caractère". Mais La Bruyère avait mis dans son recueil un ordre, sinon un ordre rhétorique et logique, du moins un ordre métaphysique et moral, la diversité n'étant pas la vérité dernière du réel, mais son apparence, qu'il faut éclairer par une vérité mystique ; il y avait mis aussi son style, expression d'une passion maîtrisée, d'une diversité surmontée.

Dans les textes dont nous parlons, la diversité est essentielle : aucun regard surplombant ne peut la résorber, le monde est parcellaire, l'esprit doit rester au niveau du fragment s'il ne veut pas s'égarer, et il trouve dans l'examen du fragment, de l'épisodique, le plaisir du divertissement et le sentiment de sa propre liberté. Une œuvre conçue selon cette esthétique égaie ou étonne le lecteur, elle ne l'asservit pas : "On pourra quitter mon livre quand on voudra, sans craindre de perdre le fil du discours, reprendre la lecture, sans être obligé pour se remettre sur les voies de relire ce qui précède", annonce Bordelon, très conscient de ce qu'il veut faire, dans l'Avertissement des *Heures perdues du chevalier de Rior*.

Ce goût du particulier, du curieux, explique sans doute l'intérêt porté à l'Orient turc, persan ou chinois, qu'il soit plus ou moins adapté à l'esprit français, comme dans les *Mille et une nuits* de Galland, ou les *Mille et un jours* de Petis de La Croix[4], ou entièrement imaginaire, comme dans les recueils de Gueulette, *Mille et un quarts d'heure, contes tartares* (1715), *Aventures merveilleuses du mandarin Fum-Homam, contes chinois* (1723), mais la mode orientale continuera pendant tout le XVIIIe siècle, pour des usages assez divers. Ce qui est plus propre à l'époque où Lesage fait ses débuts de romancier, c'est le renouveau des traductions, adaptations ou imitations des romans espagnols : en 1697, un anonyme traduit l'*Histoire facétieuse du fameux drille Lazarille de Tormes*, ce qui suscite la reprise, en 1698, de la traduction faite en 1678 par l'abbé de Charnes ; en 1696, Brémond modernise la traduction faite en 1619 de la *Vie de Guzman d'Alfarache* par Chapelain et c'est la version de Brémond que Lesage adaptera en 1732. Habillé à la française, le *pícaro* peut s'apparenter aux aventuriers de Courtilz de Sandras, Bordelon, Hamilton, etc. Don Quichotte n'est pas un *pícaro*, mais il est significatif que ses aventures sont l'un des plus importants modèles romanesques pour les écrivains français de cette époque 1690-1720 : en 1695, Filleau de Saint-Martin ajoute un cinquième livre à la traduction du *Don Quichotte* de Cervantès parue en 1678, qui s'achevait par la guérison et non par la mort du héros, et en 1713, Challe y ajoute un sixième et dernier livre[5]. Entre temps, en 1703, Lesage avait publié sa traduction, ou plutôt son adaptation, d'Avellaneda. A la fin de 1712, Marivaux avait achevé la rédaction de *Pharsamon ou les Nouvelles folies romanesques*, qui ne paraîtra qu'en 1737, et dont le

---

4. Les *Aventures d'Abdallah, fils d'Hanif*, de l'abbé Bignon (1712-1714) sont d'un orientalisme authentique, mais tout aussi marqué par la diversité, la discontinuité et l'étrangeté.
5. Ce 6e livre aurait été rédigé, selon Jacques Cormier et Michèle Weil, dès 1702, et commencé plusieurs années avant, Filleau de Saint-Martin étant mort à la fin de 1694 (dans Robert Challe, *Continuation de l'histoire de l'admirable Don Quichotte de la Manche*, éd. critique par Jacques Cormier et Michèle Weil, Droz, Genève, 1994, p. 25). Challe aurait donc travaillé à un Don Quichotte presque exactement au même moment que Lesage. Tous deux étaient en relation avec l'abbé Bignon.

sous-titre sera, dans des éditions ultérieures, *Le Don Quichotte français* ou *Le Don Quichotte moderne.*

Les adaptateurs et imitateurs français n'ont pas retenu ce qui caractérise le *pícaro* espagnol, la désillusion, la résignation finale, la religiosité de sa morale ; il manque à leur Don Quichotte l'humanisme critique, la foi profonde en l'homme que Cervantès enveloppait de ridicule, aussi bien que le pessimisme et la volonté d'édification d'Avellaneda[6]. Roman fondé sur la critique du romanesque, le *Don Quichotte* de Cervantès a eu, non seulement dès les années dont nous parlons, mais pendant tout le XVIIIe siècle, une grande influence sur la production des romanciers français, mais cette influence ne se démêle pas toujours nettement de celle du *Berger extravagant*, du *Roman comique* et du *Roman bourgeois*. Elle a contribué à la généralisation de ce ton ironique par lequel le récit semble se mettre en doute lui-même, sensible chez Bordelon, Hamilton (dans les *Contes* plus encore que dans les *Mémoires de Gramont*), chez le jeune Marivaux du *Pharsamon*, de *La Voiture embourbée,* du *Télémaque travesti,* et chez les auteurs de tant d'histoires "galantes", "badines", "curieuses" ou même "burlesques".

C'est en effet dans cette période de crise où le roman s'est décomposé que l'ironie est devenue un élément inséparable du romanesque, comme elle le restera pendant tout le XVIIIe siècle. Non pas que l'ironie vise à disqualifier le contenu au profit du contenant, à n'accorder de sens qu'au signifiant sans en voir aucun dans le signifié : l'ironie du romancier du XVIIIe siècle aide le lecteur à interpréter lui-même le signifiant, à rapporter dans un esprit critique l'image inscrite dans le texte à son expérience du réel, à s'interroger à la fois sur la valeur de cette image et sur les déterminismes de son expérience.

La dérision, la parodie, le jeu avec les délires de l'imagination existaient depuis longtemps, ils sont peut-être des traits inhérents à l'acte de conter lui-même. Certains fabliaux, les fatrasies, les coqs-à-

---

6. Sur l'esprit et l'esthétique de la Contre-réforme chez Avellaneda, voir un chapitre très riche d'aperçus, pp. 54-110 de la thèse de Roger Laufer citée *supra*, note 1.

l'âne, certains chapitres de Rabelais, le burlesque, la farce, les romans de Scarron, de Furetière, les premiers romans de Marivaux appelaient le lecteur à ne pas être dupe de l'invention. Mais si aiguë qu'ait été la conscience que les romanciers avant le XVIIIᵉ siècle avaient de leurs artifices, la plupart étaient sérieux, ils ne permettaient pas au lecteur le doute sur la vérité du roman, vérité non pas factuelle et documentaire, mais vérité stylisée, renforcée. Ni Chrétien de Troyes, ni Marguerite de Navarre, ni Honoré d'Urfé, ni Madeleine de Scudéry, ni Mme de Lafayette ne veulent mystifier leur lecteur ou lui tendre un piège. Au contraire, les grandes créations romanesques du XVIIIᵉ siècle affichent leur ambiguïté et plongent le lecteur dans la perplexité : sur les lieux, les dates, l'existence réelle des personnages des *Illustres Françaises,* Challe ne donne que des indications volontairement brouillées ; Marivaux laisse ses principaux romans inachevés et joue sur les interférences entre la chronologie fictive de *La Vie de Marianne* et la chronologie réelle de sa publication ; Crébillon ne juge utile de conclure ni *Les Egarements du cœur et de l'esprit*, ni *Ah ! quel conte*, ni *Les Heureux orphelins* ; Rousseau, dans la Préface de *La Nouvelle Héloïse* fait naître le doute sur l'existence réelle des personnages ; Laclos, dans la Préface des *Liaisons dangereuses*, refuse de se prononcer sur l'authenticité du recueil, et, dans l'Avertissement, sur sa valeur esthétique et morale ; Diderot enfin, dans *Jacques le Fataliste*, mais peut-être plus profondément dans ses *Contes*, jette son lecteur dans le trouble au sujet du vrai et du faux, du réel et de l'imaginaire. A la confiance que le lecteur, même averti des conven-tions littéraires, avait dans le roman, a succédé la défiance, suscitée par les romanciers eux-mêmes, à partir des années 1690-1715.

Comment expliquer la crise du genre romanesque pendant ces années, crise dont est né le roman moderne ? Toute explication risque d'être réductrice ou d'avancer comme causes des faits qu'il faudrait à leur tour expliquer. On peut alléguer les difficultés qui ont marqué la fin du règne de Louis XIV, la contestation religieuse, idéologique et même politique, le regroupement de Français dissidents en Angleterre, en Hollande, l'exemple de l'esprit d'entreprise, du libéralisme, de l'individualisme, dans ces pays avec lesquels la France était en guerre ; la philosophie sensualiste de Locke, que les penseurs français adopteront et accommoderont à leur usage propre, est, elle aussi, une conséquence d'une très complexe évolution : pour Locke, comme pour nos romanciers, l'individu découvre le réel et se forme lui-même par des expériences successives ; rien n'est donné d'avance, rien n'est déduit, tout est acquis, à interpréter, à compléter, rien n'est définitif, l'individu peut toujours être surpris par l'événement et par sa propre personne.

Lesage romancier s'est formé dans cette période et tous les caractères de ses romans ultérieurs, à une exception près, sont déjà dans ses trois premières œuvres, surtout dans *Le Diable boiteux* : ces caractères sont la secondarité, l'extranéité, la discontinuité, et, en ce qui concerne le style, la simplicité, en ce qui concerne l'esprit, le scepticisme.

La secondarité est le fait de venir après quelque chose : Lesage n'est jamais copiste aveugle, mais il n'est que rarement inventeur entièrement original. Le besoin d'argent explique peut-être les traductions libres, ou adaptations de traductions antérieures, que seront *Roland l'amoureux* (de Boiardo) en 1717, *Guzman d'Alfarache* (de Mateo Aleman) en 1732, et l'histoire composite d'*Estevanille Gonzalez* (1734-1741), qui s'inspire d'une autobiographie espagnole de 1646, de la *Vie de Marcos de Obregon*, par Espinel (1618), sources reconnues par Lesage dans son Avant-propos, mais aussi d'une *Vie de don Pedro Girón* de Leti, selon R. Laufer[7]. *Le Bachelier de Salamanque* (1736-1738) est œuvre personnelle, mais les emprunts et les démarquages n'y manquent pas ; les *Aventures de Robert Chevalier, dit de Beauchêne* (1732) sont pour un bon tiers écrites à partir de mémoires authentiques, et pour le reste à partir de souvenirs littéraires, dont l'*Histoire de Manon Lescaut*, et de lieux communs romanesques : Lesage, déclare péremptoirement R. Laufer, à propos de cet ouvrage, mais en donnant à sa formule une portée plus générale, "est incapable, lorsqu'il invente, de la moindre originalité : la littérature étrangère seule lui permet d'exercer son ironie"[8]. Quant à l'*Histoire de Gil Blas*

---

7. R. Laufer, *op. cit.*, p. 396.
8. *Ibid.*, p. 390.

de Santillane (1715, 1724, 1735), elle a été dénoncée dès le XVIIIe
siècle comme un plagiat : dénonciation calomnieuse, car le personnage de Gil Blas, la suite de ses aventures et l'évolution même du
sens que prend au cours des douze livres l'histoire du héros, tout
cela est bien de Lesage ; mais, à relever la liste des références
avancées par R. Laufer dans les notes de son édition[9], on voit ce que
Lesage doit au *Marcos de Obregon* d'Espinel, au *Guzman
d'Alfarache* d'Aleman, au *Don Quichotte* de Cervantès, à des
nouvelles de Solórzano, au *Lazarille de Tormes*, à *Estevanille
Gonzalez*, à Montalvan, à des pièces de Lope de Vega, de Diego de
Córdovan, de Hurtado de Mendoza, sans compter les sources
historiques des chapitres sur Lerme et Olivarès, les souvenirs
littéraires de textes latins ou français. Les romans de Lesage ne sont
pas pour cela des marqueteries, et si, même dans *Gil Blas*, il y a des
discontinuités, c'est pour une autre raison. La secondarité n'est du
reste pas un trait particulier à Lesage : au XVIIIe siècle les
romanciers s'imitent, on peut même dire se pillent les uns les autres
et les problèmes d'attribution et d'antériorité sont parfois insolu-
bles. Quand on lit notamment les recueils de nouvelles ou de contes
moraux, on a l'impression que certains textes sont tombés dès leur
première publication dans l'anonymat (s'ils n'étaient pas anonymes
à l'origine) et dans le domaine public. Mais de plus Lesage fait de la
secondarité un jeu que nous appellerions de nos jour intertextuel,
qui permet des effets d'ironie.

Sauf dans une partie des *Aventures de Robert Chevalier* et dans
bon nombre des textes réunis dans les derniers recueils de Lesage,
La Valise trouvée (1740), et le *Mélange amusant* (1743), l'action de
ces romans se déroule à l'étranger, en Espagne et dans les colonies
espagnoles d'Amérique pour *Le Diable boiteux, Gil Blas, Guzman
d'Alfarache, le Bachelier de Salamanque, Estevanille Gonzalez* ; la
Grèce antique pour les *Lettres galantes d'Aristénète* ; le Canada, les
îles de l'Amérique, la Nouvelle Angleterre, le Brésil, l'Irlande, et
même l'Afrique pour *Robert Chevalier*, et les personnages sont

9. Lesage, *Histoire de Gil Blas de Santillane*, chronologie, introduction,
bibliographie, établissement du texte, glossaire, notes, par Roger Laufer, Paris,
Garnier-Flammarion, 1977.

étrangers, sauf dans *Robert Chevalier*, du moins pour les personnages principaux. Comme de plus Lesage s'imite lui-même et réemploie d'un livre à l'autre des personnages ou des situations analogues, il existe un univers romanesque de Lesage, à forte coloration hispanique, dont la cohérence est assurée aussi par l'esprit et par le style. Lesage n'ayant pas la faculté de se renouveler à l'intérieur de son imaginaire personnel, ce qui est le fait des grands romanciers, Prévost, Balzac, Dickens, il donne parfois l'impression d'être monotone et à court d'invention.

Ces répétitions aggravent la discontinuité de ses compositions romanesques, comme si telle ou telle situation, tel ou tel type social, tel ou tel rapport entre des personnages pouvait être transporté d'un roman à l'autre ; mais surtout, comme l'histoire de Don Cléofas et comme celle de Sancho et de don Quichotte, l'histoire de Gil Blas, celle de Chérubin de la Ronda, celle d'Estevanille Gonzalez, sont une succession d'épisodes non pas interchangeables, car la progression sociale du héros est observée, mais construits sur le même modèle : rencontre due au hasard ou à un ami ; sécurité ; accident qui renvoie le personnage à la situation antérieure. Le retour de quelques comparses permet de faire le point, mais ces retrouvailles sont le plus souvent amenées de façon tout à fait arbitraire ; "De l'étonnement où fut Gil Blas de rencontrer à Madrid le capitaine Rolando" (*Gil Blas*, III, 2) ; "Quel homme c'était que le vieil ermite, et comment Gil Blas s'aperçut qu'il était en pays de connaissance" (IV, 11) ; "Par quel hasard [Gil Blas] rencontra le licencié qui lui avait tant d'obligation" (VII, 5) ; "Gil Blas va voir jouer les comédiens de Grenade ; de l'étonnement où le jeta la vue d'une actrice [...]" (VII, 6) ; "Par quel hasard Gil Blas se ressouvint de don Alphonse de Leyva [...]" (IX, 2) ; "Quel homme Gil Blas rencontra dans la rue [...]" (IX, 10 : c'était le baron de Steinbach, dont Gil Blas avait fait la connaissance à la fin du livre VI), etc. Chérubin de la Ronda retrouve par hasard sa sœur dans la personne d'une fille galante qui a fait du théâtre (comme Gil Blas retrouvait la sienne dans une comédienne) (*Le Bachelier de Salamanque*, I, 15), par un autre hasard il reconnaît le licencié Carambola dans un dominicain qui prêche au Mexique (IV, 13) et le ravisseur de dona Paula dans un anachorète (V, 8), etc. Il suffit de s'émerveiller de ces rencontres, de trouver que l'une est "encore plus surprenante que les autres"[10], pour faire passer l'invraisemblance en la soulignant. Le lien entre les divers chapitres n'est donc pas organique, l'unité du roman est superficielle, certaines rencontres sont même sans lendemain, comme si le romancier ne se souciait pas de "boucler" son intrigue et de nous dire ce qu'il est advenu de tous les acteurs : "Don Ramirez me dit qu'il ne partirait point sans me revoir. Il me le promit, et cette promesse fut vaine, soit qu'il l'oubliât, soit qu'il ne se souciât guère de la tenir", dit Estevanille Gonzalez, ou encore : "Adieu, Gonzalez, me dit Girafa ; peut-être nous retrouverons-nous dans la suite ; le sort pourra nous rassembler ; mais, s'il nous condamne à ne plus nous revoir, du moins conservons toujours l'un de l'autre un tendre souvenir. Voilà comme finissent presque toujours les amitiés de cafés : on se quitte à regret, et l'on s'oublie fort facilement"[11]. Les histoires insérées (il y en a dans tous les romans de Lesage à partir du *Diable boiteux*) interrompent aussi longuement le fil de l'intrigue, mais elles s'y rattachent toujours par quelque point, fût-ce la rencontre inattendue de celui qui va relayer pour un temps le narrateur principal.

Lesage s'est donné dès son adaptation d'Avellaneda la façon d'écrire qu'il gardera dans toutes ses œuvres narratives, et qui était en formation déjà dans les *Lettres galantes d'Aristénète*. Il suffit de comparer sa traduction de *Gusman d'Alfarache* à celle de Brémond pour saisir les caractéristiques de son style : les phrases sont brèves, sans surcharge de subordonnées ; le style direct intervient presque chaque fois que les propos d'un personnage sont rapportés ; les dialogues ne sont ni longs, ni fréquents, les vocatifs y sont régulièrement à leur place, sous une forme familière assez conventionnelle, comme la désignation des personnages, que Lesage

---

10. *Le Bachelier de Salamanque*, IV, 13 (à La Haye, chez Pierre Gosse, 1778, t. II, p. 132). Chérubin avait déjà rencontré à Madrid (I, 14, t. I, p. 117) le licencié Carambola dont il avait fait la connaissance à Tolède, puis il avait de nouveau rencontré à Barcelone ce licencié que, dit-il, "je ne m'attendais à revoir de ma vie" (III, 6, t. I, p. 304).
11. *Histoire d'Estevanille Gonzalez*, IV, I et IV, 9 (éd. de 1821, à Paris, chez Genets Jeune, t. 2, pp. 9 et 106).

varie avec application. Les Espagnols ayant des noms propres à plusieurs composantes, l'auteur choisit tantôt un terme, tantôt un autre, ou recourt à des périphrases stéréotypées : dans *Le Diable boiteux,* "Don Cléofas Léandro Perez Zambullo, écolier d'Alenla", ainsi désigné dès le premier paragraphe, sera appelé Don Cléofas, ou Léandro, ou Zambullo, ou l'écolier ; dans *Gil Blas*, Raphaèl est Don Raphaèl, ou le fils de Lucinde ; Fabrice est désigné par son prénom, par son nom de Nuñez, ou comme le fils du barbier, ou comme "le poète des Asturies", Scipion est "le fils de la Coscolina", etc. Les allusions littéraires ou mythologiques, parfois inattendues, sont un ornement discret qui suffit à indiquer que le narrateur s'applique à bien dire, c'est-à-dire se détache de ce qu'il dit juste assez pour en sourire. Style en apparence facile, coulant, sans le lyrisme ou le pathétique qu'on trouve chez Marivaux ou Prévost, sans le bonheur et l'éncrgie d'expression de Montesquieu, sans la verve de Diderot ou le mordant de Voltaire, mais non pas style sans qualités : car il est l'expression appropriée de l'ironie qui enveloppe tous les textes de Lesage.

R. Laufer distingue chez Lesage l'ironie qu'il trouve présente dans le *Don Quichotte* adapté d'Avellaneda, dans *Le Diable boiteux* et dans *Gil Blas*, du scepticisme, qui remplacerait l'ironie dans les romans ultérieurs, et cette succession correspondrait selon lui au vieillissement de Lesage, à son embourgeoisement surtout : on reconnaîtra avec lui que l'intérêt est moins vif, que l'esprit est moins heureux dans *Robert Chevalier*, dans *Estevanille Gonzalez* et dans *Le Bachelier de Salamanque*. L'analyse stylistique de l'ironie, que R. Laufer fait sur quelques exemples tirés de *Gil Blas*, ne serait pourtant guère différente si on la faisait sur des exemples pris à des textes ultérieurs ; de toute façon, l'analyse d'un mode d'expression ne permet de rien conclure sur la valeur et l'efficacité de ce mode d'expression. Ce qui est commun à tous ces textes, c'est le scepticisme : scepticisme envers les efforts héroïques, les vertus sublimes, tout ce par quoi l'homme essaie de s'élever au-dessus de lui-même. Il faut prendre l'homme comme il est, sans vocation métaphysique, sans volonté de dépassement : l'idée qui soutient cette vue sur l'homme n'est pas celle de la vanité de la vie, de sa dérisoire insignifiance en face du mystère de la mort, de la création et de Dieu - idée sur laquelle repose le picaresque espagnol -, mais l'idée que la vie est miroitement, suite d'accidents, qu'elle mérite à peine d'être prise au sérieux, et que le doute et l'abstention sont le commencement de la sagesse : c'est, au même moment, le scepticisme de Fontenelle, mais Lesage n'a ni la profonde culture, ni la vivacité d'intelligence de Fontenelle ; son scepticisme est une forme d'esprit et de sensibilité, et même une esthétique, non une philosophie. Les expressions en sont innombrables, depuis *Le Diable boiteux* jusqu'aux derniers écrits : "Voilà l'homme", conclut Gil Blas après avoir exposé comment, par lâcheté, il a dénigré le duc de Lerme dans un rapport fait pour le comte d'Olivarès[12]. "L'homme est bien faible", avoue Estévanille Gonzalez après avoir accepté les deux cents pistoles que Giannetino et son fils lui offrent parce qu'il leur a fait gagner un procès[13]. Lesage ne manque jamais de mettre en doute la fidélité d'une femme, le désintéressement d'un ami, l'affection d'un fils : "Telles sont, pour la plupart, les actions généreuses : on se garderait bien de les admirer, si l'on en pénétrait les motifs", dit un personnage de la seconde version du *Diable boiteux*[14]. Le scepticisme n'est donc pas l'abdication d'un esprit dépassé par l'évolution de son siècle et renonçant à le juger, mais l'attitude morale permanente de Lesage, et c'est lui qui inspire son ironie, et qui permet à l'indulgence et à l'émotion de s'allier à la moquerie. Le dosage n'est pas toujours heureux, et nous concèderons à R. Laufer que les bons mots sont moins bons dans les textes postérieurs à 1730. L'un des meilleurs pourtant, l'un des plus connus aussi, et dont l'ironie est le plus purement sceptique, est pourtant le dernier mot de Gil Blas, dans les livres publiés en 1735, où la sensibilité est assez présente. Gil Blas, comme on sait, a épousé en secondes noces, vingt-deux ans après son premier mariage, la jeune Dorothée, âgée de "dix-neuf ou vingt ans", et il conclut : "Pour comble de satisfaction, le ciel a daigné m'accorder

---

12. *Histoire de Gil Blas de Santillane*, XI, 5, éd. citée, p. 549.
13. *Histoire d'Estevanille Gonzalez*, II, 4, éd. citée, t. I, p. 163.
14. *Le Diable boiteux*, tome II, chap. 9, éd. établie et présentée par Roger Laufer, Paris, Gallimard, collection Folio, 1984, p. 299.

deux enfants dont l'éducation va devenir l'amusement de mes vieux jours, et dont je crois pieusement être le père"[15].

Une forme non stylistique de l'ironie est dans ce que nous avons appelé l'extranéité : quand il arrange le texte de Robert Chevalier de Beauchêne, Lesage conserve toutes les particularités qui caractérisent l'existence des Algonquins ou des flibustiers ; mais dans ses autres romans, il ne cherche nullement l'exotisme. Il respecte la couleur locale, par les noms propres, les titres, quelques expressions parlées, la désignation de réalités typiques, et, dans les parties historiques, il est, autant que le permet sa fiction, fidèle à la vérité ; mais à travers l'Espagne, le lecteur doit souvent apercevoir la France, soit par de claires allusions aux querelles littéraires, aux écrivains, aux œuvres de théâtre, soit, plus secrètement, par le ton plaisant de l'énoncé, qui invite à extrapoler, à chercher un sous-entendu. On a suggéré que l'opposition entre le ministère du duc de Lerme et celui du comte d'Olivarès, dans *Gil Blas*, devait représenter l'opposition entre les premiers temps de la Régence et le ministère de Fleury. Les cafés de Madrid, à une époque où il y avait sans doute des estaminets, mais non des cafés à Madrid, sont les cafés de Paris (*El Diablo cojuelo*, de Guevara, est de 1641), et ainsi de suite. La France contemporaine et l'Espagne de 100 ou 200 ans plus tôt, pour l'esprit du lecteur, sont comme des parodies réciproques, des représentations ironiques en miroir.

Les thèmes, le cadre, la composition, le style et l'esprit de Lesage romancier sont donc constitués dès 1704, en parfait accord avec l'aspect le plus novateur du genre romanesque dans les dernières années du règne de Louis XIV. Le roman avait alors d'autres formes aussi, celle du conte de fées, dont la mode fut à son comble de 1685 à 1700 environ, celle du roman d'éducation, dont le *Télémaque* de Fénelon (1699) fut un modèle durable, celle du roman historique, celle de l'utopie, etc. Lesage a adopté celle qui représentait le mieux ce que R. Laufer appelle, non sans quelque impropriété, l'esprit de la Régence. Mais les temps ont changé, et le roman avec eux. L'homme ne pouvait pas se satisfaire d'une image de lui-même

---

15. *Histoire de Gil Blas de Santillane*, XII, 14, éd. citée, p. 609.

éparpillée, sans perspective, sans signification. La philosophie de
Fontenelle ne sera plus qu'un jeu précieux aux yeux de Voltaire, et
un préliminaire à la philosophie, pour Diderot. Les romanciers des
années 1730-1750, précurseurs des Lumières, essaient, avec
angoisse ou avec ferveur, de recomposer l'homme, de donner unité,
énergie et sens à ces incidents, accidents, expériences, aventures
auxquels s'arrêtaient leurs prédécesseurs. Challe l'un des premiers,
dès 1713, sans renoncer à l'esthétique du fragmentaire et de
l'ouverture, donna aux *Illustres Françaises* une structure très serrée,
en rapport nécessaire avec la passion et la volonté des personnages :
son recueil est tout autre chose que les recueils de *Promenades* de
Le Noble, ou l'*Académie galante* (anonyme, 1688), ou les *Petits
Soupers de l'été*, de Catherine Bédacier (1702). Les *Mémoires et
aventures d'un homme de qualité*, que Prévost commence à publier
en 1728, ont encore un aspect rhapsodique (et ils le garderont par
des additions successives jusqu'en 1753), mais les voyages, amours
et malheurs des personnages posent au narrateur les questions que
Prévost ne cessera de se poser, auxquelles il apportera des réponses
différentes selon les temps, sur la culpabilité humaine, la possibilité
du bonheur, la nature et le sens de l'amour, la relation de l'homme à
la Providence divine, dans *Cleveland, Le Doyen de Killerine,*
l'*Histoire d'une Grecque moderne* ou les *Mémoires de Malte* ; en
1721, les *Lettres persanes* de Montesquieu montrent la détermi-
nation réciproque qui fait un tout solidaire des mœurs, de la religion,
du statut politique, du bonheur individuel ; Marivaux, poursuivant
l'enquête commencée dans ses premiers romans, étudie dans *La Vie
de Marianne* et dans *Le Paysan parvenu* la difficulté et les pièges de
la conscience de soi et les devoirs de l'individu envers lui-même ;
est-il utile de rappeler la richesse des aperçus sur le cœur et l'esprit,
sur le comportement social qu'offrent les romans de Crébillon, de
Duclos, de Mme de Tencin, de Mme de Grafigny ? Entre 1730 et
1750, avant même les *Contes* de Voltaire, *La Nouvelle Héloïse* de
Rousseau et les œuvres de Diderot qui resteront à demi-
clandestines, *Le Neveu de Rameau, La Religieuse, Jacques le
fataliste*, le roman est philosophique, comme le seront au fond tous
les grands romans du XIXe et du XXe siècle, si c'est philosopher

que d'aider l'homme à se comprendre et à s'interroger. L'unité de ces romans n'est pas toujours formelle, l'inachèvement, les dispro-portions, les irrégularités plus souvent volontaires qu'accidentels sont aussi fréquents que dans la période où Lesage commençait à écrire.

Lesage n'est guère philosophe, mais cela ne veut pas dire qu'il n'ait pas évolué lui aussi, et qu'il n'ait pas compris que le roman ne pouvait plus se contenter de raconter des anecdotes. Ni Estévanille Gonzalez, ni Chérubin de la Ronda n'intériorisent vraiment leurs expériences, leur histoire reproduit plus ou moins celle de Gil Blas, avec les réussites et les échecs, l'ascension sociale, le voyage en Amérique (par Scipion interposé, dans le cas de Gil Blas), les emprisonnements, les retrouvailles de personnes chères, les fonctions politiques, le bonheur final. Lesage fait des variations sur un plan directeur, qui n'est pas à proprement parler une structure. *Le Diable boiteux* de 1707 n'avait même pas de plan directeur, mais un arrangement adroit de correspondances, d'oppositions, de rappels, que R. Laufer a analysé. Le pur chaos est assez rare en littérature, bien que Bordelon s'y soit essayé. Mais en 1726 Lesage jugea nécessaire de retoucher son livre, "et [de] le remettre, pour ainsi dire, à la mode", parce qu'il savait que la mode était en train de changer ; il voulut présenter "un tableau des mœurs du siècle", ce qui entraîna une augmentation du nombre des scènes et des personnages commentés par Asmodée, l'insertion dans les chapitres descriptifs de quelques histoires plus étoffées (en plus des deux histoires sentimentales, faisant l'objet de chapitres séparés, qui assuraient dans l'édition de 1707 le contraste avec les anecdotes satiriques) ; l'invention d'une intrigue rudimentaire, qui renforçait le lien entre Asmodée et Zambullo, et donnait à Zambullo un rôle (l'histoire finissait par son mariage), transformait en roman ce qui n'était guère qu'une revue satirique.

La structure romanesque de *Gil Blas* est beaucoup plus solide : Lesage s'est attaché au personnage (peut-être parce qu'il lui a prêté beaucoup de lui-même) ; d'aventure en aventure, Gil Blas a acquis une meilleure connaissance de lui-même et des autres ; même son avidité à s'enrichir et le trafic d'influence auquel il se livre quand il est secrétaire du duc de Lerme, dans les livres VIII et IX (parus avec le livre VII en 1724) l'aident à ne plus être un subalterne à la condition incertaine, doué seulement de bonne volonté et capable de se plier à chaque nouvelle situation : il prend du caractère, de l'ambition, de l'habileté ; le malheur et la maladie, à la fin du livre IX, l'amènent enfin à l'idée "d'acheter une chaumière et d'y aller vivre en philosophe". Philosophie assez illusoire, rêve d'Arcadie dont Scipion apprécie surtout les plaisirs épicuriens, et qui se concrétisera au château de Lirias, dans une existence confortable, bienfaisante de seigneur de village, et dans le mariage. Mais Lesage a bien compris que ce n'était pas là encore la sagesse véritable, la philosophie mûrie par l'expérience, et au livre XI il fait repartir Gil Blas pour de nouveaux pouvoirs politiques, de nouvelles expériences humaines, un nouveau malheur (la disgrâce et la mort d'Olivarès) qui touchent au plus profond sa sensibilité[16], faisant naître une nouvelle dimension d'âme en lui, un début de crise mystique ; un nouveau mariage et la conclusion que nous avons citée montrent quelles limites sa philosophie ne peut pas dépasser : mais ainsi le caractère est cohérent jusqu'au bout, il a changé en restant lui-même. Pour le faire arriver à ce sommet, qui est aussi une limite, Lesage a introduit dans l'histoire de Gil Blas une rupture peu naturelle : la mort de son fils, la mort de sa femme, le désespoir qui le force à quitter Lirias, la mort de Philippe III, l'avènement de Philippe IV, la disgrâce du duc de Lerme et l'accession d'Olivarès au ministère font rebondir l'intrigue sans autre nécessité que celle de conférer à Gil Blas la dimension et le destin d'un personnage romanesque, sans y réussir vraiment. Or on constate la même rupture dans l'histoire du bachelier de Salamanque et dans celle d'Estévanille Gonzalez : en 1736, *Le Bachelier de Salamanque* était complet en un tome, Chérubin était marié et vivait heureux avec ses

---

16. Nous ne partageons pas l'opinion de R. Laufer pour qui Lesage aurait été dépassé après la Régence par l'évolution de la pensée et du goût. Sa sensibilité, son esprit anticlérical, sa critique de la société ont suivi le mouvement du siècle. Il a pu sans ridicule rester humaniste et satirique et écrire, dans les derniers livres de *Gil Blas*, des pages "sensibles". Certains épisodes du *Diable boiteux* de 1726 sont, en matière de sensibilité, en avance sur leur temps.

amis, le livre III s'achevait avec un "Chapitre XI. et dernier". En 1738, un second tome paraît, le chapitre XI du livre III, dans la réimpression du premier tome, reste toujours présenté comme "dernier", mais au début du livre IV Chérubin devient "le plus malheureux des époux" parce que sa femme Dona Paula s'est enfuie avec un amant (croit-il), tout comme Gil Blas l'avait été par la mort d'Antonia, et il part pour le Mexique et de nouvelles aventures. Estévanille Gonzalez, lui, libéré des prisons de l'Inquisition, riche, vivait depuis quatre mois avec ses amis "dans les plaisirs innocents qu'on peut prendre à la campagne"[17], quand on lui apprend l'arrestation du duc d'Ossone : il part aussitôt pour Madrid, partage la prison du duc, cherche à le divertir ; l'épisode rappelle le séjour de Gil Blas à Loches, auprès d'Olivarès disgrâcié ; Ossone meurt, comme mourait Olivarès, et la carrière d'Estévanille allait prendre un nouveau départ avec don Juan Tellès, quand la maladie d'une part, ses retrouvailles avec sa sœur Inès d'autre part, mettaient fin à l'histoire. Ni Chérubin, ni Estévanille ne connaissent la maturation morale de Gil Blas.

Ces ruptures et ces reprises de l'histoire témoignent à la fois du désir qu'a Lesage de conduire le personnage jusqu'à son accomplissement, et de son incapacité à sortir de l'anecdotique. Excellent conteur, sachant maintenir et diversifier l'intérêt d'une grande suite d'aventures, un des meilleurs peintres de la comédie sociale parmi tous les romanciers français, associant dans son scepticisme le pessimisme et la gaité, il est foncièrement un anecdotier, au double sens qu'a le mot anecdote : courte histoire curieuse, dans le vocabulaire actuel ; recueil, parfois très long, et sous forme de narration suivie, de détails caractéristiques, "particuliers", peu connus, d'une époque, d'un règne ou d'un pays. Les derniers textes narratifs de Lesage, *La Valise trouvée* (1740) et le *Mélange amusant de saillies d'esprit et traits historiques des plus frappants* (1743), sont faits de textes courts, qui ne sont pas tous inédits (vingt-quatre des *Lettres d'Aristénète* et une nouvelle de Solorzano figurent dans *La Valise trouvée*, certaines anecdotes du *Mélange amusant* avaient

---

17. *Histoire d'Estevanille Gonzalez*, VI, 1, éd. citée, t. II, p. 244.

trouvé place dans les romans précédents ou étaient des histoires rebattues). Lesage vieilli et à bout d'inspiration a vidé son fond de tiroir, mais révélé quel était son matériel premier de romancier, ce avec quoi il a composé ses plus longues histoires.

Il est certainement un de nos plus grands romanciers, et un fondateur. On ne lisait plus depuis longtemps *Cleveland* ni *Le Doyen de Killerine*, on avait oublié *La Vie de Marianne*, on ne savait même plus que *Les Illustres Françaises* avaient existé, on considérait Crébillon comme un petit polisson auteur d'ouvrages libertins, au sens le plus péjoratif du terme, quand on continuait à prendre le plus grand plaisir au *Diable boiteux* et surtout à *Gil Blas*. Il ne faudrait pas que la redécouverte (elle date seulement de trois ou quatre décennies) des très grands romanciers de la première moitié du XVIIIe siècle fasse méconnaître l'importance de Lesage. Si écrire un roman, c'est d'abord raconter une histoire, Lesage y excelle : il a donné le modèle de la narration, presque réduite à sa pure essence, rapide, claire, gaie, émue, simple et du personnage moyen, ni ridicule, ni sublime ; les romanciers de son temps qui ont imité ou continué Prévost et Marivaux, les Mouhy, abbé Lambert et autres, ont traduit en roman à la Lesage ce qui chez Prévost et Marivaux se prêtait à l'imitation. Tout un pan du roman dit "réaliste" ou "social" au XIXe et au XXe siècle peut se réclamer de Lesage, chaque fois que le style n'est pas une vision des choses, mais un moyen neutre d'expression. Jules Romains admirait Lesage, et il avait pour cela de bonnes raisons : Gil Blas n'est pas un héros de courage, de vertu, de passion, de charité, c'est un "homme de bonne volonté". Lesage a inventé le roman de "l'homme quelconque".

Henri Coulet
Université d'Aix en Provence

III - LES CONVERGENCES D'UNE ÉCRITURE

DEUX VISIONS DU THÉÂTRE : LA COLLABORATION DE LESAGE ET FUZELIER AU RÉPERTOIRE FORAIN

Alain-René Lesage et Louis Fuzelier écrivirent à eux deux presque la moitié de toutes les pièces du théâtre de la Foire. Entre 1712 et 1736 ils y travaillèrent parallèlement, mais souvent aussi en société, collaborant à telle pièce, à tel ensemble de pièces ou à telle saison foraine. En tout, leur nom est associé à plus de 200 titres. Pourtant, la réputation de l'un et de l'autre ne reflète pas leurs contributions respectives ; à Lesage va la gloire d'avoir plus ou moins créé tout ce répertoire lui-même, alors que la contribution de Fuzelier continue d'être nettement moins mentionnée. Ce partage inégal vient en partie du fait qu'on confond l'anthologie *Le Théâtre de la foire* avec la chose, le théâtre de la Foire ; seul un retour aux sources pourra démêler cette confusion. Il importe de voir avec autant d'exactitude que possible lequel de nos deux associés avait fait quoi, pour tenter, par la soustraction de ce qui put venir de Fuzelier, de décrire plus exactement la contribution de Lesage au répertoire forain.

Pour mener cette enquête, il faut passer en revue quelques chiffres en ce qui concerne la collaboration de Lesage et Fuzelier ; ensuite, il faut revoir les fondements de notre perception de leurs apports ; et enfin, en guise de conclusion, il faudrait envisager une perspective élargie de l'évolution du théâtre forain. Cette démarche tiendra compte du caractère double du théâtre qui s'inscrit à la fois dans la science des textes et dans celle des représentations scéniques. Il convient de rappeler que c'est du mariage des deux que dépend le succès d'une collaboration telle que celle de Lesage et Fuzelier.

***

Si les dates de la carrière foraine de Lesage sont relativement nettes - il écrivit sa première pièce en 1712 et sa dernière en 1738 -, celles de Fuzelier se confondent presque avec celles de sa vie - il fit jouer sa première pièce en 1701 mais composait vraisemblablement des divertissements avant même l'expulsion des Comédiens Italiens en 1697, et il écrivait encore (une pièce ?) le jour de sa mort en septembre 1752. Selon Marcello Spaziani[1], Lesage aurait écrit 95 pièces pour les foires et l'Opéra-Comique ; d'après notre propre relevé informatisé (en cours), le total de pièces foraines composées par Fuzelier dépasserait largement 150[2]. Différentes estimations suggèrent que de 35 à 47 de ces pièces viendraient de la collaboration de Lesage et Fuzelier entre 1712 et 1730. En arrondissant le nombre des textes en société à 40, nous arrivons à une production totale pour les deux auteurs de l'ordre de 205 pièces. Dans son article "Per una storia della commedia "foraine"", Marcello Spaziani estime le nombre total de pièces foraines par tous les auteurs, et pour une période un peu plus longue, à 321.[3] Pour la même période (1712 à 1736), nous avons relevé plus de 486 titres. C'est dire à la fois l'ampleur de ce répertoire, et combien l'œuvre de nos deux auteurs put en influencer l'évolution. Ensemble - et revoici l'estimation du début de cet article -, leur production représente entre 41 % (selon nos estima-tions) et 64 % (selon Spaziani) de la totalité des pièces foraines.

L'incertitude règne aussi à propos des dates. La Foire Saint-Germain de 1716 semble le moment le plus probable d'une première collaboration de Lesage avec Fuzelier, mais la possibilité reste ouverte que leur collaboration remonte à 1712, avec *Arlequin baron allemand*, représenté le 12 février par la troupe de la dame Baron. Spaziani et la critique allemande, Andrea Grewe[4], attribuent cette version d'un vieux canevas italien à Lesage seul ; Pierre Barberet[5] rejette l'hypothèse à cause de la mauvaise qualité du texte ; les frères

---

1. *Il Teatro minore di Lesage*, Roma : A. Signorelli, 1957.
2. en fait, 163 titres entre 1701 et 1744.
3. *Studi in onore di Carlo Pellegrini*, Torino : Società editrice internazionale, 1963, p. 256.
4. *Le Monde renversé : Lesage und das "Théâtre de la foire"*, Bonn : Romanistischer Verlag, 1989, p. 440.
5. Victor Barbaret, *Lesage et le théâtre de la Foire*, Nancy : 1887 [Reprint Genève : 1970].

Parfaict[6], Clarence Brenner[7], et Gustave Attinger[8] n'excluent pas une collaboration avec Fuzelier (et même d'Orneval). Le fait que Lesage semble avoir travaillé exclusivement les deux premières années de sa carrière (de 1712 à 1714) pour la troupe de Madame Baron (devenue de Baune), et que Fuzelier ait écrit lors de la même Foire pour "Le Grand Jeu" du sieur et dame de Saint Edme, semblerait confirmer l'exclusivité de Lesage pour *Arlequin baron*. Cependant, la grande mobilité de Fuzelier qui a écrit un prologue intitulé *Critique* pour Mme Baron six mois plus tard et où il annonçait l'arrivée de Lesage à la foire en termes comiques, laisse ouverte la possibilité d'une collaboration avec Lesage au niveau du programme de petites pièces que la sienne précédait.

Au niveau de l'écriture d'une même pièce, il reste toujours plus probable que l'association de Lesage et Fuzelier commença au moment de la Foire Saint-Germain de 1716, avec *Le Temple de l'ennui* (prologue aux 2 pièces suivantes), *Le Tableau de mariage*, et *L'Ecole des amants*. Ces trois petites pièces en un acte constituèrent le programme, ou "ambigu comique" (en termes de l'époque) de mars pour le théâtre de Madame de Baune, remplaçant les pièces pour février, dont *Arlequin gentilhomme malgré lui* de Lesage avec d'Orneval. La Foire Saint-Germain de 1716 marquerait donc le commencement de l'association Lesage-Fuzelier, et aussi de celle entre Lesage et d'Orneval.

La collaboration de Lesage et Fuzelier dura 14 ans, de 1716 à 1730, avec des années creuses causées par la fermeture des foires ou l'interdiction de pièces avec dialogue, entre 1719 et 1722. La fin de leur colloboration se situe sans ambiguïté à la Foire Saint- Laurent de 1730, pour l'Opéra-Comique de Pontau. Six petites pièces en un acte, *L'Industrie*, *Zémine et Almanzor*, *Les Routes du monde*, *L'Amour marin*, *L'Espérance*, et *L'Indifférence*, pour composer respectivement deux ambigus, le premier commençant vraisem-

6. *Dictionnaire des théâtres de Paris*, 7 vol., Paris : Chez Lambert, 1756.
7. *A Bibliographical List of Plays in the French Language*, Berkeley, California, 1947.
8. article "Lesage", *Enciclopedia dello spettacolo*, Roma : Casa editrice La Maschere, 1954-62.

blablement le 27 juillet 1730, et le second prenant leur relève le 5 septembre.

***

Comment les apports respectifs de Lesage et Fuzelier sont-ils venus, ou ne sont-ils pas venus, jusqu'à nous ? Pendant longtemps, l'histoire du théâtre forain passait par l'histoire des textes, en particulier l'édition en neuf volumes de Lesage et d'Orneval, *Le Théâtre de la foire ou l'opéra-comique*, publiée entre 1721 et 1736.[9] Les éditeurs y disaient eux-mêmes vouloir "laisser à l'avenir un monument qui fasse connoître les diverses formes sous lesquelles on a vu le Théâtre de la Foire" (Préface). Ceux qui donnent un trop grand poids à ce "monument", et qui ne le lisent pas à la lumière des nombreux autres documents portant sur les spectacles forains courent le risque de fausser les données.

Le théâtre forain du début du 18e siècle se caractérise par un contournement recherché du verbal. Que ce soit par le biais des pantomimes et lazzis, des dialogues subvertis et des voix désarticulées ou d'une fuite irrévérencieuse vers le chant, ce répertoire de spectacles mouvementés et changeants renvoie le théâtre français à la physicalité de ses origines. Lorsque Lesage décida de publier sa sélection de pièces foraines dans *Le Théâtre de la foire*, il releva le défi d'incarner verbalement une forme qui était avant tout théâtrale. Son geste eut des implications car il ouvrit la voie à un long débat sur la "paternité" de l'opéra comique qui allait marginaliser Fuzelier, lequel se voyait néanmoins dans ses papiers inédits comme le "parrain" du même genre.[10] Aussi, nous sommes-nous habitués depuis à entendre évoquer Lesage comme "le Molière de la foire", et dernièrement en contre-réaction à voir Fuzelier, dans les travaux de Marcello Spaziani, comme la victime longtemps négligée d'une jalousie professionnelle de Lesage.

---

9. 10 vol., Paris : E. Garneau, 1721-1737. Le 10e volume fut publié en 1737, et contient les pièces de Carolet.
10. "Au reste, vous ne serez peut-être pas faschée [*sic*] d'aprendre que je suis le Parain de l'Opéra-Comique, qui avant de porter ce nom s'appelait la troupe de Belair, la troupe d'Alar, etc." ("Opéra-Comique", ms de Fuzelier, Bibl. de l'Opéra, publ. dans *L'Année Musicale*, 1913, p. 253).

Il ne s'agit pas, pourtant, de trancher dans ce débat entre deux individus qui réclament, eux-mêmes ou par critiques interposés, la grosse part de responsabilité pour le répertoire de la Foire. Car, à la difficulté de déterminer la part des auteurs dans un spectacle où le non-verbal domine, s'ajoute le fait que le théâtre forain est une création éminemment collective. Barberet le reconnaissait déjà en parlant du partage des rôles quand plus d'une personne participe à l'écriture d'une pièce :

> " Quant à déterminer ce qui dans telle ou telle pièce appartient à tel ou tel collaborateur, c'est ce qu'il est impossible de faire sans courir les plus grandes chances d'erreur " (pp. 213-14).

Il est possible au moins de déterminer ce qui n'appartient pas aux collaborateurs de Lesage par une récapitulation de la sélection des pièces pour son anthologie.

De toute la production foraine, 79 pièces sont recueillies dans les 9 volumes du *Théâtre de la foire*, bien moins que le quart du répertoire d'après l'estimation de Spaziani, et 16,25 % d'après la nôtre. Lesage est représenté comme auteur ou co-auteur dans 62 de ces 79 pièces, dont 15 sans collaborateur. Fuzelier, dans 38, dont 35 en société avec Lesage, et 2 sans collaborateur[11]. A part d'Orneval,[12] les nombreux autres contributeurs forains sont représentés par un titre chacun, ou ne figurent pas du tout dans la collection. Impossible alors de considérer le recueil comme représentatif de tout le répertoire. Il n'est représentatif que d'une vision du répertoire, c'est-à-dire essentiellement celle de Lesage (ce qui est normal pour celui qui a pris la peine d'éditer le recueil auquel Fuzelier ne semble pas avoir participé). Il est important de garder ce fait en vue lorsqu'on parle globalement du théâtre de la Foire.

Malheureusement, ce sont justement les proportions du *Théâtre de la foire* qui semblent avoir motivé certaines analyses des modalités de la collaboration entre Lesage et Fuzelier. Barberet expédie tous les collaborateurs de Lesage en 2 pages (212-14) et

---

11. La pièce qui manque est *Les Animaux raisonnables*, avec M.-A. Legrand.
12. qui a travaillé à 47 pièces, dont 3 seul.

insiste sur le "rôle prépondérant" de l'auteur de *Turcaret* à l'égard
de Fuzelier et d'Orneval :
> " On comprend qu'heureux de se voir associés aux
> succès d'un Lesage, ils se soient laissés docilement
> conduire, et que, dominés par un talent supérieur, ils
> aient fait bon marché de leur personnalité " (p. 213).

Pierre Berthiaume continue de nos jours de souligner le rôle
dominant et transformateur de Lesage dans le re-façonnement par ce
dernier d'un répertoire populaire qu'il alla jusqu'à rendre mécon-
naissable en le rendant plus littéraire :
> " En donnant une forme au théâtre de la Foire, Lesage
> l'a anobli, certes, mais il lui a enlevé son caractère
> véritablement populaire ". [13]

Eugène Lintilhac est un vieil exemple des dangers d'une approche
basée sur la supposition d'une hiérarchie des auteurs. Il attribue
toutes les qualités du *Théâtre de la foire* au seul Lesage.[14] Parmi
celles-ci, il énumère "ces ingénieuses orientales", "une finesse de
psychologie qui annonce l'approche de Marivaux", l'"intérêt
littéraire des parodies... et satires", de "rares hardiesses... dans la
satire politique", "la satire des mœurs et conditions" (pp. 131-32),
après quoi il offre 9 pièces en exemples pour illustrer l'apport
personnel de Lesage.[15] Des pièces citées, 8 (selon Spaziani) furent
composées en société avec Fuzelier et d'Orneval. Le problème reste
donc entier.

***

Dans les propos qui suivront, nous examinerons l'association
Lesage-Fuzelier de la perspective de leur point de départ, celle d'une
plus grande égalité entre les collaborateurs qui apportaient chacun
ses talents particuliers et respectifs. En plus, il faudra tenir compte

---

13. "Lesage et le spectacle forain", *Etudes Françaises*, N°15, avril 1979, p. 141.
14. *Le Sage*, Paris : Hachette, 1893.
15. *Arlequin roi de Serendib, Achmet et Almanzine, L'Ecole des amants, Les Comédiens corsaires, Le Temple de mémoire, La Boîte de Pandore, La Sauvagesse, Le Régiment de la Calotte* et *La Tête noire*.

d'une évolution dans l'organisation des foires où des forces économiques aussi dépassaient les volontés individuelles. Andrea Grewe, insiste sur l'apparition dès 1712 d'une "nouvelle génération d'entrepreneurs de spectacles, [...] hommes ou femmes d'affaires avisés" mais qui, n'ayant "pas reçu eux-mêmes une formation artistique", mobilisèrent "auteurs réputés", "compositeurs professionnels", "directeurs artistiques" et "maîtres de Ballet". En 1716, quelques mois après la mort de Louis XIV, et au moment du début de l'association Lesage-Fuzelier (d'Orneval également), ces promoteurs habiles et prévoyants durent voir la nécessité de maximiser leurs atouts dans un climat de concurrence libéralisée. Les Comédiens Italiens de Luigi Riccoboni arrivaient à Paris en mai 1716. Les rivalités de la dame de Baune et des Saint Edme pour obtenir les services des meilleurs acteurs ainsi que l'exclusivité de l'Opéra-Comique accordée par les syndics de l'Académie Royale de Musique, dictaient également l'embauche des meilleurs auteurs, dont évidemment Lesage et Fuzelier.

Comme dans le cas de Molière dont le modèle pèse lourd, ce sont les qualités "littéraires" de Lesage qui constituent sa spécialité. Ce fut d'abord à partir de textes (espagnols) qu'il aborda le théâtre ; il avait satisfait aux exigences de la Comédie-Française avant d'arriver à la Foire et continua d'écrire des romans pendant sa carrière de forain. Pierre Berthiaume évoque l'importance de la langue écrite chez Lesage qui visait pour son spectateur une réception plus "cérébrale" à la place du plaisir viscéral et oral du spectacle : "Avec Lesage, le spectacle s'adresse un peu moins au regard et un peu plus à l'imagination" (p. 128).

Pour en arriver à une idée des traits qui pourraient être propres à Lesage, il faudrait commencer par les textes qu'il n'a pas écrits avec d'autres, et les voir à la lumière de ce que nous savons de sa carrière d'auteur.

A commencer par les 15 pièces du *Théâtre de la foire*[16] dont Lesage est l'unique auteur et 8/9[17] autres qu'il n'a pas publiées, nous

---

16. *Arlequin roy de Sérendib* 1713, 3a. pour écriteaux.
   Arlequin Thétis 1713, 1a. pour écriteaux.
   Arlequin invisible 1713, 1a. pour écriteaux.

pourrons tenter de cerner sa spécificité. D'après Spaziani, l'on y trouve de l'exotisme[18] ; mais aussi des allusions à la vie contemporaine (satire des auteurs du temps, critique des acteurs "romains", rivalité des musiques italiennes et françaises) ; un souci d'architecture de l'intrigue et une linéarité de la conduite de l'action ; une prose vive et caustique, avec le naturel de certains dialogues. En y ajoutant la dimension chronologique, il y a une suppression graduelle des types italiens traditionnels - surtout à partir de 1730 -en faveur de personnages plus actuels. A. Grewe voit même une évolution vers le conservatisme dramaturgique des années "après-1725" ce qui va bien dans le sens de la transformation du spectacle forain en opéra-comique, et l'intégration de ce dernier dans l'univers des formes théâtrales officiellement admises.

Un curieux document du début de la carrière de Leságe vient renforcer ce profil. C'est le prologue, *Critique*,[19] de Fuzelier qui annonce Lesage par son nom et l'identifie en outre comme l'auteur du *Diable boiteux*. Il y est présenté comme "cet auteur trop impérieux", et son style est décrit ainsi :

" Mes vers sont remplis de Morale

La Foire de Guibray 1714, prologue.
Arlequin Mahomet 1714, 1a. canevas réduit pour la plupart à des didascalies.
Le Tombeau de Nostradamus 1714, 1a. Fantaisie.
La Ceinture de Vénus 1715, 2a. Le "spectaculaire est plus évident dans le 1er acte".
Télémaque 1715, 1a. parodie du *Télémaque* de Pellegrin.
Le Temple de Destin 1715, prologue. Eléments fantastiques.
Les Eaux de Merlin 1715, 1a. Intrigue.
Colombine Arlequin ou Arlequin Colombine 1715, 1a. Comédie vive d'intrigue ; disposition des scènes équilibrée.
La Princesse de Charizme 1718, 3a. une des plus réussies des pièces foraines de Lesage.
La Première Représentation 1734.
Les Mariages de Canada 1734.
Le Mari préféré 1736.
17. La 9e étant *Arlequin Colonel*, version foraine de *La Tontine*.
18. *Arlequin roi de Sérendib, La Princesse de Charizme, Achmet et Almanzine*, etc.
19. BN f. fr. 9312, folio 31-34.

Le double sens m'est importun. "

Dans un "Compliment" d'ouverture que prononça l'acteur Saurin pour la Foire Saint-Laurent de 1715, Lesage lui-même révèle un idéal d'écriture "régulière" par rapport auquel les vaudevilles forains sont jugés inférieurs : "Vous n'attendez point de nous de ces excellentes Comédies..."[20] Par un curieux effet d'écho renversé, l'acteur Dominique de la troupe rivale, et dont nous attribuons le "Compliment d'ouverture" à Fuzelier, met l'accent sur une relation plus théâtrale, entre le *trac* ("une juste frayeur") d'un acteur - "...ce n'est qu'en tremblant que j'ose paroître sur la Scène" et les exigences de ses spectateurs - "Arbitres souverains du destin d'un Auteur".[21] Ce sont autant de traces fugitives de l'orientation littéraire de Lesage.

Pour mieux saisir la spécificité de Fuzelier - le grand absent du recueil de Lesage et d'Orneval selon Spaziani -, il faut donc élargir considérablement le cadre de notre regard. Pour Fuzelier, la pratique théâtrale dans toute sa matérialité comptait surtout. Pas étonnant alors de le trouver dès 1701 aux côtés de l'entrepreneur Alexandre Bertrand, impliqué dans un spectacle forain où marionnettes et acteurs vivants alternaient sur la scène. Fournisseur à lui seul d'un bon quart de la production foraine émergente, il avait suivi sinon lancé toutes les expériences nouvelles : scènes détachées, mono-logues, pantomimes, recours au chant, écriteaux, avant l'arrivée de Lesage en 1712. Formé dans la réécriture des pièces et canevas de l'Ancien Théâtre Italien[22], il semblait exceller dans la rédaction rapide, surtout lorsqu'il s'agissait de mettre des canevas en couplets. Doté d'un sens aigu du théâtral et du fonctionnement de la scène, il savait collaborer étroitement avec des acteurs à la création d'images scéniques parlantes.[23] Dans *Critique*, par exemple, l'Arlequin

20. François Parfaict, *Mémoires pour servir à l'histoire des spectacles forains*, Paris : Briasson, 1743, I, pp. 170-72.
21. François Parfaict, *Mémoires pour servir à l'histoire des spectacles forains*, I, pp. 173-75.
22. *cf. Les Mal Assortis*, tiré du recueil de Gherardi.
23. *cf.* la représentation visuelle de l'amour naissant dans *Arlequin écolier ignorant et Scaramouche pédant scrupuleux*, lorsque l'acteur Dolet a joué une

harcèle le Poète et déchire ses papiers pour figurer la vieille rivalité entre les faiseurs de textes et les faiseurs de spectacles.

Les écrits que Fuzelier rédigea seul portent massivement sur les représentations et mises en scène. En plus des nombreuses pièces qu'on lui attribue, ses papiers personnels révèlent une activité de gestionnaire assez remarquable pour un simple auteur : projets de contrats, comptes, devis... Ce fut bien Fuzelier que les Syndics de l'Opéra désignèrent en 1718 pour diriger l'Opéra-Comique à cause des différends qui opposaient la Dame de Baune et les Saint Edme. Mais, au-delà de la saison 1718, Fuzelier démontra son talent de régisseur au moment d'une nouvelle fermeture de la Foire, en 1722. Selon lui, il eut l'idée d'organiser la troupe des "Marionnettes étrangères".[24]

Pour la régie de cette entreprise, on trouve non seulement la proposition d'une "société", une série de feuilles indiquant les responsabilités du trésorier, le budget, et les modalités de collaboration entre les trois auteurs, mais même un plan autographe de la loge foraine de Laplace.[25]

***

Au terme de ce survol, il convient de rappeler qu'une collaboration réussie fait la synthèse d'une diversité d'apports et arrive tant bien que mal à en dissimuler les "coutures" ; toute tentative de mise en lumière de ces dernières ne peut se faire qu'avec prudence. Toutefois, la démarche de rééquilibrage que nous venons de proposer permet de suggérer quelques distinctions entre les

---

scène que Marivaux s'est peut-être rappelée dans *Arlequin poli par l'amour*.
24. Derrière le nom des acteurs Mlle De l'Isle et Hamoche. ("Le privilège de l'Opéra-Comique fut encore supprimé à la sollicitation des comédiens français et pour éluder les ordres de M. le Régent que je savois n'avoir accordé cette suppression qu'aux instances redoublées d'un seigneur qui protégeait le fameux Baron rentré depuis peu à la Comédie-Française, j'imaginay pour la Foire Saint-Germain, 1722, le projet des "Marionnettes étrangères". On fit tomber Francisque qui jouoit à la muette dans le même préau et les Comédiens Italiens qui donnèrent en concurrence de *Pierrot Romulus* une autre parodie sur la même tragédie" ("Opera Comique", ms de Fuzelier, publ. dans *L'Année Musicale*, 1913).
25. "Mémoires et papiers concernants les anciennes [*sic*] foires", Bibliothèque de l'Opéra, Fonds Favart, Carton 1, C, 7.

talents spécifiques de chaque auteur. L'exotisme oriental de Lesage se doublait de la culture mythologique de Fuzelier. A la prose de Lesage répondaient les couplets de Fuzelier. Alors que Lesage se préoccupait de la narrativité de certaines intrigues, Fuzelier déconstruisait celles qui étaient toutes faites pour en exploiter les épisodes fragmentés ou travaillait à partir de sujets/charpentes conçus par d'autres. Là où Lesage parodiait de préférence des textes, Fuzelier - par ailleurs parodiste attitré des Italiens et auteur de la préface du recueil *Parodies du Nouveau Théâtre Italien* - visait plus généralement des pratiques théâtrales variées[26]. Lesage ridiculisait le jeu peu naturel des Comédiens Français[27], alors que Fuzelier faisait volontiers la caricature des auteurs[28]. Par ses nombreux renvois à la vie contemporaine, Lesage était réaliste, par ses évocations réitérées du théâtre, Fuzelier était métathéâtral.

Lesage et Fuzelier assimilèrent sans doute dans leurs pièces des pratiques identifiées plus haut avec l'autre ; en outre, plusieurs de ces pratiques étaient des poncifs du genre et ne revenaient de droit à aucun individu. Toujours est-il que la mise en commun du talent littéraire de l'auteur de *Turcaret* et de *Gil Blas* et du flair théâtral de l'associé d'Alexandre Bertrand et du directeur de l'Opéra-Comique de 1718 mérite d'être examinée de près. Elle reconfirme et illustre le caractère collectif du travail théâtral que l'accent mis dans les histoires littéraires sur le texte seul tend à occulter.

David Trott
Université de Toronto

---

26. voir *Les Malades du Parnasse, L'Assemblée des comédiens de la Foire, Les Adieux de Melpomène, Le Départ de l'Opéra comique.*
27. *Le Retour d'Arlequin à la foire, Arlequin et Mezzetin morts par amour, La Foire de Guibray, Télémaque, Colombine Arlequin.*
28. *Critique*, FSL 1712.

LESAGE, L'AMOUR ET LA FOIRE

Dans une pièce de 1728 intitulée ironiquement *La Pénélope moderne,* Monsieur le Marquis de la Poulardière (c'est-à-dire Arlequin), capitaine réformé unijambiste et un des amoureux de la Comtesse de Longbois, organise une fête pour impressionner l'objet de sa passion et il choisit de faire représenter par une bande d'acteurs forains qui étaient de passage ce qu'il appelle "un opéra comique"[1] dont il donne la description suivante :

" Ce croustilleux genre d'opéra
Est un pot-pourri qui toujours plaira,
C'est du lyrique,
C'est du comique,
C'est du tragique :
Les spectacles sont tous dans celui-là. "

(*La Pénélope moderne*, II, ii)[2]

L'amour joue un très grand rôle dans le théâtre classique français, qu'il soit tragique, comique ou opératique ainsi que dans toutes les autres sources d'inspiration des auteurs qui ont écrit pour la foire au XVIIIe siècle,[3] il n'est donc pas surprenant que l'amour joue un rôle

---

1. Les forains ont commencé à utiliser cette expression dans leurs affiches dès 1715.
2. Nous citons la réimpression de l'édition de Paris de 1737 en 10 volumes du *Théâtre de la foire* d'Alain-René Lesage et d'Orneval, Slatkine Reprints, Geneva, 1968. L'orthographe a été modernisée, mais la ponctuation a été le plus souvent respectée.
3. Les auteurs des pièces foraines ont puisé dans les œuvres appartenant aux deux traditions comiques, française et italienne, qui ont été fondées sur le traitement des problèmes maritaux ou des problèmes sentimentaux de jeunes amants devant l'opposition de leurs parents, d'un tuteur ou d'un vieillard lubrique. Ils se sont aussi amusés à donner des parodies des tragédies du Théâtre Français ou des tragédies lyriques de l'Opéra, ou tout simplement à leur emprunter situations dramatiques, musique et "merveilleux". A ces sources purement théâtrales, on pourrait ajouter les fabliaux, les contes de fées, des romans faisant partie de la littérature pastorale ou de la littérature orientale.

également important dans ce genre de spectacle mixte qu'est une pièce du théâtre de la foire et que Lesage, dans la "Préface" de son *Théâtre de la foire*, a appelé "un ingénieux mélange". Il s'agit là non seulement d'un mélange de genres (comédie, tragédie, opéra, pastorale, conte de fées, etc.), mais aussi d'un mélange de sujets, de styles, d'éléments traditionnels et contemporains. Et les deux principales caractéristiques qui expliquent ces mélanges sont identifiées dans le *Prologue* de *La Force de l'amour* : "la variété dans les mets" - qui est nécessaire "pour contenter la diversité des goûts" - et l'attrait "des nouveautés". Variété et nouveauté sont ce que les spectateurs du XVIIIe siècle attendent d'un spectacle forain. Lesage et ses collaborateurs l'ont bien compris, et ils ont su satisfaire ces exigences en arrangeant dans de nouvelles combinaisons des éléments familiers et donc rassurants, en donnant de nouvelles tournures à de vieilles histoires, ou en créant des paroles originales pour des airs connus. C'est pourquoi la divinité qui préside ces spectacles, c'est Protée - et ce n'est pas seulement Arlequin ou Pierrot ou Mezzetin qui possèdent ce pouvoir de mutabilité. Toutes sortes de "transformations" et de "renversements" qui touchent non seulement les personnages, mais aussi les décors, les intrigues et la musique sont très appréciées. Et il faut ajouter que cette variété se fait voir non seulement d'un spectacle à l'autre mais dans le cadre d'un seul spectacle. Au nombre de ces transformations on peut citer le Suisse stéréotypé (c'est-à-dire l'ivrogne qui parle moitié français moitié allemand) qui se transforme en amoureux ;[4] le ravisseur qui n'arrive pas à ravir convenablement - à la grande déception de celle qui s'attend à être ravie[5] ! ; les dénouements heureux où le mariage (ou les noces) ne représente plus la célébration de l'harmonie restaurée ou ne donne plus une image du bonheur en amour. Dans *Le Tableau du mariage* c'est plutôt le mariage évité et "la fête des contre-fiançailles" qui terminent la pièce ; dans *La Princesse de Carizme* le mariage n'est plus la réalisation du parfait amour, mais c'est la seule façon de guérir celui qui a été frappé par la folie amoureuse. Ou bien, pour

---

4. Voir *Le Remouleur d'amour*.
5. Voir *Pierrot Romulus*.

donner un dernier exemple de ce genre de renversements qui sont si nombreux à la foire, c'est le mari qui est préféré par sa femme fidèle dans la pièce dont le titre - *Le Mari préféré* - et le vaudeville final annoncent qu'elle a la particularité de la rareté !

C'est ce genre d'ingéniosité qui est la clé du succès des auteurs forains, ingéniosité que l'on peut qualifier de spirituelle. Et c'est cette même approche spirituelle, cette même recherche double de la variété et de la nouveauté qui caractérise la façon, ou plutôt les façons, dont l'amour est traité par Lesage lorsqu'il écrit pour la foire. Dans ses œuvres foraines la peinture "des sentiments naturels" se mêle à ce que Beaumarchais appellera beaucoup plus tard dans le siècle "la franche gaîté", à une imagination spectaculaire, et à des traits satiriques ou même moralisateurs.

Tout d'abord il existe à la foire des traces de la tradition pastorale si aimée par la cour et la ville sous l'Ancien Régime ou même des emprunts plus ou moins directs à cette tradition, qui ne sont pas toujours traités de la façon ironique ou parodique qu'on trouve dans *Pierrot Romulus* où le héros est qualifié d'être "moitié Gascon, moitié Céladon" (quelle combinaison !) car depuis qu'il a enlevé la belle Hersilie "il ne fait que pleurer [...] comme un veau". Non, on trouve un peu partout dans les œuvres foraines des personnages pastoraux - bergers et bergères, amoureux paysans - dont les principaux traits restent la constance, la fidélité jusqu'au suicide, la modestie, le respect, et la timidité. Et ces personnages ne sont pas seulement des danseurs qui apparaissent dans les fêtes finales ou les intermèdes : ils participent à l'action dramatique du spectacle. En effet, à la foire on a constamment recours à des intrigues ou bouts d'intrigue ou reflets d'intrigue tirés de la tradition pastorale. On y témoigne de l'ascension au rang souverain ou princier du berger (comme dans *Zémine et Almanzor*) ; on y voit le berger venir au secours de sa bergère, ce qui mène à l'amour-reconnaissance, ou bien la bergère qui fait un sacrifice pour sauver son berger (comme dans *La Foire des fées* où la générosité et le sacrifice de Violette sauvent son Arlequin) ; on y trouve des scènes de malentendu et de réconciliation où le pardon rétablit l'harmonie amoureuse (comme dans la scène VII de *La Ceinture de Vénus* ou dans *Le Corsaire de*

Salé) - c'est de cela sans doute que Beaumarchais va se souvenir à la fin de sa "folle journée" ; on y assiste au triomphe des amoureux pastoraux même si d'autres amours échouent (comme dans *Le Temple du destin*, scène XIII).

Il y a aussi des souvenirs de la plupart des thèmes pastoraux identifiés par Jacques Morel[6] (rivalité du souverain et du sujet, souffrance liée aux amours impossibles ou imaginés tels, nostalgie de l'innocence), ce qui permet aux spectateurs de prendre plaisir à de véritables complaintes d'amour (comme dans la scène VII d'*Arlequin Mahomet*) et à d'authentiques duos d'amour (comme dans la scène XIV du *Remouleur d'amour*, dans la scène X du troisième acte d'*Achmet et Almanzine*, ou dans la scène III des *Amours de Protée*).

Ajoutons à tout cela le désir d'être aimé pour soi-même qui n'est que l'inverse de la peur de ne pas être aimé du tout ou d'être trompé, dont un très bel exemple est fourni par la première scène du *Tableau du mariage* où Diamantine raconte à sa suivante Olivette le rêve qui la fait hésiter à signer les articles de son mariage :

> " J'ai fait un songe épouvantable. J'ai vu deux pigeons
> qui sortaient d'un colombier [...] Ils se sont arrêtés
> dans un champ. La femelle caressait le mâle qui, bien
> loin de répondre à ses caresses, lui a donné deux
> coups de bec en fureur, et s'est envolé. "

Ce sont ce désir d'être aimé et cette peur d'aimer qui mènent à des épreuves comme celles que l'on trouve dans la scène III de *La Force de l'amour* ou dans la scène IX des *Amours de Protée*, ou qui provoquent des déguisements (non-comiques, il faut le souligner) comme ceux qui déterminent l'action de *La Reine de Barostan* et que l'on a comparé à ceux du *Jeu de l'amour et du hasard* de Marivaux mais qui sont présents dans beaucoup d'autres pièces foraines (Zémine et Almanzor, *L'Amour marin, Sophie et Sigismond,* etc.). Mais s'il y a un côté marivaudien dans certaines scènes ou certains spectacles du théâtre de la foire - y compris "les surprises de

---

6. J. Morel, "Le modèle pastoral et Molière" dans *Agréables mensonges : essais sur le théâtre français du XVIIe siècle*, Klincksieck, Paris, 1991, pp. 315-326.

l'amour"[7] et les tromperies linguistiques[8] - c'est parce que ce sont les mêmes désirs, les mêmes résistances, les mêmes terreurs de l'amour qui hantent les amoureux de Marivaux et ceux de la foire.

Tout cela veut dire que le théâtre de la foire n'est pas tout à fait dépourvu d'intérêt psychologique, même si les personnages des spectacles forains manquent de véritable profondeur psychologique : après tout, dans la "Préface" de son *Théâtre de la foire* Lesage se vante de "divertir en ne faisant qu'effleurer les matières".

Cet intérêt psychologique prend assez souvent cette forme allégorique également estimée à l'âge classique : combien de spectacles forains portent un titre tel que *Les Arrêts de l'amour, La Force de l'amour, Les Amours déguisés, Le Mariage du caprice et de la folie, L'Espérance, L'Indifférence* ? Si cette forme peut être le reflet d'une certaine sagesse sentimentale mondaine, elle fournit aussi des éléments dramaturgiques et même des jeux de scène correspondant à des combats sentimentaux. Par exemple, dans *L'Ecole des amants*, pour gagner Isabelle, le magicien Friston utilise une de ces "vérités" psychologiques : il est convaincu que l'amour qui n'a pas de résistance, d'opposition ou de difficulté à surmonter ne dure pas, et il insiste donc pour que Léandre et Isabelle soient toujours ensemble. Et dans la scène XIV des *Amours déguisés* où Léandre cherche à provoquer l'aveu de Colette en lui disant qu'il va porter sa tendresse à une autre, on assiste au jeu de scène suivant :

Léandre
Adieu. Je vais chercher mes nouvelles amours. (*Il fait trois ou quatre pas, comme pour s'en aller.*)

Colette
Bon voyage... (*Elle rêve un moment, et appelle Léandre.*) Mais attendez, Léandre, attendez.

Léandre, *revenant.*
Me voici.

---

7. Voir, à titre d'exemple, *La Reine de Barostan*, scène VIII.
8. Voir, à titre d'exemple, *Les Amours déguisés*, scène VI.

Colette
Ce ne doit point vous empêcher d'être mon ami.

Léandre
Vraiment, non. Je n'ai pas dessein de cesser de l'être.
(*Il fait encore quelques pas, comme pour se retirer.*)

Colette, *après avoir rêvé, le rappelle encore.*
Mon cousin ! Encore un mot.

Léandre, *froidement.*
Que vous plaît-il ?

Colette, *troublée*
Je ne sais plus ce que je voulais vous dire.
Tout cela, c'est très marivaudien, mais tandis qu'une pièce de
Marivaux est très concentrée, un spectacle forain se disperse, et
dans ce dernier tous les éléments soi-disant marivaudiens existent
côte à côte avec d'autres éléments de nature tout à fait différente.

Si, dans un certain sens, tout le côté pastoral représente le rêve
lumineux, idéaliste, de l'amour réussi, et si la tragédie ou tragédie
lyrique représente l'échec pathétique de ce rêve, la foire est, bien
sûr, plus connue par ses côtés antipathétique et comique. A la fin
du *Temple de l'ennui* où le pathétique est censé faire partie du
monde de l'Opéra, Colombine s'adresse à Momus, le dieu de la joie :
" Momus, fais éclater ta gloire,
Lorsqu'Arlequin se montrera.
L'Amour fait pleurer l'Opéra,
Toi, fais rire la foire. "
Mais comment faire rire lorsqu'il s'agit de l'amour ? Eh bien, tout
d'abord, il est clair que tout ce monde opératique peut devenir lui-
même sujet de parodies ou de comédies burlesques aux mains de
ceux qu'on appelait autrefois les "opérateurs" de la foire. Dans cette
courte communication nous n'avons pas le temps de citer plus d'un
exemple (mais on a tellement de choix !). Prenons donc *Arlequin
Endymion*. Dans cette pièce le berger tiré de la mythologie grecque

est transformé en Arlequin et se voit transporté à un Montmartre du XVIIIe siècle où il passe son temps à faire la cour à une certaine pâtissière du quartier, Madame Tartelin, jusqu'à ce qu'il découvre qu'elle écoute plusieurs amants à la fois et qu'il soit réconcilié avec la déesse Diane qu'il avait fuie et qui est venue le chercher en France.

Dans un tel cadre, l'amour fournit évidemment aux écrivains et aux acteurs l'occasion de faire des "numéros" comiques, soit physiques soit verbaux, soit traditionnels soit nouveaux. Dans ces "numéros" chaque élément du monde pastoral ou tragique trouve sa réplique. Il y a des complaintes d'amour et des suicides comiques (comme dans la première scène des *Eaux de Merlin*) ; il y a des combats de rivaux qui ne sont plus héroïques (comme dans la scène III de *La Ceinture de Vénus* ou dans la scène III du premier acte de *La Pénélope moderne*) ; il y a des versions comiques des duos d'amour (comme dans les scènes III et XVIII du *Temple du destin*) ; il y a toute la joie carnavalesque fournie par les travestissements qui sont la version comique des déguisements sentimentaux ; on arrive à faire l'amour dans toute une gamme de langages peu convenables, peu bienséants, peu corrects, mais qui correspondent si bien, du point de vue comique, à la situation ou aux personnages. Si l'on essaie de faire l'amour avec (à ?) une pâtissière il est inévitable que l'on utilise le langage de la cuisine en l'appelant "ma charmante brioche" ou "ma tartelette" et en lui assurant que

> " Loin de vous je n'en pouvais plus
> Et mon cœur cuisait dans son jus. "[9]

Si l'on est paysan, on espère encourager l'amant ou l'amante à "faucher son pré",[10] ou si l'on est le Capitaine Stribord de *l'Amour marin* on dira, ou chantera,

---

9. Roseann Runte analyse ce langage de façon plus complète. Voir "A tapestry of sensual metaphors : the vocabulary of Lesage's theatre" dans *Eighteenth-century theatre : aspects and contexts*, éd. M. G. Badir et D. J. Langdon, University of Alberta, Edmonton, 1986, pp. 44-52.
10. Pour une analyse plus complète du thème du pouvoir et de ses abus, voir mon article "Lesage and d'Orneval's *Théâtre de la foire*, the commedia dell'arte and power" dans *Studies in the Commedia dell'arte*, éd. D. J. George et C. J. Gossip, University of Wales Press, Cardiff, 1993, pp. 107-120.

" Ventrebleu ! Que ces beautés
Sont de gentille mâture [...]

ou bien

" Oui, devant ses divins appas
Mon cœur a mis pavillon bas. "

Et dans une telle pièce on s'attend à ce que le vaudeville qui termine le spectacle soit formulé en entier en termes "maritimes". On n'est pas déçu !

Dans un tel monde l'amour devient assez souvent un ingrédient indispensable à la bonne vie, surtout pour les personnages comiques. Il fait partie, tout comme le boire et le manger, de la peinture d'un paradis terrestre pour démunis où, comme dans *Arlequin roi des ogres*, il y a une équivalence entre "la bonne chère" et "la chair fraîche", où les êtres humains, hommes ou femmes, sont qualifiés d'êtres "appétissants" ou "à manger"[9] et où la satisfaction des sens représente cette espèce de folie sage ou sagesse folle louée dans *Le Jeune Vieillard* comme suit :

" Chers amis, réjouissons-nous,
Faisons les fous. (bis)
Etre fou et se réjouir,
C'est être sage ;
Etre sage sans se réjouir,

C'est être fou. " (I, iv)

Cette sagesse-là est souvent célébrée à la foire et chaque fois l'amour prend sa place à côté des autres plaisirs de la vie. Dans la scène III de *L'Ile des Amazones* Scaramouche chantera,

" Table bien servie
Repas toujours longs
Epouse jolie
Vin à pleins flacons.
Oh ! voilà la vie. "

Et dans la scène III du troisième acte d'*Achmet et Almanzine* Pierrot donne sa version "paysanne" :

" Je nous gaussons de l'air du temps,
Michelle et moi, moi et Michelle ;

Qu'il pleuve, qu'il vente, ou qu'il gèle,
Je prenons nos contentements.
Pour nous réchauffer la poitrine,
Je boutous pinte sur chopine ;
Et pis quand je sommes bian saoûs,
Oh-dam' ! je badinous ;
Et pis je folâtrous,
Et pis je nous baisous ;
Enfin, tant-y-a que je rious (*il rit*)
Comme des fous,

Comme des fous. "

Et pourtant, toujours selon cette espèce de sagesse dite "populaire" qui ressemble quelque peu à celle qui, à une autre époque, sera représentée sur les cartes postales que l'on achète dans les stations balnéaires, il existe en même temps un "enfer" qui correspond au paradis décrit ci-dessus. (En effet, c'est l'envers de la médaille.) Cet envers est un monde où les mornes vérités du mariage remplacent la fête joyeuse des noces, où les querelles ne sont jamais suivies de réconciliations. La scène XIV du *Tableau du mariage* est, à cet égard, tout à fait exemplaire. Au début de la scène les Pépin se vantent d'être un couple parfait :

" On nous connaît dans le quartier
Pour un ménage incomparable.
En mangeant notre petit rôt,

L'Amour est avec nous à table. "

Mais avant la fin de cette scène, les Pépin se jettent l'un sur l'autre et se battent ! L'enfer, c'est les autres, c'est le sexe opposé, et il vaudrait donc peut-être mieux que chaque sexe vive séparément, possibilité à laquelle on fait allusion dans le *Prologue* des *Trois commères* mais sans la développer.

Sous un autre angle l'amour menace de devenir une simple impulsion biologique, ce qui veut dire qu'il ne dure que s'il reste inassouvi, tout comme la "sage" Olivette nous informe dans la scène

XI du premier acte de *La Pénélope moderne* - et toujours dans le langage de l'appétit :
" Traiter un amant en mari !
Je sais ce qu'il en coûte.
Quant l'amour est trop bien nourri,
Le fripon se dégoûte :
Pour le voir toujours vif et sain,

Il faut qu'il meure un peu de faim. "
Toutefois, en tant qu'impulsion biologique, l'amour est presque irrésistible, ce qui mène à une autre sorte de plaisanterie selon laquelle il est quasi impossible de trouver une vierge de 20 ans (selon *La Statue merveilleuse*) ou même de 15 ans (si l'on croit ce que prétend le vaudeville de la pièce intitulée *L'Espérance*).

Mais si l'amour a son rôle à jouer dans le paradis et l'enfer comiques, il existe aussi un *no man's land* entre la comédie et la satire où les faussetés et les hypocrisies amoureuses plutôt traditionnelles sont mises en lumière. A la foire cela se fait souvent à l'aide de la magie (baguette ou miroir magiques, arbres parlants, animaux ayant une "queue de la vérité"). Ainsi on s'amuse aux dépens des stéréotypes familiers, qu'il s'agisse de ces stéréotypes psychologiques ou sociaux, nationaux ou régionaux, qui, grâce à une technique structurelle très favorisée par les auteurs forains, défilent devant nous l'un après l'autre. Dans *L'Ile des Amazones* ce sont les maris suisse, espagnol et français ; dans *La Tête noire* c'est la succession de prétendus épouseurs de la riche orpheline (un clerc, un peintre, un mitron, un Suisse, un Gascon) ; dans *La Foire des fées* c'est la suite de gens qui viennent demander un don aux fées (un poète, un Normand, une fillette qui voudrait être grande "pour avoir des messieurs à ses genoux" et "s'entendre conter des douceurs", encore un Gascon, un financier ruiné, et une Picarde qui, lasse d'être "simple", chercher à devenir coquette. Et il ne faut pas oublier une certaine Mademoiselle de Kerlutin, Bretonne, dont les "rigueurs" ont écarté d'elle un amant qu'elle cherche à rappeler. C'est la nature de ses "rigueurs" et du don qu'elle va recevoir qui en dit long sur la réputation (l'ancienne réputation, je veux dire !) et le caractère des demoiselles bretonnes. Voici comment elle a traité son adorateur - c'est elle qui raconte l'histoire :

> " [...] comme il vint un quart d'heure plus tard qu'il ne devait, je lui appliquai deux bons soufflets et lui donnai quatre ou cinq coups de pied dans le ventre [...] Il voulut raisonner, je lui jetai un flambeau à la tête [...] Huit jours auparavant, pour avoir souri à une jeune dame, je lui cassai sur le visage une paire de pincettes [...] Ah ! qu'il ne ressemble pas à ce pauvre Chevalier de Kerbenais que j'ai aimé avant lui [...] Pendant trois ans qu'il m'a rendu des soins, sa patience ne s'est point démentie ; je l'ai roué de coups jusqu'au dernier moment de sa vie. " (scène VIII)

Et le don qu'elle recevra et qui va l'aider à rappeler son amant et à le conserver - c'est, bien sûr, la douceur !

Parmi tous ces personnages, même ceux qui représentent des types sociaux plus ou moins contemporains (financiers, chevaliers de l'industrie ou du soleil, maris parisiens complaisants, coquettes, joueurs) ont pour la plupart plus de force comique que vraiment satirique.

Toutefois, de temps en temps, on se trouve en présence d'un épisode plus sombre où les acteurs et les événements du paradis et de l'enfer terrestres sont vus d'un œil moins indulgent, moins pétillant. Cela arrive le plus souvent lorsque c'est l'argent qui remplace l'amour et la joie, c'est-à-dire lorsque le monde de Turcaret menace de supprimer non seulement le monde de Céladon, mais aussi celui de la saine gaîté populaire. Dans *La Boîte de Pandore*, après l'ouverture de la fameuse boîte, l'harmonie familiale et l'amour innocent qui ont existé avant sont détruits. Cet amour innocent est caractérisé par le manque d'égoïsme et le simple dévouement à l'autre, mais comme remarque Mercure, il est détruit dès que "l'esprit d'intérêt fait son entrée dans le monde" (scène XII). Dans ce monde-là l'amour est dissocié des vertus et des sacrifices, et même des vrais plaisirs sensuels, pour devenir tout simplement le droit des plus forts et des plus riches. Sous ce jour l'amour n'est qu'un abus du pouvoir.[10] Les êtres humains, et surtout les femmes,

deviennent des biens de consommation courante, des "marchandises", ou un genre de monnaie. L'amour s'achète, se vend, se
commande, ce qu'Arlequin devenu roi de Serendib comprend très
bien :

> " Ah ! qu'il est doux d'être aujourd'hui
> Un homme d'importance !
> Mère, époux rampent devant lui ;
> Et s'il veut Hortense,
> Il n'a qu'à tinter,
> Il n'a qu'à compter,
>
> Et la mignonne s'avance. "

Ce n'est plus un berger qui a accédé au pouvoir, c'est un zanni
qui a tendance à devenir aussi tyrannique dans l'emploi de son
pouvoir que tout autre tyran, même si le pouvoir du zanni-roi est
peu durable. Dans de tels royaumes même les paysans et les
paysannes ne sont plus les mêmes : eux aussi se laissent corrompre.
Dans la scène XV des *Amours de Nanterre* c'est pour l'argent que
Lucas renonce à son amour. Dans la scène VIII des *Routes du monde*
Guillot le jeune paysan ne songe qu'à s'enrichir, car toute chose peut
être acquise, même un "petit bout de noblesse". C'est l'argent qui
vous permet de "vivre noblement". "Vivre noblement", c'est

> " Avoir des meubles pompeux,
> Superbe écurie,
> Vins délicats, vins mousseux,
>
> Maîtresse jolie. "

Le matérialisme a ainsi submergé sentiments et moralité, ce qui
mène ici et là à un traitement moins satirique que visiblement
moralisateur. Cette tendance est visible, par exemple, dans certaines
scènes de *La Foire des fées*. Le cas de la jeune fille qui veut devenir
grande pour avoir des amants est commenté ainsi : "le mauvais
exemple qu'on lui donne dans sa famille la perdrait indubitablement"
(scène VI). Dans la même pièce on conseille à Nicette, la Picarde qui
veut se muer en coquette, de "faire le voyage de Paris [...] et [se]
loger dans le quartier de l'Opéra" qui est "une île de Cythère [où] il
y a une colonie de fées bâtardes qui [...] se chargeront volontiers de

[son] éducation". Mais lorsque Nicette montre son impatience de se rendre à Paris, la fée doyenne la gronde et l'avertit comme suit :

" Ah ! pauvre Nicette, que vous savez mal choisir !
Ces fleurs qui vous font envie couvrent un funeste
précipice où vous tomberez si vous allez les cueillir. "
(scène X)

En ce qui concerne un spectacle comme *Les Routes du monde* la conception même de la pièce est de nature moralisatrice. La scène représente les trois chemins qui se présentent aux jeunes gens qui se trouvent sur le seuil de la vie adulte. Voici la description de la scène que l'on trouve au début de la pièce et dont le symbolisme n'est que trop clair :

" Le portique du milieu est étroit, composé de
rochers et couvert de ronces, avec cette inscription :
Le Chemin de la Vertu. Le second à droite, plus large
(ainsi que le troisième à gauche) est orné de tous les
symboles des honneurs et des richesses, et a pour
titre : Le Chemin de la Fortune. Le troisième, intitulé
Le Chemin de la Volupté, paraît chargé des attributs
des plaisirs, du jeu, de l'amour et de Bacchus. "

Dans la toute première scène du spectacle la Vertu, autrement appelée la Sagesse, devient "la plus adorable de toutes les divinités" :

" De son chemin l'entrée est rébutante
Mais
La Sortie en est brillante :
C'est la gloire et son palais.
Par la Porte de la Fortune passe
Le peuple altier, dangereux, formidable
Des conquérants et des agioteurs.
Autour du Portique de la Volupté rôde la Débauche
qui
Déguisant son effronterie
Devant nous [elle] paraîtra
Sous le nom de Galanterie. "

Des jeunes gens et jeunes filles qui se présentent devant ces portiques une seule prend le Chemin de la Vertu (et celle-là ne veut pas rire !), mais les amants sont défendus par l'Amour lui-même et par une troupe de Plaisirs Innocents qui chassent les Plaisirs Libertins, permettant donc aux amants de concilier bonheur et vertu dans le mariage. A de tels moments ce n'est plus Lesage l'ironiste qui s'amuse, mais Lesage le bon chrétien respectueux qui se fait entendre.

Alors, tout comme dans les autres transformations qui caractérisent le théâtre de la foire, l'amour peut devenir tour à tour source de spectacle, symbole, sentiment naturel, sujet de comédie, de satire ou de moralisme assez conventionnel. Ainsi les spectateurs d'origine sociale et d'intérêts bien mixtes ont le choix de se nourrir "à la carte" plutôt que d'être contraints de prendre leur plaisir à un menu fixe.

M. G. Evans
Université de Swansea

LESAGE PARODISTE

"C'est [...] Lesage qui introduisit l'ordre et la règle dans la parodie dramatique", affirmait en 1887 V. Barberet[1]. Et pourtant on s'est peu intéressé jusqu'ici aux parodies dramatiques que Lesage a écrites seul ou en collaboration, ce qui étonne compte tenu de leur impact contemporain et de leur intérêt littéraire. En dépit des études marquantes de Lucette Desvignes[2] et de Andrea Grewe[3], il nous manque une appréciation systématique et détaillée de leurs référents. Dans la plupart des cas, les spectacles, officiels ou non, pris pour cible par Lesage sont aujourd'hui méconnus, ce qui ne favorise pas la réception de leur parodie.

Il nous a donc semblé important, par le moyen d'une confrontation approfondie des œuvres parodiées avec les pièces de Lesage, de dégager les caractérisques de la transformation parodique chez lui, et de mesurer par la même occasion l'ampleur référentielle et la portée critique de ces pièces.

Cinq de ces parodies ont été publiées par Lesage dans son recueil du *Théâtre de la Foire*[4] : *Arlequin Thétis, Parodie de l'Opéra de Télémaque, Arlequin Endymion, Pierrot Romulus, Les Amours de Protée*. Deux autres, inédites, sont conservées en version manuscrite, *La Reine des Péris*[5] et *Les Noces de Proserpine*[6]. Remarquons

1. V. Barberet, "Lesage et le théâtre de la Foire", Nancy, 1887, p. 114.
2. L. Desvignes, "La parodie à la Foire et au Théâtre Italien d'après les recueils de Lesage et de Fuselier", *Romanistische Zeitschrift für Literaturgeschichte*, 3, Heft 3/4, 1979, pp. 297-318. Cet article remarquable a le mérite de proposer des comparaisons entre des parodies des Italiens et des Forains à propos de la même œuvre.
3. A. Grewe, *Monde renversé – Théâtre renversé. Lesage und das Théâtre de la Foire*, Bonn, Romanistischer Verlag, 1989, pp. 308-319.
4. Paris, E. Gandouin, 1737, dix volumes, Slatkine Reprints, Genève, 1968. Nous désignons désormais cette édition par *Théâtre de la Foire*, et nous modernisons l'orthographe.
5. *La Reine des Péris* figure dans ms fr 9314 (f° 186 et s.), et non dans ms fr

d'emblée que cette dernière pièce constitue un cas singulier, dans la mesure où l'opéra du même nom, de Quinault et Lully, ne sert qu'à fournir un cadre : Proserpine aux Enfers voit défiler différents personnages : un vendeur d'almanachs, la veuve d'un procureur, et d'autres qui incarnent des pièces qui viennent d'être jouées (le procédé permet à Lesage de jeter un regard satirique sur la saison théâtrale de 1726-1727). Aussi n'inclurons-nous pas cette œuvre dans le corpus analysé ici, en nous limitant volontairement aux parodies qui prennent pour cible un texte précis[7].

Lorsque David Trott évoque l'importance quantitative des spectacles non officiels dans la première moitié du XVIIIème siècle, spectacles parfois anonymes, souvent destinés à une vie éphémère, et généralement négligés, non sans dédain, par des historiens du théâtre[8], on ne peut que se réjouir que les parodies foraines de Lesage soient parvenues jusqu'à nous[9]. Le corpus est d'une grande richesse, fortement marqué par la variété des cibles, des formes et des lieux de spectacle, des auteurs.

9278 comme l'indique à tort le *Dictionnaire des Lettres Françaises, XVIIIème siècle* du Cardinal Grente (Fayard, 1960). Une autre version manuscrite est conservée sous la cote ms. 25 471, f° 67-86.

6. M. Spaziani ne signale qu'une version de la pièce et ne donne pour auteur que Lesage et d'Orneval (*Il Teatro minore di Lesage*, Roma, A. Signorelli éd., 1957, p. 146) : il s'agit du manuscrit ms fr 9314, f° 211-224, *Les Noces de Proserpine*, pièce en un acte "par M. Dorneval. représentée sur le théâtre du Palais Royal, à l'académie royale de musique, 30 mars 1727". Nous avons trouvé une autre version dans ms fr 9336, f° 280 à 300 : *Les Champs Elysées ou Les Noces de Pluton et de Proserpine,* par Fuzelier, le Sage et d'Orneval, selon la page de titre, Foire St Germain 31 mars 1727. Le texte est pratiquement identique.

7. *Les Noces de Proserpine* feront l'objet d'une étude détaillée à paraître prochainement.

8. D. Trott, "Pour une histoire des spectacles non officiels : Louis Fuzelier et le théâtre à Paris en 1725-26", *Revue d'Histoire du Théâtre*, 1985, III, pp. 255-275.

9. On notera cependant que, à notre connaissance, seules deux parodies ont fait l'objet d'une réédition moderne : *Pierrot Romulus*, qui a été intégré par Dominique Lurcel dans son anthologie du *Théâtre de la Foire au XVIIIème siècle*, Paris, U. G. E., 1983, et, au début du siècle, la *Parodie de l'opéra de Télémaque* (Georg Calmus, *Zwei Opern-Burlesken aus der Rokoko-Zeit : Télémaque. Parodie von Le Sage. Paris 1715. – The beggar's opera. Von Gay und Pepusch. London 1728*, zum erstenmal mit der Musik neu herausgegeben und eingeleitet von G. Calmus, Berlin, 1912).

Aucun genre dramatique n'a échappé au traitement parodique de Lesage. Les opéras, ou tragédies lyriques, sont sa cible préférée : la majesté du sujet antique, ainsi que la forme musicale d'origine, se prêtent particulièrement bien à la dérision et à la déformation en vaudeville. C'est ainsi que Lesage parodie *Thétis et Pélée*, de Fontenelle et Colasse, le *Télémaque* de Pellegrin. La tragédie, autre genre élevé, faisait également, pour cette raison même, les délices des parodistes : le *Romulus* présenté par La Motte à la Comédie-Française se retrouve dégradé en *Pierrot Romulus*. D'autres formes d'art dramatique, considérées comme moins nobles, ne sont pas pour autant délaissées : le ballet de La Font et Gervais, *Les Amours de Protée*, et la comédie-ballet de Fuzelier, *La Reine des Péris* sont parodiés sous leurs titres respectifs. La comédie simple[10] figure aussi dans les textes retenus par Lesage : *Arlequin Endymion* parodie une comédie pastorale de Luigi Riccoboni, *Diane et Endymion*, de 1721.

Écrites pour les théâtres de la Foire, les parodies dramatiques de Lesage reflètent dans leur hétérogénéité même l'histoire mouvementée de la production foraine. Les auteurs s'y voient contraints d'adopter des formes spécifiques, dictées par des contraintes extérieures : *Arlequin Thétis*, est une pièce parodique à écriteaux[11], stratagème imaginé pour contourner l'interdiction de la parole faite par l'Académie royale de musique et la Comédie-Française au théâtre de la Foire[12], et que Lesage venait d'expérimenter avec

---

10. Selon V. B. Grannis, la première parodie de comédie serait l'*Amphitryon* de Raguenet, datant de 1713 (*Dramatic Parody in XVIIIth century France*, New York, French Institute, 1931, p. 146).

11. "Les écriteaux étaient une espèce de cartouche de toile roulée sur un bâton, et dans lequel était écrit en gros caractères le couplet, avec le nom du personnage qui aurait dû le chanter. L'écriteau descendait du cintre, et était porté par deux enfants habillés en Amours, qui le tenaient en support. Les enfants suspendus en l'air par le moyen des contrepoids, déroulaient l'écriteau ; l'orchestre jouait aussitôt l'air du couplet, et donnait le ton aux spectateurs, qui chantaient eux-mêmes ce qu'ils voyaient écrit, pendant que les acteurs y accommodaient leurs gestes" (Note de Lesage pour *Arlequin roi de Serendib*, *Le Théâtre de la Foire*, *op. cit.*, t. I, pp. 19-20).

12. Voir M. Venard, *La Foire entre en scène*, Paris, Librairie théâtrale, 1985, p. 83 et s.

succès, la même année, dans *Arlequin roi de Serendib*. Cette forme de spectacle contraint à l'évidence le dramaturge à rendre le dialogue extrêmement sommaire et fragmentaire ; elle oblige également les acteurs à rivaliser d'ingéniosité et d'habileté pour communiquer leurs sentiments par des mimiques éloquentes ; surtout, par le fait même qu'elle invite les spectateurs à chanter les refrains indiqués, elle rend complice le public jusque dans la représentation parodique[13].

Lorsque, en 1722, l'Opéra refuse de renouveler son privilège aux forains, Lesage, Fuzelier et d'Orneval se mettent à la pratique des marionnettes sur le théâtre des *Marionnettes étrangères*, dirigé par Delaplace et Dolet à la foire Saint-Germain de 1722[14]. Fuzelier indique dans ses Mémoires que c'est à lui-même que revient l'idée de ce stratagème[15]. La parodie dramatique présentée sous cette forme, *Pierrot Romulus,* eut un tel succès que Fuzelier affirme :

> " avec des acteurs de bois on fit tomber Francisque qui jouait à la muette devant mon préau, et les Comédiens Italiens qui donnèrent en concurrence de Pierrot Romulus une autre parodie sur la même tragédie "[16].

---

13. L. Desvignes parle très justement de "coopération" (art. cit., p. 314).

14. Voir l'avertissement placé en tête de *L'Ombre du cocher poète* : "Les auteurs de l'Opéra Comique, voyant encore une fois leur spectacle fermé, plus animés par la vengeance que par un esprit d'intérêt, s'avisèrent d'acheter une douzaine de marionnettes, et de louer une loge, où, comme des assiégés dans leurs derniers retranchements, ils rendirent encore leurs armes redoutables. Leurs ennemis, poussés d'une nouvelle fureur, firent de nouveaux efforts contre Polichinelle chantant ; mais ils n'en sortirent pas à leur honneur" (*Théâtre de la Foire*, t. V, p. 47).

15. "Pour éluder les ordres de M. le Régent que je savais n'avoir accordé cette suppression qu'aux instances redoublées d'un seigneur qui protégeait le fameux Baron rentré depuis peu à la Comédie Française, j'imaginai pour la F. G. [Foire St Germain] 1722 le projet des Marionnettes étrangères [...] et avec des acteurs de bois on fit tomber Francisque qui jouait à la muette devant mon préau, et les Comédiens Italiens qui donnèrent en concurrence de Pierrot Romulus une autre parodie sur la même tragédie" (Cité par D. Trott, "Louis Fuzelier et le théâtre : vers un état présent", *Revue d'Histoire littéraire de la France*, 1983, p. 611. Nous modernisons l'orthographe).

16. *Ibid.*

Autre signe du succès, rapporté par Campardon : "M. le duc d'Orléans, régent, voulut le voir représenter à deux heures après minuit"[17]. On sait aussi que la pièce fut reprise et accueillie favorablement jusqu'en 1745[18].

A côté de ces deux cas extrêmes, dans lesquels le discours ou le jeu des acteurs se trouvent bridés, la forme la plus fréquente des pièces du théâtre de la foire, que l'on retrouve dans toutes les parodies de Lesage, est l'alternance prose/vaudeville : la place accordée à la prose varie en fonction des interdits. Dans la *Parodie de l'Opéra de Télémaque* la musique domine, moins d'une dizaine de répliques sont en prose non chantée, tandis qu'on trouve une quarantaine de répliques en prose parlée dans *Les Amours de Protée*.

A cette diversité des formes de parodies dramatiques de Lesage, résultant en partie de la conjoncture, il faudrait ajouter la diversité des lieux de représentation : certaines de ces parodies furent jouées à la Foire Saint-Germain, en hiver, de février à avril. Ce fut le cas de la *Parodie de l'Opéra de Télémaque* (Théâtre de Saint-Edme), d'*Arlequin Endymion* (théâtre de Francisque), de *Pierrot Romulus* (Théâtre des marionnettes étrangères). D'autres furent données à la Foire Saint-Laurent, en été : on y vit sur le Théâtre de la dame Baron *Arlequin Thétis* et sur le théâtre de Ponteau *Les Amours de Protée*.

Même variété en ce qui concerne les auteurs des parodies : il est fort difficile de savoir quelle est la part exacte de Lesage dans les parodies dramatiques[19]. Seules deux d'entre elles, *Arlequin Thétis*, et la *Parodie de l'Opéra de Télémaque* sont dues uniquement à Lesage ; pour les quatre autres, il travailla tantôt avec d'Orneval et Fuzelier, pour *Arlequin Endymion, Pierrot Romulus, Les Amours de*

---

17. E. Campardon, *Les Spectacles de la Foire*, Paris, Berger-Levrault, 1877, t. II, p. 71.
18. Voir Frank Whiteman Lindsay, *Dramatic Parody by marionettes in Eighteenth-Century Paris*, New York, 1946, pp. 22-23.
19. A défaut de renseignements sur la part de travail de chaque collaborateur, et pour la commodité de cet article, nous continuerons à parler des parodies de Lesage, en priant Fuzelier et d'Orneval de nous excuser.

Protée[20] ; tantôt avec d'Orneval mais sans Fuzelier, et pour cause : *La Reine des Péris* est la parodie d'une comédie de Fuzelier lui-même, sans doute écrite au moment où Fuzelier avait décidé d'écrire pour les Comédiens-Italiens ; Lesage aurait renoncé à la faire représenter à cause de leur réconciliation[21]. Selon Marcello Spaziani ce serait à Lesage que reviendraient le schéma de la comédie et la composition des parties en prose ; à Fuzelier et d'Orneval la versification[22]. On a tendance à oublier aujourd'hui la dimension musicale de ce théâtre chanté ; cependant, il ne faudrait pas négliger le rôle des compositeurs responsables de la musique dans ces différentes parodies, tel Gilliers pour *Télémaque*, *Arlequin Endymion* et *Pierrot Romulus* ou Aubert pour *La Reine des Péris*. Il a déjà été observé qu'il n'y a pas à proprement parler de parodie musicale d'opéra ; il s'agit surtout d'un phénomène littéraire, mais on peut rencontrer occasionnellement des citations musicales à effet parodique[23].

Malgré la diversité des cibles, des formes théâtrales, des lieux de représentation, des regroupements d'auteur, il est possible de dégager des traits récurrents de l'écriture parodique, que nous voudrions analyser à présent.

C'est d'abord sur le titre que porte le travail du parodiste. En intitulant sa pièce *Parodie de l'Opéra de Télémaque*, Lesage désigne sans équivoque le genre et l'identité de sa cible, aussi bien que le genre de sa propre pièce. Mais c'est aussi en faisant figurer dans le titre un personnage comique, accolé à un héros mythologique, que Lesage donne le ton : *Arlequin Thétis*, *Arlequin Endymion*, *Pierrot*

---

20. Dans l'édition du *Théâtre de la Foire*, seuls sont indiqués comme auteurs des *Amours de Protée* "Mrs. le S** & D'Or**". David Trott a cependant fait observer que Fuzelier, dans ses Mémoires, dit y avoir travaillé avec ses associés (D. Trott, "Louis Fuzelier et le théâtre : vers un état présent", art. cit., p. 606, n° 9).
21. Voir M. Spaziani, *Il Teatro minore di Lesage, op. cit.*, pp. 58 et 143.
22. *Ibid.*, pp. 54-55.
23. Voir Herbert Schneider, *Die Rezeption der Opern Lullys im Frankreich des Ancien Régime*, Tutzing, 1982 et A. Grewe, *op. cit.*, p. 318. La citation musicale de Mme Anroux dans la parodie de *Télémaque* a aussi été commentée par Corinne Pré, art. cit.

Romulus. Ces titres signalent au spectateur par leur forme binaire et oxymorique l'écart entre deux types de texte qui fonde l'opération parodique. Dans *L'Antre de Trophonius*, de Piron, présenté la même année que *Pierrot Romulus* à la foire, Arlequin s'écrie :

" Toute la noblesse aux marionnettes ! Voyons donc
ce qu'on y représentait (il lit) : Pierrot-Romulus. Que
veulent dire ces deux mots étonnés l'un de l'autre ? "[24]

Avec *Arlequin Thétis*, en 1713, Lesage, profitant de l'absence des comédiens italiens à Paris, exploite la vogue du personnage d'Arlequin, qu'il a déjà fait figurer en rôle-titre de plusieurs pièces en 1712 : *Le retour d'Arlequin à la Foire, Arlequin baron allemand, Arlequin et Mezzetin morts par amour*. C'est peut-être le succès d'*Arlequin roi de Serendib*, à la Foire Saint-Germain de 1713, qui l'incite à faire d'Arlequin le personnage central de sa parodie ; le procédé n'est toutefois pas nouveau : dès 1692, le *Phaéton* de Quinault et Lully avait suscité un *Arlequin Phaéton* chez les Italiens. Mais après *Arlequin Endymion*, (1721), Lesage, Fuzelier et d'Orneval n'utiliseront quasiment plus Arlequin dans les titres de leurs pièces foraines, qu'il s'agisse de parodies ou non[25], tandis que les Italiens exploiteront abondamment et durablement le procédé, ce qui pourrait laisser imaginer une prétention à l'exclusivité pour l'emploi d'Arlequin dans les titres[26].

---

24. in *Œuvres complètes*, Paris, Rigoley de Juvigny, 1777, III, p. 96. Cité par Jean-Luc Impe, *Opéra baroque et marionnette. Dix lustres de répertoire musical au siècle des lumières*, Charleville-Mézières, Editions Institut International de la Marionnette, 1994, p. 110.
25. A l'exception de *Arlequin Atys* (Fuzelier, d'Orneval et Piron, 1726). En 1722 on peut cependant voir à la Foire *Les Fourberies d'Arlequin* de La Font (3 février), et *Arlequin Deucalion* (25 février) de Piron, et en 1726 *L'Enrôlement d'Arlequin*, de Piron. Ces "exceptions" m'ont été signalées par David Trott, que je tiens à remercier ici pour son aide précieuse.
26. Le *Pierrot Romulus*, joué à la Foire St-Germain le 3 février 1722, fut suivi de très près chez les Italiens par *Arlequin Romulus* de Dominique le 18 février 1722. Pour ne citer que les parodies, les Italiens représenteront *Arlequin Roland* (Dominique et Romagnesi, 1727), *Arlequin Bellérophon* (Dominique et Romagnesi 1728), *Arlequin Tancrède* (Dominique et Romagnesi, 1729), *Arlequin Persée* (Fuzelier 1722), , *Arlequin Roland* (Panard et Sticotti, 1744), *Arlequin Thésée* (Valois d'Orville, 1745).

Le sous-titre ajoute quelquefois à la dimension parodique :
Pierrot Romulus ou le ravisseur poli peut évoquer pour le
spectateur l'*Arlequin poli par l'amour* de Marivaux, qui avait eu un
grand succès deux ans plus tôt. Lesage inverse les rôles car, tandis
que chez Marivaux, c'est Arlequin, enlevé par la Fée, qui devenait
"poli", dans *Pierrot Romulus,* c'est le ravisseur de Sabine, Romulus,
qui se trouve excessivement poli par l'amour. Une allusion à la
même pièce de Marivaux se retrouvera dans le titre d'une parodie
dramatique, chez les Italiens : *Les Enfants trouvés, ou le Sultan poli
par l'amour*[27].

L'intention parodique peut aussi ne pas apparaître dans le titre :
La Reine des Péris, ou *Les Amours de Protée* conservent intact le
titre de l'œuvre qu'elles travestissent. Mais, comme l'a bien fait
observer Lucette Desvignes, "C'est souvent parce que l'œuvre est
présentée à la Foire ou chez Riccoboni – et non au Français ou à
l'Opéra – qu'elle se désigne à l'attention comme parodie"[28]. Dans le
cas des *Amours de Protée*, c'est un sous-titre de la version
imprimée, "parodie de l'opéra", qui opère la classification générique.

Si le titre peut donner le signal de la parodie, c'est surtout dans le
traitement de l'intrigue que réside le travail de fond du parodiste.
Lesage réduit la complexité des pièces originelles, simplifiant le
schéma dramatique, supprimant quelques personnages secondaires.
L'exemple d'*Arlequin Thétis* est éloquent. Dans l'opéra de Fontenelle et Colasse, Thétis et Pélée s'aiment, mais Pélée a deux rivaux
qui viennent successivement déclarer leur amour à Thétis : Neptune
en sortant des flots au milieu des sirènes (I, 4), et Jupiter en
descendant du ciel au milieu d'éclairs et de coups de tonnerre (II,
sc. 6). Tandis que ce dernier venait de métamorphoser la scène en
magnifiques jardins, une tempête éclate : Neptune surgit pour
déclarer sa colère à Jupiter. Aucun des trois soupirants ne voulant
renoncer à ses prétentions amoureuses, il est décidé de consulter
l'oracle au temple du destin, qui prophétise : "l'époux de la belle
Thétis doit être un jour moins grand, moins puissant, que son fils"

---

27. Parodie de *Zaïre*, par Dominique, Romagnesi et Riccoboni le fils, décembre
1732.
28. L. Desvignes, art. cit, p. 298.

(III, 7). Neptune se déclare alors obligé de renoncer à Thétis, tout comme Jupiter, qui entendait punir Pélée, son rival, et le conduire à la mort ; l'oracle amène le dieu des dieux à pardonner et à favoriser les noces de Thétis et de Pélée (actes IV et V). L'intrigue amoureuse, chez Fontenelle, donne aussi une rivale à Thétis : Doris est amoureuse de Pélée, et tente de rendre jalouse Thétis.

Chez Lesage, la pièce est réduite à dix scènes. On y voit Thétis courtisée par Neptune et poussée par Doris à accepter ces noces. Mercure survient pour déclarer à Thétis l'amour que lui porte Jupiter ; le messager en profite pour conter fleurette à Doris ; Thétis allègue l'inconstance notoire du maître des dieux pour repousser ses offres. Neptune surgit alors dans une tempête : c'est la scène dernière que nous reproduisons intégralement :

" **Neptune**, *en colère* :
Air 61 (*Les Trembleurs*)

Tu veux m'enlever Thétis
Mais crains ma jalouse rage
Je vais faire du ravage
Tu verras un beau tapage
C'est moi qui t'en avertis.

Jupiter :
Air 154. (*Ah ! vous avez bon air*)
Oh ! trêve de colère
Infant, mon petit frère,
Oh ! trêve de colère !
Quoi, vous me bravez
Ah, vous avez beau braire
Ah, vous avez beau braire
Ah, vous avez beau braire
Bon air vous avez.

Jupiter s'approche de Neptune, et le touche de son foudre. Neptune rentre dans la mer, et la pièce finit "

Manifestement, Lesage ne s'est intéressé qu'aux deux premiers actes, sans proposer d'équivalent aux trois derniers, contenant l'oracle et ses conséquences. La parodie tourne court dans une fin brutale et spectaculaire qui met en évidence les rapports de force entre les divinités ; les derniers mots de Jupiter le rendent ironiquement ridicule, puisque les sons et la répétition appuyée "Ah vous avez beau braire" semblent retourner l'accusation contre lui. En outre le personnage de Pélée ne parle jamais, et, tandis que Fontenelle avait redoublé l'intrigue amoureuse centrale d'une intrigue secondaire, l'amour de Doris pour Pélée, Lesage prête seulement à Doris cette observation sur Pélée : "Peste ! qu'il a bonne façon / Que sa taille est bien découplée ! [...] [Voilà] ce qu'il faut à Doris", ce qui devait suffire au spectateur de l'époque pour se remémorer la rivalité des femmes chez Fontenelle et Colasse.

Il en va tout autrement dans la parodie que Dominique composera onze ans plus tard[29] pour les Comédiens Italiens à partir du même opéra, *Les Noces d'Arlequin et de Silvia, ou Thétis et Pelée déguisés* (18 janvier 1724) : certes, les noms et les conditions des personnages sont transposés : Neptune devient La Rancune, et Jupiter, Brisefer, mais l'intrigue de l'opéra originel est davantage respectée : en guise d'équivalent de l'oracle du troisième acte, des sorciers annoncent que celui qui épousera Silvia ne sera pas le père du fils qu'elle aura, et qu'il devra le nourrir (sc. XIV). Barberet écrivait de Lesage qu'il "suit ordinairement l'intrigue de la pièce qu'il parodie"[30] ; *Arlequin Thétis* est à cet égard une exception.

Parallèlement au traitement de l'action, c'est le rabaissement des personnages qui constitue un des points forts de la pratique parodique. Les noms sont généralement maintenus[31], mais les per-

---

29. En janvier 1724. Notons que Dominique pouvait connaître la version imprimée de la parodie foraine : elle figure dans le tome I du *Théâtre de la Foire*, publié pour la première fois en 1721. Dans la scène X, il nous semble même possible de déceler un "emprunt" à *Arlequin Thétis* : la fureur de Brisefer est également chantée sur l'air de "Ah ! vous avez bon air" ; les paroles ressemblent de très près à celles de la scène finale de la parodie foraine, que nous avons citées : "Hors d'ici téméraire, Calmez votre colère, Cadet mon petit frère : Quoi vous me bravez ? Ah ! vous avez bon air, Ah vous avez bon air, Bon air vous avez [bis]".

30. *Op. cit.*, p. 114.

31. Quelquefois un diminutif suffit à produire un effet subversif : quand la Sabine de La Motte devient Sabinette dans *Pierrot Romulus*, le diminutif rend bien

sonnages sérieux étant joués par des acteurs doublement costumés, qui conservent les habits traditionnels de personnages comiques (de la foire ou du théâtre italien) sous leur tenue "héroïque", le public se trouve d'emblée, visuellement, face à des dieux ou héros burlesques. Dans *Arlequin Thétis*, Jupiter est joué par Mezzetin, Mercure par Pierrot, et la déesse Thétis par Arlequin. Dans ce dernier cas, le changement de sexe ajoute à l'effet comique : la gravure placée en frontispice dans l'édition du *Théâtre de la Foire* montre qu'Arlequin en Thétis conservait son masque noir ; celle qui illustre la *Parodie de l'Opéra de Télémaque* laisse voir l'habit d'Arlequin dépasser des manches d'Eucharis. Ce travestissement en femme est une technique à succès que Lesage réutilise pour d'autres personnages : dans la parodie de *La Reine des Péris*, Trivelin joue Selina Péri, suivante de la reine ; dans la parodie de *Télémaque*, la troupe des sirènes de l'opéra se trouve réduite à un trio surprenant : Scaramouche et les deux Gilles habillés en Sirènes.

Le rabaissement des divinités et des héros est l'une des armes préférées de Lesage, qui choisit dans cinq sur six de ses parodies, de s'attaquer à des œuvres inspirées de la mythologie gréco-romaine[32]. Neptune, qualifié dans *Arlequin Thétis*, d'"aimable Dieu des Merlans", est salué ainsi : "Ah, l'appétissante figure ! voilà la fleur des vieux galants" ; son surnom de "Dieu des écailles" dans *Télémaque* n'est pas plus honorifique. L'utilisation de proverbes familiers et imagés contribue à cette dégradation. La décision de Jupiter concernant Pluton et Proserpine est ainsi présentée par Mercure : "On a trouvé moyen d'accorder la chèvre et le chou". Lorsque Proculus vient de révéler son dessein de tuer le roi, dessein approuvé selon lui par le grand prêtre, ce dernier arrive alors, ainsi annoncé par Tullus : "quand on parle du loup, on en voit la queue" (*Pierrot Romulus*, sc. X). Romulus est transformé en nigaud peu entreprenant et glouton : "Il n'a fait que pleurer à vos genoux comme un veau", dit Sabinette à Hersilie, Dans *Arlequin Endymion*,

---

compte de la dégradation morale du personnage, qui est devenue une femme de petite vertu.

32. Voir L. Desvignes, "L'antiquité au Théâtre de la foire et sur la scène de Marivaux", *Studi francesi*, 109, anno XXXVII, fasc. I, gennaio-aprile 1993.

le sort d'Endymion, condamné au sommeil perpétuel par Jupiter jaloux vient d'être évoqué ; la Nuit commente ainsi l'attrait que ressent Diane pour Endymion :

" Une beauté que l'amour blesse,
Sans réfléchir sur son transport,
Craint peu, dans l'ardeur qui la presse,
De réveiller le chat qui dort. " (sc. II)

Quand des comparaisons n'en font pas des chèvres, loups, veaux ou chats, les dieux et les héros sont désacralisés par des substantifs et adjectifs dévalorisants : Télémaque est traité de "petit benêt", Endymion de "petit fripon", Protée de "coquin"; quant aux héroïnes, elles sont de mœurs légères : "Que sais-je, son Antiope / Est peut-être une salope". (*Télémaque,* sc. VI). Sabinette reproche à Romulus, ravisseur trop poli, de n'être pas assez entreprenant, comme elle l'explique à Hersilie : "Ne vous veut-il donc que cela ? Ce n'était pas la peine de vous enlever" ; elle évoque ensuite, dans un chant grivois, son propre rapt, bien peu platonique :

" Il me déclara brusquement
Qu'il voulait être mon amant.
Le drôle s'y prit de manière,
Sens dessus dessous,
Sens devant derrière
Que je l'acceptai pour époux,
Sens devant derrière,
Sens dessus dessous. " (sc. I)

Lesage ne transpose pas non plus de manière globale l'époque dans laquelle se déroule l'œuvre-source, mais affectionne les anachronismes ponctuels, qui insèrent une touche satirique. Thétis peut s'exclamer :

" Qu'il est doux d'être la déesse
D'un grand seigneur ou d'un traitant. "
(*Arlequin Thétis,* sc. IX)

ou Calypso s'écrier :

" Suspendez les horribles tourments
Des procureurs et des exempts. "
(*Parodie de l'Opéra de Télémaque,* sc. IV)

Des allusions plus directes à l'actualité apparaissent même parfois, comme lorsque Tatius interpelle Romulus : "Hé bien maudit Cartouche Romain, es-tu content ?" (*Pierrot Romulus*, sc. VII), l'allusion étant explicitée par une note de Lesage : "Fameux chef de voleurs qu'on venait d'exécuter".

En ce qui concerne le décor, Lesage conserve le plus souvent, tout en la simplifiant, en raison des petits moyens des théâtres de la Foire, l'idée des décors d'origine. Certes les modifications sont permises : le Palais de Romulus est devenu chez les parodistes une foire à la poterie, par allusion sans doute au *forum*, mais surtout par clin d'œil au lieu de la représentation, la Foire Saint-Germain. Ce lieu permet d'ailleurs à Sabinette un jeu de mots bien appuyé, à la fin de la première scène :

" Nous y venions acheter des cruches ; mais nous
avons bien payé les pots cassés. "

Arlequin Endymion présente une exception notable : la scène "est au bas de Montmartre", détail topographique chargé de sens. Mais cette pièce est dans son ensemble une exception dans la manière parodique de Lesage : tandis que, comme on l'a vu, il conserve les noms et les rangs des personnages de l'œuvre parodiée, dans *Arlequin Endymion*, Diane et Endymion côtoyent M. Ribaudin, "vieux bourgeois de Paris", Mlle Catin, "aventurière"[33], un suisse, Mme Tartelin, pâtissière de Montmartre, Beurrefort, son garçon de boutique, M. Baissière, cabaretier des Porcherons[34], Plumecoq, chansonnier du Pont-Neuf, une troupe d'ivrognes, une troupe de nymphes de guinguettes. C'est dans cette parodie dramatique que Lesage se rapproche le plus de la technique généralement utilisée par les Italiens[35], celle qui fit le succès immense d'*Agnès de Chaillot*, la parodie d'*Inès de Castro* de La Motte.

---

33. Telle sont les indications fournies par la liste des personnages ; on ne peut se méprendre sur le choix des noms de Ribaudin et de Catin.
34. Ancien quartier de Paris qui était rempli de cabarets, à la rencontre des rues du Faubourg-Montmartre et de Saint-Lazare. Le nom de Baissière renvoie probablement au terme technique *baissière* désignant le reste du vin quand il approche de la lie.
35. Technique ainsi résumée par L. Riccoboni : "on conserve l'action de l'original et quelques parties du dialogue, mais en changeant avec le titre de la

Pour ce qui est du traitement des paroles, il importe de tenir compte ici aussi de la conjoncture, et des formes de spectacle possibles au moment de la représentation. Lesage introduit plusieurs fois des références au texte parodié, sous diverses formes. Il peut s'agir d'une citation exacte, environnée d'un texte discordant par son niveau de langue. Ainsi, Tatius, le roi Sabin, déclare :

" Si je meure par la main du galant de ma fille,
Qu'il soit d'abord mon gendre, et couronnez ce drille.
Songez (et vous aurez alors l'esprit bien fait)
Non qu'il m'aura vaincu, mais qu'il m'a satisfait. "
(*Pierrot Romulus*, sc. XV)

Si la citation se repère visuellement, dans la version imprimée, par l'emploi de l'italique, on peut imaginer qu'un fort changement d'intonation signalait aux spectateurs l'allusion à l'œuvre parodiée. Plusieurs citations sont précédées de la didascalie "en déclamant", ce qui ajoute à la charge, puisque l'on reprochait aux Comédiens-Français de déclamer froidement leurs textes ; la parodie porte autant sur la valeur littéraire que sur le mode de représentation. Le procédé se retrouve lorsque Romulus fait le récit des circonstances de l'enlèvement des Sabines :

" Ne leur avons-nous pas fait demander leurs filles en
mariage par de bons bourgeois de Rome ?
(en déclamant)
Qu'ils ouvrent un asile à des femmes perdues
A de pareils époux ces épouses sont dues.
Qu'ils aillent se marier dans la rue Fromenteau. Oh,
dame ! cela se peut-il souffrir, par des gens surtout...
(en déclamant)
Qui sont sûrs de trouver toujours *dans leur* [sic]
projets
Les Dieux pour alliés, et les rois pour sujets ? "
(sc. II)

---

fable, les noms et le rang des personnages, on dégrade cette action", *Observations sur la comédie et sur le génie de Molière*, Paris, 1736. Chapitre "Observations sur la parodie".

L'utilisation de la citation directe peut aussi être soulignée par un commentaire des personnages. Dans *Arlequin Endymion*, deux vers du texte source sont mêlés à des paroles burlesques :

" Pour une grande déesse,
Quel beau choix vous avez fait !
Diane
Je rougis de ma tendresse,
Et non pas de son objet. " (sc. II)

Les deux vers sont en italique, et une note indique "vers de l'opéra de *Diane et d'Endymion*" ; mais ce qui rend davantage sensible la portée parodique de l'utilisation de ces vers, c'est le commentaire immédiat du personnage qui représente la Nuit : "Peste ! Voilà du raffiné ! Un sentiment d'Opéra !".

Mais le plus fréquemment, la parodie se marque par la transposition en langage familier : Tandis que Romulus déclarait, dans la tragédie de La Motte :

" Tous les Romains pour chef doivent le reconnaître
Mon sang, s'il le répand, le déclare leur maître. "
(IV, 2)

Lesage lui prête la déclaration suivante :

" Voici mon testament : Si Tatius m'assomme,
Aimez-le comme un père, et qu'il règne dans Rome. "
(sc. XV)

Parfois la réécriture est une pure réduction :

" Où courez-vous, cruels ? Et par quelle injustice
De vos fureurs ici rendre le Ciel complice ? "

s'exclamait Hersilie avant le duel, ce qui devient très prosaïquement, sur l'air de "Tu croyais, en aimant Colette" : "Où courez-vous donc l'un et l'autre ?".

Si ces deux exemples ne sont comiques que pour un spectateur qui a en mémoire les alexandrins de La Motte, d'autres formes de réécriture donnent plus franchement dans un burlesque qui peut se suffire à lui seul. Ainsi, la tirade de Neptune à Thétis :

" Je vous soumets par ma tendresse
Tout ce qui m'est soumis par les ordres du sort

> Jupiter m'enleva le plus noble partage
> Mais l'empire des Mers où je donne la loi
> Sur l'empire des cieux doit avoir l'avantage
> Quand vous y venez avec moi. "

va perdre toute majesté dans son équivalent parodique :

> " Belle Thétis, je vous promets
> Mes maquereaux, mes harengs frais ;
> Il est vrai que Jupin, mon frère,
> A pris le gros lot, sans façon ;
> Mais je fais bien meilleure chère,
> Que lui, ma déesse, en poisson. "

Tous les procédés que nous venons de mentionner ne sont pas propres au genre dramatique parodique, et peuvent se retrouver dans le roman comique ou l'épopée burlesque. Plus spécifique, en raison de la conjoncture que nous avons évoquée, est l'utilisation de la musique à des fins parodiques[36]. La stratégie parodique consiste ici à rechercher la discordance selon diverses manières.

En premier lieu, la discordance, en regard de la situation, entre les paroles chantées et le timbre employé. Dans la parodie de *Télémaque*, lorsque Eucharis chante "Hé bien cours donc au trépas [...]/ Mais avant que de périr / Viens voir Eucharis mourir" sur l'air "Ma mère mariez-moi", le tragique est totalement gommé par les paroles que sous-entend l'air.

En second lieu, la discordance sur le plan du rythme. Dans *Arlequin Thétis*, le chant des sirènes n'a rien de comique à la lecture :

> " Nous forçons tout à se rendre
> Par nos chants harmonieux :
> Quand nos voix se font entendre
> Nous charmons jeunes et vieux. "
>
> (*Arlequin Thétis*, sc. II)

Et semble une paraphrase (avec maintien de la rime *rendre/ entendre*) des paroles de Fontenelle :

---

36. Voir Corinne Pré, "La parodie dramatique en vaudevilles de 1715 à 1789", dans *Burlesque et formes parodiques*, Actes du colloque du Mans réunis par I. Landy-Houillon et M. Ménard, Biblio 17 n° 33, Paris-Seattle-Tübingen, 1987, pp. 265-281.

" Nos chants harmonieux forcent tout à se rendre

Nous disposons des cœurs à notre gré

Dès que nos voix se font entendre

Notre triomphe est assuré. " (*Thétis et Pélée*, I, 4)

Mais il faut se rappeler que la procession des sirènes est réduite à trois personnages comiques déguisés, Scaramouche et deux Gilles ; effet burlesque renforcé par le changement de rythme : le majestueux rythme ternaire de la musique de Colasse, dans l'opéra, est remplacé par un rythme binaire très enlevé, puisque ces paroles se chantent sur le timbre sautillant : "Que faites-vous Marguerite", dont Lesage fournit la musique à la fin du volume contenant la pièce[37].

Un autre type de jeu rendu possible à partir du rythme du timbre est la répétition ou même la fragmentation des paroles : L'air "Quand la mer rouge apparut" permet à Romulus de chanter à Hersilie :

" Je suis gen, gen, gen,

Je suis til, til, til,

Je suis gen, je suis til,

Je suis gentilhomme,

Et premier de Rome. " (sc. II)

Ce type de blague musicale, tout à fait propre au vaudeville, se retrouvera dans d'autres parodies : Dans *La Grand-mère amoureuse*, parodie d'*Atys*, Fuzelier et d'Orneval reprennent ce timbre :

" Petit in, tin tin,

Petit fi, fi, fi,

Petit in, petit fi,

Petit infidèle ;

Vous aimez Cybèle. " (II, 7)

Le sérieux est également ridiculisé par l'emploi de timbres comportant des onomatopées[38], comme lorsque Selina-Trivelin chante dans la première scène de la *Reine des Péris* :

" J'entends votre silence et zonzonzon

Une tendre souffrance et zonzonzon

37. Air 109, *Théâtre de la Foire*, p. 122.
38. Voir Corinne Pré, art. cit, p. 273.

Trouble votre raison. "

Le choix des timbres dans les parodies dramatiques permet des jeux subtils d'allusion, de commentaire d'action. Dans *Pierrot Romulus*, le couplet suivant est chanté sur l'air "Va t'en voir s'ils viennent Jean", et l'on remarque que les paroles du timbre viennent télescoper la déclaration héroïque, ce qui produit une confusion burlesque :

" Oui ces rois incessamment
Sans bœuf ni génisse,
Vont ici dans un moment
Faire un sacrifice.
Hersilie
Allons voir s'ils viennent Jean,
Allons voir s'ils viennent. "
(*Pierrot Romulus*, sc. XIII)

De même, Calypso chante *Turlututu rengaine* pour arrêter le bras du sacrificateur (*Parodie de l'opéra de Télémaque*, sc. IX). Lesage utilise abondamment ce procédé, qui permet aussi les sous-entendu grivois :

" Air 55. (Ramonez-ci, ramonez-là)
Profitez de la présence
Du Grand-Prêtre qui s'avance ;
Epousez, ne tardez pas :
Ramonez-ci, ramonez-là,
La, la, la,
La cheminée du haut en bas. "
(Pierrot Romulus, sc. XVI)

Il n'est pas surprenant, de ce fait, que cet air "Ramonez-ci, ramonez-là" soit souvent utilisé dans les parodies[39] ; une réplique

---

39. Dans *La Grand-mère amoureuse*, Cybèle descend des airs dans un char comique pendant qu'Atys chante sur l'air de *Ramonez-ci, ramonez-là* : "Quittez la cour immortelle, venez, madame Cybèle ! Hâtez-vous, ne tardez pas ! Descendez-ci, descendez-là, La la la, Descendez-là du haut en bas". (I, 7). Dans l'*Atys travesti* des Italiens, ce sont les Songes funestes qui chantent sur l'air de *Ramonez-ci, ramonez-là*.

des *Couplets en procès* y fait allusion comme à un couplet particulièrement grossier[40].

Quelquefois le jeu est encore plus poussé : lorsque Calypso oblige le sacrificateur qui allait égorger Télémaque à s'interrompre, le sacrificateur chante son étonnement sur l'air d'une chanson à boire "quand je tiens de ce jus d'octobre". L'incongruité est renforcée par l'assimilation burlesque qui naît du rapprochement sang-vin, et par le fait que paradoxalement ce sang ne coulera pas.

Ces différents procédés de transformation parodique ne visent pas seulement à faire rire le public du théâtre de la Foire, mais, parce qu'ils dégradent un texte littéraire consacré par le théâtre officiel, ont une portée critique qu'il importe de mesurer.

Dans *Pierrot Romulus*, alors que Murena vient de dire qu'il s'oppose au mariage, Tatius chante à l'avant-dernière scène : "Finissons-là notre pièce / N'allongeons pas le parchemin", réplique éclairée par une note de Lesage : "Quelques critiques ont trouvé que la fin du quatrième acte aurait dû être celle de la pièce". Dans ce cas précis, la parodie se fait l'écho de la réception de la pièce, comme le remarquait déjà Fuzelier[41], et si le reproche est attribué à "quelques critiques", il va de soi que Lesage se met également, avec une distance ironique, au rang des accusateurs. Différent est sans doute le cas de la dernière scène, où Proculus dit :

" Romulus, je suis ton rival,
Accablé d'un revers fatal.
Je me tûrais ici sans peine ;

---

40. Dans cette pièce de Lesage et d'Orneval, de 1730, les Nouveaux Couplets plaident contre les Vieux Couplets. Ces derniers se voient notamment reprocher par Maître Gouffin d'être trop grossiers ; leur défenseur, Maître Grossel, en énumère quelques-uns : "[...] C'est le *Ziste-zeste,/ Malepeste,/ Lonlanla,/ Ramonez-ci, Ramonez-là,/* Et tout le reste / Des gaillards couplets / Faits / Pour rendre les cœurs gais". Scène VI, *Théâtre de la Foire*, t. I, p. 239.
41. "Ordinairement le parodiste n'est que l'écho du parterre, c'est du parterre lui-même qu'il emprunte de quoi le divertir ; il ne fait que donner une forme théâtrale aux observations générales qu'il a entendues" (L. Fuzelier, "Discours à l'occasion d'un discours de M. D. L. M. sur les parodies" dans *Les Parodies du Nouveau théâtre italien*, Paris, Briasson, nouvelle édition, t. I, 1738, p. XXVIII).

> Mais je ne veux pas, sur la foi,
> Démentir l'histoire Romaine,
> Qui me fait vivre plus que toi. "

Une note précise : "Des chronologistes n'ont pas trouvé bon que Proculus se soit tué" mais il n'est pas impossible que la parodie se retourne alors contre les chronologistes trop zélés.

C'est bien Lesage, en revanche, sans hésitation qui critique la longueur des récits sur scène : tandis que chez La Motte, le récit de Tullus fait 37 vers (III, 4), son équivalent Albin déclare :

> " Je n'aime point les grands récits ;
> Et tout simplement je vous dis :
> (Sans que de *cruelles épées*
> Jusqu'aux gardes *de sang trempées*,
> Je décrive les beaux exploits,)
> Que vous allez voir les deux rois. "

L'adverbe "simplement" résume à lui seul le grief majeur fait par Lesage aux conventions de la tragédie : l'emphase, le peu de naturel. De ce reproche découle l'invraisemblance, qui touche autant la dramaturgie que la psychologie.

L'invraisemblance dramaturgique pousse Lesage à dénoncer des enchaînements trop apparents, qui révèlent une faille dans l'organisation de l'intrigue. Ainsi dans *Arlequin Thétis*, Jupiter fait serment de fidélité :

> " Non, non, Thétis n'en doutez pas,
> J'aimerai toujours vos appas
> J'en vais donner une assurance ;
> * Je veux que les peuples divers
> (ce qui prouve bien ma constance)
> Viennent ici chanter des airs. " (sc. VIII)

La parenthèse, tout ironique, est à lire comme une antiphrase critique. En effet, une note de Lesage précise : "C'est ainsi que dans l'Opéra de Thétis et Pélée le divertissement du second acte est amené", et il est vrai que dans l'opéra, Jupiter disait : "Vous refusez de croire que mon cœur pour jamais soit sous votre pouvoir / Vous ignorez encore quelle est votre victoire / Et bien vous allez le savoir.

/ Changez vous, lieux rustiques, en jardins magnifiques ; Et vous, peuples divers, venez en un instant, et traversez les airs" (II, 6).

Ces ficelles trop apparentes n'échappent pas au regard d'un dramaturge professionnel : Dans *Les Amours de Protée*, Protée paraissait devant Pomone, et confiait à un Triton le soin de dire à celle-ci qu'elle avait détrôné Vertumne dans son cœur. Le détour peu vraisemblale est ainsi raillé :

"Eh ! pourquoi donc, grand Nicodème,
A vos Tritons avoir recours ?
Ne pouvez-vous sans leur secours
Vous expliquer vous-même ? " (sc. VI)

Pour son invraisemblance également, Lesage critique la fin de l'opéra de *Télémaque*, où Minerve renversait la situation en disant : "Sors d'erreur, Calypso, ce héros, m'est fidèle, / Toujours de la vertu son grand cœur fut épris". Dans sa *Parodie de l'opéra de Télémaque*, Antiope et Télémaque sont emportés par des zéphyrs sous les yeux de Calypso qui s'exclame : "Quoi, c'est donc là le dénouement ?".

Les critiques qui affleurent dans la parodie peuvent se révéler d'un intérêt autre : la tirade suivante de Proculus

"Vous attendez apparemment
Que je me perce en ce moment,
Pour me dire d'une voix capone :
Ami, *je t'aurais pardonné.*
On sait bien que Romulus donne
De la moutarde après-dîné. "

est assortie d'une note fort intéressante : "Dans les premières représentations Romulus voyant Proculus prêt à mourir, lui disait qu'il lui aurait pardonné". Outre la dénonciation d'une invraisemblance dramaturgique, ou d'un défaut de caractère, elle rend compte d'un état de la pièce de La Motte d'avant publication. Cet exemple pourrait renforcer la thèse édifiante de l'abbé Sallier pour la défense des parodies, qui selon lui invitent l'auteur à se corriger :

"Elle entreprend [..] de faire apercevoir les fausses
beautés d'un ouvrage, et de dessiller les yeux à un

auteur que l'amour-propre et la flatterie avaient
séduit : elle lui fait envisager l'éloignement où il est de
la perfection qu'il croyait avoir atteint ; par là on
l'excite à redoubler ses efforts pour y parvenir "[42] ;
thèse reprise par L. Riccoboni :

> " Mais il ne suffit pas d'avoir travesti une action
> tragique et d'avoir tourné en ridicule les pensées et les
> expressions d'un original, il faut encore, si on veut
> donner à la parodie la perfection qui lui convient et
> qu'exige toute espèce de comédie, instruire et corriger
> le spectateur [...] en présentant une critique fine et
> délicate des principales fautes de l'ouvrage paro-
> dié "[43].

Mais il nous semble que Lesage est beaucoup plus désabusé, et
que de telles affirmations réduiraient la portée subversive de son
entreprise parodique. Ses critiques proprement dramaturgiques sont
accompagnées de critiques portant sur le registre dans lequel s'expriment les personnages : "Vous vous aimez ! Hé ! que diable ne
l'avez-vous dit plus tôt ? Vous nous auriez épargné bien du verbiage
héroïque"[44] (Tatius, *Pierrot Romulus*, sc. XVI). L'amour pur et
spirituel des amoureux de tragédie ou d'opéra est ridiculisé en des
propos gaulois ou sarcastiques :

> " Ah ! Romulus, est-il possible
> Que vous soyez sensible
> Dans le goût des nigauds !
> Ah ! Romulus, est-il possible

42. Abbé Sallier, "Discours sur l'origine et sur le caractère de la parodie",
Histoire de l'Académie royale des Inscriptions et Belles Lettres, t. VII, 1733.
Selon D. Trott, cet argument pourrait être un écho à celui développé par Fuzelier
dans son discours déjà cité, dont la première édition date de 1731.
43. L. Riccoboni, *op. cit.*
44. Ces phrases en prose se distinguent particulièrement dans une scène où les
couplets chantés dominent. L. Desvignes l'a très bien observé : "La prose
s'emploie à profusion chez les Italiens, moins souvent peut-être à la Foire, mais
toujours à une place saillante et significative, la plupart du temps pour faire
ressortir l'obscurité prétentieuse de ce qui vient d'être dit en le traduisant en clair"
(art. cit., p. 313).

Que vous fassiez des madrigaux ! " (sc. II)
Tout autant qu'une critique du registre, il s'agit d'une critique
thématique, portant sur l'amour platonique et romanesque prêté par
La Motte à son Romulus trop poli. L'image usée est parfois
revisitée par un zeugma burlesque : Jupiter se présente devant
Thétis "Rempli de champagne et d'amour". Ailleurs, c'est le topos
du serment de fidélité qui est raillé : Mercure déclare à Doris :
"Voulez-vous recevoir mes soins ?", phrase qui jusque là pastiche le
discours courtois ; mais la suite le dégrade vite :

" Mercure. – [...] Vous serez ma maîtresse unique
Pendant huit ou dix jours au moins.
Doris. – Pour un Dieu c'est beaucoup promettre,
Ce sont de constantes amours " (sc. V)

Lesage critique aussi l'héroïsme belliqueux exalté par les tragédies :
Dans son *Romulus*, La Motte évoquait par la bouche d'Hersilie
l'enlèvement des Sabines comme une scène violente et sanguinaire :

" Quand nous vîmes soudain le fer étincelant
Changer la fête impie en spectacle sanglant
La fureur des soldats force le triste Père
D'abandonner sa fille à sa main étrangère.
La mort frappe à nos yeux nos premiers défenseurs ;
Et le reste ne fuyant nous livre aux ravisseurs. " (I, 1)

Sabinette, dans la parodie de Lesage, transforme cet épisode illustre
en une joyeuse scène de séduction :

" Ces fripons de Romains, en nous voyant promener
dans la Foire, s'écrient

Air 116 (Ah, mon Dieu ! que de, etc.)
Ah, mon Dieu ! que de jolies filles
Que l'on voit ici !

A ces douces paroles, les Sabines minaudent ; les
Romains les abordent, en leur présentant du croquet
et des ratons ; et puis, *crac*, ils nous enlèvent. " (sc. I)

La parodie se fait aussi dénonciatrice des *topoi* et des situations
stéréotypées. Lorsque le dilemme auquel doit faire face Hersilie,

partagée entre son père Tatius le Sabin et son soupirant Romulus le Romain, est ainsi raillé par Sabinette :

" Je conçois bien votre peine.
Dans les siècles futurs même chose on verra
Un auteur sur la scène
Faridondaine,
Et lonlanla,
Doit mettre une Chimène,
Faridondaine,
En ce cas-là. " (sc. VI)

on perçoit l'astuce de Lesage : pour dénoncer la pauvreté d'invention de La Motte, et son recours aux situations cornéliennes du *Cid*, Lesage utilise un autre stéréotype des tragédies à l'antique : les oracles, et ce avec un comique fin qui ressort du brouillage des repères chronologiques, puisque la scène est censée se passer au VIIIème siècle avant J.C.

Banalité des situations, faiblesse des caractères : ainsi, dans une note mise par Lesage à la scène 6 de sa parodie de *Télémaque*, on lit : "Comme dans l'opéra Télémaque paraît trop légèrement vouloir mourir pour son père, l'auteur de la parodie a donné à ce jeune prince le caractère d'un innocent". Aussi, lorsque Télémaque affirme ce désir de mourir, Lesage le lui fait dire sur l'air de "Laire-la, laire lan lan", ce qui ôte immédiatement le tragique de la situation. La critique des valeurs héroïques exaltant le sacrifice et la guerre se trouve renforcée par la dégradation des situations et du vocabulaire dans les textes parodiques : la tempête de l'opéra de Pellegrin, qui avait tant plu aux spectateurs, est évoquée sur un mode trivial : "on en a jusqu'aux jarrets" (sc. III) ou encore cette invocation à Neptune, "Grand Neptune exauce-nous ! Laisse amolir tes entrailles cesse d'inonder nos choux" (sc. VIII).

Contre l'amour éthéré, le désir physique, condamné sinon au non-dit, du moins à la périphrase métaphorique dans le langage de la tragédie ou de l'opéra, revient en force. Dans *Les Amours de Protée*, Thérone n'hésite pas à dire :

" Tout à l'heure, au bout du jardin
Vous vouliez, petit libertin,

Me remettre ma jarretière. ”
Et Lesage choisit de terminer *Arlequin Endymion*, sur une déclaration non équivoque de Diane : “Moi je ferai la Pleine-Lune, et toi
tu feras le Croissant”, à laquelle Endymion consentant réplique :
“Voilà un véritable emploi de mari”.

La parodie transmet donc un discours théorique voilé, en
permettant de rendre ridicules une idéologie aristocratique ainsi que
des formes de discours ; il s'y ajoute des formes de jeu que Lesage
conteste, qui peuvent relever de la mise en scène.
Dans sa parodie de *La Reine des Péris*, Lesage fait par deux fois
allusion à des effets scéniques qui ont paru ridicule : d'abord, à la
scène 14, on peut lire cette didascalie : “Les Péris arrivent avec des
camouflets, dont ils lancent la fumée sur les Dives, qui en sont
culbutés”, accompagnée d'une note : “A l'opéra, les Péris avec des
urnes d'or d'où exhalent des parfums, mettent en fuite les dives”[45].
Après le “burlesque combat”, pour reprendre le mot du manuscrit,
entre les Péris et les Dives, la Reine s'écrie :
    “ Finissons mes chez amis,
    Tous quatre je vous marie
    (*aux Péris :*)
    Et vous menez-les, Péris
    A notre messagerie.
    Embalez, embalez, embalez-les,
    Pour les porter en Syrie. ”
ce qui n'est comique que grâce à la note de Lesage : “ils étaient
enlevés à l'Opéra dans un char qui ressemblait fort à une caisse”.
    Là encore la parodie permet de garder une trace de l'éphémère
d'une représentation ; matériau précieux puisqu'on sait très peu de
choses sur les mises en scène de l'époque. On peut citer encore
Arlequin Thétis : “On joue la ritournelle tendre de l'Opéra, pendant
que Thétis le mouchoir à la main fait le tour du Théâtre, à l'imitation
de l'Actrice de l'Opéra. ” (sc. VII).

---

45. Cette note ne figure que dans le ms fr. 25471.

L'attention de Lesage aux faits de mise en scène le porte à intégrer des traits parodiques qui peuvent s'écarter de la cible globalement visée. Dans *Arlequin Endymion*, un Suisse surprend M. Ribaudin en compagnie d'une femme de petite vertu, Mlle Catin, qu'il veut arrêter. "Elle lui donne un coup de poing dans l'estomac, et s'enfuit. Le Suisse, à l'imitation du satyre du *Pastor fido*, l'attrape par la coiffure qui lui reste entre les mains. Il veut courir après elle, et tombe" (sc. VII). Il ne s'agit pas de s'en prendre au *Pastor Fido*, mais d'utiliser une scène burlesque déjà présente dans cette pastorale pour se moquer de la représentation de la vertu dans la comédie pastorale de Riccoboni.

Sur les scènes de la Foire, Lesage peut flatter le goût du public pour les effets scéniques spectaculaires, faisant ainsi écho aux somptueuses machines de l'Opéra : "Quatre démons avec des flambeaux à la main fondent des airs sur les vaisseaux, et les brûlent" (*Parodie de l'opéra de Télémaque,* sc. XIII) ou encore : "Deux Gilles en Zéphyrs, avec de grandes ailes attachées aux épaules, viennent enlever Eucharis et Télémaque" (*ibid.*, sc. XIV). Il affectionne aussi les apparitions surprenantes : Lorsque Diane veut observer si Endymion lui est infidèle, Lesage imagine que la Nuit convoque : "un grand fantôme, deux loups-garous et plusieurs esprits-follets, qui disparaissent aussitôt. La nuit va répandre ses voiles et le théâtre s'obscurcit" (*Arlequin Endymion*, sc. III).

On rejoint bien là la dimension d'autoreprésentation qui caractérise ce théâtre non-officiel : il se plaît à se mirer dans ses propres mécanismes ; bien loin d'inviter le spectateur à rêver par la sophistication des décors et des machines, il lui en montre les rouages. C'est sans doute ainsi qu'il faut interpréter le travestissement de Protée en Vertumne, dans *Les Amours de Protée* : les paroles qui en rendent comptent sont "Tic, Toc, Choc. La métamorphose est faite" (sc. VII) : le public est sommé de croire à cette métamorphose ; Lesage raille toutes celles qui abondent dans les pièces à sujet antique ou oriental (*La Reine des Péris*), mais il prend plaisir à les représenter devant son public.

Alors que le théâtre officiel cherche à tout prix à créer l'illusion théâtrale, les parodies, encore plus que les autres pièces du Théâtre de la Foire, ne cessent de renvoyer à la fabrication des pièces. Le jeu autoréflexif s'y complique à plaisir : les rappels de la fabrication de l'œuvre parodiée, dans le soulignement des incohérences et invrai-semblances, se doublent d'allusions à la fabrication de la pièce parodique elle-même[46]. Comme l'observe David Trott, "alors que la dramaturgie classique tend [...] à exclure le spectateur du travail de production en le rendant plus passif, celle du théâtre non officiel donne libre cours à une théâtralité qui l'implique activement dans la constitution du sens de ce qu'il voit"[47].

Peut-on apprécier les parodies de Lesage sans connaître les œuvres qui les ont inspirées ? Certes, Fuzelier reconnaît que "Les auteurs de ces pièces n'ignorent pas combien elles perdent lorsqu'elles sont éloignées de l'objet de leur critique et qu'ils savent fort bien que tout ce qui est relatif, ne peut être senti qu'à proportion de la connaissance des rapports"[48]. Il est vrai aussi que Lesage, comme la plupart des parodistes, travaille très vite. A l'exclusion d'*Arlequin Thétis*, joué plus de six mois après la reprise de l'opéra de *Thétis et Pélée*, les autres parodies suivent de peu le spectacle qui les inspire : deux mois séparent la représentation de *Télémaque* de sa parodie[49], un mois pour *Diane et Endymion*, trois semaines entre le *Romulus* de la Comédie Française et le *Pierrot Romulus* de Lesage[50], et, ce qui constitue une prouesse, six jours seulement entre *Les Amours de Protée* et leur parodie[51].

Mais force est de constater que Lesage aspire à conquérir un public à long terme lorsqu'il choisit d'imprimer ses parodies : il évoque, dans plusieurs notes de son édition du *Théâtre de la Foire*,

---

46. Lorsque Hersilie veut suivre son père dans la fuite, Proculus lui répond : "Oh ! gardez-vous bien de cela ! / Si vous vous en alliez, Princesse, / Cela gâterait notre pièce". (*Pierrot Romulus*, sc. IX). Dans *La Reine des Péris*, Ali, interrompu dans sa scène de séduction par l'arrivée de la Reine, s'écrie : "Qui Diable la ramène / pour couper une scène / D'un style si mignon ?" (sc. VI).
47. D.Trott, "Marivaux et la vie théâtrale de 1730 à 1737", *Études Littéraires*, vol. 24, n° 1, été 1991, p. 25.
48. "Discours à l'occasion d'un discours [...]", *op. cit.*, p. XXI.
49. 29 novembre 1714-février 1715.
50. 8 janvier 1722-3 février 1722.
51. 1er septembre-6 septembre 1728.

la distance prise entre le spectacle et l'impression d'une version écrite : les deux et trois ans qui se sont écoulés se perçoivent par l'expression "dans ce temps-là"[52]. C'est dire qu'il envisage d'une certaine manière l'autonomie de ses parodies. Jusqu'à quel point ? Dépourvu de possibilité de confrontation intertextuelle, le lecteur en appréciera l'aspect comique, et se donnera une idée assez précise de la représentation qui les a inspirées ; en ce sens, comme l'a fait pertinemment observer Michele Hannoosh, la parodie "crée" l'original dans l'esprit du lecteur, capable de discerner dans la distorsion qu'elle en présente les aspects de l'œuvre qui sont parodiés[53].

Il faut chercher ailleurs la raison de l'oubli dans lequel sont tombées ces parodies dramatiques. Elles n'ont pas été intégrées à l'histoire littéraire, victimes de blâmes tout autant esthétiques qu'éthiques[54] ; produites en marge du théâtre officiel, que ce soit celui de l'Opéra ou de la Comédie-Française, elles incarnaient comme un envers de la norme. Sur un plan idéologique, elles pouvaient sans doute être perçues comme subversives parce qu'elles raillaient une thématique héroïque et aristocratique : la dégradation, la trivialisation devenaient dangereusement irrespectueuses. Sur un plan dramaturgique, elles dénonçaient les conventions, les intrigues schématiques, l'utilisation de clichés, l'invraisemblance psychologique, présents dans des spectacles couronnés de succès, le plus souvent de genre noble.

Fait marquant, toutes les parodies dramatiques de Lesage ont été composées entre 1713 et 1728, alors que Lesage continue à écrire

---

52. Dans *Arlequin Endymion*, un avertissement est placé en tête de la pièce : "Les Comédiens Italiens *dans ce temps-là* représentèrent devant le roi une pièce intitulée *Diane et Endymion*, ce qui donna occasion de faire celle-ci, qui contient quelques scènes parodiées". Dans *Pierrot Romulus*, sur la page de titre est indiqué : "cette pièce est une parodie de la tragédie de *Romulus* que l'on jouait *en ce temps-là"* (nous soulignons). Nous avons cité, à propos des anachronismes, l'éclaircissement voulu par Lesage au sujet de Cartouche pour les lecteurs à venir.

53. M. Hannoosh, *Parody and Decadence. Laforgue's* Moralités légendaires, Columbus, Ohio State University Press, 1989, pp. 20-21.

54. Voir C. Abastado, "Situation de la parodie", *Cahiers du XXème siècle*, 6, 1976, pp. 10-13.

pour le Théâtre de la Foire jusqu'en 1738. Ces dates coïncident à peu près avec les deux périodes que les critiques repèrent dans la production foraine de Lesage : la période 1713-1725, pour Lucette Desvignes, est celle de la "créativité militante"[55] ; Andrea Grewe la définit comme une période d'"anti-théâtre", littéraire et artificielle, "qui met en évidence le caractère conventionnel, invraisemblable et ennuyeux des œuvres critiquées"[56]. Comment s'étonner alors que dans sa seconde période, à partir de 1725, où Lesage "fait l'éloge de la bonté intrinsèque de la nature humaine", introduit progressivement une forme de morale bourgeoise, "montre des héros nobles ou bourgeois sincèrement épris d'amour"[57] et revient à une dramaturgie classique, les parodies disparaissent de son champ d'activité littéraire ?

Françoise Rubellin
Université Lyon III

55. L. Desvignes, "L'antiquité au Théâtre de la foire et sur la scène de Marivaux", art. cit., p. 17.
56. A. Grewe, *op. cit.*, p. 472.
57. *Ibid.*

LESAGE OU L'HOMME QUI RIT JAUNE

Avec *Crispin rival de son maître* et *Turcaret*, le 18e siècle s'ouvre sous le signe de l'allégresse et de la cruauté, de la jouissance et du défi, et témoigne d'un irrépressible appel à la libération des désirs et des besoins, à l'affirmation et à l'expression de soi : "C'est la saison des révolutions que la fin des siècles"[1], prophétisait l'une de "ces demoiselles de la moyenne vertu" qu'affectionnait Dancourt, et qui aspiraient moins au grand chambardement politique de 89 qu'aux saturnales de la Régence ordonnées par un triple appétit de liberté, d'argent et de sexe. Certes, comme l'écrit Paul Valéry :

> " les institutions tiennent encore... mais en ce temps qui est celui des épreuves, elles n'ont plus guère que cette belle présence... leur avenir est secrètement épuisé, c'est l'heure de la jouissance et de la consommation générale... l'heure de la fête et du désordre où se dépense tout ce qu'on avait craint de consumer jusque là, où le corps social, l'être individuel explosent, libèrent des forces, des ardeurs secrètes, des pulsions égoïstes : moments d'illumination où les secrets de l'État, les pudeurs particulières, les pensées inavouées, les songes longtemps réprimés, tout le fond des êtres surexcités et joyeusement désespérants sont produits et jetés à l'esprit public "[2].

Foin de toute hantise de décadence, de tout sentiment de révolte ou d'apitoiement ; c'est dans cet espace agité et ouvert de la fête masquée que Lesage, initié dès son adolescence aux appétits du monde et peut-être redevable à son esprit d'indépendance d'être un spectateur particulièrement perspicace de la comédie humaine, a

---

1. Dancourt, *La Fête au village*, I, 2.
2. Valéry, Variétés La Pléiade, t. 1, p. 512.

inscrit ses peu recommandables personnages, dévoilant à travers leur cupidité, leurs mensonges et leurs déréglements les tensions et les brèches d'une société de moins en moins figée et compartimentée, qui voit s'installer progressivement la classe nouvelle des Grapignan et des Turcaret, négociants et partisans, agioteurs et affairistes de toutes sortes et de toutes origines, société qui pour se transformer doit passer par une phase ludique, où la mascarade est le signe de déséquilibres sociaux, d'inconfort psychologique, l'expression de la libération et de l'apprentissage du sujet.

*
* *

C'est bien en effet d'une mutation idéologique et d'une crise d'identité de l'individu et de la société que témoignent les joueurs et les faussaires de Lesage. Dans ces comédies d'intrigue et de mœurs que sont *Crispin rival de son maître* et *Turcaret*, l'auteur met en circulation après et avec Dancourt, Regnard et Dufresny, mais avec une plus grande vigueur satirique et un sens plus aigu de la stylisation, quelques originaux de l'époque empruntés à toutes les classes sociales, moins intéressants par les traits de caractère qu'ils nous dévoilent - que reste-t-il après Molière, sinon, comme le prétend Regnard, "quelques diminutifs de caractère" ! - que par les stratégies mondaines et sociales que, par goût, oisiveté, ambition ou nécessité, ils mettent en œuvre dans une société au fond permissive, peu regardante sur les moyens employés pour réussir, où les lois écrites sont celles de l'intérêt, et du plaisir, de la débrouillardise et de l'égoïsme cynique. Conséquence sans doute des difficultés économiques et financières, sociales et militaires qui génèrent dans la France de la fin du 17e et du début du 18e siècle des sentiments d'inquiétude, de précarité, et poussent à une morale "du sauve qui peut", c'est à qui exploitera au mieux les possibilités nouvelles innombrables d'une vie sociale toute pénétrée d'un esprit de jeu qui laisse le champ libre au génie personnel. Nul sens du tragique dans l'évocation de ce monde dangereux, tricheur et corrompu, dominé par Turcaret et Frontin, mais un comique dur, décapant, à mi-chemin entre la caricature moliéresque et la charge d'un Daumier ou d'un Octave Mirbeau, propre à révéler, comme le ferait le regard froid d'un expérimentateur scientifique, les modes de fonctionnement d'une société, en train de se désagréger, où, comme l'écrivait Michelet, "le dessous commence à devenir le dessus", où presque plus personne ne coïncide avec sa véritable identité.

Cette société, que met en scène Lesage, où, parmi les débris de la morale, le code social prend, comme nous allons le voir, une importance démesurée, c'est évidemment la société parisienne, libre et brillante, pratiquant la confusion des conditions et des valeurs, engendrant de nouvelles formes de sociabilité semi-clandestines tournées vers la jouissance du présent et le rêve de lendemains prometteurs et exerçant sur les mœurs et les esprits une irrésistible force d'aliénation et de destruction. C'est là, dans ce Paris qui apparaît dans toutes les comédies de l'époque comme la ville-tripot, le paradis des joueurs, et dont *Turcaret* décline à son tour les *topoi* de la vie mondaine - Salle de Lansquenet où le chevalier perd son argent et trouve une pseudo-comtesse, salle de bal où le marquis séduit la même, traiteur célèbre où se préparent les parties fines, salon d'une demi-mondaine où se troquent des lettres de change contre de fausses promesses - c'est dans ces hauts lieux convenus des jeux du hasard et du libertinage où vacillent les identités et s'évanouit le passé que Lesage déploie l'âpre mascarade de ses personnages qui, associés ou rivaux, escrocs ou dupes - souvent les deux en même temps ou tour à tour - ont en commun de partager la même conscience ludique de l'existence et de deviner, bien avant que le système de Law ne le confirme, que la vie est un carnaval ou une foire d'empoigne où les richesses, les titres, les rôles ne sont pas distribués une fois pour toutes, où, toutes les lignes de séparations s'affaiblissant et même disparaissant entre gens qui ne restent pas en leur état, se coudoient et se confondent, il appartient à chacun de courir sa chance. Tâche d'autant plus aisée que la famille qui constituait une structure forte dans la comédie du 17e siècle, perd sa cohésion, éclate, voire disparaît. Nul ne sait d'où vient Valère dans *Crispin rival de son maître*. Il existe bien dans cette pièce deux familles, bourgeoises au demeurant, celle d'Orgon, père de Damis, celle d'Oronte, père d'Angélique, mais la première a montré sa faiblesse à l'égard du fils "qui aime le jeu, le vin et les femmes" et "fait toutes sortes de débauches" avec son valet, et la seconde représentée par Oronte, "un petit génie qui ne s'estime pas bête", et qui n'est pas capable de repousser les flatteries hypocrites de Crispin. Ce sont de braves gens que ces bourgeois cossus ; mais affaiblis par le spectacle des mœurs du temps, ils en viennent à pactiser avec le vice. Une société où les honnêtes gens ne savent pas mieux se défendre contre les fripons, où, loin de les punir, ils les dédommagent et les encouragent en leur proposant pour prix de leurs fourberies, des charges et des offices, cette société court droit à sa perte.

Mais c'est *Turcaret* qui témoigne bien plus encore de l'effritement des structures familiales et sociales. Une demi-mondaine veuve d'un hypothétique colonel étranger, un traitant qui interdit l'entrée de sa maison à sa sœur et qui veut passer pour veuf d'une femme qu'"il a chassée de chez lui", un chevalier d'origine inconnue qui n'a pour raison sociale que le jeu et le libertinage, un marquis débauché qui désespère une tante dont il attend l'héritage, des serviteurs qui changent de maîtres, ce ne sont là que les membres disparates de familles en lambeaux, momentanément réunis dans un salon qui tient de l'auberge espagnole par le hasard, la chasse aux plaisirs et à l'argent. Ils forment, à l'opposé des familles de Molière vivantes, agitées de tensions, d'affrontements qui les déchirent et les soudent en même temps, une constellation de rôles sociaux représentatifs de l'époque, qui se frottent les uns aux autres, se mêlent et s'entre-dévorent, mais demeurent en réalité enfermés dans la solitude de leurs désirs et de leurs égoïsmes respectifs - Dans *Turcaret* l'univers familial de la comédie du 17e siècle a donc éclaté, il s'est élargi et métamorphosé en l'univers du jeu où chacun tente sous le couvert du masque d'échapper aux déterminations sociales, d'exprimer sa volonté d'affranchissement et d'indépendance, d'affirmer son existence aux yeux d'autrui ou plus simplement de satisfaire son intérêt ou son goût de la jouissance.

C'est le cas de Madame Turcaret qui appartient à la catégorie des "captifs de leur rêve". Disciple et héritière de Madame Patin, l'héroïne du *Chevalier à la mode* de Dancourt, la femme du traitant est victime à son tour du mimétisme de Paris. Fille d'un pâtissier de Falaise, exilée par son mari à Valogne, mais désirant apparaître comme une femme de qualité, elle n'a d'yeux que pour Paris, ses modes, ses bals et ses fêtes galantes. Elle s'ingénie à créer dans son insipide petit bourg de Normandie une vie imitée de celle de la capitale, afin d'oublier et de faire oublier sa morne condition de bourgeoise de province :

> " J'en ai fait, dit-elle de Valogne, un petit Paris, par la belle jeunesse que j'y attire, j'ose dire que ma maison est une école de politesse et de galanterie pour les jeunes gens, j'y donne aussi quelquefois des fêtes galantes, des soupers-collations, on joue chez moi, on s'y rassemble pour médire... et pour les bals nous en donnons souvent " (V, 6).

Vient-elle à Paris réclamer la pension qui lui est due, elle en profite pour, déguisée en comtesse, fréquenter les académies de jeux et bals masqués et accrocher de jeunes viveurs en leur offrant son portrait. A distance, Paris lui a tourné la tête ; une fois dans la capitale, elle la perd complètement, victime de cette aliénation quasi universelle dans laquelle la comédie de mœurs de l'époque voit l'un de ses thèmes favoris.

Autres figures représentatives de la mascarade parisienne, les marquis et notamment celui de *Turcaret* que l'on peut classer dans la catégorie des "esclaves du goût et de la mode". Dans sa galerie de types sociaux, Lesage ne pouvait omettre ce type de personnage, qui au-delà de sa présence obligée dans la comédie du temps en raison de ses vertus comiques, jette un éclairage sur la situation difficile des cadets de famille noble qui tentent de faire oublier la précarité de leur condition en recourant à un jeu mondain destiné à sauver les apparences. Sans doute le marquis de Lesage emprunte-t-il la plupart de ses traits aux petits-maîtres de Dancourt et de

Regnard, au marquis du *Retour imprévu* notamment, mais comme le fait remarquer La Harpe, "la copie est fort au-dessus de l'original". Il y a en lui ce quelque chose de sec et de dur que l'on retrouve au sortir de la Régence dans le Moncade de *l'Ecole des Bourgeois*. Sa vie, il la joue toute entière à "distance", à "distance" de lui-même et des autres, dans cet espace du dehors, factice, arbitraire, synonyme de "fête masquée" et symbolisée dans *Turcaret* comme dans les autres comédies du temps par les salons de jeux, les bals, les restaurants *chez Fite* et chez *La Morlière*. Tout est jeu et doit le rester pour notre marquis dont la philosophie est celle d'un joueur blasé. "Il ne faut pas que les plaisirs de la vie nous occupent trop sérieusement, dit-il. Je ne m'embarrasse de rien, moi" (IV, 2). A-t-il une affaire de cœur ? "Une affaire de cœur ne me tient au cœur que faiblement... C'est une conquête que j'ai faite par hasard, que je conserve pas amusement, dont je me déferai par caprice ou par raison peut-être" (IV, 2). Madame Turcaret lui a-t-elle donné son portrait, "je l'ai perdu. Un autre s'en pendrait (faisant le geste de montrer quelque chose qui n'a nulle valeur). Je m'en soucie comme de cela" (IV, 2). Même désinvolture de grand seigneur à l'égard de ses créanciers, Monsieur Turcaret en tête, que, ruiné et s'en faisant gloire, en bon héritier de Don Juan devant Monsieur Dimanche, il tient aristocratiquement à distance en lui répondant avec un féroce enjouement qu'il fut naguère le serviteur de son grand-père. Fidèle au stéréotype, il ne paye point ses dettes et se dispose à "manger" la succession de sa vieille tante. C'est aussi lui qui par vengeance met en présence Turcaret, Madame Jacob, sa sœur, et Madame Turcaret, les obligeant ainsi à se démasquer les uns les autres. Fripon plutôt sympathique parmi des fripons dangereux, il apparaît plus inquiétant que ridicule, plus persifleur qu'enjoué, plus cynique qu'escroc. La mascarade pour lui et ses semblables n'est pas seulement l'effet d'un caprice ou d'une mode ; elle est impliquée par les conditions socio-économiques de l'époque, et résulte d'une contradiction qu'elle a pour objet de résorber entre un style de vie aristocratique qu'il lui faut simuler et afficher pour fonder son existence au yeux d'autrui, et une réalité matérielle si déclinante et aléatoire qu'elle le condamne à disparaître. En cette période de transition où le code social et mondain l'emporte sur la morale, c'est en montrant par son insouciance et son indifférence, son cynisme et sa désinvolture que la vie n'est qu'un jeu, fût-il suicidaire, qu'il se constitue personne de qualité ; c'est en pratiquant toutes les formes ludiques de la dilapidation qu'il affirme dans l'instant un *Je* que l'on devine sans avenir, une supériorité qui repose sur le vide.

Pas toujours faciles à distinguer de ces marquis qui sont leurs compagnons de débauche et avec qui ils partagent cette même "furie du plaisir" dans laquelle Michelet a vu l'un des ressorts les plus puissants de la transformation de la société au début du 18ᵉ siècle, mais autrement plus redoutables, il y a ceux qu'on peut appeler les "masqués maîtres de leur jeu". Le traitant Turcaret, le chevalier et la baronne, voici ceux qui, dans ce "bagne en goguette" qu'est l'univers de *Turcaret*, tiennent le premier rôle. Chez tous une obsession : l'argent, la reconnaissance, la liberté et la puissance que procure l'argent. Par l'usure, la concussion, le vol, l'intimidation, par "un jeu mêlé d'adresse et de hasard", comme a pu l'écrire Duclos de ces "fortunes de finance", Turcaret a réussi ; les autres, comme le chevalier et la baronne se débattent, se faufilent, à l'affût des faiblesses de leurs complices et adversaires : "Je ne rends des soins à la coquette que pour ruiner le traitant, confie le chevalier à son valet ; quant à la baronne, voici les exhortations qu'elle reçoit de sa femme de chambre : "Allons, Madame, pendant que nous le tenons, brusquons son coffre-fort, saisissons ses billets" (D, 11). Autre trait commun : une science du truquage et de la dissimulation qui fait d'eux des êtres à l'identité insaisissable : Turcaret, à l'instar de ces fermiers dont les libelles du temps (*cf. la Nouvelle école publique des finances ou l'art de voler sans ailes*) dénonçaient la basse extraction, dissimule soigneusement la sienne, se fait passer pour veuf auprès de la baronne et, voulant jouer les personnes de condition, se montre un soupirant aussi pitoyable, aussi facile à berner qu'il est retors et implacable en finance ; quant au chevalier, il n'a pas plus que les chevaliers de Dancourt d'origine précise : "c'est un chevalier de Paris qui fait ses caravanes dans les Lansquenets" (I, 1) : pour toute identité il n'a que celle d'un joueur sans passé ni avenir bien défini, n'existant que dans un présent soumis aux aléas du jeu et de l'intrigue, ou bien celle d'un comédien, d'un "grand comédien" même, "avec ses airs passionnés, son ton radouci, sa face minaudière", qui ne se meut que dans un univers de masques où il n'est amené à rencontrer et à duper que des masques : une Madame Turcaret, elle-même métamorphosée en comtesse de Lansquenet, une baronne mystérieuse qui le fait passer pour son cousin, mais qu'il surprend par ses artifices et dont il "dispose de la bourse comme de la sienne" (P, 1). Pas d'autre réalité chez ces êtres-caméléons que celle, froidement calculée, des apparences, dont Lesage ne cesse de nous dire qu'elles sont trompeuses. Ils se tiennent tous à distance d'eux-mêmes et des autres, chacun tapi sous un masque, le moins masqué des trois, et donc le plus vulnérable, étant Turcaret à qui le vaniteux sentiment d'être riche et puissant - "Hors moi et deux ou trois autres, il n'y a parmi nous que des génies assez communs" (II, 4) - donne une sorte de bêtise ingénue. Entre eux les relations s'établissent sur le mode ludique et il y a à l'origine de leurs paroles et de leurs gestes une intention de tromper, une volonté consciente de prendre autrui au piège d'artifices parfaitement maîtrisés, un désir jubilatoire d'exploiter une vie ramenée à un jeu de hasard : bals où sous le masque se nouent de surprenantes intrigues, Lansquenet où le hasard encore, aidé par l'industrie corrige pour des aventuriers peu scrupuleux les lois d'un monde régi par le double déterminisme de la naissance et du patrimoine, et apparaît comme un mécanisme de compensation destiné à satisfaire immédiatement ce besoin de changement et de révolution proclamé par bon nombre de personnages de la comédie du temps, loterie et tontine, où le hasard toujours peut apporter le gros lot à un couple d'escrocs, affaires financières où le hasard enfin des amours de Monsieur Turcaret décide des directions, des commissions et de révocations (III, 3) : le monde est pour les personnages de Lesage dotés d'une énergie inépuisable, d'un entrain triomphant qui les vouent à une perpétuelle vivacité, un monde ouvert d'occasions, la vie, une aventure aléatoire, protéiforme.

Certes, rien dans ce théâtre ne nous conduit à penser que le libertinage soit la liberté, que le hasard et la filouterie doivent désormais gouverner le monde ; cependant le grand mérite de Lesage et sa modernité a été de montrer à travers les comportements immoraux de ses héros, comment dans cette société régie par la loi du strict intérêt personnel, où les distinctions sociales sont estompées par les confusions mondaines, la plasticité des statuts, le brouillage des identités, apparaît le *je* du sujet. En effet, la mascarade cynique ou ridicule à laquelle ses personnages se livrent, si elle apparaît d'abord comme le signe de l'état de faiblesse et d'aliénation dans lequel la société de castes maintient l'homme, elle se donne aussi comme la condition et la marque de l'exercice d'un pouvoir et d'une liberté personnels. Liés par un désarroi profond et séparés par la violence de leurs désirs égoïstes, s'en remettant à la chance et à leur habileté pour satisfaire leurs caprices ou leurs ambitions, ces personnages introduisent dans la société de la fin du règne de Louis XIV toujours hiérarchisée, ordonnée, dominée par les valeurs aristocratiques, un aberrant facteur d'indétermination, de contestation et d'instabilité. Ils semblent adhérer au modèle social et moral que le régime monarchique impose aux êtres humains et qui consiste en la conformité à un ordre dépassant l'individu, mais en réalité ils le récusent et font apparaître comme contingente une structure sociale à l'intérieur de laquelle un nouveau Dieu, l'argent, introduit des ruptures et des discontinuités, transgresse l'ordre établi en instituant de nouveaux circuits de biens et de personnes, en ravageant les psychologies et les morales, et ils laissent entendre que pour qui sait se débrouiller, la vie peut toujours commencer ou recommencer à zéro dans un monde affranchi de ses contraintes et interdits, en proie à des turbulences et des changements soudains. Sans qu'ils en prennent véritablement conscience, des habitudes nouvelles s'installent, des perspectives inédites se précisent, une nouvelle conception de la vie se formule confusément, reposant sur ce principe moderne très puissant mis en évidence par Michelet : "la royauté de soi par soi". Quelques années avant que l'agiotage de la rue Quincampoix ne vérifie spectaculairement ce principe, c'est sur le mode ludique, dans un climat d'escroquerie que les personnages de *Turcaret* affirment leur individualité et font l'essai d'une liberté qui, surgie des contradictions dont nous avons parlé, s'éprouve et se fortifie dans le mouvement même du jeu. Si but il y a chez ce genre de personnage, il est de devenir l'auteur et l'acteur de sa propre histoire, ou, pour reprendre une expression de Sartre, "de s'atteindre soi-même, comme un certain être, précisément l'être qui est en question dans son être"[3].

De tous ceux qui sous divers masques sont porteurs de cette ambition, et qui ont entendu l'appel à l'affirmation et à l'expression de soi, le plus exemplaire est assurément le valet à qui Lesage, signe des temps, a donné dans *Crispin rival de son maître* et dans *Turcaret* le tout premier rôle, posant du même coup la question promise à un bel avenir des rapports maîtres-valets. Qu'il s'appelle Crispin ou Frontin et figure dans une comédie d'intrigue assez traditionnelle ou dans une comédie de mœurs nous introduisant dans une société de rapaces pourrie par l'argent, le valet de Lesage est, à la charnière des deux siècles, l'homme d'un *projet de maîtrise* : fini de travailler pour un maître ; sous couvert de jouer pour les autres, il va commencer à jouer pour lui-même et à faire du jeu le tremplin d'une réussite sociale qui ne lui paraît plus impossible. Du jeu, synonyme de dépendance, au double jeu, marque de la revendication d'un moi personnel ; de l'aliénation jugée insupportable - que je suis las d'être valet, s'écrie Crispin (*Crispin rival de son maître,* 2) - à la conquête de la liberté et d'une nouvelle identité, tel est l'itinéraire que se propose d'emprunter le valet conscient d'être, comme on l'a dit, au tournant de sa carrière. C'est que, s'il demeure un type littéraire s'inscrivant dans la tradition des Zanni et des Graciosi, il est devenu progressivement depuis vingt ans un type social représentatif de cette troupe de plus en plus nombreuse de déclassés - soldats déserteurs ou démobilisés, chômeurs, aventuriers, manœuvriers - dont parle Vauban, et qui témoigne de l'état de la crise de la Société. Voleurs, escrocs et proxénètes selon les moments, mais aussi ambitieux et arrivistes

---

3. *L'Être et le néant,* Gallimard, p. 670

(Frontin), les valets de Lesage ont un air du temps qui ne trompe pas. Porteurs de frustrations que des valets de Dancourt et de Regnard ont déjà exprimées, et connaissant bien la société par en dessous, ils sont mieux placés que quiconque pour en exploiter les faiblesses et tirer parti des chances qu'elle offre. Comment Crispin et Frontin pourraient-ils continuer à supporter la traditionnelle répartition des rôles entre maîtres et valets, quand ils constatent que sur le plan des mœurs et des agissements, plus rien ne les sépare, quand le valet s'aperçoit que, l'époque incertaine se prêtant à des pratiques douteuses, à tout un jeu de va-et-vient entre le haut et le bas de la société, le maître qu'il sert - gentilhomme financièrement aux abois comptant sur l'argent de son valet, chevalier d'industrie vivant des femmes et du lansquenet, financier parti de rien, usurier et faussaire à l'occasion - n'est lui-même qu'un fripon dont la réussite est exposée à tous les revers de fortune, et que le couple qu'ils forment tous les deux n'est le plus souvent qu'une association de malfaiteurs, au sein de laquelle plus rien ne justifie l'autorité de l'un et la soumission de l'autre ? Ajoutons que le valet bénéficie largement, comme je l'ai indiqué plus haut, de la faiblesse (*Crispin rival de son maître*) ou de l'éclatement de la famille (*Turcaret*), et trouve dans l'esprit de jeu qui gagne toute la société - du moins celle qui est représentée dans la comédie de Lesage - un climat qui lui est favorable, à lui, le joueur professionnel.

Telles sont les nouvelles données qui poussent Crispin et Frontin à s'interroger sur leurs relations avec leur maître, sur leur statut et leur rôle au sein de la société et de la comédie, et à vouloir sortir du jeu traditionnel qui leur était dévolu et qui ne correspond plus ni à leur état d'esprit, ni aux conditions socio-économiques du temps.

> " Ah ! Crispin, c'est ta faute ! tu as toujours donné dans la bagatelle : tu devrais présentement briller dans la finance... avec l'esprit que j'ai, morbleu ! j'aurais déjà fait plus d'une banqueroute " (*Crispin* 2).
>
> " Courage ! Frontin ! mon ami ; la fortune t'appelle. Te voilà chez un homme d'affaires par le canal d'une

coquette. Quelle joie ! L'agréable perspective ! Je
m'imagine que toutes les choses que je vais toucher
vont se convertir en or... " (I, II, 6).

Ceux-là ont entendu les griefs et les revendications du Scapin de
Regnard :

" Ce n'est pas une petite affaire pour un valet
d'honneur d'avoir à soutenir les intérêts d'un maître
qui n'a point d'argent... et avec tout cela nous sommes
les valets et ils sont les maîtres. Cela n'est pas juste.
Je prétends à l'avenir travailler pour mon compte ;
ceci fini, je veux devenir maître à mon tour. "
(La *Sérénade* 12)

et ils annoncent les imprécations de Figaro contre l'insupportable
partage du monde entre ceux que la naissance fait les inamovibles
détenteurs des places et des richesses et les mal-nés et malchanceux
condamnés à végéter dans l'ombre menaçante des premiers.

Avec Crispin, avec Frontin surtout, le temps n'est plus aux
jérémiades et à la révolte verbale, mais au passage à l'acte, à la
subversion. Lesage nous les montre transgressant, sous couleur de
servir leur maître, les règles d'un jeu stéréotypé afin de renverser à
leur profit l'ordre social qu'il exprime. Toutefois, si dans l'une et
l'autre pièces pour des raisons différentes la conjoncture est favorable au valet, Crispin et Frontin ne se ressemblent pas tout à fait ni
ne présentent le même intérêt.

Crispin est surtout un escroc moins alléché par Angélique qu'il
prétend épouser à la place de son maître que par sa dot, "qui est de
vingt mille écus en argent comptant et toute prête" (ch. 3), un
escroc qui tente le gros coup avant de se retirer. De là une série de
stratagèmes traditionnels chez un valet : déguisement en Damis,
fausses confidences à Valère, mensonges au bourgeois Oronte. Mais
en osant couper l'herbe sous les pieds d'Eraste, son maître, comme
se le promettait déjà le Crispin du *Chevalier à la mode* en 1687, le
valet de Lesage effectue un saut dans l'inconnu, un saut que les

autres valets, ses prédécesseurs, avec leur legs d'amertume et d'ambition transforment, n'en déplaise à La Harpe qui ne voyait là qu'une fourberie de valet déguisé, en acte subversif. Avec Crispin le 18ᵉ siècle s'ouvre sous le signe de l'action et de la transgression. Certes, le valet échoue, mais il a fait illusion.

C'est à Frontin qu'il appartient, dans le monde éclaté de *Turcaret*, de parvenir à ses fins. Mais plus important que sa réussite est le sens qu'il lui donne. Dans le fripon qu'il est encore commence à germer une graine de parvenu. En lui, la traditionnelle marginalisation picaresque en laquelle se cantonnaient de gré ou de force les valets de Dancourt et le Crispin rival de son maître le cède nettement à une volonté d'intégration sociale et morale. Au-delà de la peinture acide et joyeuse d'une société en cours de décomposition où s'entrebattent selon les principes d'une sociologie darwinienne des êtres égoïstes et cupides, la pièce a pour principal intérêt d'être le révélateur d'une mutation idéologique dont le traitant Turcaret et le valet Frontin aux deux bouts de l'échelle sociale, sont les vivantes et vigoureuses expressions. Comme Turcaret, Frontin travaille en équipe et en sous-main. Placé comme espion auprès du traitant par deux joueurs (le chevalier, la baronne) dont les intérêts ne coïncident pas - donc n'appartenant plus à personne - il place à son tour des créatures à lui - Lisette, "douce, complaisante... qui verrait tout aller sens dessus dessous... sans dire une syllabe" (II, 1) ; Furet, "un vieux coquin de sa connaissance" (IV, 1), expert en faux en écriture - dressant ainsi contre des individualistes qui mènent chacun un jeu personnel, la coalition redoutable des valets, "gens d'intrigue" qui, selon le mot de La Branche dans *Crispin rival de son maître*, se gardent les uns aux autres une fidélité plus exacte que les honnêtes gens (20), et poussent à la perfection l'art du double jeu. Quelques mensonges et stratagèmes, et Turcaret ruiné quitte la place, la baronne et le chevalier dupés s'en retournent aux jeux de la galanterie et de la débauche, en quête, pour survivre, de nouvelles dupes. Ceux-là toujours, à la merci d'un accident ou de plus fourbes qu'eux dansaient au-dessus d'un gouffre. Faute d'être capable de les y précipiter, Frontin les contourne, les investit par personnes interposées, rafle la mise à leur place, et ce sont eux qui, s'étant démasqués eux-mêmes, doivent se retirer. Restent symboliquement seuls en scène au baisser du rideau Frontin et Lisette, certes congédiés, mais libres et tout prêts à changer de nom et de statut social. A la différence de Crispin, qui n'évolue pas, demeurant tout au long de la pièce en dépit de son coup d'audace un personnage de la comédie, Frontin, quant à lui - et c'est une nouveauté capitale - évolue, devient un autre. Surgit en effet progressivement en lui, de sa conscience ludique de valet de comédie, une autre conscience qui, si elle s'appuie sur le jeu, a pour finalité de le dépasser :

> " Je ne manque pas d'occupation, Dieu merci ; il faut
> que j'aille chez le traiteur, de là chez l'agent de change,
> de chez l'agent de change au logis, et puis il faudra que
> je revienne ici joindre M. Turcaret. Cela s'appelle, ce
> me semble, une vie assez agissante... Mais patience.
> Après quelque temps de fatigue et de peine, je
> parviendrai enfin à un état d'aise. Alors, quelle
> satisfaction ! Quelle tranquillité d'esprit !... Je n'aurai
> plus à mettre en repos que ma conscience. " (II, 10)

"État d'aise", "tranquillité d'esprit", "conscience au repos", ici, là, souci d'économiser, pour faire souche d'"honnêtes gens" - "voilà toujours soixante pistoles que nous pouvons garder... serre-les : ce sont les premiers fondements de notre communauté", dit-il à Lisette sa complice - refus à un autre moment de partager la femme de chambre Lisette avec le chevalier, son maître, comme le feront, à sa suite Pasquin dans *l'Obstacle sans Obstacle* (1717) de Destouches et surtout *Figaro* dans le *Mariage* : autant de valeurs et d'attitudes qui ne sont point traditionnellement l'apanage du valet. La conscience qui les préconise est à l'opposé d'une conscience ludique, une conscience bourgeoise reconnaissable à ses préoccupations morales, à son sens de la propriété, de l'économie et de la durée, à son désir de fonder la vie sur l'aisance matérielle. A la différence de Crispin qui tentait un gros coup, comme un joueur à la loterie, Frontin procède par accumulation de profits, petits ou gros, il entasse afin de s'ouvrir les portes d'une vie nouvelle, d'acquérir une nouvelle identité en substituant à l'acteur qu'il est un individu autonome et puissant : "voilà le règne de M. Turcaret fini, proclame-t-il, le mien va commencer". Serons-nous aussi pessimistes que Lesage qui annonce par la bouche de Don Cléofas dans la *Critique de Turcaret* par le diable boiteux que "les bonnes dispositions de Frontin font assez prévoir que son règne finira comme celui de Turcaret" ? Il nous semble plutôt que l'avenir, sauf accident, lui appartient, car à l'inverse des autres protagonistes de la pièce qui se consument dans des excès de dépenses, Frontin manifeste des vertus et des comportements qui lui permettront d'accéder à la bourgeoisie et de ne plus la quitter.

Avec Crispin et Frontin, Lesage met en scène, comme on a pu l'écrire, des "héros de la perméabilité sociale" qui illustrent l'irrésistible ascension d'éléments populaires et la décomposition, voire la faillite d'une société d'essence aristocratique qui n'a pas su ou pu les empêcher. Aveuglement, impuissance, goût provocant de l'autodestruction, telles nous semblent être dans *Turcaret* les caractéristiques de cette société de transition centrée sur le jeu. Un jeu qui apparaît à la fois comme un lieu de rencontre et d'échange pour des êtres normalement séparés par la naissance, le rang et la fonction, un tremplin pour les ambitieux, une occasion pour les jeunes gens de famille de faire parade d'une noblesse qui ne se soutient que difficilement, un domaine où s'investissent les rêves de changement et de libération, la force vitale d'une société qui s'interroge sur elle-même, tire de son désordre des raisons d'espérer, et s'en remet à un individualisme qui ira s'accentuant. A travers les jeux auxquels ils s'adonnent, les personnages de Lesage - notamment Crispin et Frontin - sans être à proprement parler des esprits révolutionnaires, sapent et détruisent du dedans l'édifice social, politico-métaphysique du siècle de Louis XIV, ils manifestent sur un mode négatif, carnavalesque, l'émergence du sujet, sa volonté d'accéder à la maîtrise et sa dépendance exclusive à l'égard des valeurs sociales. Comme tels, ils marquent le passage entre le 17e siècle, "plus avide de sagesse que de bonheur", et le 18e, plus orienté vers la quête du bonheur que vers des spéculations métaphysiques, entre le sujet rationnel et universel du cartésianisme et le sujet empirique de Marivaux, pour qui le "réel joué ou ludique se donne comme premier réel".

Yves Moraud
Université de Brest

LES *LETTRES GALANTES D'ARISTÉNÈTE* : UNE ESTIMATION

La formule qui décrit le mieux l'évolution du genre épistolaire à l'époque classique est certainement "le changement dans la continuité". Continuité qui relie les recueils de lettres imités des modèles italiens, dans la seconde moitié du XVIe siècle, aux romans par lettres qui prolifèrent au XVIIIe siècle – changement qui fait succéder aux anthologies les traductions, les pastiches et les adaptations, puis des ouvrages relevant de l'autobiographie, et qui voit enfin apparaître, autour de 1700, des constructions délibérément fictives. La période qui va de 1680 à 1700 est à ce point de vue intéressante à considérer, puisqu'on y voit deux générations rivaliser, en empruntant des voies diverses du même genre épistolaire, dans la conquête du public : d'une part la génération d'un Boursault, né en 1638, qui publie à la fin de sa vie ses *Sept*, puis *Treize lettres amoureuses* en 1697 et 1700, d'autre part celle d'un Lesage, de trente ans plus jeune, dont le premier ouvrage, les *Lettres galantes d'Aristénète,* date de 1695 (et dont il convenait donc absolument de célébrer ici le tricentenaire). Plus près par l'âge de Lesage que de Boursault, Fontenelle, avec ses *Lettres diverses de M. le chevalier d'Her**** de 1683, qualifiées de *galantes* en 1699, sacrifie à son tour à la mode du recueil épistolaire. Enfin Anne Ferrand, du même âge que Fontenelle, publie ses *Lettres galantes* semi-autobiographiques en 1691.

Période de mutation, donc. Boursault s'inscrit encore dans la succession des *Lettres portugaises*, et surtout de leurs *Suites* et *Réponses*. Anne Ferrand s'inspire plutôt du modèle fourni par Mme de Villedieu, et les lettres plaintives et passionnées de ces deux dames retracent des aventures qui dans leurs grandes lignes ont été authentiquement vécues. Les *Lettres du chevalier d'Her**** sont remarquables par l'originalité de leur statut : écho de conversations mondaines sur diverses situations amoureuses et sur le mariage, défilé de personnages sans identité marquée, exposé souriant et morale peu sévère, Fontenelle n'a pas là, même si l'on peut lui trouver des antécédents chez Voiture ou Le Pays, fait usage d'une forme forte et féconde du genre épistolaire.

En un sens, le recueil de Lesage répond à la même caractéristique[1]. Comme nous allons le voir, malgré le titre la forme épistolaire n'y est guère observée. Dans le titre encore, le terme *galant* n'a absolument pas le même sens que dans le volume d'Anne Ferrand. Certes, l'intitulé complet, *Lettres galantes d'Aristénète, traduites du grec,* pourrait rappeler la formulation affichée par Guilleragues, *Lettres portugaises traduites en français.* Et d'autre part le modèle associant Antiquité, thème érotique et forme épistolaire est évidemment celui que fournissent les *Héroïdes* d'Ovide, abondamment traduites et pastichées depuis le début du siècle. Les *Lettres galantes* de cet Aristénète inconnu pouvaient-elles donc rappeler soit les *Portugaises* soit les *Epîtres amoureuses* d'Ovide ? Elles ont sans doute bénéficié d'un effet favorable de mode et d'annonce, mais en réalité on ne peut rattacher l'œuvre de Lesage à aucun de ces succès confirmés, d'abord parce qu'Aristénète et ses *Lettres* sont inconnus du public, même cultivé, la seule traduction de ce texte en français ayant été publiée à Poitiers en 1597 par un certain Cyre Foucault, sieur de La Coudrière, dont on ne sait d'ailleurs rien, ensuite parce que les galanteries hellénistiques qui remplissent ce livre n'ont nul point commun avec les sentiments passionnés dont en 1683 Du Plaisir, se référant précisément aux *Lettres portugaises*, dictait les codes d'expression[2]. Au contraire le XVIIIe siècle fait un sort à Aristénète : sans compter une reprise

---

1. Sur les *Lettres galantes d'Aristénète*, l'étude la plus complète à ce jour se trouve dans le chapitre "Les débuts littéraires" de la monographie de Roger Laufer, *Lesage ou le métier de romancier*, Paris, Gallimard, 1971. Toutefois, depuis la parution de ces pages parfaitement attentives, l'évolution de la forme épistolaire dans les ouvrages littéraires publiés entre les *Lettres portugaises* et les romans de Crébillon fils a fait l'objet de nombreux travaux qui ont modifié l'image du genre. Voir en particulier : B. Bray, "Le statut des personnages dans les *Lettres du chevalier d'Her**** ", in A. Niderst, éd., *Fontenelle* (Actes du colloque de Rouen), Paris, P.U.F., 1989, pp. 47-59, et, du même, l'édition des *Treize lettres amoureuses* de Boursault, Paris, Desjonquères, 1994.
2. Du Plaisir, *Sentiments sur les lettres et sur l'histoire, avec des scrupules sur le style* (1683), éd. Philippe Hourcade, Genève, Droz, 1975, pp. 31-35.

partielle et largement retouchée que Lesage établit lui-même de sa version primitive en 1740, sans compter non plus une réédition, vers 1794, de cette version primitive, deux nouvelles traductions paraissent en 1739 et 1752, ainsi qu'une adaptation en 1797. On peut donc bien dire que ce petit ouvrage de Lesage, si souvent mentionné avec condescendance[3], prend une place honorable sinon dans la découverte du moins dans la diffusion en France des lettres dites d'Aristénète, dont l'auteur reste d'ailleurs aujourd'hui encore mystérieux.

Reprenons rapidement, pour qu'elles soient bien claires au départ, les principales données historiques et bibliographiques. Nous nous arrêterons à 1740, date de la deuxième édition procurée par Lesage lui-même. L'auteur grec des "Lettres d'Aristénète", ou plutôt des *Lettres* du pseudo-Aristénète, est inconnu. Aristénète est le nom que porte le "destinateur" (je serai obligé d'employer souvent ce terme peu élégant, mais en l'occurrence irremplaçable), le destinateur donc de la première lettre *conservée* du recueil, alors que le premier folio a disparu, et ce personnage, rien ne permet évidemment de l'identifier à l'auteur. Ce pseudo-Aristénète aurait vécu dans le premier quart du VIe siècle ap. J.C. L'unique manuscrit où figure le texte est à la Bibliothèque Nationale de Vienne en Autriche. Il proviendrait d'un couvent d'Italie méridionale, où il aurait été copié vers la fin du XIIe ou au début du XIIIe siècle. La première édition du texte grec est de Jean Sambuc, qui aurait acheté le manuscrit en Italie en 1561, et l'a publié peu après à Anvers, en 1566. La première traduction latine, comportant le grec en regard, est de Josias Mercier, qui l'a publiée à Paris en 1595. Quatre rééditions ont suivi, en 1596, 1600, 1610 et 1639. Enfin une savoureuse traduction française, dont j'ai déjà nommé l'auteur, Cyre

---

3. Il en est ainsi dans l'excellente et récente édition des *Lettres d'amour* d'Aristénète, texte établi et traduit par Jean-René Vieillefond, coll. Guillaume Budé, Paris, Belles-Lettres, 1992, p. XXXVII. Citons quelques formules : "Seule la renommée littéraire de l'auteur [Lesage] veut qu'on s'y arrête. [...] un péché de jeunesse dont il n'est pas tout à fait responsable. [...] traduction [...] bourrée d'inexactitudes. [...]Bref on ne saurait lui attribuer la moindre importance [...]". Le passage contient d'ailleurs, sur Lesage et son ouvrage, quelques erreurs chronologiques et bibliographiques.

Foucault de la Coudrière, paraît à Poitiers en 1597 : le traducteur ne semble pas s'être aidé de la traduction latine de Mercier[4].

Quant à Lesage, c'est cette traduction latine qu'il a utilisée. Mais il faudrait encore faire un sort, avant d'arriver à la date de 1695, à un choix de lettres traduites d'Aristénète et d'Alciphron qui figure dans le recueil publié en 1629, puis encore en 1638 et 1653, par Pierre de Marcassus, piètre professeur d'éloquence dont Moréri écrit qu'il "a voulu être en même temps historien, poète et traducteur, et n'a réussi que médiocrement dans ces trois genres". Roger Zuber, qui s'est intéressé au traducteur, n'est pas plus indulgent[5]. Quoi qu'il en soit, on trouve dans le recueil de Marcassus, intitulé *Lettres politiques, morales et amoureuses* (je vous passe le reste du long titre[6]), bien entendu dans la troisième partie, seize lettres d'Aristénète, mêlées à un plus grand nombre de lettres d'Alciphron, auteurs dont l'identité reste d'ailleurs dissimulée. De cette traduction très partielle et qui paraît peu soignée, établie sans doute à partir de l'édition bilingue de Mercier, Lesage ne s'est pas servi.

Ouvrons maintenant le petit volume de 1695. Je voudrais tout d'abord analyser le "statut épistolaire" de l'ouvrage. Je m'interrogerai ensuite sur les principes qui ont pu guider le travail d'adaptation de l'auteur. Enfin dans un troisième point je dirai quelques mots de la version partielle et tardive de 1740.

Le texte grec tel qu'il nous est parvenu comporte cinquante lettres, réparties en deux livres. Chaque lettre se compose successivement :

– d'un *argument* qui en résume le contenu en quelques mots,

---

4. Sur tous ces points, voir l'introduction de l'édition Vieillefond citée ci-dessus.
5. Roger Zuber, *Les "Belles Infidèles" et la formation du goût classique : Perrot d'Ablancourt et Guez de Balzac*, Paris, A. Colin, 1968, pp. 24, 73, 120.
6. *Lettres politiques, morales, et amoureuses, tirées des plus grands Personnages, Grecs, Orateurs, Philosophes, Sophistes, Généraux d'armées, Rois, Empereurs, et Dames de l'Antiquité*, Paris, Morlot, 1629. Les trois parties sont paginées séparément. Dans l'éd. "augmentée d'un tiers" de 1653, le "Recueil de lettres amoureuses" est identique à son état antérieur.

– d'une *adresse* qui donne les deux noms, au nominatif et au datif, du destinateur (ou de la destinatrice, je ne le préciserai pas à chaque fois) du discours, et du ou de la destinataire,
– enfin, et c'est le principal, du *discours* censé être adressé par l'un à l'autre. C'est rarement que ce discours revêt explicitement le caractère épistolaire. C'est encore plus rarement qu'une lettre peut être raisonnablement qualifiée de "lettre d'amour" : pour ma part j'en compte huit[7].

Chose curieuse pour un lecteur moderne, habitué à la répartition des personnes de la lettre en *je, tu* (*vous*), *il / elle*, ainsi qu'à un accord entre l'adresse, nommant destinateur et destinataire, et le texte du message, il n'en va pas ainsi dans l'ouvrage d'Aristénète. Parfois aucun rapport n'est perceptible entre les deux personnages nommés dans l'adresse et ceux qui figurent dans le discours. La traduction latine de Mercier est en gros fidèle à cette configuration. Un détail qui n'est pas insignifiant concerne la traduction en latin des deux noms grecs de l'adresse : en passant du grec au latin, le sexe de ces personnages parfois se précise, ou s'inverse. Car des noms terminés en -on, en -as, en -is, déclinés en grec ou en latin au nominatif ou au datif, n'annoncent pas forcément leur genre grammatical. Rares également sont dans le texte grec les adlocutions, expressions au vocatif ou à la deuxième personne, qui aideraient parfois à attribuer un sexe à un destinataire à l'identité incertaine.

Lesage fait preuve d'un souci (tout relatif) de logique et de clarification. Tout d'abord, et en cela il se distingue de tous ses prédécesseurs, il supprime les arguments initiaux et ne conserve donc, en tête de chaque lettre, que l'adresse composée de deux noms propres séparés par la préposition *à*. Cette suppression de l'argument a pour effet d'affaiblir, au moins en ce qui concerne l'affichage du titre, l'aspect narratif et anecdotique du contenu au

---

7. Qu'est-ce qu'une "lettre d'amour" ? En l'occurrence, je considère les critères suivants : il s'agit d'un discours 1) écrit, ou en tout cas, si son caractère écrit n'est pas explicitement confirmé, excluant la possibilité d'une forme purement orale, 2) expédié par un destinateur (une destinatrice) à un (une) destinataire du sexe opposé (aucune allusion homosexuelle n'est ici perceptible), 3) où s'expriment des sentiments amoureux ressentis, et souhaités réciproques, dans le présent ou le passé, par l'un et/ou l'autre de ces deux partenaires.

profit d'un statut épistolaire qui apparaît maintenant prééminent. Dans la même idée, Lesage s'efforce en quelques occasions de semer dans le texte des formules adlocutives. Ainsi au début de la toute première lettre du recueil, d'Aristénète à Philocalos, dans laquelle ni le grec ni le latin n'introduisent la moindre mention de l'un ou de l'autre de ces deux personnages, Lesage commence par : "La Nature, *mon cher Philocalus,* a pris plaisir à former ma Maîtresse". Ou encore dans la lettre I, 9[8], qui raconte avec un soin tout particulier l'histoire, tirée de Callimaque, des amours d'Acontios et de Cydippe, Lesage invente de toutes pièces la première phrase : "Je ne sais si vous avez entendu parler de Cydippe, etc." et prête à son *je* narrateur, à la fin de la lettre, un long commentaire moralisateur, à peine esquissé dans l'original. D'une façon générale, et sans aller jusqu'à transformer le statut des pronoms personnels tel qu'ils figurent dans le recueil d'Aristénète, il faut comprendre que Lesage renforce de façon notable le rôle du *je* et du *tu* (qui devient *vous* sous sa plume) : ceux-ci sont souvent chez lui mêlés au moins allusivement à l'action, alors même que chez Aristénète ils n'ont d'autre fonction que d'encadrement et de dénomination. Ainsi devient un peu plus épistolier ce Grec qu'un éditeur moderne, reproduisant la traduction française de Cyre Foucault, disait : "plutôt un conteur, mais à le bien prendre, un metteur en œuvre précieux et raffiné de descriptions, d'anecdotes, de scènes et de façons amoureuses [, dont la manière] a de l'emphase et de la déclamation, mais [...] est vive, colorée, et fait sans cesse tableau"[9].

Je ne suis pas assez helléniste pour justifier ou commenter le rattachement au genre épistolaire proprement dit de cette forme littéraire originale qu'ont pratiquée Aristénète et avant lui Alciphron. Mercier, Cyre Foucault et même Marcassus ont été des traducteurs honnêtes : chacun à sa manière a tenté de rendre le ton, l'esprit du narrateur hellénistique, sans craindre de moderniser vocabulaire et situations. Lesage, lui, fait davantage : puisqu'il s'agit,

---

8. I, 10 dans l'original grec et la traduction latine.
9. A. P.-Malassis, Notice introduisant la réimpression de *Les Epistres amoureuses d'Aristenet*, tournées de grec en français par Cyre Foucault, sieur de la Coudrière (Poitiers, 1597), Paris, I., Lisieux, 1876, p. VIII.

d'après le titre latin, d'*Epistolae graecae*, il s'efforce de rapprocher le texte, par des modifications génériques, des modèles épistolaires fournis au public français par la mode d'alors. Ce travail, d'une ampleur d'ailleurs limitée, contribue à ce que des puristes pourraient appeler la dénaturation de l'original grec.

A mon avis, il y a plus grave. Lesage savait-il convenablement le latin ? Ou sa traduction fut-elle hâtive et distraite ? Dans quelques cas, il fait de bien curieuses erreurs. Voici trois exemples. Dans sa lettre I, 18, Aristénète fait s'adresser une courtisane, Callicoïtè, à une autre courtisane, Meïraciophilé. La première félicite la seconde d'être l'"amie seulement des beaux jeunes gens", et termine son message par une comparaison avec le comportement des ivrognes, suivie d'une invocation à Dionysos, dieu du vin. Dans la version de Lesage, la destinatrice est devenue un homme, sous le nom de Callicoeta (qui est la forme latine adoptée par Mercier), et celui-ci affiche d'abord son mépris pour les courtisanes, avant de consentir que la conduite de celle à qui il s'adresse est exceptionnellement désintéressée. La lettre commence ainsi :

" Vous êtes admirable, la belle, dans vos sentiments. J'avais cru jusqu'ici que toutes les femmes de votre profession aimaient l'argent plus que toutes choses, et que ce n'était qu'à nos présents que nous devions vos complaisances. Mais à ce que je vois, vous avez des sentiments qui vous distinguent de ces âmes basses et vénales, etc. "[10].

Quant à l'invocation à Dionysos, explicitement féminine dans l'original, elle change d'objet et, adressée à un certain Melysus qui remplace Dionysos, elle se transforme en un inattendu : "Ce penchant impétueux qui nous entraîne vers plusieurs objets à la fois, ne prouve-t-il pas assez bien que rien ne peut remplir nos désirs". L'erreur sur le sexe du destinateur a entraîné Lesage à une

---

10. J'utilise, en modernisant l'orthographe, la reproduction en fac-similé de l'édition originale (*Lettres galantes d'Aristénète, traduites du grec. Première (Seconde) partie.* A Rotterdam, chez Daniel de Graffe, 1695), Paris, L'Arche du Livre, 1970, dorénavant abrégée en *LGA*. Ici lettre I, 17, pp. 74-76.

absurde et conventionnelle moralisation du discours, bien étrangère au propos de l'auteur grec.

Dans la lettre II, 1, d'Elianus à Calica, un jeune homme intervient auprès d'une courtisane en faveur d'un ami. Pour mieux convaincre sa correspondante, il commence par invoquer la déesse de la persuasion, Peithô, que Mercier traduit fort justement en latin par Suada. Ce qui donne ceci sous la plume de Lesage : "Je ne sais, charmante Calica, si vous me refuserez la grâce que je me suis engagé de vous demander. Je conjure votre amie Suada de vous disposer à me l'accorder"[11].

Enfin dans la lettre II, 14, la jeune Melitta dit son bonheur de la réconciliation qui a fait revenir près d'elle son amant Nicocharitès. "Dès que tu aperçus ta petite Mélitta...", dit-elle (ou écrit-elle) : Melissarion en grec est le diminutif de Melitta. Latin de Mercier : "*At tu simul tuam Melissarium vidisti...*" Lesage prend Melissaria pour un autre personnage, une rivale, et écrit dans un absolu contresens qui se conjugue avec la fantaisie :

> " Mais une chose trouble ma joie. Vous avez vu Melissaria, elle est belle, l'avez-vous vue avec plaisir ; songiez-vous à moi quand vous étiez avec elle ? Ne penserez-vous plus à elle quand je serai avec vous ? J'aurais trop à souffrir, si je ne me flattais pas de l'espérance que vous serez tout à moi "[12].

Que conclure de ces erreurs ? C'est sur les noms propres, sur le sexe et l'identité des personnages, et par suite sur leur fonction dans le récit, que Lesage "déraille" le plus souvent. A partir de là, il brode afin de donner au texte transformé un sens satisfaisant, qui réponde aux attentes convenues de ses lecteurs. Pour le reste, il enjolive, tantôt allonge et tantôt abrège, toujours à la recherche de cette galanterie qu'il a inscrite à son titre, alors que ses prédécesseurs parlaient d'Epîtres ou de Lettres *amoureuses*.

Cette galanterie réside dans la description, pour reprendre la formule du traducteur le plus moderne d'Aristénète, "de passions,

---

11. *LGA*, II, 1, p. 105.
12. *LGA,* lettre numérotée II, 13 [= 14] : par suite d'une erreur de numérotation, il y a deux lettres II, 8.

de désirs, d'adultères, de concubinages, de violence, de bonheur. C'est surtout le monde des courtisanes, des actrices et des jeunes gens, leurs clients et leurs amis, qui est mis en scène à diverses époques"[13]. L'atmosphère générale fait un peu penser à celle de l'*Histoire amoureuse des Gaules* de Bussy-Rabutin, qui serait ici décomposée en quelques situations-types souvent à peine esquissées, parfois développées plus longuement. On verra ainsi successivement apparaître :
– une fille déflorée avant le mariage, d'abord inquiète puis rassurée par sa nourrice,
– à deux reprises, un fils amoureux de la maîtresse ou de la seconde femme de son père,
– plusieurs moyens de tromper un mari méfiant,
– la jalousie entre deux sœurs, ou entre deux rivaux,
– les diverses formes de complicité érotique qui peuvent s'établir entre une maitresse et sa servante,
– les malheurs d'un mal marié, époux d'une grincheuse ou d'une avare,
– la souffrance d'un homme qui ne peut choisir entre sa femme et sa maîtresse,
– quelques allusions à des disconvenances sociales,
– mais aussi, à une bonne dizaine de reprises, l'évocation heureuse des plaisirs de l'amour, des jardins, des fêtes, des chants, et l'agréable description des charmes physiques de l'amant ou de sa maîtresse.

Lesage maintient ainsi un certain équilibre, me semble-t-il, entre deux tendances, l'une tournée vers le passé, l'autre relativement originale en 1695. Du passé, il hérite un fonds de gauloiseries dorénavant qualifiées de galanteries, un répertoire de situations amoureuses irrégulières, abondamment exploité par les conteurs en prose et en vers (je n'oublie pas La Fontaine), les amateurs d'historiettes, les romanciers dits réalistes ou bourgeois. Et d'autre part il tire profit de la mode récente de la forme épistolaire, qui le conduit à faire croire plus que de raison, et plus que le texte grec n'aurait dû le

---

13. J.-R. Vieillefond, Introduction de l'édition citée, p. XVI.

lui permettre, à une relative vraisemblance littéraire de ces "lettres", qui pour la plupart n'en sont pas. Cela étant, il y avait quelque originalité à présenter dans son livre une centaine de personnages affublés de noms aux consonances étrangement exotiques, menant des vies audacieusement et tranquillement libertines, sans rien de cet esprit provocateur et agressif qui caractérise par exemple le roman de Bussy-Rabutin, ni de la revendication sociale, ou féminine, qui anime certains récits de l'époque (Mme de Villedieu, Anne Ferrand). Une nouvelle Grèce se dessine ici, voluptueuse, raffinée dans ses sentiments, mais intéressante aussi par des tableaux de la vie quotidienne, par des scènes variées et amusantes, telle l'évocation de ce pêcheur durement rabroué par la jeune nageuse dont il voulait admirer de trop près l'excitante nudité, ou de cette servante qui échappe à la surveillance de son maître en feignant d'aller chercher de l'eau au puits, auprès duquel son amant l'attend impatiemment. Et cette Grèce-là encadrera beaucoup d'aventures au XVIIIe, et encore au XIXe siècle.

Il me reste à traiter de la version de 1740. Lesage a plus de soixante-dix ans. L'année précédente est parue à Londres, sous l'anonymat, une nouvelle édition en français des *Lettres d'Aristénète*[14]. Cette traduction de bonne qualité, bien imprimée, discrètement mais soigneusement annotée, en bas de page, à l'usage d'un public cultivé, a pu connaître quelque succès et inspirer à Lesage l'idée de réutiliser le travail de ses débuts littéraires. L'anonyme de Londres, dans une Préface, définit fort bien le genre littéraire pratiqué par Aristénète :

> " Le titre de Contes aurait peut-être mieux convenu à
> son ouvrage. Ce sont des amis qui s'écrivent les
> aventures galantes qui leur sont arrivées, ou à des
> personnes de leur connaissance, qui s'exercent à faire
> le portrait de leurs maîtresses, ou à décrire les
> douceurs qu'ils ont goûtées entre leurs bras ".

---

14. *Lettres d'Aristénète auxquelles on a ajouté les Lettres choisies d'Alciphron, traduites du grec,* Londres, aux dépens de la Compagnie, 1739.

On voit que ce traducteur, à la différence de Lesage, ne donne pas une importance particulière au statut épistolaire du recueil. Dans le même sens, il rétablit les *arguments* supprimés par Lesage, ce qui contribue à mettre de nouveau au premier plan les aspects narratifs et anecdotiques.

En son point de départ, *La Valise trouvée* de Lesage sacrifie à un thème infiniment banal[15]. Au cours d'une partie de chasse, un marquis campagnard et un chevalier de ses amis trouvent auprès du cadavre d'un courrier assassiné par des voleurs une malle remplie de lettres, qu'ils rapportent au château, se promettant quelque satisfaction de cette lecture, qui offrira un "pot-pourri des plus plaisants" (p. 3). Dans ce lot figurent des lettres d'Aristénète. Comme les autres, elles seront lues par le curé du lieu à la compagnie, composée de trois hommes et de trois femmes, "tous gens d'esprit et de belle humeur" (p. 5). Les vingt-quatre lettres d'Aristénète constituent dans la malle "un fort gros paquet [...] à part"[16]. Au dire du curé, ce sont "des lettres grecques et galantes, qui ont été nouvellement traduites en français"(p. 179). Une lettre introductive[17] affirme qu'au prix de quelques suppressions on a seulement "conservé celles qui ont un fonds de galanterie qui ne blesse point la pureté des mœurs", et se moque "du goût des amateurs du langage nouveau", ajoutant que "dès le cinquième siècle on ne savait point mal encenser les autels de l'amour". La marquise, femme de culture, s'écrie alors : "Allons, comtesse, [...] pour l'amour du grec, embrassons Aristénète" (pp. 182-183). Puis commence la "Seconde partie", intitulée "Les Lettres d'Aristénète".

Trois choses sont ici à considérer : d'une part Lesage a éliminé une petite moitié des lettres qu'il avait "traduites" pour son édition de 1695, d'autre part il a procédé à une véritable réécriture de son

---

15. Lesage, *La Valise trouvée*, 2 parties, Paris, Prault, 1740. Rééditions : Maestricht, Dufour, 1749 ; Amsterdam, s.n., 1755 ; Maestricht, Dufour-Roux, 1779. Abrév. : *VT*.
16. 24 lettres seulement, sur les 42 de *LGA*.
17. "D'un vieil auteur de Paris à une dame d'Evreux de ses amies". Nous avons là un autre topos d'ouverture : cet auteur demande à la dame son sentiment sur le manuscrit qu'il lui envoie, et lui annonce qu'il s'agit d'une traduction des lettres d'Aristénète, prosateur grec du Ve siècle.

texte, enfin il a adjoint à la moitié des lettres reprises, à défaut de l'*argument* toujours absent, un bref commentaire dialogué mis dans la bouche des "devisants" qui écoutent la lecture du curé. La sélection va dans le même sens que la réécriture, sévèrement mais justement analysée par Roger Laufer[18]. Lesage supprime des lettres ou des passages où la description se fait un peu trop suggestive, il raccourcit les textes, et en même temps les agrémente d'arrangements stylistiques qui visent à accroître la clarté des rapports entre les personnages. Il faut souligner que les fautes de traduction que je relevais il y a un instant, sur les noms propres surtout, ne sont pas corrigées. Si un Alciphron grec et latin était devenu en 1695, par suite d'une coquille typographique, Alciphion, il restera Alciphion en 1740[19]. D'autre part des expressions à la mode à la fin du siècle précédent, comme "mon cher enfant", terme d'affection adressé par une femme à son amant (on le trouve par exemple chez Boursault), sont retirées de la nouvelle version, dont le style est maintenant moins vif mais plus correct, normalisé pourrait-on dire, mais aussi affadi.

Les commentaires des "devisants" ne sont certes ni bien originaux ni très approfondis. La marquise et la comtesse applaudissent aux comportements qui témoignent en faveur de la dignité et de la respectabilité de leur sexe : la comtesse approuve que le cœur parle dans ces lettres, mais elle y trouve les femmes trop galantes. Le vieux baron est prompt aux railleries et aux allusions lestes qui font s'exclamer les dames. Le chevalier s'efforce de trouver les bonnes explications aux conduites rapportées, et se montre soucieux de retrouver les mœurs du temps ancien sous les conventions de la traduction. Le marquis reste généralement silencieux. Ces commentaires ont pourtant pour effet de recréer la distance nécessaire à une appréciation moderne d'Aristénète. Le

---

18. Ouv. cit., pp. 45-46.
19. *LGA*, I, 21 ; *VT*, 15. De même subsiste dans *VT* le personnage de "Cadmea", né de façon amusante du latin "*Cadmea tua victoria*", ta victoire "à la Cadméenne" : *LGA*, II, 6 ; *VT*, 22. Toutefois une erreur d'accord portant sur le genre, et par suite sur le sexe de la personne-destinatrice, est corrigée d'une édition à l'autre. Il s'agit du mot *averti(e)* à la fin de *LGA*, I, 18 ; *VT, 12*.

texte de 1695 était dépourvu de toute note liminaire, de toute "mise en place" : ici a été accompli un certain travail de présentation, on ne cherche plus un effet de vraisemblance et de banalisation, au contraire on insiste sur les différences ou ressemblances entre mœurs d'alors et mœurs de l'époque présente, et si langue et style sont banalisés ce n'est pas au détriment du réalisme exotique apporté aux descriptions des pratiques amoureuses des jeunes Grecs. Donc l'état de 1740, s'il ne conduit évidemment pas à réévaluer le génie créateur d'un Lesage vieilli, révèle pourtant, et fait découvrir au lecteur français, un intérêt renouvelé pour l'écrivain grec connu sous le nom d'Aristénète, pour ses thèmes favoris, pour le charme de ses images, pour l'agréable aisance de son style.

Dans sa *Bibliothèque française*, publiée pour la première fois en 1664, Charles Sorel consacre un chapitre détaillé aux lettres, et il nomme plusieurs dizaines d'auteurs dont la production épistolaire a été recueillie en divers volumes, dans la première moitié de son siècle. Au sujet des lettres amoureuses, il cite tout d'abord un recueil de Laugier de Porchères intitulé *Cent lettres d'amour écrites d'Erandre à Cléanthe*, puis ajoute :

" Ce sont des galanteries de la vieille cour que peut-être chacun ne goûte pas, pource que les choses sont un peu changées. Cependant on y trouvera des exemples d'un amour honnête et respectueux que les anciens Grecs ni les Romains n'ont point traité si légitimement ; au contraire quand ils ont parlé d'amour, ç'a été avec une licence effrénée et de mauvaise instruction, comme on peut voir dans *les Epîtres amoureuses d'Aristenet auteur grec*, et dans celles de Lucien. Les *Epîtres* d'Ovide et toutes ses autres œuvres marquent encore ceci : ces anciens païens à qui leur religion même enseignait les vices par les exemples de leurs dieux, n'avaient point d'amours plus agréables que les adultères et les incestes ; ils ne savaient ce que c'était des amours spirituelles et de galanterie qui donnent sujet à tant de belles lettres, comme on en a vu dans notre siècle "[20].

L'*Aristénète* que désigne ici Sorel est celui de Cyre Foucault, paru en 1597. On voit que la mauvaise réputation de l'ouvrage grec a été persistante. Il y eut peut-être quelque courage, ou quelque esprit de provocation, dans la décision de Lesage de tenter à son tour cette traduction que la fin du siècle, point encore débarrassée du moralisme affiché par Sorel, ne pouvait accueillir sans de sérieuses réserves. Mais surtout, si les hardiesses du langage à l'époque d'Henri IV permettaient à Foucault de transposer assez fidèlement, sur un ton truculent, les grivoiseries hellénistiques, le goût de la fin du XVIIᵉ siècle rendait inimaginable une traduction fidèle, dès lors que sous le titre de *Lettres galantes* l'auteur s'adressait à un lectorat mondain, qui n'avait pas encore oublié les afféteries de Voiture, Cotin ou Le Pays. On est donc en droit de voir dans le premier ouvrage de Lesage une "belle infidèle", le travail d'un adaptateur négligent et peu scrupuleux, soucieux avant tout de piquer la curiosité par ces "lettres galantes" d'un nouveau genre, mais sachant fort bien "jusqu'où aller trop loin", et corrigeant donc autant que possible, en suivant à peu près la mode des salons français, la "mauvaise instruction" délivrée par son modèle. De même en 1740, c'est l'évolution du goût, des connaissances en histoire littéraire, et des mœurs éditoriales, qui conduit l'auteur de *La Valise trouvée* à transformer son texte primitif. C'est pourquoi les choix de notre traducteur-adaptateur, ceux de 1695 comme ceux de 1740, offrent aux historiens de la langue et du style un intéressant témoignage, encore insuffisamment exploré, sur un complexe jeu d'interactions d'ordre socio-littéraire.

Bernard Bray
Université de Sarrebrück

---

20. Charles Sorel, *La Bibliothèque française*, 2e édition (1667), Slatkine reprints, Genève, 1970, p. 39.

Dans la *Bibliothèque des romans*, Lenglet-Dufresnoy donne les raisons pour lesquelles il préfère *Le Diable boiteux* de 1707 à la version remaniée de 1726 :

> " Le premier volume de cet ouvrage est beaucoup meilleur que le second, qui est tout de la composition de M. Lesage, au lieu que le premier est traduit de l'espagnol "[1].

A quoi tint en effet le grand succès que connut le premier essai romanesque de Lesage ? A son habile imitation du modèle fourni par le très illustre Luis Velez de Guevara qui fut le dédicataire du *Diable boiteux* ? Aux histoires touchantes empruntées à la tradition de la nouvelle espagnole, comme "La Force de l'amitié" que Lesage juge "un peu romanesque" en 1726[2] ? A la galerie de portraits satiriques dont on a cherché les applications ? On a trop vite classé *Le Diable boiteux* dans une lignée qui va des *Caractères* aux *Lettres persanes*, quand on n'y a pas vu un de ces "amusements sérieux et comiques" dont on parcourt distraitement la table. Les coquettes, les financiers et les manchots qui peuplent les maisons de Madrid et qui appartiennent au "petit tableau des mœurs du siècle"[3] ne doivent pas faire oublier tout ce que l'ouvrage de Lesage emprunte à la nouvelle de son temps ; le chevalier de Mailly puise du reste aux mêmes sources pour composer les *Diverses aventures de France et d'Espagne* (1707). Mais, dans un fonds de lieux communs, Lesage parvient à dégager des thèmes et des réflexions qui manifestent son originalité.

---

1. *Bibliothèque des romans*, Amsterdam, Veuve Poilras, 1734, t..II, p. 262.
2. *Le Diable boiteux,* édition de Roger Laufer, Folio, Gallimard, 1984, chapitre V, p. 255. Pour le texte de 1707, les références renvoient à l'édition de Roger Laufer, Mouton, 1970.
3. "Epître au très illustre auteur Luis Velez de Guevara" (1726), p. 28.

Entraîner son lecteur dans la "fameuse ville de Madrid" n'était pas chose rare en 1707. Les nouvelles écrites sous le règne de Louis XIV avaient subi l'influence de la tradition hispano-mauresque à laquelle s'était ajoutée celle de Cervantès. Le contexte politique du début du XVIIIe siècle favorisait un intérêt pour l'Espagne que constate le chevalier de Mailly dans l'Avertissement des *Diverses aventures de France et d'Espagne* :

> " Comme la France et l'Espagne ne sont plus en guerre l'une contre l'autre, et qu'elles sont présentement unies d'inclination et d'intérêt, j'ai cru que je pouvais joindre ici quelques-unes de leurs aventures, et que le public ne serait pas fâché de voir le différent génie de ces deux illustres nations ".

De la même façon Lesage compare la galanterie de la France et celle de l'Espagne dans le chapitre VIII du *Diable boiteux* (p. 130). Ce contexte espagnol s'associait souvent à celui des sérails orientaux qui abritaient de belles héroïnes courtisées par les sultans[4].

Au seuil du XVIIIe siècle, la nouvelle, que caractérisaient jusqu'alors la brièveté, l'action linéaire, la proximité des personnages et l'analyse de sentiments vraisemblables, prend des orientations quelque peu différentes. Dans le cadre de ce qu'on a nommé des "petits romans", des auteurs comme Mme d'Aulnoy n'épargnent ni les larmes ni les attitudes émues pour toucher les lecteurs. D'autres, comme Courtilz de Sandras à ses débuts et comme Mailly, regroupent dans des recueils des anecdotes ou des lettres galantes. Mais tous insistent sur la nouveauté de leur ouvrage. A son tour Lesage souligne la "nouveauté de l'aventure" lorsque don Cléofas découvre Asmodée. Cette nouveauté devient dans *Le Diable boiteux* le principe qui préside au déroulement des épisodes : l'écolier voit de "nouvelles choses" ainsi que l'indique le titre du chapitre VI, et Lesage ne manque pas d'introduire les scènes par des formules comme "le spectacle était trop nouveau pour n'attirer pas toute son attention" (ch. III, p. 92). Du reste le diable se déclare l'inventeur des

---

4. Voir *L'Heureux esclave* (1674), *Zulima ou l'amour pur* (1694), *Abra-Mulé* (1696).

"modes nouvelles de France" (ch. I, p. 87) : la nouveauté suppose alors la variété ainsi que la surprise qui retiennent le lecteur.

La production romanesque des années 1706-1707, qui n'est pas très abondante, inclut volontiers la satire et le pamphlet[5]. Cette inspiration se retrouve dans *Le Diable boiteux* lorsque Lesage s'attaque aux partisans en imaginant une jeune fille qui rêve d'épouser don Bourvalos (ch. IX, p. 136). Néanmoins ce goût de la satire n'autorise pas la présence de personnages trop bas : "je ne suis pas curieux d'entendre des aventures de canailles" déclare don Cléofas à la fin du chapitre "Des prisonniers" (ch. VIII, p. 135). A la nouvelle le romancier préfère emprunter des thèmes héroïques, des personnages nobles et des événements extraordinaires[6]. Les nouvelles romanesques constituent environ les deux tiers du *Diable boiteux*, et Lesage a détaché deux longues histoires qu'il traite l'une et l'autre en deux chapitres : l'"Histoire du comte de Belflor et de Léonor de Cespèdes" (ch. IV et V) et "La Force de l'amitié" (ch. XIII et XV) qui a pour sous-titre générique "histoire". Dans l'édition de 1707 des culs de lampe et des bandeaux isolent les nouvelles du reste du récit. A ces procédés typographiques s'ajoutent des considérations sur l'intérêt des aventures :

" C'est une histoire qu'il faut que je vous raconte, elle est digne de votre attention " (ch. III, p. 97).

" Leur histoire est touchante, et mériterait d'être écrite. Il me prend envie de vous la conter. Vous me ferez plaisir, dit l'écolier ; le pitoyable ne m'attendrit pas moins que le ridicule me réjouit. Elle est un peu longue, répliqua le diable ; mais elle est trop intéressante pour vous ennuyer " (ch. XII, p. 157).

La première de ces histoires, qui raconte la séduction d'une femme, ne présente que quelques scènes graves, alors que la seconde, qui se greffe sur le chapitre "Des tombeaux", est annoncée comme "la plus triste scène que l'on puisse voir sur le théâtre du

---

5. Voir *Les Partisans démasqués* (1707).
6. Lesage a supprimé toutes les plaisanteries sur la noblesse de don Cléofas qui paraissent dans la traduction de Mailly (*Diverses aventures de France et d'Espagne*, p. 190).

monde" (ch. XII, p. 157). "La Force de l'amitié" recourt si souvent
au pathos que Lesage jugera bon de supprimer certaines outrances
lorsqu'il reprendra la nouvelle dans l'édition de 1726[7] ; mais
l'histoire n'en reste pas moins violente et tragique dans son
dénouement qui conduit les trois personnages principaux à la mort.

L'influence de la nouvelle sur l'esthétique du *Diable boiteux* ne se
limite pas aux deux grandes histoires isolées par un titre. La fuite de
don Cléofas sur les toits de Madrid, que Lesage utilise en 1707
comme cadre sans se préoccuper de lui donner un dénouement,
constitue bien une histoire, celle que Mailly traite dans les *Diverses
aventures de France et d'Espagne* sous le titre de "Aventures de
Don Leandre". On reconnaît aussi une brève nouvelle dans l'histoire
de Quebrantador, le vieux soldat qui va loger dans un cabaret hanté
(ch. VIII, p. 130) ; parfois Lesage se contente de suggérer le schéma
d'une histoire : ainsi lorsqu'il évoque la femme d'un chirurgien à
laquelle son mari a fait "une saignée comme celle de Sénèque"
(ch. VIII, p. 133).

Les sujets qu'emploie l'auteur du *Diable boiteux* appartiennent
donc à une tradition ; cependant la mise en œuvre de ces lieux
communs révèle l'apport de Lesage au début du XVIIIe siècle. Si les
diableries et les apparitions des esprits correspondent à une mode
du merveilleux qu'ont exploitée les contemporains du jeune
romancier[8], il revient à Lesage d'avoir fait du diable une incarnation
de l'écrivain, comme le prouve la description du manteau
d'Asmodée. Le narrateur veut "servir les passions" du jeune écolier,
et, tout naturellement, il porte un manteau orné, comme une page de
titre, d'une suite de vignettes qui résument des situations de
nouvelles : une dame espagnole à la promenade, une dame française
à son miroir, des cavaliers italiens qui donnent une sérénade, des
allemands déboutonnés, un grand seigneur musulman entouré des

---

7. Voir à ce sujet Roger Laufer, *Lesage ou le métier de romancier*, Gallimard,
1971, p. 178.
8. On pense à Mme de Murat dans le *Voyage de campagne* (1699) et *Les Lutins
du château de Kernosi* (1710), au chevalier de Mailly et à des anonymes comme
l'auteur de "L'esprit follet ou le sylphe amoureux", *Aventures choisies*, Prault,
1714.

femmes de son sérail, un gentilhomme anglais, des joueurs, autant d'acteurs à la disposition des romanciers du temps.

Bien que la voix d'Asmodée s'impose dans toutes les histoires, et que les variations énonciatives intéressent peu Lesage en 1707, on remarque dans les dialogues l'empreinte du théâtre. Sans décrire l'espace ou les vêtements, le romancier donne la parole à ses personnages : on entend le discours d'une femme sommée de choisir entre deux amants, les plaintes de deux amis qui vont se séparer, l'adieu d'un amant qui pressent la mort. Le dialogue dramatique et le discours rapporté relèvent de deux modes énonciatifs différents[9], mais, en s'inspirant du théâtre, Lesage se laisse aller à développer des échanges de répliques prêtes à être déclamées. Au *Dom Juan* de Molière il emprunte des situations et des scènes pour sa première nouvelle : Belflor a sauvé la vie de don Pedre, le frère de sa victime ; le père adresse ensuite à son fils de violents reproches parce qu'il ne veut pas venger son honneur. Ce personnage de père, qui se nomme don Luis, doit à Molière autant qu'à Corneille, et Lesage sollicite la complicité de son lecteur lorsqu'il écrit que don Pedre est un "faux don Juan" (ch. V, p. 119). La séduction de Léonor par Belflor est une suite de scènes piquantes qui exposent le jeu de l'amant : les longues répliques font penser à celles de Contamine et d'Angélique dans *Les Illustres Françaises*. L'influence du théâtre ne va pas dans *Le Diable boiteux* sans dissonances : ainsi don Cléofas profite d'un instant d'apaisement dans l'histoire de Belflor pour poser une question sur la maladie d'un inquisiteur qu'il aperçoit dans un appartement (ch. IV, p. 110) et pour faire surgir le monde du *Tartuffe* dans la nouvelle galante.

La dissonance devient un principe de composition : une interruption longue et provocante introduit le démêlé qui oppose deux auteurs alors qu'on attend de savoir ce qui adviendra de dona Théodora après son enlèvement. Cette "digression" du chapitre XIV renforce les soupçons qui pèsent sur les héros de la nouvelle :

---

9. Voir à ce sujet la mise au point de Nathalie Fournier, "De *La Précaution inutile* à *l'Ecole des femmes* : la réécriture de Scarron par Molière", *La réécriture au XVIIe siècle, XVIIe Siècle,* janvier-mars 1995, pp. 52-53.

" Y a-t-il en effet des gens d'un si beau caractère ? Je
ne vois dans le monde que des amis qui se brouillent,
je ne dis pas pour des maîtresses comme dona
Théodora, je dis même pour des coquettes. Un amant
peut-il renoncer à un objet qu'il adore, et dont il est
aimé, pour ne pas rendre un ami malheureux ? Je ne
croyais cela possible que dans la nature du roman "
(ch. XIII, p. 172).

Les réponses d'Asmodée renforcent le soupçon : cette amitié extraordinaire "est aussi dans la belle nature de l'homme ; et depuis le
déluge [il] en [a] vu trois exemples sans compter celui-ci". "Les
femmes ne s'aiment point" (p. 202) : il n'existe donc pas deux amies
rivales capables d'un grand sacrifice comme don Juan et don
Fadrique.

La mythologie parodique participe de la même volonté de créer
des contrastes. Asmodée est une image grotesque de Cupidon, "le
fils indiscret de la déesse de Cythère" (p. 85). Tandis que les
poétiques du temps faisaient toutes de l'amour le principal sujet des
romans, *Le Diable boiteux* tire son unité de la présence du
"charmant dieu des amours" (p. 89), un dieu privé de sa beauté et
qui fait mentir les poètes. Asmodée ressemble également à Vulcain
et son manteau peut se comparer à "cet admirable bouclier du fils de
Pélée, lequel avait épuisé tout l'art de Vulcain" (p. 89). Belflor lui-
même rêve "aux moyens de tromper l'Argus qui gardait son Io"
(p. 97). L'enlèvement de dona Théodora se conclut par ces mots :

" La fureur, le désespoir, la désolation régnait sur ces
tristes bords. Le ravissement d'Hélène ne causa point
dans la cour de Sparte une si grande consternation "
(p. 174).

La sympathie de don Juan et de don Fadrique passe dans le
chapitre XIII pour une amitié comparable à celle d'Oreste et de
Pylade : l'abbé Prévost pensera aussi à cette comparaison lorsqu'il
voudra prouver le zèle et l'amitié de Tiberge qui "surpassent les
plus célèbres exemples de l'antiquité"[10]. Le contrepoint de la

---

10. *Histoire du chevalier des Grieux et de Manon Lescaut*, éd. de Frédéric
Deloffre et Raymond Picard, classiques Garnier, Bordas, 1990, p. 18.

mythologie parodique était un procédé fréquent chez Scarron qui, dans *Le Roman comique*, peignait les galants comme des "Cupidons déchaînés"[11] ; Robert Challe ne dédaignera pas, dans *Les Illustres Françaises*, les allusions parodiques à l'antiquité, notamment dans l'histoire du libertin Dupuis qui se jette sur son épée "à corps perdu, comme on peint Ajax"[12]. A cette esthétique on peut sans doute rattacher l'usage distant que Lesage fait des comparaisons qu'il hérite de Guevara, ainsi de celle du pilote appliquée à l'écolier :

" il entra dedans par la fenêtre aussi transporté de joie
qu'un pilote qui voit heureusement surgir au port son
vaisseau menacé du naufrage " (ch. I, p. 85)[13].

Ces indications parodiques correspondent sans doute à une mode du début du XVIIIe siècle ; elles confirment aussi les liens qui unissent la littérature de cette époque aux œuvres de Cervantès, de Sorel et de Scarron. Lesage devient romancier au moment où l'on réédite l'*Histoire comique de Francion* avec de belles gravures, où on lit les suites du *Roman comique* et où l'on écrit des suites de *Don Quichotte*. L'histoire de "La Force de l'amitié" doit beaucoup à celle du Captif dans le chef-d'œuvre de Cervantès[14] ; les notes de langue sur le harem ou sur le bagne, que Lesage a introduites dans le chapitre XV, renforcent cette filiation. Mais l'influence de Cervantès est tissée avec celle de Scarron. Il est aisé de lire le début du *Diable boiteux* comme une réécriture de l'incipit des histoires comiques : on y reconnaît la même intention d'écarter les usages de l'épopée et de la langue noble ; les lieux communs y sont ironiquement traités :

---

11. Dans "L'Amante invisible", *Le Roman comique*, éd. de Jean Serroy, Folio, Gallimard, 1985, p. 61.
12. *Les Illustres Françaises* (1713), éd. de Frédéric Deloffre et Jacques Cormier, Droz, 1991, p. 583.
13. On pourra comparer avec la traduction de Mailly qui est moins dépouillée dans les *Diverses aventures de France et d'Espagne*, p. 192. : "Ce qui le détermina à prendre ce parti, fut une petite lumière sombre qu'il crut lui devoir servir d'étoile polaire, ou d'étoile du matin, mais, en effet, c'était l'étoile de sa mauvaise fortune et de la tempête qu'il allait essuyer [...] Cependant il ne laissa pas de regarder cet endroit comme un port favorable qui le mettait à couvert du naufrage".
14. *Don Quichotte*, partie I, ch. XXXIX, XL, XLI.

> " déjà le son des guitares causait de l'inquiétude aux pères et alarmait les maris jaloux : enfin il était près de minuit, lorsque don Cléofas [...] sortit brusquement " (ch. I, p. 85).

Le lecteur retrouve le ton du *Roman comique* :

> " Le soleil avait achevé plus de la moitié de sa course [...]. Pour parler plus humainement et plus intelligiblement, il était entre cinq et six. [...] Enfin tout dormait dans la nature " (II, ch. I, p. 195)[15].

La convergence du *Diable boiteux* avec le roman de Scarron se manifeste à plusieurs reprises. Par son apparence physique, Asmodée s'apparente à Ragotin : ce "petit monstre boiteux" aux jambes de bouc est comparable au godenot luxurieux qui raconte l'"Histoire de l'amante invisible", et ce n'est peut-être pas par hasard que sa destinée s'est nouée alors qu'il souhaitait posséder un "partisan manceau" (ch. I, p. 90). Bien des thèmes présents dans "La Force de l'amitié" étaient déjà dans "Le Juge de sa propre cause".

Ces références assez nombreuses au *Roman comique* supposent la complicité d'un lecteur qui aime le romanesque modéré. Mais Lesage croit moins que Scarron aux sentiments fidèles et profonds de ses personnages nobles : aussi introduit-il dans *Le Diable boiteux* les éléments d'une critique de la séduction libertine et du mariage que les romans développeront dans les années à venir. Lesage se plaît à démonter les ressorts de l'hypocrisie et à peindre les progrès d'une nature qui "corrompt peu à peu les cœurs" (p. 98) sans que le diable ait à s'en mêler. L'église est le lieu où s'exerce la séduction et où la duègne intéressée joue le rôle du diable avant d'obliger la belle Léonor à écouter les discours de Belflor vantant les charmes d'un commerce mystérieux. Comme le feront les héros des *Illustres Françaises* (Contamine et surtout Dupuis), le séducteur se met en scène :

---

15. On peut aussi penser au début de l'*Histoire comique de Francion* lorsque Valentin se présente comme un diable avec son bonnet rouge et ses pratiques mystérieuses.

" Belflor ne manqua pas d'assaisonner ce discours de
tous les airs de persuasion que les jolis hommes
savent si heureusement mettre en pratique ; il laissa
couler quelques larmes " (p. 100).

Certes un double mariage vient clore la nouvelle, mais ce
dénouement ne fait pas oublier toutes les critiques exprimées à
l'égard de l'institution du mariage dans l'ensemble du récit. Les
personnages de veuves, nombreux dans *Le Diable boiteux* et dans
d'autres œuvres de l'époque, sont, comme la veuve de Cifuentès,
peu enclins à se soumettre aux lois d'un nouveau mariage. Le
premier mariage de don Juan fut une histoire tragique, une de ces
sombres histoires de maris trompés que Robert Challe aime à
raconter[16]. Mais alors que l'auteur des *Illustres Françaises* trouve
des excuses aux femmes et condamne les vengeances cruelles, Lesage
se contente de rapporter la fureur de don Juan qui tue sa femme et
l'amant de cette dernière. Don Alvar, un autre personnage du *Diable
boiteux*, recherche un mariage qui n'est que violence et tyrannie :

" mais à l'entendre, il semblait qu'en me forçant à
l'épouser, il ne me tyrannisait pas, et que je devais
moins le regarder comme un ravisseur insolent que
comme un amant passionné " (p. 186).

Les promesses de Mezzomorto masquent mal une "odieuse
tendresse" dont Théodora s'indigne avec des accents qui annoncent
ceux de Silvia au début de *La Double inconstance*. Le mariage de
Théodora et de don Juan, d'abord retardé par la mort de l'ami rival,
se solde par un échec : la mélancolie vient différer le bonheur et le
mari meurt des suites d'une chute de cheval peu de temps après. Les
mariages sont peut-être "écrits dans le ciel", mais les filles craignent
que leur père ne déchire la feuille (ch. IX, p. 136) : toute la dérision
que pratique Lesage se lit dans ce trait.

---

16. Voir dans le *Journal d'un voyage aux Indes*, éd. de F. Deloffre et M.
Menemencioglu, Mercure de France, 1979, p. 397 et suiv. et dans la
Continuation de l'Histoire de l'admirable don Quichotte, éd. de J. Cormier et
M. Weil, Droz, 1994, Livre quatrième, ch. LII, "Le mari prudent".

Le Diable boiteux ne doit donc pas être tenu seulement pour un recueil d'anecdotes piquantes qui présenterait des caricatures d'usuriers et de coquettes aux noms programmatiques. Lesage a conçu son ouvrage à partir des thèmes et de l'esthétique des nouvelles dont l'intérêt ne lui a jamais paru affaibli : dans l'édition de 1726 don Cléofas déclare qu'il trouve dans l'histoire de Léonor "des nuances de séduction qui [l]'enlèvent" (p. 75). Ces histoires constituent l'armature de l'œuvre ; par des jeux de miroir elles éclairent le sens des anecdotes en confrontant le romanesque et le prosaïque. L'infidélité de la traduction, revendiquée dans la dédicace à Guevara, autorise Lesage à reprendre des situations et des procédés qui avaient fait le succès du *Roman comique* : les effets de burlesque, sans doute moins systématiques que chez Scarron, s'adaptent alors au goût du temps. Ils permettent d'éprouver, avec griserie, les pouvoirs du romancier et de s'interroger, avec une ironie sceptique, sur la nature de l'homme.

Françoise GEVREY
Université de Toulouse - Le Mirail

ASMODÉE, FRANÇOIS ET LES AUTRES : POÉTIQUE DE L' " HISTOIRE DU COMTE DE BELFLOR ET DE LÉONOR DE CESPÈDES ".

L'"Histoire du Comte de Belflor et de Leonor de Cespedes", qui occupe les chapitres IV et V du *Diable boiteux*[1], d'Alain-René Lesage, s'inspire, on le sait, d'une pièce de Francisco de Rojas Zorrilla : *Obligados y ofendidos y gorrón de Salamanca*[2].

Si la pièce espagnole se fonde sur le "combat entre l'honneur et la reconnaissance"[3], Lesage, dans *le Diable boiteux*, poursuit un tout autre projet : "je veux", explique Asmodée à dom[4] Cleofas Leandro Perez Zambullo, "que malgré les ténèbres de la nuit le dedans [des maisons] se découvre sans voile à vos yeux" (p. 92). Le roman de Lesage repose sur un principe de révélation : ce qu'entend dévoiler Asmodée, ce sont "les motifs [des] actions et [des] plus secrètes pensées" (p. 92) des personnes dont il expose la vie.

Le plus souvent, il lui suffit de soulever les toits des maisons pour faire connaître les actions cachées des êtres et les motifs de ceux-ci, mais dans le cas de l'"Histoire du Comte de Belflor et de Leonor de Cespedes" et de celui de "La force de l'amitié", qui rapporte l'aventure de dom Juan de Zarate et de dom Fabrique de Mendoce, tous deux amoureux de dona Theodora[5], Asmodée

---

1. Alain-René Lesage, *le Diable boiteux*. Texte de la deuxième édition avec les variantes de l'édition originale et du remaniement de 1726, précédé d'une étude de bibliographie matérielle par Roger Laufer, Paris et La Haye, Mouton, 1970, pp. 97-123. A l'avenir, nous nous contenterons d'indiquer la page après la citation.
2. Voir Jean Vic, "La composition et les sources du *Diable boiteux* de Lesage", dans *R. H. L. F.*, 27e année, n° XXVII, 1927, pp. 481-517. Voir le résumé de la pièce à la fin de l'article.
3. Jean Vic, *loc. cit.*, p. 499.
4. Le français hésite entre "dom" et "don", "dona" et "doña". Lesage écrit "dom" et "dona".
5. La nouvelle occupe les chapitres XIII et XV du *Diable boiteux* (pp. 157-174 et 180-202).

développe deux longs récits qui s'intègrent d'ailleurs fort bien à l'ensemble du roman, ne serait-ce que par le thème de l'amour[6].

Dans l'"Histoire du Comte de Belflor et de Leonor de Cespedes"[7], le mode de révélation du dessous des événements, des "motifs" des personnages, n'est pas sans évoquer les techniques de la scène[8]. Une fois définie la "disposition" (p. 98), c'est-à-dire le caractère des personnages et les relations qui les unissent, les événements s'enchaînent en déroulant la suite attendue de celle-ci. C'est le cas de la première scène de l'histoire. Le récit commence par l'exposé de la situation[9], puis se poursuit avec le déroulement

---

6. Roger Laufer: "Le retour du thème de l'amour relie non seulement l'intrigue aux histoires mais encore aux anecdotes. Sur environ cent dix anecdotes dont la longueur varie d'une phrase à plusieurs pages, mais dont la plupart sont très courtes, près de soixante ont un lien direct ou indirect avec l'amour" *(Lesage ou le métier de romancier*, Paris, Gallimard, 1971, p. 137). Pour sa part, Francis Assaf estime que l'aventure du comte de Belflor et de Leonor "traite du désir sur plusieurs plans" (voir *Lesage et le picaresque*, Paris, A.-G. Nizet, 1983, pp. 87-88). Enfin Jean Vic note que l'amour constitue le seul ressort dramatique de la nouvelle (voir *loc. cit.*, p. 499). En revanche, Jean Oudart estime que les "histoires de Belflor et Léonor et de La Force de L'Amitié sont parfaitement indépendantes par leurs personnages aussi bien que par l'esprit dans lequel elles sont traitées" ("Récits et "histoires" dans les romans de Lesage", *Recherches et travaux*, n° 13, mars 1976, pp. 34-35).
7. Pour une étude d'ensemble de la nouvelle, voir Roger Laufer (*op. cit.*, pp. 140-142) et Léo Claretie (*Lesage romancier d'après de nouveaux documents*, Paris, Armand Colin et Cie, 1890, pp. 163-175).
8. "Les deux nouvelles où l'amour joue un rôle déterminant", rappelle Francis Assaf, "reposent aussi en grande partie sur d'autres procédés et thèmes que l'amour. Dans la première entrent des éléments de comédie comme les personnages de la vieille duègne vénale et de la rusée entremetteuse. Il y a aussi un coup de théâtre : le frère de Leonor se trouve être l'amant de la sœur du comte de Belflor, lui-même amant de Leonor" (*op. cit.*, pp. 77-78).
9. "Le comte de Belflor, un des plus grands seigneurs de la cour, était éperdument amoureux de la jeune Leonor de Cespedes. Il n'avait pas dessein de l'épouser ; la fille d'un simple gentilhomme ne lui paraissait pas un parti assez considérable pour lui, il ne se proposait que d'en faire une maîtresse. Dans cette vue, il la suivait partout, et ne perdait pas une occasion de lui faire connaître son amour par ses regards ; mais il ne pouvait lui parler, ni lui écrire, parce qu'elle était incessamment obsédée d'une duègne sévère et vigilante, appelée la dame Marcelle" (p. 97). Le comte, poursuit Asmodée, ne faisait alors que chercher un moyen de tromper "l'Argus qui gardait son Io" (p. 97), alors qu'il se formait "insensiblement" dans le cœur de Leonor "une passion [...] très violente" pour

prévisible de l'action : rencontre de Leonor, de sa gouvernante Marcelle et de la Chichona ; arrivée au logis de cette dernière ; déclaration d'amour du comte (pp. 98-100).

Plus tard, la rencontre de Leonor et du comte dans la chambre de celle-ci obéit à la même "poétique". Asmodée expose l'état dans lequel se trouve Leonor[10], puis rapporte la scène entre elle et le comte au style direct et en signalant quelques gestes des protagonistes[11].

La colère de dom Luis, le père de Leonor, après qu'il ait aperçu le comte sortir de sa maison au petit matin[12], et la scène entre le comte, dom Luis et Pedre, son fils, alors que dom Luis lui demande de venger l'honneur de la famille en tuant le comte et que Pedre refuse pour ne pas déroger à sa parole, reprennent le même mode d'exposition et d'action dramatique[13].

Toutefois la conclusion de chacune des "scènes" ou séquences infléchit la "disposition" originelle. Si passionnée que soit Leonor et tout libertin qu'est le comte[14], la scène entre Leonor et lui dans la maison de la Chichona s'achève sur la fuite de Leonor. Malgré ses "réflexions" et les reproches qu'elle se fait pendant qu'elle attend le comte dans sa chambre, Leonor se donne au comte "quelques jours après" (p. 108) sans "l'aveu" de son père. Ce dernier, "transporté

---

le comte. "Les choses étaient dans cette disposition, lorsque [...]" (p. 98).

10. "Cependant cette jeune personne s'abandonnait à des réflexions qui l'agitaient vivement. Quelque penchant qu'elle eût pour le comte, et malgré tout ce que lui pouvait dire sa gouvernante, elle se reprochait d'avoir eu la facilité de consentir à une visite qui blessait son devoir. Recevoir la nuit dans sa chambre un homme qui n'avait pas l'aveu de son père, et dont elle ignorait même les véritables sentiments, lui paraissait une démarche non seulement criminelle, mais digne encore des mépris de son amant. Cette dernière pensée faisait sa plus grande peine, et elle en était fort occupée, lorsque le comte entra" (p. 105).

11. En entrant dans la chambre, le comte se jette aux genoux de Leonor, puis à nouveau plus tard, au cours de la conversation (voir pp. 105-108).

12. Voir pp. 109-110.

13. Voir pp. 117-120.

14. "Avec mille bonnes qualités, il en avait une mauvaise : c'était de se laisser trop entraîner au penchant qu'il avait à l'amour. Quand il aimait une dame, il était trop ardent à la poursuite de ses faveurs, et quoique naturellement honnête homme, il était capable alors de violer les droits les plus sacrés pour obtenir l'accomplissement de ses désirs" (p. 101).

de colère" (p. 109), descend dans l'appartement de sa fille afin de la "sacrifier à son ressentiment" (p. 109), mais l'épargne. La scène entre dom Luis, le comte de Belflor et Pedre, qui devait être sanglante, s'achève par l'annonce d'un mariage et l'offre du comte d'unir sa sœur à Pedre[15]. Le coup de théâtre final obéit à la même loi. Peu enthousiaste à l'idée d'épouser la sœur du comte parce qu'il aime une inconnue, Pedre découvre que celle-ci est en réalité Eugénie, la sœur du comte (pp. 120-121). Comme l'observe Roger Laufer, Lesage "fait en sorte qu'une conversation, loin de marquer une pause ou une parenthèse dans l'action, prenne un intérêt dramatique : les personnages changent d'attitude ou de sentiment, la conversation progresse et cesse d'être un commentaire superflu[16]".

Mais le caractère "dramatique" de la nouvelle n'explique pas à lui seul l'infléchissement de la "disposition" initiale. L'"Histoire du Comte de Belflor et de Leonor de Cespedes" repose aussi sur le décentrement de l'argument emprunté à la pièce espagnole.

Chez Francisco de Rojas Zorrilla, la symétrie des conflits entre le comte et Pedro est parfaite. Si Pedro est offensé par l'attitude du comte à l'endroit de sa sœur, le comte est tout autant blessé par celle de Pedro qui, amoureux de dona Casandra, sa sœur destinée à un autre homme, tue Arnesto, son frère. Le comte et Pedro sont aussi "obligés" l'un à l'endroit de l'autre de façon symétrique : grâce au comte, qui lui donne asile, Pedro se sauve des sbires d'Arnesto et évite la vengeance familiale des Belflor ; plus tard, dans l'anti-chambre de dona Fénix, Pedro permet au comte d'échapper à la vindicte de Luis de Céspedes, son père, et au cours de la troisième *jornada*, le défend contre des hommes de main qui veulent l'assassiner. De là le titre de la pièce, *obligados y ofendidos*, souvent repris sous forme de réplique par le comte et par Pedro pour exposer la situation dans laquelle ils se trouvent.

---

15. Rappelons que le thème de la vindicte de parents qui veulent venger le déshonneur d'une fille se trouve aussi dans *El Diablo cojuelo* (voir F. Assaf, *op. cit.*, p. 71). En outre, *le Diable boiteux* commence alors que Cleofas tente d'échapper à des spadassins qui veulent le tuer ou "lui faire épouser par force" dona Thomasa (p. 85).
16. Roger Laufer, *op. cit.*, p. 80.

Dans la nouvelle de Lesage, la symétrie est brisée. Si Pedre est offensé par l'attitude du comte à l'endroit de sa sœur, le comte, qui semble ignorer les amours d'Eugénie, n'est pas blessé par la conduite de Pedre et aucun frère du comte n'est tué par Pedre[17].

Autre symétrie brisée dans la nouvelle de Lesage : l'amour entre le comte et Leonor et celui entre Pedre et Eugénie. La pièce de Francisco de Rojas Zorrilla commence alors que dona Fénix de Céspedes est déjà séduite par le comte, et c'est plutôt Pedro qui, mauvais garnement, séduit Casandra, la sœur du comte et d'Arnesto. Lesage semble avoir inversé les rôles : d'une part, il rapporte les manœuvres de séduction du comte ; de l'autre, il fait de Pedre un brave garçon qui séduit moins Eugénie qu'il n'est séduit par elle. En effet, celle-ci n'a pas révélé son nom à Pedre et entend "le bien éprouver avant que de se faire connaître" (p. 115). Le rapport qui existe entre les deux hommes et leur maîtresse est inversé : l'un séduit une femme et s'impose ; l'autre est séduit par une femme et subit sa loi.

En outre, l'attitude du comte est à l'opposé de celle de sa sœur Eugénie. Celle-ci veut "éprouver" Pedre et s'assurer "de [sa] discrétion et de [sa] constance" (p. 120) ; le comte, selon les arguments spécieux de Marcelle, ne se déclare pas "par délicatesse" car il veut "rendre de longs services" à Leonor afin de lui plaire et de "s'assurer" de son cœur avant de la demander en mariage à son père (p. 102). A la sincérité exigée par Eugénie, répond la duplicité du comte[18].

De là une autre asymétrie fréquente dans la nouvelle de Lesage : le décalage entre le discours des personnages et leurs actes. Par exemple Marcelle, la gouvernante, qui cède à l'invitation de la Chichona lorsque celle-ci lui explique qu'un de ses parents malade veut lui "restituer certaine somme que [son] mari lui a autrefois prêtée" (p. 98), justifie son imprudence à amener Leonor chez cette

---

17. Le "cavalier" que tue Pedre n'a aucun lien de parenté avec le comte (p. 116). D'autre part, le comte n'est pas pris à parti par quelque sbire que ce soit.
18. De là la symétrie inversée des deux scènes qui impliquent les jeunes amants : la scène entre Pedre et Eugénie chez dona Juana (pp. 121-122) forme un pendant à celle entre le comte et Leonor chez la Chichona (pp. 99-100).

femme en alléguant que "c'est une action charitable que de visiter les malades" (p. 98). Singulière charité fondée sur un sentiment intéressé.

Le comte aussi use d'un langage qui ne correspond pas à la réalité. "Plaignez-moi", dit-il à Leonor alors même qu'il tente de la séduire et de la tromper. Il ne manque pas, du reste, "d'assaisonner [son] discours de tous les airs de persuasion que les jolis hommes savent si heureusement mettre en pratique" et laisse même "couler quelques larmes" (p. 100) qui émeuvent Leonor, en l'occurrence bien plus à plaindre que le comte.

Il est vrai qu'intervient, dans ce second exemple, un élément nouveau, absent de la pièce espagnole : la sensibilité[19]. C'est l'émotion feinte du comte qui trouble Leonor : elle "fut émue ; il commença malgré elle à s'élever dans son cœur des mouvements de tendresse et de pitié" (p. 100). Certes elle résiste à la tentation en prenant la fuite, mais pour s'abandonner quelques minutes plus tard aux mains de Marcelle qui n'aura de cesse de la livrer au comte.

Ce sont aussi les larmes de Leonor pendant le discours de "l'artificieuse Marcelle" (p. 110) à dom Luis qui viennent à bout de la colère de celui-ci : Leonor "fit paraître une si vive douleur, que le bon vieillard n'y put résister. Il en fut attendri ; sa colère se changea en compassion" (p. 110).

Enfin, c'est sous l'effet de l'émotion que le comte, "frappé du merveilleux de cette aventure"[20], offre à dom Luis de rétablir son honneur en épousant Leonor : "ce matin", explique-t-il, "j'ai reçu de sa part une lettre qui m'a touché, et ses pleurs viennent d'achever l'ouvrage" (p. 119). Dans la nouvelle de Lesage, la sensibilité, qui métamorphose êtres et situations, devient un facteur de rupture, de "décentrement", et par là un ressort dramatique.

---

19. La sensibilité n'est pas absolument absente dans *Obligados y ofendidos y gorrón de Salamanca*, mais elle ne constitue pas un ressort dramatique de la pièce.

20. Voir p. 119. Asmodée fait allusion au fait que Pedre est le frère de Leonor, la maîtresse du comte, et au fait que Pedre refuse de tuer le comte parce que ce dernier lui a sauvé la vie et qu'il a donné sa parole de le défendre au cours de son expédition nocturne (p. 118).

Le cas du comte de Belflor révèle même le mode d'opération du ressort. "Débarrassé du bonhomme Dom Luis", qui l'a accusé de suborner sa fille, le comte rêve "aux suites" de la visite du père de Leonor. Ce n'est pas la vengeance des Cespedes qui l'inquiète, mais son amour. Il craint que Leonor soit "mise dans un couvent, ou du moins [...] désormais gardée à vue", ce qui l'empêcherait de la revoir. Affligé par cette pensée, il cherche "quelque moyen de prévenir ce malheur", lorsque son valet lui apporte une lettre de Leonor. Le mot de sa maîtresse est tendre : en plus de lui fixer un rendez-vous nocturne, elle lui conseille de venir accompagné car elle craint pour sa vie. Excitée par ce billet, la sensibilité trouble le comte au point de lui faire changer soudainement d'attitude :

> " Il lut deux ou trois fois cette lettre, et se repré-
> sentant Leonor dans la situation où elle se dépeignait,
> il en fut ému. Il rentra en lui-même : la raison, la
> probité. l'honneur dont la passion lui avait fait violer
> toutes les lois, commencèrent à reprendre sur lui leur
> empire. Il sentit tout d'un coup dissiper son
> aveuglement ; et comme un homme sorti d'un violent
> accès de fièvre, rougit des paroles et des actions
> extravagantes qui lui sont échappées, il eut honte de
> tous les lâches artifices dont il s'était servi pour
> contenter ses désirs " (p. 114).

Ces termes ne sont pas sans rappeler ceux des "exercices spirituels", plus précisément ceux de l'oraison et de la méditation. Au XVIIᵉ siècle et au XVIIIᵉ siècle, la sensibilité joue un rôle essentiel dans la recherche de la vérité. Par méfiance à l'endroit de la raison devenue, aux mains des "libertins" et des athées, une arme redoutable contre la foi, l'Église attend de la sensibilité qu'elle gagne les âmes à Dieu. Ainsi la "simple et brève méthode" préconisée par François de Sales pour faire son oraison comprend-elle trois moments que complète une conclusion[21]. Le premier "point" de la

---

21. Voir *Introduction à la vie dévote*. Texte intégral, publié d'après l'édition de 1619, précédé d'une étude sur la Philothée de Saint François de Sales, avec une lettre-préface de Mgr. Baunard, Paris, Librairie Vᵛᵉ Ch. Poussielgue, 1909, p. 65. Sur l'ensemble de la méthode, voir la "Seconde partie de l'introduction"

"préparation" consiste à "se mettre en la présence de Dieu, et le second d'invoquer son assistance"[22]. Toujours, avant l'oraison, explique François de Sales, "il faut provoquer notre âme à une attentive pensée et considération de cette présence de Dieu"[23]. L'une des façons de réaliser ce projet "consiste à se servir de la simple imagination, nous représentant le Seigneur en son humanité"[24]. Or, "par le moyen de cette imagination, nous enfermons notre esprit dans le mystère que nous voulons méditer, afin qu'il n'aille pas courant çà et là"[25]. En se représentant la situation de Leonor, le comte de Belflor ne fait que reprendre à son compte la "préparation" ou le premier moment de l'oraison salésienne.

"Après l'action de l'imagination", écrit François de Sales, "s'ensuit l'action de l'entendement que nous appelons méditation, qui n'est autre chose qu'une ou plusieurs considérations faites afin d'émouvoir nos affections en Dieu et aux choses divines"[26]. Il s'agit alors de laisser "couler [son] esprit" du côté où l'on sent son "cœur tiré et convié"[27], par exemple en "excitant [ses] affections sur le sens" des paroles des prières[28]. Chez le comte de Belflor, l'image des malheurs de Leonor, à laquelle il s'arrête, le mène naturellement à l'émotion.

Enfin, il faut convertir les "affections générales" en "résolutions spéciales et particulières" pour sa "correction et amendement"[29]. Ému, le comte de Belflor rentre en lui-même et sent son aveuglement se dissiper au point d'avoir honte de ce qu'il a fait et de s'accuser de "mensonge, perfidie, sacrilège" (p. 114). Même s'il ne tranche pas "entre l'amour et l'ambition" (p. 114) et qu'il ne s'amende pas immédiatement, le comte a amorcé un processus qui le

---

(chap. I-VII, pp. 61-74).
22. *Ibid.*, p. 65.
23. *Ibid.*, p. 66.
24. *Ibid.*, pp. 67-68.
25. *Ibid.*, p. 70.
26. *Ibid.*, p. 71.
27. *Ibid.*, p. 64.
28. *Ibid.*, p. 63.
29. *Ibid.*, p. 72.

mènera à demander Leonor en mariage : "l'oraison mettant notre entendement en la clarté et lumière divine", explique François de Sales, "et exposant notre volonté à la chaleur de l'amour céleste, il n'y a rien qui purge tant notre entendement de ses ignorances et notre volonté de ses affections dépravées"[30].

Mais chez Lesage, la sensibilité n'est pas nécessairement l'occasion d'une prise de conscience qui mène à la vertu[31]. Loin s'en faut. Pour preuve Leonor, qui, "émue", ne peut résister à ses "mouvements de tendresse et de pitié" pour le comte (p. 100), ou qui lui écrit un billet dans lequel elle reconnaît :

> " dans mon désespoir je cherche de nouveaux
> tourments : Venez m'avouer que votre cœur n'a point
> eu de part aux serments que votre bouche m'a faits,
> ou venez les justifier par une conduite qui peut seule
> adoucir la rigueur de mon destin " (p. 114).

Elle conclut : "quoique vous fassiez tout le malheur de ma vie, je sens que je m'intéresse encore à la vôtre" (p. 114). Lesage ne fait pas que modifier les motivations des personnages mis en scène par Francisco de Rojas Zorrilla qui, même s'ils hésitent, comme plus tard, dans les pièces de François Le Metel de Boisrobert[32], de

---

30. *Ibid.,* p. 61. Trois "actions" terminent l'oraison chez François de Sales : action de grâces, action d'offrande et action de supplication (*ibid.,* p. 73). La méthode "sulpicienne" de Jean-Jacques Ollier comprend pour sa part trois étapes. Il faut d'abord "regarder Jésus", puis s'unir à lui dans une communion spirituelle qui relève du domaine de la sensibilité, enfin opérer en Jésus, c'est-à-dire laisser la volonté divine s'accomplir en soi (voir Michel Sauvage, article "Méditation", dans Marcel Viller *et alter* (sous la direction de), *Dictionnaire de spiritualité ascétique et mystique. Doctrine et histoire*, Paris, Beauchesne, 1937, t. X, pp. 919-927).

31. Ce qui semble être davantage le cas chez madame de Lafayette. Sur les rapports entre "l'oraison" et l'analyse dans *la Princesse de Clèves*, voir Bernard Chedozeau ("Morale conventionnelle et éthique romanesque dans *La Princesse de Clèves*", dans B. Chedozeau *et alter*, *De Jean Lemaire de Belges à Jean Giraudoux. Mélanges d'histoire et de critique littéraire offerts à Pierre Jourda*, Paris, A.-G. Nizet, 1970, pp. 203-225) et Philippe Sellier ("*La Princesse de Clèves*. Augustinisme et préciosité au paradis des Valois", dans Jean Lafond, Jean Ménard (textes réunis par), *Images de La Rochefoucauld. Actes du Tricentenaire 1680-1980*, Paris, P. U. F., 1984, pp. 217-228).

32. Les *Genereux Ennemis*, Paris, Guillaume de Luyne, 1655. Même s'il ne

Thomas Corneille[33], et de Paul Scarron[34], entre la nécessité de venger l'honneur et la parole donnée, ne mettent pas en doute leur code d'honneur ; chez lui, les personnages prennent des contours plus indécis. La sensibilité mène moins à la connaissance de soi ou à la vertu qu'elle n'est une source d'ambivalence, dont témoignent les deux héroïnes de la nouvelle, Eugénie, qui, amoureuse de Pedre, le met à l'épreuve, et Leonor, que l'émotion trouble au point de lui faire oublier son devoir.

Aussi, à la "révélation", s'oppose le secret qui laisse aux personnages toute leur ambiguïté. D'ailleurs, le secret est cultivé dans la nouvelle. C'est en expliquant à Leonor que le comte n'avoue pas son amour par délicatesse[35] que Marcelle amène celle-ci à reconnaître qu'elle est "sensible" aux galanteries du comte (p. 102). Pour éviter de demander la main de Leonor à son père, le comte n'insiste-t-il pas sur les "charmes" qu'a un "commerce mystérieux" pour "deux cœurs étroitement liés" (p. 105) ? Au moment du dénouement, Pedre et Eugénie conviennent "qu'ils ne feraient pas semblant tous deux de se connaître quand ils se verraient devant le comte" (p. 122) et font en sorte de "ne pas donner lieu au comte de soupçonner leur intelligence" (p. 122). A tout prendre, la sensibilité, qui se nourrit du secret, confère aux personnages une dimension obscure et les définit par celle-ci.

Aussi, la nouvelle, loin d'assumer une défense des valeurs morales[36], les pervertit-elle à travers la "problématisation" des personnages. Par exemple, le thème de l'obligation, fondamental à l'intrigue dans la pièce de Francisco de Rojas Zorrilla, est dégradé

---

respecte pas la répartition des scènes en trois "journées", Le Metel de Boisrobert suit de très près le texte espagnol.

33. *Les Illustres ennemis*, comédie, dans *Œuvres*, Paris, Valeyre, 1778, t. III, pp. 95-192.

34. *L'Ecolier de Salamanque ou les ennemis généreux.* Tragi-comédie en cinq actes et en vers, dans *Œuvres*, Paris, Garnier, 1912, pp. 64-128.

35. Voir p. 102. Le thème est repris par le comte lorsqu'il rencontre Leonor chez elle : voir p. 103.

36. Sur le caractère moral du roman, voir la préface d'Hermile Reynald au *Diable boiteux* (Paris, Librairie des bibliophiles, 1906, p. XIII). Mais comme l'observe Arsène Houssaye, "Lesage était un conteur et non un moraliste" ("Lesage", dans *Galerie du XVIIIe siècle*, Paris, E. Dentu, 1875, p. 305).

dans la nouvelle de Lesage. C'est parce que Martin Rozette, le mari de Marcelle, aurait "obligé" (p. 99) un parent de la Chichona que la gouvernante de Leonor consent à l'abandonner entre les mains de l'entremetteuse qui s'empresse de la conduire dans une pièce où l'attend le comte de Belflor. Même dom Luis, pourtant sensible aux valeurs aristocratiques, reproche à son fils sa "constance" à l'endroit de la femme inconnue dont il est amoureux (p. 120). A deux reprises, le narrateur, il est vrai quelque peu démoniaque, produit des sentences qui ne vont pas, c'est le moins que l'on puisse dire, dans le sens d'une défense des valeurs morales : "s'il y a des gouvernantes fidèles", explique-t-il à Cleofas, "c'est que les galants ne sont pas assez riches ou assez libéraux" (p. 101) ; plus bas, il observe "qu'une fille prévenue est à moitié séduite" (p. 103).

Construite sur le principe de la révélation, qui n'est pas sans évoquer certaines techniques de la spiritualité chrétienne, la nouvelle de Lesage en dénature le sens et confère par là une dimension complexe, sinon équivoque, aux personnages. En cela, Lesage prépare la voie aux romanciers du XVIIIe siècle, notamment à l'abbé Prévost.

*

* *

Résumé de *Obligados y ofendidos y gorrón de Salamanca*[37].

Au cours de la première *jornada*, le comte de Belflor refuse d'épouser Fénix comme il le lui avait promis en invoquant son infériorité sociale. Dom Luis de Céspedes, le père de Fénix, reçoit Crispinillo, le valet de son fils Pedro, qui lui décrit la vie peu édifiante de son maître à Salamanque. Voulant rappeler Crispinillo, qui vient de partir, dom Luis aperçoit le comte de Belflor entrer en cachette dans la maison et devine qu'il est l'amant de sa fille. Trop âgé pour venger l'honneur de la famille, dom Luis demande à son fils

---

37. Voir l'*argumento* présenté par Raymond R. Mac Curdy (F. de Rojas Zorrilla, *Obligados y ofendidos y gorrón de Salamanca*, Salamanca, Ediciones Anaya, 1963, pp. 10-11).

de rentrer à Tolède. Mais Pedro est déjà à Tolède, où il conte fleurette à Casandra, la sœur du comte. Arnesto, le frère du comte et de Casandra, tente d'assassiner Pedro avec l'aide de quelques *valientes*, mais est tué par l'étudiant. Le comte de Belflor, qui ignore qui vient d'être tué, aide Pedro à échapper aux spadassins qui le poursuivent et lui donne asile. Arrive le guet qui apprend au comte que c'est Arnesto qu'on a tué. Le comte laisse partir Pedro, mais le prévient qu'il le recherchera pour le tuer.

Seconde journée : malgré les menaces d'un chevalier qu'il a offensé, le comte décide de voir Fénix dans la nouvelle demeure où elle vient d'emménager. Pedro, à qui on a appris le déshonneur de sa sœur sans lui dire le nom de l'offenseur, sollicite l'aide du comte pour se venger. Le comte accepte, mais demande à Pedro de l'accompagner chez une dame où il craint pour sa vie. Dans l'antichambre de Fénix, dom Luis surprend le comte, reconnaît son fils et lui demande de venger son honneur. Le comte rappelle à Pedro sa promesse de le défendre alors que dom Luis le presse de tuer le comte. Pedro hésite, puis laisse partir le comte : tous deux, "obligés et offensés", jurent de se venger.

Troisième journée : le comte conduit Fénix chez lui. Pendant ce temps, Pedro, qui est en prison à cause du meurtre d'Arnesto, apprend que des sbires, à la solde du chevalier offensé par le comte, vont attenter à la vie de celui-ci. Le comte vient délivrer Pedro en lui rappelant leurs vœux d'amitié et d'inimitié. A l'extérieur de la prison, alors que les deux hommes vont se battre, le comte est attaqué par les sbires du chevalier. Grâce à Pedro, il leur échappe. Les deux hommes recommencent leur combat lorsqu'ils prennent conscience qu'ils sont tout aussi "obligés" qu'"offensés" l'un envers l'autre. La pièce se termine par l'annonce des mariages du comte et de Fénix et de Pedro et de Casandra.

Pierre Berthiaume
Université d'Ottawa

PLAIDOYER POUR *L'HISTOIRE DE GUZMAN D'ALFARACHE* DE LESAGE

L'*Histoire de Guzman d'Alfarache* de Lesage transpose assez librement un roman bien connu des Espagnols : *Guzman de Alfarache*, le chef-d'œuvre de Mateo Aleman, l'un des romans fondateurs de la littérature espagnole. La première partie en fut publiée à Madrid en 1599 et la seconde à Lisbonne en 1604. Le *Guzman de Alfarache* porte le nom de son héros, un nom ambigu qui ne "sonne" pas vraiment espagnol, mais révèle implicitement les origines étrangères du protagoniste.

Ce récit constitue un violent réquisitoire prononcé par l'Espagne des hidalgos contre l'argent, la banque, le négoce..., le capitalisme naissant, considéré comme responsable de la crise économique que vit le pays à cette époque.

L'œuvre espagnole recourt à la technique du roman autobiographique. A première lecture, la succession des épisodes divertissants présentés à la première personne s'accompagne de commentaires visant à souligner l'immoralité du protagoniste et à suggérer l'idée que toute son existence chaotique obéit aux visées qu'un Dieu caché pourrait avoir sur sa conversion.

Cette conversion est-elle sincère comme le pensait Maurice Molho[1] en 1968, ou bien s'agit-il d'une confession truquée destinée à mettre en question les valeurs d'une société dénoncées comme un tissu d'impostures, ce que soutient de façon fort convaincante José Maria Mico[2] ? La chose a été l'objet de vives controverses ces vingt dernières années. Sans doute l'auteur a-t-il voulu cette ambiguïté. Le moment même de la conversion est occulté. Quand et comment Guzman s'est-il converti ? Et d'ailleurs s'est-il vraiment converti ?

---

1. M. Molho et J.-F. Reille, *Romans picaresques espagnols*, Paris, La Pléiade, 1968.
2. José Maria Mico, *Guzman de Alfarache*, Madrid, Càtedra, 1992, préface.

Son changement d'attitude, sa volonté d'intégration sociale dans la société "morale" trouvent leur origine dans une trahison. Il a dénoncé ses complices, les galériens qui voulaient se révolter contre le capitaine et massacrer l'équipage. Cette délation le débarrasse des menaces que le chef des truands faisait peser sur lui et lui permet un rétablissement social. C'est la peur qui provoque sa conversion, non une aspiration morale.

Le texte peut se lire comme une suite de sermons moraux dans laquelle l'anecdote sert à illustrer une démonstration. Guzman, le personnage principal se dédouble, présente quasiment les symptômes d'une schizophrénie. A tout moment se manifeste l'opposition entre la désinvolture cynique du gueux qu'il était et la gravité des discours sermonnaires du "converti" qu'il est devenu. Une distance s'est créée entre le gueux qui s'amusait de ses escroqueries et celui qui les juge.

Ce jeu de miroirs où un seul et même protagoniste tantôt se complaît à rappeler ses méfaits, tantôt souligne les déboires que ses mauvais penchants lui ont fait connaître, laisse le lecteur dans l'incertitude sur le sens qu'il doit donner au comportement de Guzman.

Mais le récit se présente aussi comme un dialogue ininterrompu avec ce lecteur, impliqué comme témoin. Guzman, converti, rédige ses mémoires sur une galère. Il invective, provoque, agresse son lecteur, son hypocrite lecteur, son semblable, son frère. Tout est bon pour lui adresser ces sermons dans lesquels il assume tous les rôles : greffier, gendarme, médecin, ministre, aubergiste, négociant... Le lecteur est à la fois juge et pécheur, et le narrateur en même temps procureur et avocat. Mateo Aleman recourt à une technique proche de celle qu'utilise Camus dans *La Chute*. Il met en question l'ensemble des êtres humains par une affirmation provocante : "Je vole, mais tous volent et rien ne se produit ; personne n'est puni". C'est au moins une circonstance atténuante.

Reste une vision du monde profondément pessimiste. Autour de Guzman il n'y a que des loups, des tricheurs, des menteurs prêts à tout pour le détruire. Seuls quelques êtres, des religieux ou des laïcs, lui montrent l'exemple de la charité. Guzman, le gueux, n'est pas à même de comprendre la leçon : le mal est omniprésent. Cependant, si le mal est une pesanteur naturelle, il n'est pas une fatalité. L'homme peut par le simple exercice de sa volonté libre s'y soustraire s'il accepte la grâce. Le libre arbitre existe, même s'il a rarement l'occasion de se manifester parce que l'immobilisme de la société prévoit que les êtres restent ce qu'ils sont :

" Que chacun reste en son lieu : ce serait une belle affaire que de tirer les poissons de l'eau et d'y élever les paons, de faire voler le bœuf et d'attacher l'aigle à la charrue, de nourrir le cheval de sable et le faucon de foin, et d'ôter le rire à l'homme !... mon lieu était le cabaret... je n'avais de plaisir que là "[3].

*

L'histoire de ce gueux exemplaire recueille un succès immédiat en Espagne puis en Europe et en particulier en France où elle bénéficie d'une traduction rapide de la seule première partie réalisée par Gabriel Chappuys en 1601. Dès 1619, Jean Chapelain fait paraître une traduction fidèle de la première partie du texte, puis en 1620 de la deuxième partie. En 1695, Gabriel Brémond, sans connaître particulièrement l'espagnol, propose une adaptation de la traduction de Chapelain. Il brode sur le texte, coupe une partie des réflexions morales et truffe le récit de plusieurs anecdotes interpolées. C'est de cette dernière version que Lesage se sert pour établir sa "traduction". Il la confronte au texte espagnol et réécrit l'ensemble en jetant un œil sur ses deux "sources", mais en écoutant surtout la dictée de sa langue, en suivant les inflexions de son écriture.

Les lecteurs du XVIIIème siècle ont formulé d'emblée un jugement favorable sur cette version ; il aurait mieux valu d'ailleurs parler d'adaptation que de traduction, ce qui aurait levé une ambiguïté.

---

3. Voir M. Molho et J.-F. Reille, *Op. cit.*, p. 318.

Le 10 février 1731, en signant le privilège, Danchet exprime un enthousiasme sans réserves : "*L'histoire de Guzman* amuse depuis longtemps le public ; mais je crois que cet ouvrage lui plaira encore davantage par la manière vive dont il est nouvellement traduit". On pourrait révoquer en doute ce jugement et le croire dû à une simple complaisance ; on sait en effet que Danchet était un ami de longue date de Lesage. Mais dans la "Vie de Lesage" publiée en tête des *Œuvres choisies* en 1783[4], on lit :

> " M. de Bremond avait traduit le *Guzman d'Alfarache*, de l'espagnol ; aux fréquentes moralités de l'original, il en avait encore ajouté de son cru, et les faits noyés dans une mer de réflexions forçaient les mains des plus opiniâtres lecteurs à laisser tomber le livre. Notre auteur entreprit la refonte de ce roman ; il le publia en 1732, en deux volumes, et dans sa nouvelle forme, il devint très amusant "[5].

L'opinion de Danchet se trouve donc relayée par le biographe posthume[6].

Le nombre d'éditions de *L'Histoire de Guzman d'Alfarache* publiées avant 1800 confirme l'estime du public pour la version lesagienne puisqu'elle aurait été republiée 9 fois, ce qui la classe honorablement parmi les œuvres de notre écrivain[7]. Ce roman est d'ailleurs l'un de ceux que retiennent les éditeurs dans le choix d'œuvres qu'ils publient en 1783.

---

4. tome I, p.XXXVIII.
5. Pour l'adaptation du *Guzman de Alfarache* due à Lesage, nous utilisons l'édition des *Œuvres choisies* publiée à Amsterdam en 1783, et diffusée à Paris rue et hôtel Serpente. Nous indiquons à la suite des extraits la mention (Serpente) suivie du tome et de la page dans cette édition. Serpente, I, p. L.
6. Cette "Vie de Lesage" ne considère pas *L'Histoire de Guzman d'Alfarache* comme la production d'un auteur vieillissant. Elle enregistre bien le déclin du romancier, mais à une date postérieure, dans les années 1736-1738 : "Il se mit ensuite à composer son *Bachelier de Salamanque* qui commence à faiblir [...] Lesage regardait comme son chef-d'œuvre *Le Bachelier de Salamanque*. Le goût survit au génie. Lesage a toujours conservé le premier dans la décroissance du second." Serpente, pp. LI-LII.
7. Voir le tableau publié par Roger Laufer, *Lesage ou le métier de romancier*, Paris, Gallimard, 1971, p. 28.

A la fin du siècle passé, le jugement que les lecteurs portent sur cette adaptation commence à se modifier.

En 1885, le marquis de Granges de Surgères, tout en étant convaincu que la version de Lesage l'emporte sur les traductions françaises antérieures, conclut son analyse sur un ton désabusé : "La version de Lesage fut supérieure à toutes celles qui l'avaient précédée ; cependant, hâtons-nous de le dire, ce ne fut qu'une œuvre de vieillesse. En vain y chercherait-on les qualités maîtresses qui font du roman de *Gil Blas,* ce puissant tableau de la comédie humaine, le chef-d'œuvre du roman de mœurs en France et peut-être dans le monde entier ! En vain même voudrait-on reconnaître dans le traducteur de l'*Histoire de Guzman d'Alfarache* l'auteur du *Diable boiteux,* ce prélude original à l'œuvre capitale et immortelle !"[8].

Dans son essai sur Lesage de 1893, Lintilhac affirme sommairement que la "traduction" du *Guzman d'Alfarache*, est une œuvre alimentaire rédigée par un auteur à bout de souffle, épuisé par l'âge. Ces deux raisons sont aussi rapides qu'injustifiables. Est-ce parce que Balzac était poursuivi par les créanciers que sa *Comédie humaine* est une œuvre médiocre ? Et si l'on fait intervenir l'âge d'un auteur pour juger du mérite de son œuvre on risque d'éliminer un certain nombre de chefs-d'œuvre rédigés par des écrivains qui trouvaient une spontanéité nouvelle dans la maîtrise que confère l'expérience. Cervantès, Stendhal ou Dostoievski... n'étaient plus de première jeunesse au moment d'écrire leurs œuvres maîtresses.

En 1967, Henri Coulet souligne l'intérêt de la version de Lesage, il signale que, dans cette adaptation, Guzman d'Alfarache "est un gueux cynique, sorte de héros du mal dont les réflexions morales sont tellement démenties par ses actes qu'on se demande s'il ne se moque pas de nous"[9].

---

8. de Granges de Surgères : "Les traductions françaises du *Guzman d'Alfara-che*", Bulletin du bibliophile, Léon Techener, Paris, 1885, p. 298.
9. Henri Coulet, *le Roman jusqu'à la Révolution*, Armand Colin, 1967, pp. 339-340.

Maurice Molho, dans sa préface des *Romans picaresques espagnols*, "exécute" en quelques mots l'adaptation de Lesage : "*Guzman d'Alfarache* fut traduit pour la troisième fois par un curieux personnage du nom de Gabriel Brémond. [...] Son infidélité [...] paraîtrait insurpassable, si elle n'avait été surpassée par la "traduction" que publia Lesage en 1732 : déplorable massacre, dont l'objet est de réduire Aleman (on supprime tout ce qu'on juge superflu) aux tristes dimensions d'un génie médiocre, incompréhensif et plat"[10]. La triade énumérative finale condamne impitoyablement la version lesagienne.

Pour Maurice Molho, ce sont des raisons idéologiques qui disqualifient la version de Lesage. L'échec de ce dernier se déduit quasiment d'un syllogisme implicite : Lesage n'a jamais réussi à comprendre ce qu'était un roman picaresque espagnol parce qu'il ignorait l'idéologie qui avait donné naissance à ce type de fictions ; or les romans picaresques espagnols sont des chefs-d'œuvre ; donc Lesage n'a jamais pu rédiger une œuvre qui vaille. Ce sont des arguments du même ordre qui l'amènent à pourfendre le *Gil Blas de Santillane*[11].

En 1971, Roger Laufer compare rapidement les différentes versions françaises du chef-d'œuvre de Mateo Aleman avant de conclure, en traducteur, dans les trois pages[12] qu'il consacre au problème, que "la version lesagienne mériterait de retenir l'attention si elle ne se bornait pas à démarquer l'adaptation antérieure de Brémond. [...] Pour l'essentiel, Lesage suit Brémond, sans excessive fidélité ; il conserve généralement les anecdotes nouvelles, les réécritures narratives de détail et les trouvailles de style en s'efforçant de les améliorer", Roger Laufer par un jeu de connotations négatives laisse entendre que Lesage se serait approprié le texte de Brémond par quelques modifications de détail.

---

10. M. Molho, *Op. cit.*, p. CLXXVI. Pour un jugement plus nuancé sur les traductions ou adaptations françaises de l'œuvre d'Aleman, voir l'étude du marquis de Granges de Surgères : "Les traductions françaises du *Guzman d'Alfarache*", Bulletin du bibliophile, Léon Techener, Paris, 1885, pp. 289-314.
11. Voir M. Molho, *Op. cit.*, pp. CXVII-CXVIII.
12. Roger Laufer, *Lesage ou le métier de romancier*, Gallimard, 1971, pp. 387-389.

Les exemples qu'il fournit à l'appui de son affirmation, trop succincts, ne permettent pas de juger de l'ampleur des transformations effectuées par Lesage.

A première vue, on voit mal les raisons de ce jugement négatif. Pourquoi faire grief à Lesage d'avoir eu recours à une méthode qu'il a toujours pratiquée ? Il est toujours parti d'un texte préexistant pour rédiger son propre récit. Cette fois, le texte de départ était une version française ! Mais c'était déjà le cas avec les contes que Pétis de La Croix lui avait confiés pour qu'il les rajuste. Lesage reconnaît la dette qu'il a contractée vis-à-vis de Brémond dans la préface de son adaptation et dans quatre notes de bas de page. Les aménagements que Brémond a fait subir au texte de Mateo Aleman se trouvent intégrés ou écartés ; et suivant le cas Lesage justifie ses choix[13]. La totalité du texte a été réécrite. Aucune des phrases de Brémond n'est reprise telle quelle. Il ne s'agit donc pas d'un plagiat ou d'un emprunt servile, mais d'un travail de réécriture, de recréation, intégral.

Pour le voir dans le détail, examinons un exemple précis en comparant les différents versions dont nous disposons :

Texte original de Mateo Aleman :

" La conversacion anduvo y della se pidio juego. Comenzaron una primera en tercio. Gano mi madre, porque mi padre se hizo perdedizo. Y queriendo anochecer, dejando de jugar salieron por el jardin a gozar del fresco. En tanto pusieron las mesas. Traida la cena cenaron y, haciendo para después aderezar de ramos y remos un ligero barco, llegados a la lengua del agua, se entraron en él, oyendo de otros que andaban por el rio gran armonia de concertadas musicas, cosa muy ordinaria en semejante lugar y tiempo "[14].

---

13. Serpente, tome I, p. 406 et tome II, pp. 46, 115, 196.
14. Mateo Aleman, *Guzman de Alfarache*, édition de José Maria Mico, Madrid, Càtedra, 1992, p. 152.

Traduction de Maurice Molho d'après la version de Chapelain :

" La conversation fut son chemin et, de fil en aiguille, on demanda à jouer. Ils firent une première à trois, où ma mère gagna parce que mon père se laissa perdre. Puis quittant le jeu sur l'approche de la nuit, ils firent un tour de jardin à la fraîcheur. On mit entretemps le couvert. Le repas servi, ils soupèrent, puis dans une barque légère, préparée à cet effet, couverte de ramée et fournie d'avirons, qui les attendait au bord de l'eau, ils s'en partirent, accompagnés de force douce musique qui se faisait en d'autres batelets sur la rivière, chose ordinaire en cette saison et en cet endroit "[15].

Texte de Gabriel Brémond :

" Comme il n'était pas encore tout à fait heure de se promener, on se mit en attendant à jouer, à ce que nous appelons *Primera*, dans un cabinet de verdure, qui était sur le bord de la rivière, et où il faisait extrêmement frais. La dame gagna et mon père perdit, ou plutôt se laissa perdre ; comme cela était dans l'ordre. On fut ensuite à la promenade dans quelques allées et labyrinthes, et au retour on trouva au milieu du jardin un souper magnifique, que mon père avait fait préparer. Le souper fini, et l'heure de s'en retourner à Séville étant venue, on entra dans une jolie barque, qui appartenait à mon père, et qu'il avait fait orner toute de fleurs et de feuillages ; pour reprendre plus agréablement le chemin de la ville, à la suite de plusieurs autres, qui tenaient la même route, et dans quelques-unes desquelles il y avait des concerts de musique différents, et des gens qui chantaient et

---

15. M. Molho et J.-F. Reille, *Romans picaresques espagnols*, *Op. cit.*, pp. 85-86.

jouaient des instruments, comme cela est fort ordinaire. " (Brémond, I, p. 41)[16]

Texte de Lesage :

" En attendant l'heure de la promenade, ils entrèrent tous trois dans un cabinet de verdure, où il faisait d'autant plus frais, qu'il était sur le bord de la rivière. Ils se mirent à jouer à la prime, et la dame gagna, le Génois étant trop galant pour ne pas se laisser perdre. Après le jeu, ils firent plusieurs tours d'allées, et le plaisir de la promenade fut suivi d'un bon souper, qui dura si longtemps, qu'ils ne se levèrent de table que pour s'en retourner par eau à Séville, dans une petite barque ornée de feuillages et de fleurs. Cette barque appartenait à mon père, qui l'avait fait ajuster ainsi pour se rendre plus agréablement de sa maison de campagne à la ville ; ce qui lui arrivait quelquefois. Pour comble de satisfaction, ils entendirent des concerts de musique admirables, formés par des chanteurs et des joueurs d'instruments qui descendaient comme eux le Guadalquivir dans un bateau qui suivait le leur. "
(Serpente, pp. 25-26)

La confrontation est révélatrice. A l'évidence, le texte de Lesage n'est pas une traduction fidèle du texte original, c'est une libre variation, une réécriture magistrale de la page que lui fournit Brémond. Ce dernier ajoute plusieurs détails intéressants mais les accompagne de considérations oiseuses. Sa phrase s'articule lourdement sur des chevilles très visibles. Conjonctions de subordinations et pronoms coordonnés trahissent une syntaxe archaïque. Avec

---

16. Pour la version de Brémond nous nous servons de *La Vie de Guzman d'Alfarache* éditée par Jan van Vlaenderen en 1734, en trois volumes. Nous indiquons derrière la citation, en chiffre romain le tome, en chiffre arabe la référence de la page.

Lesage, l'enchantement est immédiat, la séduction joue pleinement. Au lieu de juxtaposer une série désorganisée de notations banales s'achevant sur une formule sans relief "comme cela est fort ordinaire"[17], Lesage orchestre l'image du bonheur dans une scène inoubliable, une scène magique : le temps reste suspendu. Sa mère ne pourra plus oublier ce qu'elle a vécu ce soir-là, qui n'était pas un soir "fort ordinaire" dans ce jardin paradisiaque. En condensant les notations d'atmosphère "un cabinet de verdure, où il faisait d'autant plus frais, qu'il était sur le bord de la rivière", en remplaçant l'expression "il y avait des concerts de musique différents, et des gens qui chantaient et jouaient des instruments" par "ils entendirent des concerts de musique admirables, formés par des chanteurs et des joueurs d'instruments" Lesage crée un climat de rêve qui évoque bien l'époque où Watteau peignait *L'embarquement pour Cythère*.

Il y a évidemment des modifications plus fondamentales que celles qui touchent à la seule rédaction du texte.

L'organisation du roman de Mateo Aleman repose sur deux moments de la conscience qui s'articulent l'un dans l'autre, s'interpénètrent : la jubilation de celui qui commet la faute et se dégrade dans le péché en mettant à part toute honte et tout remords et l'amertume de celui qui se confesse en regrettant ses fautes et en accusant la société de l'avoir poussé dans les mauvais chemins. Lesage renonce à l'un des moments de cette conscience. Dans sa version, il ne reste plus que la jubilation de celui qui s'abandonne à la recherche de son plaisir en renonçant à toute exigence morale.

En disciple d'Erasme, Mateo Aleman ne cesse de mettre en cause le discours religieux issu de la morale évangélique et la pratique quotidienne des religieux ou des laïcs qui en révèle l'inefficacité. Ce problème ne revêt plus aucune importance sous la plume de Lesage, ce qui montre que lui-même et le public auquel il s'adresse y sont indifférents.

---

17. Bien sûr, c'est ce que disait le texte espagnol : "cosa muy ordinaria en semejante lugar y tiempo", mais Lesage y renonce parce qu'il ne veut pas décrire un phénomène courant, banal.

La matière romanesque de Mateo Aleman rassemble une série d'éléments disparates : la confession du gueux, des nouvelles indépendantes, l'une mauresque, l'autre espagnole, des apologues, des commentaires d'emblèmes, la présentation d'un fait divers, la naissance du monstre de Ravenne, des sermons moraux, une description "touristique" de la ville de Florence extraite d'un guide de l'époque... Face à ce qu'il considère sans doute comme un fatras, Lesage cherche à établir un principe d'unité. Il le trouve dans le parcours biographique du héros. Il ne conserve que deux nouvelles enchassées, l'histoire de Daraja et celle des mains coupées. La prolifération baroque cède la place à l'ordre classique. L'unité de ton remplace la variété. Lesage ne conserve que ce qui lui semble admissible dans le discours d'un narrateur décidé à accentuer la cohérence de la confession. Il transpose le réalisme de la biographie d'un gueux en évitant les détails sordides ou grossiers de l'original.

La distance qui s'établit chez Mateo Aleman entre le temps du vécu et celui du récit justifie le retournement de la conversion ; chez Lesage elle permet d'introduire le détachement ironique du narrateur pour ce qu'il a expérimenté. Le héros de Mateo Aleman est un écorché vif qui se souvient avec douleur de ce qu'il a éprouvé ; celui de Lesage présente avec humour des épisodes de sa vie qui lui sont aussi extérieurs qu'ils le sont pour son lecteur. Ce qui était expérience traumatisante sous la plume de Mateo Aleman devient épisode franchement comique pour le conteur qui s'associe au lecteur pour poser sur l'expérience un regard détaché. Cette indifférence ironique supprime le tragique alemanien. Voilà pourquoi Lesage ne reprend pas l'apologue "L'âne, le chien, la guenon, l'homme et Jupiter" qui offre une vision désespérée de l'existence humaine. La création y devient l'œuvre d'un Jupiter sadique et malveillant qui se plaît à contempler les souffrances que la vie apporte aux hommes. A l'époque pourtant l'Inquisition ne semble pas avoir vu tout ce que cette fable pouvait présenter de peu conforme à la théologie catholique[18].

---

18. Voir les commentaires de l'éditeur dans *Guzman de Alfarache*, édition de Benito Brancaforte, Madrid, Càtedra, 1981, pp. 50-51, ou M. Molho, *Op. cit.*, p. 402.

Chez Mateo Aleman, tout homme voit en son semblable un ennemi : "chacun, à ses fins, veut user de tromperie contre qui est sûr de soi, comme le montre un *emblème* où l'on voit un serpent endormi et une araignée descendant en tapinois pour le mordre au cervelet et le tuer, et dont la légende dit : "il n'est prudence qui résiste à la tromperie. Car c'est sottise de croire que le prudent peut se garder de qui le guette"[19].

Avec Lesage, on passe dans un autre univers. Les personnages masculins sont unis par une solidarité magique qui les amène à sympathiser directement parce que le narrateur voit en eux des frères, des doubles. Le portrait du capitaine de la galère qui lui permet de fuir Gênes en volant ses oncles et cousins répond à l'image que Guzman se fait de lui-même.

> " Dans le fond c'était un garçon de mérite, fort bien fait de sa personne, et d'un esprit agréable. Comme il était connu pour un très honnête homme, il fréquentait les nobles, et faisait la meilleure figure que pouvaient le lui permettre les appointements d'un capitaine de galère, qui sont bien modiques à Gênes. Avec cela il aimait le jeu ; et quoiqu'il fût très malheureux, il ne pouvait se défendre de s'y embarquer, quand il se sentait un écu dans sa poche. Cette passion qui le dominait, était accompagnée d'un penchant pour les femmes, qui lui seul aurait suffi pour le ruiner, s'il eût été riche. " (Serpente, II, p. 165)

Lorsqu'ils se quittent après un voyage qui les mène à Barcelone, leurs adieux sont déchirants :

> " [...] ne pouvant abandonner son bord ce jour-là, il me dit tristement, quand je voulus prendre congé de lui, que selon toutes les apparences, nous ne nous

---

19. Voir M. Molho, *Op. cit.*, p. 446. Nous remplaçons dans sa traduction le mot "devise" par "emblème" qui nous semble mieux convenir au mot "empresa" que porte le texte original et au genre littéraire de la Renaissance qu'illustrèrent les *Emblemata* d'Alciati ou l'*Iconologie* de Cesare Ripa.

reverrions plus. [...] Sensible aux témoignages d'amitié que j'avais reçus de lui, je l'embrassai tendrement, et lui fis présent d'une bague de cent pistoles, en le priant de la porter pour l'amour de moi. Il l'accepta les larmes aux yeux, comme une preuve que c'était le dernier adieu que je lui disais ; et de mon côté, me sentant trop attendri, je me hâtai de le quitter, pour lui épargner la peine de lire dans mes regards celle que me causait notre séparation. " (Serpente, II, p. 194)[20]

L'original espagnol se contentait de dire brièvement "Il eut regret de ma compagnie, et moi de la sienne, mais il n'y pouvait rien faire"[21].

Sous la plume de Mateo Aleman, Sayavedra, un coquin qui après avoir volé Guzman s'était mis à son service[22], perd la raison et se jette à l'eau en criant "Je suis l'ombre de Guzman d'Alfarache, je suis son ombre qui court le monde". Guzman accompagne cette mort d'un commentaire cynique qui traduit un manque absolu de charité chrétienne et de considération pour cette mort : "Je

---

20. A nouveau, Brémond suggère à Lesage l'essentiel du changement psychologique : "Et enfin prenant congé de lui, avec presque les larmes aux yeux, je lui fis encore présent d'une bague de trente pistoles que je le priai de porter pour l'amour de moi. De quoi il se sentit fort obligé ; mais il jugea bien de là, que c'était le dernier adieu, que je lui disais. Aussi ne croyait-il pas, pouvoir bien de ce jour-là, aller à terre, pour y avoir trop d'affaires pour lui dans sa galère : Si bien qu'il m'embrassa lui-même avec une très grande tendresse, n'osant pas me dire, qu'il jugeait bien que ce serait la dernière fois de sa vie, qu'il me verrait: nous nous séparâmes fort contents l'un de l'autre, et avec bien des protestations de service et d'amitié, pour tout le reste de nos jours. (III, p. 225)

21. Voir M. Molho, *Op. cit.*, pp. 596-597.

22. Nous ne revenons pas sur le rôle symbolique de ce personnage, double de l'avocat valencien Juan Marti qui "vola" à Mateo Aleman son roman en faisant paraître une seconde partie, contrefaçon du récit d'Aleman, avant que ce dernier n'ait eu le temps de faire paraître sa seconde partie, celle de 1604. Lesage ignore totalement ce problème.

manifestai du chagrin, mais Dieu sait la vérité"[23]. Chez Lesage, Sayavedra a totalement gagné la sympathie de Guzman qui manifeste ses regrets devant cette mort :

" Lorsque j'appris cet accident, j'en conçus une si vive douleur, qu'il n'est pas possible d'être plus affligé. On n'a jamais pleuré plus amèrement un frère, que je pleurai mon cher Sayavedra ; j'en étais inconsolable, et véritablement j'avais bien sujet de le regretter. La joie qu'eut tout le monde le lendemain matin de voir la mer aussi tranquille, qu'elle avait été agitée le jour précédent, ne fit pas sur moi l'impression qu'elle aurait faite, si la mort ne m'eût point enlevé mon fidèle écuyer. " (Serpente, II, p. 193)[24]

Lesage renforce l'identification entre plusieurs personnages masculins : Sayavedra ressemble à Guzman. Lorsqu'il rapporte ses exploits, le lecteur peut constater qu'ils sont semblables à ceux du protagoniste. Chez Mateo Aleman, cet effet de miroir visait à dénoncer celui qui emprunte l'identité du héros. Sayavedra était un imposteur qui se faisait passer plusieurs fois pour Guzman, mais il n'était jamais qu'une mauvaise copie. Lesage ignore ce sens implicite, il installe une circularité dans l'œuvre. Sayavedra devient un *alter ego* de Guzman. De même, un jeune homme rencontré au bord du chemin, près de Tolède, le fait songer à ce qu'il était au début de son voyage lorsqu'il n'était pas encore déniaisé, et Guzman prend pitié de ce pauvre garçon exactement comme un moine mendiant avait pris pitié de lui. A plusieurs reprises,

---

23. "Signifiqué sentirlo ; mas sabe Dios la verdad." (*Guzman de Alfarache*, édition citée, p. 275). Dans sa traduction, Chapelain modifie déjà le sens du texte en disant : "Je témoignai un chagrin extrême ; mais Dieu en sait la vérité" (M. Molho, *Op. cit.*, p. 179).
24. A nouveau l'origine de ce changement de sentiments, de cette modification essentielle se trouve chez Brémond : "On sut enfin, après une recherche d'une demi-heure, que c'était Sayavedra. On vint me le dire dans ma chambre, dont j'eus une affliction inconsolable : jamais on n'a pleuré un frère, comme je pleurai pour la perte d'un garçon comme celui-là, qui en effet ne pouvait pas être plus grande pour moi" (III, p. 224).

Guzman rappelle les traits physiques ou retrouve dans ses gestes l'allure de son père. Ces correspondances suggèrent l'idée d'une solidarité souriante établie entre personnages unis par le même type d'expériences malheureuses.

Cette force de l'amitié ne caractérise pas tant le Guzman espagnol que les hommes du XVIIIème siècle. Qu'on songe entre autres à l'exemple que cite Diderot dans Le *Paradoxe sur le comédien* sur la vivacité des sentiments amicaux et sur leur expression[25].

*

A d'autres moments, on perçoit dans le ton du *Guzman d'Alfarache* de Lesage une âpreté, une gouaille qui tranche sur l'humour généralement bon enfant qu'il affiche dans son *Gil Blas de Santillane*. On pourrait croire que cette amertume qui confine plus d'une fois à la provocation a dû satisfaire Lesage. "Purgé de ses moralités superflues", le récit gagne en mordant ce qu'il perd en souci d'édification plus ou moins sincère. Dès les premières pages du récit, lorsqu'il présente ses parents, Lesage recourt à l'allusion perfide, à l'antiphrase. Ce qu'il a conservé de l'agressivité originale se condense en formules cinglantes, notamment dans la dénonciation des héritiers intéressés. Parlant de la mort de son père putatif, Guzman signale :

> " Le jour qu'il mourut, on fit un ravage effroyable
> dans sa maison ; dans le temps qu'il rendait l'âme, on
> lui prit jusqu'aux draps de son lit ; dans ses derniers
> moments tout fut pillé et enlevé. Il ne restait que les
> quatre murailles, *lorsque les parents arrivèrent la
> gueule, comme on dit, enfarinée* : ils eurent beau
> regarder partout, ils virent bien qu'on les avait

---

25. "Un ami tendre et sensible revoit un ami qu'il avait perdu par une longue absence ; celui-ci reparaît dans un moment inattendu, et aussitôt le cœur du premier se trouble : il court, il embrasse, il veut parler ; il ne saurait: il bégaye des mots entrecoupés, il ne sait ce qu'il dit, il n'entend rien de ce qu'on lui répond."

prévenus, et il leur fallut encore par honneur, faire les frais de funérailles. Elles furent, je l'avoue, très modestes, et l'on n'y répandit point de larmes. *On ne pleure pas les morts qui ne laissent rien ; c'est aux héritiers seuls à paraître affligés, ils sont payés pour cela*[26]. " (Serpente, I, p. 28)

Le lecteur informé peut se souvenir que le jeune Lesage fut spolié par un oncle et que la succession de son père se réduisit à peu de choses. Chez un auteur qui n'a guère pratiqué l'examen de conscience, la vigueur de la formule finale trahit peut-être des accents personnels.

*

Si l'on confronte *L'Histoire de Guzman d'Alfarache* de Lesage à son modèle espagnol on ne peut que constater une série de distorsions, certaines, fondamentales, d'autres secondaires ; toutes montrent que Lesage n'a pas voulu ou pas pu entrer dans le monde noir et désespérant de Mateo Aleman où le rire est un sarcasme.

Chez Mateo Aleman, les anecdotes servent à illustrer une réflexion sur la liberté de l'homme face aux tentations, alors que dans la version de Lesage elles constituent l'essentiel du récit.

Pour Mateo Aleman, la création ne présente aux hommes que des apparences trompeuses qui se dissolvent en réalités répugnantes. Les œufs ne sont pas des œufs, le veau se révèle du mulet, viande immangeable, les meilleurs amis sont des ennemis retors acharnés à la perte de leurs proches. Lesage ne peut accepter cette vision du monde. Le charme des premières rencontres tant masculines que féminines et la douleur des séparations qu'on sait définitives, la séduction des voix de femmes dans la nuit, les plaisirs de la table, l'évocation des tissus et l'observation des détails vestimentaires composent l'univers dont il rêve. Néanmoins il a emprunté à Mateo Aleman l'agressivité du ton, la noirceur du personnage principal, les constants sous-entendus portant sur l'honnêteté du père, de la

---

26. La première formule que nous écrivons en italique est de l'invention de Lesage, la seconde condense une remarque plus diffuse de l'original espagnol.

mère, de la grand-mère..., un humour caustique très provocant dont il n'y a pas d'autre exemple dans son œuvre romanesque et qui apparente à certains égards ce récit à un roman contemporain : *Le Charme noir* de Yann Queffelec.

Il faut lire L'*Histoire de Guzman d'Alfarache* de Lesage, non comme une traduction de l'œuvre de Mateo Aleman, mais comme une œuvre de Lesage. Deux filtres successifs, le premier idéologique, le second linguistique ou plutôt stylistique, lui ont permis de se l'approprier. Les contresens ne se trouvent pas tant dans la démarche de l'écrivain français que dans le jugement des spécialistes de la littérature comparée qui, voulant trouver dans un contemporain de Louis XV un esprit critique proche du leur[27], boudent leur plaisir. Si l'on se met dans la situation du lecteur de l'époque classique, la fidélité à l'œuvre de départ devient accessoire. La version donnée par Lesage, quoique infidèle à l'esprit du chef-d'œuvre de Mateo Aleman, constitue un texte séduisant susceptible de plaire au lecteur amoureux de la langue et de la sensibilité du XVIIIème siècle. Tous les jugements ne pèsent guère face au plaisir que le texte de Lesage procure au lecteur non prévenu.

En elle-même, la version de Lesage est pleine de séduction : l'intelligence et l'ironie y pétillent à chaque page.

Jacques Cormier
Académie Royale des Beaux-Arts de Bruxelles

---

27. En réservant à Racine ou à La Fontaine un traitement similaire, on conclurait facilement que le premier dénature l'*Iphigénie* d'Euripide en inventant le personnage d'Eriphile et ne respecte pas davantage dans *Britannicus* les données que lui fournissaient Tacite ou Suétone, il s'y souvient davantage de la traduction de Perrot d'Ablancourt, une des premières "belles infidèles" ; quant au second, dans ses adaptations des contes de Boccace, il ose ne pas refléter l'idéologie d'un contemporain de la grande peste de Florence de 1348. Leur imitation n'est pas un esclavage !

STRUCTURE DE *BEAUCHÊNE*

Les Aventures de Robert Chevalier, dit *Beauchêne, capitaine de flibustiers dans la Nouvelle-France*, paraît à Paris, chez Etienne Ganeau, en 1732. Encore que reconnu pour fiction, l'ouvrage est sous-tendu par un fonds de réalité : un Robert Chevalier a bel et bien existé. Il est né de Jacques Chevalier et de Jeanne Vilain le 26 avril 1686 à Pointe-aux-Trembles (Montréal). Son certificat de décès, daté du 11 décembre 1731, a été retrouvé dans les archives paroissiales de Tours. Il serait mort à la suite d'une rixe avec des marins anglais.

Qui était ce Robert Chevalier ? René Baudry, auteur de l'article "Chevalier, dit Beauchêne, Robert" du *Dictionary of Canadian Biography* (pp. 142-143) a vérifié certains événements de sa vie, en particulier ses relations commerciales avec La Mothe-Cadillac et ses activités de corsaire sous le capitaine Morpain. Il est donc établi que le personnage de Chevalier n'est pas une invention en lui-même. Il n'y a pas de raison non plus de ne pas penser qu'il ait eu une épouse et qu'à sa mort cette dame n'ait pas confié à Lesage au moins une partie des mémoires de feu son mari[1]. Baudry fait explicitement comprendre, cependant, que la veuve de Chevalier n'aurait donné à Lesage que des notes, tout au plus un plan général, et que c'est ce dernier qui a fait l'essentiel du travail[2]. Quoi qu'il en soit, Baudry n'est guère tendre pour son sujet. Voici ce qu'il dit en matière de conclusion : "In short, Chevalier was a boastful and unscrupulous adventurer who had the good fortune to encounter a writer of talent who could bring him out of obscurity and transform him into the hero of a novel." (p. 142) On est tenté de se demander, à lire cette

---

1. Nous n'avons pu avoir accès au certificat de décès de Robert Chevalier. Il nous est donc impossible de savoir s'il y est fait mention d'une épouse ou non.
2. C'est en fait une spéculation, puisque ces notes n'existent plus, si elles ont jamais existé. Baudry extrapole à partir d'analyses textuelles et historiques qu'il rapporte mais n'a vraisemblablement pas effectuées lui-même.

déclaration plutôt méprisante, si l'époque comptait tellement d'aventuriers modestes et soucieux d'exactitude dans la relation de leurs souvenirs.

Eclipsé par la renommée de *Gil Blas*, le roman n'a rien engendré de comparable au discours ni aux éditions critiques se rapportant au chef-d'œuvre d'Alain-René. Pour pertinentes et instructives que soient les études et analyses que lui ont consacrées plus tôt dans notre siècle Chinard, Lanctot, Fauteux, elles se concentrent surtout sur la question de l'authenticité. Plus près de nous, le critique américain Philip Stewart est l'un des rares critiques à avoir inclus *Beauchêne* dans une étude sur le roman au XVIIIe siècle. Publiée en 1969, l'étude porte sur les techniques de l'imitation et de l'illusion réaliste dans les pseudo-mémoires de la première moitié du siècle. Les remarques de Stewart sur l'ouvrage et les citations de l'auteur montrent à l'évidence que Lesage entend simultanément honorer la tradition des pseudo-mémoires et faire comprendre au lecteur qu'il se trouve en face d'un texte qui est essentiellement de sa main, c'est-à-dire de la fiction. A la fois traditionaliste et novateur, le romancier fait donc semblant de maintenir une coutume tout en la mettant à plat. Dans l'état actuel des connaissances sur *Beauchêne*, on peut dire avec certitude qu'il a complété ces hypothétiques mémoires en s'inspirant de plusieurs autres sources, effectuant à sens unique le passage de l'histoire à la littérature, de l'événement apocryphe à sa représentation canonique, du factuel douteux à l'indiscutable fiction. Les sources dont il a pu se servir sont bien connues : de La Hontan à l'abbé Prévost, la liste n'est ni bien longue ni bien difficile à dresser.

L'édition publiée en 1991 à Paris[3] constitue, à notre connaissance, le travail le plus récent sur le roman. C'est toutefois plus dans les

---

3. Chez Phébus, collection "Verso". En dépit du titre incorrect *Les Aventures de "Beauchesne" capitaine de flibustiers*, et d'une coquille p. 10 (donnant la date de parution comme 1734 et non 1732), le volume est bien présenté, avec en couverture une belle reproduction d'une marine hollandaise, dont l'original est conservé à Budapest. Il est préfacé d'une courte introduction de Serge Filippini, lequel, de toute évidence, admire Descartes jusqu'à le copier : son texte s'ouvre sur ces mots : "La cruauté est l'inclination la mieux partagée." (p. 9) L'essentiel

catégories de la vulgarisation que de la recherche scientifique qu'il conviendrait de situer cette édition. Notre propre article[4], paru en 1986, traite de l'histoire de Mlle Duclos, laquelle constitue une nouvelle tertiaire, c'est-à-dire intercalée dans l'histoire, en principe secondaire, du comte de Monneville, et qu'on trouve dans les Livres III à V. Mais est-il permis de parler d'histoire secondaire pour un récit qui fait la moitié du roman ? Les histoires intercalaires ne manquent pas chez Lesage : *Le Diable boiteux*, *Gil Blas* en sont truffés. Mais *Beauchêne* est le seul de ses romans, peut-être bien même le seul roman du XVIIIe siècle, à accorder à une histoire intercalaire un statut égal à celui du récit principal. Il serait donc sans doute plus raisonnable de considérer ce roman comme un récit double, une double fiction, dont l'une des parties est enchâssée à l'intérieur de l'autre, ce qui pour nous représente une preuve indiscutable d'auctorialité.

Ce qui fait pour le lecteur contemporain l'intérêt de *Beauchêne*, ce n'est pas tant la valeur historique ou documentaire du récit aussi fragmentaire que douteux de la vie d'un corsaire français au 17e siècle, mais plutôt ce qui génère le discours, ce qu'on appellera faute de mieux des structures narratives, dont la plus évidente est l'existence de deux narrateurs, lesquels se partagent également l'espace textuel. Les réflexions auxquelles se livre le narrateur principal sur sa condition et celle de ses compagnons et les leçons qu'il en tire apportent aussi de l'intérêt au récit, encore qu'il soit malaisé de le considérer comme un vrai conte moral, tant s'en faut.

L'appareil paratextuel de *Beauchêne* est typique d'un ouvrage de fiction. L'avertissement "Le libraire au lecteur" est de toute évidence de Lesage. Suivant une formule bien connue, il présente le narrateur comme fort assidu à rédiger ses mémoires, encore que cette assiduité soit subordonnée ici à une autre passion, plus dévorante :

---

est toutefois que le roman soit mis à la portée du grand public, ce dont on ne peut que se féliciter.
4. Nous avons rassemblé une bibliographie qui à l'époque nous paraissait suffisante. Il ne nous a pas été possible de trouver plus depuis. Il semble que *Beauchêne* n'intéresse guère la critique...

> " Dans les heures que sa fureur pour le jeu lui
> permettait d'employer à d'autres amusements, il
> s'occupait volontiers à mettre par écrit les événe-
> ments de sa vie, à se rappeler tous les coups de main
> qu'il avait faits, tous les dangers qu'il avait courus :
> c'était, après le Tope et Tingue, le plus grand de ses
> plaisirs " (i).

Pour Philip Stewart, cette subordination de l'écriture est
significative : elle vient renforcer l'illusion d'authenticité en essayant
de dissiper le soupçon qu'il pourrait être écrivain de profession
(p. 85). C'est possible, mais au paragraphe immédiatement suivant,
on lit une intention didactique et morale s'accordant plus avec le
propos d'un auteur qu'avec celui d'un ancien flibustier :

> " Un autre motif l'excitait encore à ce travail, qu'il
> regardait comme utile à la société ; il s'imaginait qu'on
> lui saurait un gré infini des moindres détails qu'il ferait
> des rencontres où il avait commandé, puisque, selon
> lui, un capitaine de vaisseau et un simple patron de
> barque devaient avoir autant de prudence, d'adresse et
> de courage dans leur conduite qu'un amiral dans la
> sienne " (i-ij).

Cette remarque est d'autant plus ironique qu'on se rend compte à
la lecture du texte que Chevalier ne saurait passer pour soucieux
d'utilité sociale ou morale. Lesage accumule d'ailleurs tellement les
recommandations de lire l'ouvrage comme le produit des souvenirs
de Robert Chevalier, qu'il finit par persuader - sciemment, croyons-
nous - son lecteur qu'il y a anguille sous roche. L'avertissement se
termine sur cette admonition : "[A]u reste, si dans quelques
endroits vous en trouvez le style un peu trop marin, souvenez-vous
que c'est celui d'un flibustier." (ij). Attirer ainsi l'attention du lecteur
sur des excès stylistiques aurait pour résultat d'éveiller les soupçons
de celui-ci sur l'authenticité du texte, plutôt que de les endormir. Par
ce jeu auquel il se livre, Lesage cherche, croyons-nous, à faire
comprendre au lecteur que ce texte est effectivement de lui. D'autre

part, la fin abrupte du roman, en ouverture (ou plutôt en pseudo-ouverture), promettant une "suite des aventures" dans la remarque en fin du Livre VI se rapporte à ce qu'on rencontre dans bien d'autres romans, pseudo-autobiographies ou faux mémoires de l'Ancien Régime, ce qu'un lecteur de l'époque un tant soit peu averti ne pouvait manquer d'interpréter comme une simple convention du genre. Quel avantage, en effet, aurait pu trouver l'hypothétique veuve de Robert Chevalier de ne confier à Lesage qu'une partie des mémoires de feu son époux, forçant ainsi l'écrivain à les "gonfler" d'un récit secondaire de longueur égale, diluant de la sorte les souvenirs du défunt ?

Quels choix s'offrent alors pour discerner les structures narratives ? Le plan de l'histoire de Chevalier demeure assez conventionnel : les livres I et II racontent l'enfance, puis la jeunesse du héros-narrateur et ses aventures de corsaire, reprises dans le livre VI après la longue interruption de Monneville. L'histoire de ce dernier suit d'ailleurs un plan relativement semblable, avec d'importantes différences, quand même.

Les conventions du genre autobiographique, auquel appartient *Beauchêne*, reposent sur l'existence d'un double *je* : actant et narrateur. Comme nous l'avons mentionné plus haut, le roman est composé de deux récits indépendants : les mémoires proprement dits (Livres I, II et VI) et l'histoire du comte de Monneville (Livres III à V). Qu'il ait agi par nécessité, pour étoffer un original insuffisant ou pour d'autres raisons, Lesage a créé un récit double où deux narrateurs racontent à la première personne des histoires dont le statut narratif est sensiblement égal, en dépit du fait que celle de Monneville est encadrée par celle de Chevalier, créant de la sorte une hiérarchisation des narrataires : Chevalier s'adresse directement au lecteur, pour lui donner, si l'on en croit Lesage, une espèce de leçon de conscience professionnelle et d'égalitarisme tout ensemble. Monneville, lui, raconte la sienne à Chevalier et à ses compagnons. Mais il est évident qu'en définitive les deux narrateurs jouissent d'un statut sensiblement égal.

A cette égalité narrative correspondent de fortes similitudes dans leurs parcours existentiels respectifs, lesquels se marquent l'un et l'autre par une marginalisation initiale, qu'on pourrait dans le cadre d'une étude différente appeler picaresque, suivie à distance dans le temps par la conquête (ou de la reconquête) de l'identité véritable. Ajoutons que parler de l'enchâssement d'un récit dans l'autre n'est que la façon la plus simple d'exprimer une relation inter-diégétique en réalité fort complexe, si l'on tient compte des cadres temporels respectifs des deux récits, dont le deuxième - c'est-à-dire l'histoire de Monneville - commence en fait quelque vingt ans avant celui de Chevalier. Lesage en fait date très précisément ce deuxième récit, puisqu'il le fait débuter à la Guerre de Dévolution (1667), peu après la fin de laquelle naît Monneville. Sa mère, fille du marquis de Ganderon, un voisin, devient la maîtresse du seul fils survivant du comte de Monneville. Enceinte, elle met son enfant au monde clandestinement, dans une auberge, au cours d'un voyage à Paris.

De naissance légitime, par contre, Robert Chevalier choisit lui-même de se marginaliser par révolte contre le conformisme de ses parents, pour lequel il signifie son dédain dès la première phrase du récit. Constatons que cette marginalisation s'exprime par une analogie témoignant d'une certaine culture, analogie sans doute plaquée par Lesage sur le discours d'origine : "Jamais enfant n'a fait paraître tant de dispositions à devenir un querelleur furieux, un nouvel Ismaël fils d'Agar." (p. 5) Cette référence biblique marque non seulement l'aspiration à l'illégitimité mais aussi le rejet des origines, c'est-à-dire l'affranchissement. Ce rejet se confirme lorsqu'il se joint à la troupe du chef Iroquois *La Chaudière noire*, à la solde des Anglais, ennemis jurés des Français. Monneville, on le sait déjà, est né marginal. Chevalier et lui vivront sous le déguisement durant leurs enfances et adolescences respectives : le premier en tant qu'Iroquois d'adoption, le deuxième en tant que fille. Dans le premier cas, le déguisement, volontaire, est un corollaire de l'aliénation que choisit le héros. Il ne s'agit pas d'ailleurs uniquement de costume, mais d'une déculturation que le *je* narrateur constate en ces termes : "Ayant été élevé parmi ce peuple sauvage, je dois être bien instruit de ses coutumes. J'en ai même tellement

pris l'esprit, que je me suis regardé longtemps comme Iroquois"
(p. 14). Cette adoption d'une identité étrangère ne va pas toutefois
sans ambiguïté : Chevalier refuse de se battre contre les ennemis
traditionnels de sa nouvelle nation, Algonquins et Canadiens (c'est-
à-dire Français), répugnance préparant une réacculturation qu'il
exprime par le rejet formel et définitif d'une identité d'emprunt
acquise plus par révolte innée contre l'ordre établi que par
conviction vraie, et qu'il avait effectivement abandonnée depuis
longtemps déjà, se rendant compte qu'elle ne saurait être vraiment la
sienne :

> "[V]ous voyez en moi ce jeune homme qui, faisant
> sottement l'Iroquois, quoique Canadien, pensa payer
> de sa vie le ridicule désir de passer tout de bon pour
> sauvage " (p. 127).

C'est par ces paroles que se révèle Chevalier à un officier français
qu'il vient de sauver d'un bâtiment anglais où il était tenu prisonnier
depuis plusieurs années. Ce militaire, que Chevalier avait connu au
Canada sous le nom de Legendre, a acquis une nouvelle identité au
moment où il est secouru par Chevalier et ses corsaires : il n'est
autre que le comte de Monneville. L'histoire de ce dernier n'est donc
pas greffée arbitrairement sur celle du corsaire, mais se justifie par
une connaissance antérieure, encore que les aventures du comte
n'aient vraiment rien à voir avec la vie de Robert Chevalier.

La reconquête par Monneville de sa véritable identité n'est pas
aussi simple que celle de son sauveur. Elevé comme une fille par sa
nourrice, femme d'un aubergiste de village, pour des raisons complexes à la fois personnelles et pratiques, il est suivi assez régulièrement pendant un certain temps par son vrai père. Celui-ci ayant
été assassiné, peut-être au moment où il devait venir le chercher
pour l'emmener vivre avec lui, il doit plus que jamais céler son sexe,
que lui a révélé sa nourrice, en l'engageant à le tenir secret pour des
raisons de survie économique et sociale (Livre III, p. 154). Il ne
l'assumera publiquement qu'à quinze ans, ayant passé plusieurs
années dans un couvent où l'avait placé un financier de passage,
épris de la beauté et de l'intelligence de la "jeune fille" et comptant

l'épouser ou du moins la séduire lorsque le temps en serait venu. Il nous a paru indispensable d'expliquer un peu en détail les origines des deux narrateurs principaux pour en montrer les similitudes et tâcher de débrouiller un peu une organisation diégétique fort complexe, tant interne (à chaque récit) qu'externe (d'un récit à l'autre).

L'organisation fondamentale du double récit se définit donc d'abord par les modalités et la dynamique des origines. Le cadre spatio-temporel joue un rôle qui n'est pas moins important. Du Canada à la côte angolaise, en passant par la Jamaïque, Chevalier va de poursuites en abordages, coulant force vaisseaux ennemis et amassant un butin considérable. Nous assistons à une maturation progressive de sa personnalité de combattant, laquelle comprend non seulement le mépris de la douleur, du danger et de la mort, mais aussi une indiscutable loyauté au groupe. Ce dernier trait peut surprendre chez quelqu'un d'aussi anti-social au départ, mais le lecteur averti ne tarde pas à se rendre compte que Chevalier est au fond un conformiste. S'il s'est révolté contre la soumission de ses parents à la loi, ç'a n'a été que pour adopter une autre forme de soumission, qui lui permette à la fois de donner libre cours à ses instincts de violence et de s'intégrer à un groupe sur l'approbation duquel il puisse compter en toute circonstance. Cela ne veut pas dire, toutefois, qu'il soit incapable d'action individuelle : son évasion de la prison de Kinsale (fin du Livre II) montre à quel point il est débrouillard et plein de ressources.

Pour Monneville, il en va différemment. Contrairement à l'agressif Chevalier, il fait plutôt une impression de victime : s'il passe une partie de sa jeunesse sous le déguisement, ce n'est pas une condition librement choisie, mais plutôt imposée par des circonstances tout à fait indépendantes de sa volonté. L'amour, la sexualité ne comptent presque pour rien dans la vie de Chevalier. Sa seule rencontre amoureuse est celle d'Angolette, une esclave noire appartenant à son hôte Monsieur de Rémoussin, planteur à Saint-Domingue (Livre I, pp. 57-59). La dévalorisation de l'amour et de la femme est ici flagrante : la servante qui prend l'initiative de le déflorer agit en partie pour amuser ses maîtres ; des paris se prennent, Rémoussin et ses amis écoutant à la porte. A son réveil, le jeune Chevalier ne se rend même pas compte de ce qui s'est passé. Lorsque la révélation lui en est faite, son chagrin éclate si fortement qu'il en tombe malade.

Monneville, par contre, est tendre et sentimental. Enfant de l'amour, il est naturellement disposé à aimer ; aimer et souffrir. Lesage s'est-il vraiment inspiré du personnage de Des Grieux pour composer celui de Monneville ? Les antécédents de ce dernier ne présentent vraiment pas grand-chose de commun avec ceux du héros de *Manon Lescaut*. Comme lui, il tombe amoureux d'une fille galante et en est aimé (p. 187). Le roman étant sorti l'année précédente en Hollande, il n'est pas invraisemblable que Lesage ait pu en prendre connaissance, mais l'a-t-il vraiment lu à fond ? Le sens du raccourci que manifeste Lesage dans la description des amours de Monneville et de sa maîtresse ne saurait se comparer à l'exquise sensibilité dont fait montre l'abbé Prévost. Aussi amoureuse, aussi vénale que Manon, la maîtresse de Monneville, qui n'est jamais nommée, le comble de cadeaux. Mais, contrairement au chef-d'œuvre de l'abbé Prévost, les amoureux ne vivent jamais ensemble et l'idylle tourne court, n'occupant que quelques pages du Livre III. Ce qui la fait dérailler, c'est la fausse accusation que lance contre Monneville la fille de son patron, un laideron qui s'est laissée engrosser par un commis de son père. C'est à la suite de cet incident que Monneville est arrêté et conduit sous bonne escorte à La Rochelle, d'où il est embarqué pour le Canada. Lesage traite cette liaison avec une ironie légère qui ne se constate pas chez Prévost, mais rappelle, par contre, bien des passages de *Gil Blas*. On pourrait, bien sûr, invoquer une autre similitude entre le début de *Manon Lescaut* et le début du Livre IV : le transport des condamnés en charrette jusqu'au port d'embarquement pour l'Amérique. Dans *Manon*, c'est Le Havre, à destination de la Nouvelle-Orléans. Dans *Beauchêne*, La Rochelle, avec pour destination Québec. Similitude qui n'est que superficielle ; aux accents déchirants de Prévost s'oppose le style guilleret de Lesage :

Prévost	Lesage
Parmi les douze filles qui y étaient enchaînées six à six par le milieu du corps, il y en avait une dont l'air et la figure étaient si peu conformes à sa condition qu'en tout autre état je l'aurais prise pour une princesse. Sa tristesse et la saleté de son linge et de ses habits l'enlaidissaient si peu, que sa vue m'inspira du respect et de la pitié. Elle tâchait néanmoins de se tourner autant que sa chaîne pouvait le permettre, pour dérober son visage aux yeux des spectateurs. L'effet qu'elle faisait pour se cacher était si naturel, qu'il paraissait venir d'un sentiment de douceur et de modestie (p. 48).	Comme nous faisions tous ce voyage à regret, il régna d'abord parmi nous une tristesse générale ; [...] mais insensiblement, ils firent tous de nécessité vertu et bientôt les ris avec les chansons vinrent écarter les images tristes. [...] Il y avait dans la charrette, j'ai pensé dire dans le carrosse où j'étais, quatorze femmes et un jeune homme qui les amusait infiniment par mille plaisanteries qu'il débitait d'un air gai (pp. 193-194).

Ce jeune homme qui amuse la galerie par ses gaudrioles a joué un drôle de tour à son père, libraire parisien. Enfant gâté d'abord, puis délinquant juvénile, il est devenu si incontrôlable que le bonhomme a décidé de l'envoyer au Canada par punition. Le garnement, qui se doutait de ce qui l'attendait, s'est vengé en arrachant systématiquement les dix premiers feuillets de chaque livre dans la boutique paternelle :

" Que j'ai tronqué de jurisconsultes et mutilé d'orateurs ! Que j'ai laissé sur le carreau de pères de l'Eglise qui n'ont plus face de chrétiens ! Je n'ai rien épargné, théologie, médecine, histoire, poésie, romans, tout a passé par mes mains ; et c'est en songeant aux grimaces que fait à présent mon père que je ris de si bon cœur. [...] Pour ceux qui avaient de longues préfaces, ils n'en seront pas moins bons, si du moins sur la première page je leur avais laissé leur nom, leur âge et le lieu de leur naissance " (p. 195).

Voilà ce dont il se vantait au milieu des quatorze filles transportées. Ce passage, qui pourrait se lire comme une vague allusion au Chant V du *Lutrin* de Boileau, est une histoire à tout le moins bizarre, mais rappelons que Lesage, s'il valorise l'écriture[5], ne semble guère respectueux de la lecture. S'il écrit beaucoup, Gil Blas ne lit guère, par exemple. Dans *Beauchêne*, l'érudition n'est pas non plus à l'honneur. Passage anodin en apparence, qui sert d'introduction à celui où Monneville fait la connaissance de Mlle Duclos, dont l'histoire constitue un des morceaux les plus intéressants du roman.

Cet acte de vandalisme donne à penser, pourtant. Le jeune homme, en saccageant la librairie paternelle, a transformé un ensemble de textes au sens complet en écrits tronqués, sans commencement. Or que constatons-nous dans *Beauchêne* ? Les deux moitiés du roman sont des textes tronqués. S'il y a un début à l'histoire de Chevalier comme à celle de Monneville, il n'y a pas de fin à proprement parler. Nombre d'épisodes, à l'intérieur de chacune des deux parties du roman, sont eux aussi tronqués. On peut se demander si Lesage a essayé de faire l'expérience d'une histoire où primerait l'inachevé, l'incomplet, le non-dit. Cette notion peut se discuter, et l'argument que l'auteur voulait surtout faire paraître et vendre un roman d'aventures, sans grand souci pour la cohérence ou la complétude, n'est pas sans mérite. Il reste que la clôture se voit dans certains épisodes, comme dans le retour de Monneville au château du Mesnil, où il se fait reconnaître de sa véritable mère et épouse Lucile, auprès de laquelle il avait joué le rôle de "petite sœur", sous son déguisement féminin (pp. 299-310), non sans avoir racheté la terre de son père et avoir officiellement repris son nom et son titre. Ce "happy ending" est contrebalancé, toutefois, par deux événements qui tendraient à le mettre à plat : la mort de Mlle Duclos (que Monneville allait revoir au Canada en lui apportant des fournitures pour son utopie huronne), et la décision des corsaires de ne pas remettre tout de suite Monneville sur le chemin de la France, péripétie qui sert à introduire le Livre VI et dernier, dont une bonne partie se passe en Afrique et qui n'est pas sans offrir quelques

---

5. Dans *Gil Blas*, bien entendu, mais aussi dans le Livre III, où le jeune Monneville, sous son déguisement de fille, a pratiqué si bien l'écriture qu'il impressionne un financier de passage qui le fait entrer à ses frais dans un couvent (*supra*).

surprises dans la narration, comme deux histoires assez comiques : celle du flibustier philosophe, et le portrait du chef de tribu africaine élevé à Paris, parfaitement civilisé, et qui constitue de toute évidence une contrepartie réussie de Mlle Duclos (pp. 345-346). Le Livre VI se termine abruptement, sur une remarque négligemment jetée : "[...] et nous oubliâmes cette affaire" (p. 370).

L'idée d'un roman volontairement inachevé, dont beaucoup d'épisodes sont eux-mêmes tronqués et sans rapport les uns avec les autres, ne laisse pas d'être troublante, surtout chez un auteur qui accorde autant d'attention au détail. Lesage aurait-il par négligence perdu de vue la forêt à cause des arbres ? Nous hésitons à le croire, d'autant que la lecture de *Beauchêne* est passionnante. Alors, quelle réponse apporter à la question des structures narratives du roman ? Elles existent, mais sans fournir de véritable fil d'Ariane, ni même de "mode d'emploi". Lesage n'a rien d'un Furetière, d'un Diderot encore moins. Il ne refuse explicitement les conventions romanesques pas plus qu'il n'y adhère formellement. Aucun avertissement explicite au lecteur sur la nature, la structure, la portée idéologique ou esthé-tique. Texte neutre aussi bien structuralement que moralement, *Beauchêne* cherche peut-être à montrer la vie comme elle est vraiment, c'est-à-dire composée d'événements dont certains sont clairement reliés entre eux, alors que d'autres sont sans rapport, simplement juxtaposés. Epicé d'aventures et d'exotisme, parsemé de citations et d'allusions littéraires, religieuses et mythologiques visant à établir une auctorialité sans équivoque en dépit de l'avertissement, peuplé de personnages dont certains sont bons, d'autres mauvais, d'autres encore changeants, le roman cherche à amuser tout en montrant que la vertu n'est pas toujours récom-pensée ni le vice toujours puni. Complexe et déroutant parce que se refusant à toute idéologie, naturel dans son artificialité et explicite sans fausse sincérité, il n'appelle qu'à un seul engagement : le lire.

Francis Assaf
Université d'Athens (Georgia)

BIBLIOGRAPHIE

Assaf, Francis. "Utopian Beginnings, Dystopian End : Mlle Duclos' Indian "Nation" in AlainRené Lesage's *Beauchêne*.". *Romanische Forschungen*, 98. Band, Heft 1/2, 1986 : 81-95.

Baudry, René. "Chevalier, dit Beauchêne, Robert." *Dictionary of Canadian Biography*. Toronto : University of Toronto Press/ Québec : Les Presses de l'Université Laval, 1969. t. II.

Lesage, Alain-René.
. *Aventures du chevalier de Beauchêne* (*sic*). Paris : Ledoux, 1828.
. *Les Aventures de "Beauchesne", capitaine de flibustiers* (*sic*). Paris : Phébus, 1991.

Prévost, Antoine François. *Histoire du Chevalier Des Grieux et de Manon Lescaut.* Paris : Gallimard (Folio), 1992.

Stewart, Philip. *Imitation and Illusion in the French memoir-Novel*, 1700-1750 : *The Art of Make-Believe*. New Haven & London : Yale University Press, 1969.

LES PETITS-MAÎTRES ET LE VALET-MAÎTRE
ÉTUDE DE *GIL BLAS*, LIVRE III, CHAPITRE 3

On parle couramment de la "puissance" d'un concept, en désignant par là sa capacité explicative en même temps que l'extension de son domaine de validité. Mon propos est de mettre en évidence la puissance de la fiction, d'autant plus frappante lorsqu'elle se manifeste chez un auteur comme Lesage, peu enclin à la spéculation abstraite et dépourvu de prétentions à la profondeur philosophique. Nous verrons pourtant, en confrontant la partie centrale du troisième chapitre du livre III de *Gil Blas* à la célèbre dialectique hégélienne du maître et du valet, que l'art du romancier peut recéler une réflexion immanente qui ne le cède nullement en rigueur et en richesse à la pensée du philosophe.

Je commence par rappeler brièvement le contenu de cet épisode où Gil Blas, nouvellement introduit chez le petit-maître don Mathias de Silva, est le spectateur perspicace de la comédie qui se joue entre son nouveau patron et le véritable maître des lieux, l'intendant Gregorio Rodriguez. En prologue, Gil Blas, qui vient d'être agréé comme domestique par l'intendant, observe comment celui-ci reçoit d'un laboureur la somme de cinq cents pistoles contenue dans un sac de toile bleue - la précision chromatique a son importance -, et lui en donne quittance. La première scène met en présence le petit-maître et son valet-maître, l'intendant Rodriguez : l'action est lancée par le premier qui réclame au second deux cents pistoles destinées à combler une dette de jeu sur quoi l'intendant pousse les hauts cris :

" Où voulez-vous, s'il-vous-plaît, que je prenne cette
somme ? Je ne touche pas un maravédis de vos fer-

miers, quelque menace que je puisse leur faire "
(p. 139)[1].

Le recours à un usurier est décidé, *exit* l'intendant. Entre alors -
scène deux - don Antonio Centellès, autre petit-maître, qui devant la
mauvaise humeur de son ami don Mathias s'avise d'un subterfuge
destiné à leur épargner à tous deux de déplaisantes conversations
avec leur homme d'affaires respectif :

> " Nous pouvons rendre comiques les scènes sérieuses
> que nous avons avec eux, et nous divertir de ce qui
> nous chagrine. Ecoute : il faut que ce soit moi qui
> demande à ton intendant tout l'argent dont tu auras
> besoin. Tu en useras de même avec mon homme
> d'affaires. [...] Cela nous réjouira " (p. 140).

Scène trois : Rodriguez reparaît accompagné de son complice et
homme de paille l'usurier Descomulgado ("Excommunié"), porteur
d'un sac de toile bleue "qui me parut être le même, note Gil Blas,
que le paysan Talego ["Sac"] venait de laisser avec cinq cents
pistoles à Rodriguez" (p. 141). L'usurier étale aux yeux du petit-
maître le contenu du sac, soit quatre cents pistoles que don Mathias
décide aussitôt d'emprunter en totalité "au denier cinq", ce qui
signifie qu'il devra une pistole d'intérêts pour quatre empruntées,
soit cent pistoles d'intérêts en tout. Quatre cents plus cent font cinq
cents : l'opération est nette, sans résidu, don Mathias, créancier de
lui-même, venant d'emprunter à taux usuraire son propre argent.
L'épilogue voit les deux jeunes gens prendre une burlesque revanche
sur l'usurier en lui prodiguant des accolades sans douceur :

> " Ces deux petits-maîtres, pour se divertir, commen-
> cèrent à se le renvoyer l'un à l'autre, comme deux
> joueurs qui pelotent une balle. Après qu'ils l'eurent
> bien ballotté, ils le laissèrent sortir avec l'intendant,
> qui méritait mieux que lui ces embrassades, et même
> quelque chose de plus " (p. 141).

---

1. Edition de référence : *Histoire de Gil Blas de Santillane*, établie et présentée
par Roger Laufer, Paris, Garnier-Flammarion, 1977.

Il s'agit donc d'un épisode fortement articulé où un personnage central, don Mathias de Silva, se voit successivement confronté à trois partenaires, la dernière scène et l'épilogue rassemblant les quatre acteurs opposés deux à deux. On reconnait une schématisation et presque une géométrisation des rapports qui doit beaucoup aux techniques du théâtre. Lesage s'est d'ailleurs probablement souvenu d'une scène du *Négligent* de Dufresny (1692), où un intendant, tout en reprochant à son maître le Marquis ses dettes et sa dissipation, l'entraîne à emprunter la somme de cent pistoles à un taux exorbitant. Mais Lesage a inventé ce qui fait la force et la complexité de la situation : d'une part la malversation de Rodriguez sur les cinq cents pistoles remises par le fermier ; d'autre part la présence d'un second petit-maître, sorte de double du premier, et la tactique qu'ils improvisent en réplique aux manœuvres des hommes d'argent.

Avant de passer à l'analyse du texte de Lesage, je résumerai très sommairement les thèses de Hegel dans le passage de la *Phénoménologie de l'Esprit* (1807) qui nous intéresse. L'être humain n'accède à la conscience de soi que s'il est reconnu par une autre conscience, de sorte que toute confrontation engendre une lutte pour la reconnaissance d'où sortent un maître et un valet : le maître est celui qui a mis en jeu sa vie organique pour démontrer sa valeur, le valet, celui qui s'est laissé dominer par la peur. Le maître est donc reconnu comme incarnant la Valeur et le Pouvoir, et servi par le valet qui travaille pour lui. Hegel ne caractérise pas davantage l'état de domination : laissant le maître "figé dans sa maîtrise", selon le mot de Kojève[2], il s'attache à montrer comment le valet s'ouvre une issue vers l'émancipation à travers les expériences fondamentales de la peur, du service, et surtout du travail : en maîtrisant l'univers matériel, il accède à la maîtrise du maître et à la conscience de soi. Seul le valet, dans cette perspective, est susceptible d'avoir une histoire ; or de nombreux textes de fiction (notamment, mais pas uniquement, dans la production picaresque) s'intéressent, eux, de fort près au maître, aux diverses formes de sa dégradation et à ses

---

2. Alexandre Kojève, *Introduction à la lecture de Hegel* (1947), Paris, Gallimard, collection TEL, p. 27.

sursauts pour conserver la maîtrise. C'est précisément ce que nous observons ici.

Le jeu du maître et du valet.

Voyons d'abord le double jeu qui se livre entre l'intendant et son patron, dans une partie truquée dont l'enjeu est, contrairement à ce que l'on pourrait penser, moins matériel que moral. Chez l'intendant, un jeu régulier couvre un jeu frauduleux. Le premier consiste à afficher l'autorité que lui donnent ses responsabilités d'administrateur en prodiguant sans ménagements les mises en garde parfaitement fondées, quoique fort mal accueillies.

> " Ne prétendez-vous pas, Rodriguez, que je change
> de conduite et que je m'amuse à prendre soin de mon
> bien ? l'agréable amusement pour un homme de plaisir
> comme moi ! Patience, répliqua l'intendant, au train
> que vont les choses, je prévois que vous serez bientôt
> débarrassé pour toujours de ce soin-là " (p. 139).

On le voit, l'intendant joue les maîtres, comme sa fonction lui en donne le droit et même le devoir. Mais nous savons que ses sages avertissements ne sont destinés qu'à cautionner ses manigances : sous couvert de jouer les maîtres, il joue son maître. Quant à ce dernier, son attitude semble de prime abord relever du paradoxe, puisqu'il récuse moins le jeu frauduleux que le jeu régulier, le mensonge que la vérité. A son *alter ego* don Antonio il déclare :

> " Toutes les fois que [Rodriguez] vient me parler, il
> me fait passer quelque mauvais quart d'heure. Il
> m'entretient de mes affaires ; il dit que je mange le
> fonds de mes revenus. L'animal ! Ne dirait-on pas
> qu'il y perd, lui ? " (p. 140).

En somme, le petit-maître veut bien se laisser voler, non se laisser sermonner. Ses propos, auxquels font écho ceux de don Antonio, dénoncent principalement l'ascendant que le valet-maître s'assure malignement sur lui, en tant que conscience servile détentrice d'une vérité "chagrinante" (don Mathias s'exprime "d'un air brusque et chagrin", p. 139 ; don Antonio parle de "ce qui nous chagrine", p. 140).

C'est ainsi que le valet voué à exécuter, à agir sur le monde pour le compte d'autrui, trouve sa revanche sur un maître qui ne veut connaître que la jouissance immédiate et refuse toute prise de conscience : "Je le reçois aveuglément à mon service", dit don Mathias à propos de Gil Blas (p. 139) ; "Laisse-moi me ruiner sans que je m'en aperçoive [...] pourvu que j'aie deux cents pistoles, je ne me soucie pas du reste" (*ibid.*) ; enfin, il signe "sans lire" le billet de l'usurier (p. 141). La "mauvaise humeur" que don Antonio note chez lui n'est autre qu'une forme d'angoisse, ou conscience malheureuse de la réalité et de la temporalité. La rudesse calculée et inopportune de l'intendant vient ainsi révéler la contradiction fondamentale de la maîtrise et l'aspiration compensatoire qui en résulte. La contradiction, c'est que le maître tout-puissant sur le valet ne peut l'être que par lui ; et cette dépendance due par lui engendre l'aspiration compensatoire à une souveraineté absolue, en quelque sorte autarcique, où le maître serait maître tout seul, sans nécessiter la médiation de personne. Voilà ce qu'exprime, sur le mode de l'impuissance et du ressentiment, le mot très banal, mais qui va très loin, de don Mathias : "Le malheur, c'est que nous ne saurions nous passer de ces gens-là. C'est un mal nécessaire" (p. 140). Au terme de cette première phase du jeu, le problème apparemment insoluble de la maîtrise est posé avec une remarquable clarté : comment utiliser le domestique en tant qu'instrument, tout en le niant comme conscience révélatrice du "sérieux" de la vie ? (Le texte comporte deux occurrences de "sérieuses").

Survient alors un coup de théâtre dialectique avec l'inspiration soudaine de don Antonio : "Il faut que ce soit moi qui demande à ton intendant tout l'argent dont tu auras besoin. Qu'ils raisonnent alors tous deux tant qu'il leur plaira" (p. 140). Pratiquer l'échange des intendants équivaut à les nier en tant que personnes - seules les choses sont interchangeables -, en conséquence à frapper de nullité leurs "raisonnements" et à les priver de toute autorité morale. Au double jeu des intendants répond le coup double réussi par les maitres qui 1°/ assurent le triomphe du principe de plaisir sur le principe de réalité, 2°/ dépouillent leurs intendants de leur pouvoir ancillaire spécifique. Au prix d'un sacrifice total de leurs intérêts matériels, ils récupèrent leur liberté intérieure et réaffirment leur supériorité. Dans un troisième temps, ils règlent leurs comptes avec l'usurier qui, imprudemment, veut entrer dans le jeu régulier, le jeu moral, en posant à la belle âme : "Je ne prête uniquement que pour faire plaisir au prochain" (p. 140). Mais il est pris à son propre jeu puisque les petits-maîtres feignent alors de remercier celui qui feint de rendre service : il s'agit, comme vis-à-vis des intendants, d'une réappropriation symbolique de la maîtrise aristocratique, qui passe par la réduction de l'autre au statut d'objet, en l'occurrence de balle au jeu de paume. Les petits-maîtres rendent manipulation pour manipulation, la brutalité de l'agression étant le signe concret du privilège aristocratique sauvegardé.

Jeu et dépense.

On objectera qu'en fin de compte ce privilège n'est que celui de l'argent, et que le triomphe idéal des petits-maîtres est conditionné par leur fortune : c'est parce qu'ils ont encore des rentes foncières qu'ils peuvent tenir la dragée haute aux hommes d'affaires. D'ailleurs, hommes de plaisir et hommes d'argent ne sont-ils pas animés par la même passion, la cupidité ? La vue des quatre cents pistoles "alluma la cupidité de mon maitre", remarque Gil Blas (p. 141).

Mais leurs visées sont diamétralement opposées. Pour les uns, argent est synonyme de profit, pour les autres de dépense (le terme "dépense" est employé deux fois dans notre passage). Et avec son argent, don Mathias dépense sans compter son temps et même sa vie, voués aux plaisirs et au jeu. Le jeu est en effet omniprésent dans le chapitre sous des formes diverses : outre la partie engagée entre petits-maîtres et valets-maîtres, que vient concrétiser à la fin le jeu de paume simulé, il faut noter l'attitude et l'activité ludiques de don Mathias au début du texte ("renversé dans un fauteuil, sur un bras duquel il avait une jambe étendue, il se balançait en râpant du tabac", p. 138), le jeu auquel il perd son argent, le jeu d'esprit qu'est sa conversation avec don Antonio, nourrie de "traits brillants" au dire de Gil Blas (p. 140).

Jeu et dépense entretiennent un rapport de causalité réciproque : il faut dépenser pour alimenter le jeu, et jouer pour masquer en permanence le côté suicidaire d'une existence où aucun devenir n'est possible, puisqu'elle consiste à s'enfermer dans la jouissance instantanée. Avant d'avoir les quatre cents pistoles étalées sous les yeux, don Mathias n'avait prévu aucune réserve en vue de ses futurs besoins : il s'était borné à réclamer deux cents pistoles, soit le montant de sa dette ; et peu après notre passage, le verbe "devenir" est employé avec une dérision très appuyée : "Dans le temps qu'ils allaient rêver à ce qu'ils deviendraient ce jour-là [...]" (p. 142). Le temps qui passe joue pour l'homme d'argent et contre l'homme de plaisir qui "mange le fonds de ses revenus". C'est pourquoi l'homme de plaisir joue pour tuer le temps ; si la scène se passait à Londres, et non à Madrid, sa devise pourrait être : *No Future*. On sait du reste ce qu'il advient peu après de don Mathias, tué en duel "pour s'être avisé de lire mal à propos des billets doux supposés" (III, 8, p. 165), c'est-à-dire pour s'être livré à un jeu dangereux, à un jeu mortel. Ce destin vient donner une résonance singulière à la réplique de Rodriguez : "Patience [...] je prévois que vous serez bientôt débarrassé pour toujours de ce soin-là". L'homme de plaisir ne joue pas que sa fortune, comme le croit l'homme d'argent : il joue sa vie.

L'héroïsme du plaisir.

Nous reconnaissons dans le comportement du petit-maître une forme dégradée de l'héroïsme nobiliaire que l'on peut nommer - en reprenant la définition que don Mathias donne de lui-même : "un homme de plaisir comme moi" - héroïsme du plaisir, ou encore héroïsme de la dépense. Il nous faut revenir un instant à la *Phénoménologie de l'Esprit* et à l'appareil conceptuel que le bilan hégélien fournit à notre réflexion. La lutte du maître et du valet figure dans la première partie de l'ouvrage, consacrée au développement de la conscience dans ses phases dialectiques ; dans les pages de la troisième partie consacrées à l'Esprit objectif (ou Esprit du monde) tel qu'il se manifeste dans les différentes formes d'État depuis l'antiquité grecque jusqu'à Napoléon, Hegel retrouve la figure du maître - ici assimilée à celle du noble - pour en examiner le devenir historique. Dans l'État féodal, la mise en jeu de la vie, condition de la maîtrise, passe par l'héroïsme guerrier : c'est l'héroïsme du "fier vassal", selon la terminologie hégélienne. Mais dans l'État monarchique, centralisé et autocratique, dont le modèle est pour Hegel le régime louis-quatorzien, l'héroïsme guerrier dégénère en héroïsme de la flatterie, ou héroïsme du courtisan. Le terme "héroïsme" du reste n'est chez Hegel qu'à demi ironique : le courtisan doit faire abstraction de son moi, sacrifier son individualité pour s'aliéner volontairement à la personne du monarque incarnant l'État.

Dans *Gil Blas*, c'est don Annibal de Chinchilla qui est chargé de représenter l'héroïsme guerrier, désormais anachronique et stérile ; la monarchie réserve un triste sort à son vieux serviteur mutilé : elle le laisse mourir de faim (VII, 12). Pour l'héroïsme de la flatterie tel qu'on le pratique à la cour, Lesage montre bien comment il débouche, à travers la cascade de la faveur du roi au favori, puis aux favoris du favori et ainsi de suite, sur une relation de servitude généralisée où tout le monde est à la fois maître et valet : la maîtrise est partout et nulle part. C'est ce qu'explique Pédrille, valet d'intrigue, à don Annibal :

> " Vous n'ignorez pas que tout se fait par brigue et par cabale chez les grands : qu'ils ont des domestiques favoris qui les gouvernent, et que ceux-ci à leur tour sont gouvernés par leurs valets " (VII, 12, p. 360).

Reste donc à qui veut mettre sa vie en jeu l'héroïsme du plaisir, vécu dans l'aveuglement délibéré. Après Lesage, d'autres romanciers reprendront et pousseront plus loin que lui l'analyse de cet héroïsme dégénéré, avec un intérêt très critique qui a pourtant quelque chose de fasciné. On peut penser notamment à Crébillon fils et à Choderlos de Laclos : l'héroïsme de la rouerie des deux protagonistes des *Liaisons dangereuses* se situe dans la ligne de celui de don Mathias de Silva, quoiqu'il soit infiniment plus lucide, pervers et raffiné. Sur cette lancée, on ne peut que rencontrer le nom et l'œuvre de Sade, représentant ultime et radical de la dénaturation de l'héroïsme comme de la maîtrise.

Le nom de Sade me servira à enchaîner, de façon un peu abrupte il faut le reconnaître, sur celui de Georges Bataille. Si nous avons rencontré au cours de cette analyse un certain nombre de notions que l'on retrouvera dans *L'Expérience intérieure* ou la *Méthode de méditation*, ce n'est nullement par hasard. "Dépense" et "jeu" (on pourrait ajouter "sacrifice", "rire", "angoisse") sont des maîtres-mots de l'œuvre de Georges Bataille, dont la réflexion s'inscrit pour partie dans les marges de la *Phénoménologie de l'Esprit* (approchée à travers l'enseignement de Kojève) et constitue un retour critique sur le concept hégélien de maîtrise ; elle rejoint par là la problématique romanesque que j'ai tenté de dégager. Ces données communes, toutefois, ne s'articulent pas du tout de la même façon chez Lesage et chez Bataille : pour les petits-maîtres de *Gil Blas*, il s'agit de fuir l'angoisse (l'humeur "chagrine") dans le jeu et les plaisirs ; chez Bataille, le rire n'est pas conjuration, mais consé-cration tragique de l'angoisse.

En conclusion, je soulignerai le fort coefficient d'abstraction que comporte le propos satirico-moral de Lesage, qui s'appuie sur des topiques éprouvés ; La Bruyère n'écrivait-il pas déjà au sujet des grands : "Ils se laissent appauvrir et maîtriser par des intendants"[3] ? De plus, la tradition théâtrale de la comédie cynique lui fournit cette matière satirique sous une forme très élaborée dont il n'a plus qu'à perfectionner et compléter les figures déjà réglées. Enfin, le roman picaresque espagnol, où la relation maître-valet tient la place que l'on sait, lui fournit un substrat qui n'est pas ici d'ordre anecdotique, mais dialectique. On a donc des personnages antagonistes réduits à des épures, et le récit consiste à faire jouer les ressorts qui président

---

3. *Les Caractères*, chapitre "Des grands", remarque 24.

à leurs rapports et déterminent les transformations de leur situation respective. Un tel art, qui manifeste une intelligence aiguë des positions et des rôles sociaux et dégage puissamment les enjeux symboliques des rapports de force économiques, est le digne héritier d'une double tradition littéraire - espagnole et française - tout en frayant largement la voie au travail de conceptualisation philosophique.

Cécile Cavillac
Université Bordeaux III

L'ENCHÂSSEMENT DANS *GIL BLAS*

> *Narrating a story is living and giving life. The presence of an embedded structure reinforces the element of gestation and underlines the life-giving process at work in the narrative.*[1]

> Etre le récit d'un récit, c'est le sort de tout récit, qui se réalise à travers l'enchâssement.[2]

Dans ses romans, Lesage se sert souvent de l'enchâssement, la technique par laquelle un ou plusieurs récits seconds sont insérés à l'intérieur d'une narration.[3] Effectivement, dans *l'Histoire de Gil Blas de Santillane*, sur 700 pages au total, 232 pages, soit un tiers du roman, sont consacrées aux récits enchâssés. Parmi les trente récits retenus, dont la longueur varie de moins d'une page à plus de 56 pages, figurent une nouvelle, deux fables, quatre biographies et vingt-trois autobiographies dont cinq présentent la suite d'une histoire intercalaire présentée antérieurement dans le roman.[4]

Le récit principal de *Gil Blas* est raconté à la première personne, le "je" du protagoniste étant la voix d'autorité dans le roman. Dans

---

1. Héliane Daziron, "The Anatomy of Embedding in Alice Munro's "Half A Grapefruit" ", *Recherches anglaises et nord-américaines*, vol. 20, 1987, p. 107.
2. Tzvetan Todorov, *Poétique de la prose* (Paris : Seuil, 1978), p. 40.
3. Pour désigner une histoire intercalaire, la critique actuelle se sert de plusieurs termes : "métarécit" est employé par Gérard Genette, *Figures III*, (Paris : Seuil, 1972) ; "hypo-récit" par Mieke Bal, *Narratologie*, (Paris : Klincksieck, 1977) ; et "sous-texte" [*subtext*] par Michael Riffaterre, *Fictional Truth*, (Johns Hopkins University Press, 1990).
4. Sur notre schéma indiquant l'emplacement des récits seconds, chaque carré correspond à une page de l'édition de *Gil Blas* dans *Romanciers du XVIIIe siècle*, tome I, éd. R. Etiemble (Paris : Bibliothèque de la Pléiade, Gallimard, 1960). Toute référence ultérieure au roman, tirée de cette édition, sera indiquée dans le corpus du texte. J'aimerais remercier James Campbell de son aide technique dans la préparation du schéma.

28 des histoires encadrées, l'enchâssement s'introduit quand Gil cède provisoirement son rôle de narrateur à un personnage différent. Une fois l'autre récit terminé, le héros reprend le fil narratif de son autobiographie. Le corpus d'enchâssement comprend aussi deux récits hétérodiégétiques : celui de don Valerio, et la fable indienne ; bien que Gil raconte ces histoires, il n'y participe point.

Lesage prépare soigneusement le terrain romanesque avant d'y intercaler une histoire. Il établit un lieu et un moment convenables à l'intrigue et fournit un prétexte narratif plausible. Il se sert des procédés du passe-temps (distraction au cours d'un voyage ou divertissement au moment d'un repas), ou du geste de réciprocité (le héros résume les événements de sa vie et son interlocuteur offre son autobiographie en retour). Dans le prélude protocolaire à l'histoire, Lesage emploie souvent l'expédient de la curiosité pour actionner la narration, comme il le fait dans l'enchâssement des aventures de Laure. Gil raconte : "quand j'eus satisfait sa curiosité, [Laure] contenta la mienne, en me faisant le récit de son histoire" (873). Ce relais narratif, que Gérard Genette appelle un seuil, marque le passage du récit-cadre au récit enchâssé, le dernier étant à un niveau diégétique inférieur au premier.[5]

La critique traditionnelle, surtout celle du 19e siècle, a été longtemps déconcertée par la présence des histoires secondes dans *Gil Blas*, ainsi que par leur fréquence et leur longueur. Gustave Lanson, par exemple, qualifie de "lâche et molle" la composition du roman : "sans cesse le cadre craque et est débordé par toutes ces histoires intercalées."[6] A ce même propos, Léo Claretie note : "Tous ces hors d'œuvre sont indépendants, ils ne font pas corps avec le roman ; ce sont des pièces mobiles, plaquées sur le récit de *Gil Blas*, mais non soudées."[7] Le critique fait aussi allusion à la pratique d'époque qui consistait à payer les auteurs à la page.

---

5. Gérard Genette, *Nouveau discours du récit* (Paris : Seuil, 1983), p. 55. A ce même sujet, voir aussi Jan Herman, *Le Mensonge romanesque* (Amsterdam: Rodopi ; Leuven University Press, 1989), pp. 21-22.
6. Gustave Lanson, *Hommes et livres* (Paris : Lecène, Oudin et Cie, 1895), p. 198.
7. Léo Claretie, *Lesage romancier* (Paris : Armand Colin, 1890), p. 325.

" Pour grossir le volume et bourrer le récit, Lesage intercale une foule de récits secondaires. Chaque personnage nouveau se présente avec sa biographie sous le bras. [...] Mais supprimer ces hors-d'œuvre, c'eût été diminuer d'un gros tiers le volume ; ni Lesage ni son libraire n'eussent trouvé leur compte à cette amputation. "[8]

Des critiques comme Lanson et Claretie considèrent ces histoires comme des parenthèses dans la vie du personnage central. D'après eux, le lecteur pourrait très bien les exclure sans risque de gêner sa compréhension ni son plaisir de lecture.

N. Wagner voit les récits enchâssés de *Gil Blas* d'un œil bien différent. Loin de distraire le lecteur et de l'éloigner de l'action principale, Wagner estime que ces récits l'aident à mieux apprécier le roman : "des techniques qui devraient pulvériser le récit lui donnent au contraire sa cohésion en lui apportant une signification."[9] Henri Coulet et Roger Laufer, eux aussi, jugent les récits encadrés beaucoup plus favorablement. Coulet note que Lesage imite la composition des romans picaresques espagnols et "emprunte à la tradition du roman héroïco-galant et du roman réaliste le procédé des "tiroirs" par lequel dans la succession des aventures arrivées au héros principal s'insèrent les récits d'aventures arrivées à tel ou tel personnage secondaire."[10]

Laufer ajoute : "Si *Gil Blas* est un roman à tiroirs, les tiroirs n'en sont pas dépareillés ; ils appartiennent à un meuble élégant, une belle commode rococo où l'harmonie de l'ensemble ressort du contraste sinueux des parties."[11]

Les histoires intercalaires dans *Gil Blas* sont-elles donc diversions marginales ou récits pertinents ? Si l'on parle de la pertinence des récits vis-à-vis de l'unité structurale du roman, il est clair que la

---

8. *Ibid.* pp. 318-319.

9. N. Wagner, *L'Information littéraire*, janv.-fév. 1956, n°1, p. 36.

10. Henri Coulet, *Le Roman jusqu'à la Révolution* (Paris : Armand Colin, 1967), p. 333.

11. Roger Laufer, *Lesage ou le métier de romancier*, (Paris : Gallimard, 1971), p. 303.

plupart d'entre eux ont une fonction à remplir. Ils avancent l'action de l'intrigue principale et influencent, positivement ou négativement, la vie du héros. L'histoire de don Valerio et ses suites tragiques, par exemple, poussent Gil dans le service du premier ministre d'Espagne. Au contraire, celle de Catalina, provoque son emprisonnement dans la tour de Ségovie. Les récits enchâssés aident à éclaircir certains événements antérieurs, en ajoutant des détails que le narrateur n'aurait pas vraisemblablement connus au moment où se déroulait l'événement, ou à préparer le champ d'action pour un épisode à venir en introduisant de nouveaux incidents ou personnages qui feront partie ultérieurement de la trame centrale. L'histoire de dona Mencia illustre ces deux fonctions car, premièrement, elle révèle l'identité des quatre hommes assassinés par les brigands de Rolando et, deuxièmement, elle convainc Gil Blas de s'évader du souterrain où il est prisonnier. Loin d'être un tiroir interchangeable, cette histoire sert de ressort nécessaire pour le protagoniste à ce moment de sa vie, et par son fond et par son emplacement dans le texte. Le récit enchâssant et le récit enchâssé s'influencent l'un l'autre et se conditionnent mutuellement, le premier parce qu'il est altéré temporellement et thématiquement quand le second y est inséré, et le second parce qu'il prend une nouvelle signification dans la structure encadrante du premier.

Les histoires intercalées, en offrant la possibilité d'avoir plusieurs cadres simultanés, permettent des déplacements de l'action dans le continuum spatio-temporel. Elles créent parfois l'impression d'une causalité narrative et ajoutent en plus à la notion de durée pour le lecteur, une illusion du temps romanesque écoulé, comme cela se remarque dans l'histoire de don Gaston, racontée pendant l'emprisonnement de Gil Blas, ou dans celle de don Diego qui parle tout au long du voyage qu'il fait avec le héros.

L'enchâssement met en valeur l'emploi chez Lesage du procédé de la misc en abyme. La structure des aventures de Gil Blas, essentiellement picaresques à leur début, se reflète dans les autobiographies enchâssées des picaros qui peuplent le roman. Les destinées de ces derniers sont à la fois parallèles et opposées à celle du héros, celui-ci n'étant que "tant soit peu *picaro*" (933). Fabrice est la pierre de touche par laquelle Lesage mesure l'évolution de Gil, son ancien camarade de classe. Les événements de sa vie se déroulent en contrepoint par rapport à ceux de son ami. Puis, existent Rolando, Raphaël et Ambroise, picaros qui n'évoluent pas, et dont les histoires contrastent avec celle du protagoniste qui, après une période de disgrâce, redevient honnête homme. Raphaël et Ambroise, scélérats et véritables antithèses du héros, représentent ce que Gil aurait pu devenir ; ils meurent dans un autodafé. Mort bien méritée pour ces incorrigibles, d'après Lesage, et belle leçon pour Gil Blas qui remercie Dieu de l'avoir préservé d'un pareil sort.

Le jeu de miroirs continue avec Scipion et Laure, malfaiteurs qui se corrigent comme le héros. Ils sont même ses doubles. Gil appelle Scipion "un autre moi-même" (1013). Quant à Laure, elle dit à Gil Blas : "Tu es en homme ce que je suis en femme" (656). Personne ne peut douter de la pertinence de ces récits pour ce qui est de l'évolution du personnage central. En structurant ainsi son roman, avec ces parallélismes compositionnels, ces destinées qui s'entre-croisent, ce dédoublement du protagoniste, Lesage peut offrir, selon René Démoris, "une série de tableaux où sont représentées un certain nombre d'attitudes typiques que l'individu peut prendre face à la société... [il y a] des modèles à fuir ou à imiter".[12] Avec la construction en abyme de ces récits enchâssés, où la focalisation du narrateur est parfois diamétralement opposée à celle du héros, l'auteur peut maintenir la présence picaresque dans *Gil Blas*, œuvre qui se transforme graduellement en roman de mœurs, sans gêner pour autant ni la thématique du récit principal ni la vraisemblance de l'ensemble du roman.

Dans la hiérarchie des niveaux du discours narratif, il arrive qu'un personnage passe d'un niveau diégétique à un autre.[13] Où il est sujet à un niveau, il peut devenir objet à un autre ou vice-versa. Quand

---

12. René Démoris, *Le Roman à la première personne*, (Paris : Armand Colin, 1975), p. 356. Voir aussi, à ce même propos, Marie-Paule Laden, *Self-Imitation in the Eighteenth-Century Novel* (Princeton University Press, 1987), pp. 39-40, et Didier Souiller, *Le roman picaresque*, (Paris : Presses Universitaires de France, 1989), p. 80.
13. Voir la discussion de Bal, p. 24.

Gil raconte le vol de sa valise dans un hôtel garni à Valladolid, c'est lui, le focalisateur de l'histoire (Livre I, chap. 16). Ultérieurement, par le biais d'un récit enchâssé (Livre V, chap. 1), la focalisation change et nous voyons l'épisode sous l'angle de Raphaël, un des voleurs. Cette fois-ci, Gil, dévalisé et démoralisé, devient objet de la narration. Le texte fait un retour sur lui-même quand le narrateur principal se voit dans une histoire seconde. Par essence, Gil Blas écoute sa propre histoire. Voilà un exemple de ce que Tzvetan Todorov appelle "l'auto-enchâssement" : "Le procédé d'enchâssement arrive à son apogée avec l'auto-enchâssement, c'est-à-dire lorsque l'histoire enchâssante se trouve... enchâssée par elle-même."[14]

Le changement de niveau narratif s'illustre admirablement dans le personnage de Séraphine. Elle est sujet de son propre récit, qui est englobé dans l'histoire de don Alphonse, laquelle est enchâssée à son tour dans la narration de Gil Blas. Avec le passage des personnages d'un récit à un autre, entremêlant deux degrés d'enchâssement, Lesage s'efforce d'unifier les différents niveaux hiérarchiques de son texte. Il est à noter que quatre autres histoires : celles de don Alvar, de Marcos de Obregon, de Lucinde et de Velasquez, ont elles aussi un double enchâssement.[15] Une telle histoire, est-il besoin de le dire, peut agir sur le texte qui l'engendre de la même manière qu'un récit à simple enchâssement.

Tout en reconnaissant les mérites des récits enchâssés et leur interdépendance avec le texte englobant, il reste qu'il y a dans *Gil Blas* certaines histoires intercalaires qui n'influencent aucunement la trame des événements du héros. "Le Mariage de vengeance", nouvelle tragique d'amour et d'honneur entièrement étrangère à l'action principale du roman, en est un exemple. Un tableau dans le château d'Elvire, tableau qui suscite l'intérêt de Gil et ses amis, sert de prétexte pour la narration de l'histoire. Le récit quasi-comique du garçon-barbier don Diego, et sa liaison amoureuse a peu à voir non plus avec les aventures de Gil Blas. Après cet épisode, don Diego

---

14. Tzvetan Todorov, p. 39.
15. Sur le schéma, les récits à double enchâssement sont indiqués par une encre plus foncée.

se sépare de Gil, et les deux hommes ne se revoient plus. Les aventures de don Gaston présentent une diversion semblable ; là, il est question également d'une liaison amoureuse, encore que cette dernière soit plus sérieuse, plus dramatique que l'autre. Cette fois-ci, Lesage divise le récit en deux parties ; pour apprendre la suite de l'histoire de don Gaston et de sa bien-aimée, le lecteur doit attendre 29 chapitres ! On se demande si même les lecteurs les plus attentifs se souviendront de ces personnages épisodiques après un aussi long intervalle.[16]

Ainsi, du point de vue des impératifs romanesques, ces derniers récits enchâssés ont peu de rapports avec Gil Blas et ses aventures, mais en ce qui concerne l'ensemble du roman, ils ne sont pas aussi marginaux qu'ils le paraissent au premier abord car ils y apportent un changement de ton. De la gaieté picaresque et voire, à l'occasion, burlesque, les histoires accessoires passent sans détour à la sentimentalité ou à la tragédie. Il est clair que Lesage, qui voulait avant tout plaire à son lecteur, puise dans son inventaire littéraire pour lui offrir une sélection diverse de genres. Malcolm Cook note à ce sujet que l'enchâssement contribue à la réussite de Gil Blas. Ajoutant des éléments qui manquent dans le récit principal, ajoute-t-il, ces histoires sont parfois plus intéressantes, plus touchantes et plus subtiles que la perspective personnelle du héros. Lesage élargit la vision romanesque et augmente la complexité émotionnelle du roman.[17] Loin de nuire à l'unité de l'intrigue centrale, la fable d'Atalmuc et Zéangir, par exemple, y est complémentaire. De tels récits chez Lesage sont même fonctionnels, selon Cécile Cavillac, parce qu'ils sont "capable[s] de modifier l'état d'esprit de l'auditeur."[18] Au moyen d'histoires relatées dans un ton élévé comme celles de don Roger ou de don Gaston, Lesage embellit son roman de perspectives multiples tout en y explorant de nouvelles dimensions.

---

16. Voir Vivienne Mylne, *The Eighteenth-Century French Novel*, (Cambridge University Press, 1981), p. 59.
17. Malcolm Cook, *Lesage : Gil Blas*, (London : Grant and Cutler, 1988), p. 31.
18. Cécile Cavillac, *L'Espagne dans la trilogie "picaresque" de Lesage*, (Presses Universitaires de Bordeaux, 1984), p. 694.

L'écriture à enchâssement peut enrichir un roman, certes, mais un auteur court le danger de laisser un récit second devenir trop long. L'histoire risque de se désenchâsser de la trame centrale et d'assumer une certaine autonomie. Lesage tombe dans ce piège avec l'autobiographie de Raphaël. Ce récit intercalaire remplit 56 pages, encadré dans un seul chapitre. Que Lesage ait été lui-même conscient de la longueur excessive de cette histoire se révèle quand le héros, quelque peu gêné, constate : "le récit me parut un peu long" (p. 826). Pour que le lecteur ne perde pas complètement de vue l'intrigue principale, l'auteur coupe la narration de Raphaël en quelques endroits pour rétablir le contact avec Gil Blas.[19]

Pour prévenir contre l'éventuel désenchâssement du récit de Scipion qui est d'une longueur de 42 pages, Lesage le divise en trois chapitres intitulés respectivement "Commencement, Suite, et Fin de l'histoire de Scipion" (Livre Dixième). En plus, à des intervalles réguliers, il parsème le nom de Scipion dans le récit.[20] (C'est à comparer avec les 27 premières pages du récit de Raphaël où le nom du narrateur enchâssé ne paraît pas une seule fois.) Dans les vingt années qui séparent la première livraison de *Gil Blas* (1715), dans laquelle paraît le récit de Raphaël, et la dernière (1735), où se trouve celui de Scipion, il est évident que Lesage a appris à mieux manipuler le procédé de l'enchâssement.

Les formules romanesques mises en œuvre par l'auteur pour assurer la transition d'un récit enchâssé à l'histoire de Gil Blas contribuent dans une certaine mesure aux buts didactiques de l'œuvre. Une narration secondaire achevée, les individus qui l'écoutaient, la jugent parfois, et en font même la morale. Ces personnages servent, comme le propose Douglas Patey[21], de "subrogés-auditeurs", homologues au lecteur dans le sens que, comme lui,

---

19. A titre d'exemple : "J'interrompis don Raphaël dans cet endroit de son histoire" (p. 813), et "Seigneur Gil Blas, poursuivit don Raphaël en m'adressant la parole..." (p. 816).
20. C'est surtout par le biais du discours attributif que Lesage indique continuellement au lecteur qu'il s'agit d'un récit enchâssé : "Scipion, me dit-il" (p. 1078) ; "Scipion, me dit un jour le vieillard" (p. 1089) ; etc.
21. Voir Douglas Lane Patey, *Probability and Literary Form*, (Cambridge University Press, 1984), p. 196.

ils tirent des conclusions de ce qu'ils viennent d'entendre. Ils agissent pour le lecteur en tant que guides négatifs, comme le vieil ermite (en réalité Raphaël) qui commente le récit de don Alphonse ("votre amour pour Séraphine me paraît une pure folie", p. 766) ; ou en tant que guides positifs, comme Gil Blas qui porte une appréciation sur l'histoire de son valet Scipion ("Si dans son enfance Scipion était un vrai *Picaro*, il s'est depuis si bien corrigé, qu'il est devenu le modèle d'un parfait domestique", p. 1110). Le jugement prononcé peut être aussi ironique, comme il se passe après la narration du récit d'Am-broise. Sans être conscient de l'ironie de ses propos, le jeune Gil Blas emploie l'épithète "ce saint procureur" (p. 1052) quand il fait allusion à Raphaël qui est censé s'être converti.

En ce qui concerne l'unité compositionnelle de *Gil Blas*, la présence constante du héros est un de ses points forts, comme il l'est d'ailleurs dans tous les romans à la première personne. Constamment au centre de tout, Gil enfile habilement les éléments hétérogènes en un ensemble suivi. Ce narrateur unifiant, qui est toujours à l'écoute des autres voix narratives, représente cependant une des faiblesses fondamentales de l'écriture à enchâssement. Malgré les efforts de l'auteur pour changer la focalisation, pour varier les voix enchâssées, le style de la narration reste largement invariable car, d'après les conventions du procédé, toutes les histoires sont racontées à Gil Blas qui, à son tour, les insère dans son propre récit. Comme remarque Gérald Prince : "quelle que soit la diversité des voix mises en œuvre, c'est toujours, finalement (fatalement !), la même voix qui narre."[22]

Glen Campbell
Université de Calgary

---

22. Gérald Prince, "Le discours attributif et le récit", *Poétique* 35, sept. 1978, p. 313.

ANNEXE : l'enchâssement dans *Gil Blas*

Récits enchâssés

1. Rolando
2. le lieutenant
3. jeune voleur
4. dona Mencia
5. don Alvar
6. dona Mencia
7. Fabrice
8. don Diego

9. Marcos de Obregon
10. Rolando
11. fable du cochon de lait
12. don Pompeyo
13. Mariage de vengeance
14. don Alphonse
15. Séraphine
16. Raphaël

Répartition des récits   Pages

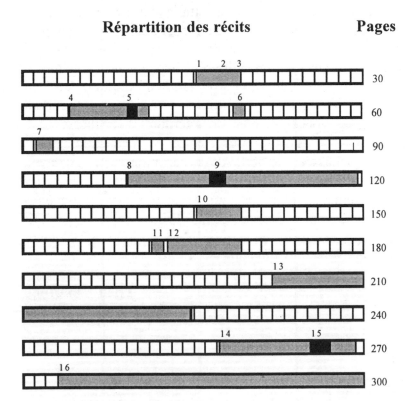

Récits enchâssés

17. Lucinde	24. don Gaston
18. Laure	25. Ambroise
19. Fabrice	26. Scipion
20. don Valerio	27. Velasquez
21. fable indienne	28. don Gaston
22. don Roger	29. Laure
23. Catalina	30. la Génoise

Répartition des récits **Pages**

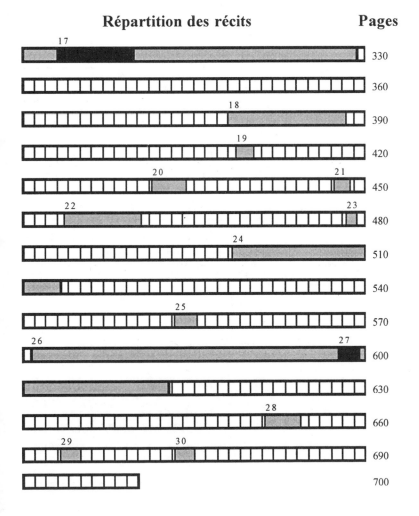

LECTURE BAKHTINIENNE DE *GIL BLAS*

Nous allons d'abord esquisser le paradigme littéraire qui constitue pour Bakhtine une figure de la vérité. *Gil Blas* en est une réalisation historique. Nous rappellerons que ce texte est le lieu de rencontre d'une pluralité de périodes, de genres et de pays. Son réalisme embrasse le social mais escamote le corporel. Nous retrouverons pourtant le carnavalesque de l'époque : des images un peu squelettiques de la totalité, une réflexivité littéraire, et l'expression d'une philosophie subalterne de la joie et du jeu.

Bakhtine fait plusieurs fois mention du roman de Lesage dans son essai historique "Formes du temps et du chronotope dans le roman".[1] Avec lui on peut voir dans l'énoncé littéraire *Gil Blas* deux caractéristiques essentielles. L'une est le chronotope (la manière de rendre l'espace-temps) de la *Grand-route*. Mais, à la différence du roman héroïque où la grand-route traverse des pays exotiques, nous voyageons ici dans un paysage familier sinon quotidien. Il s'agit, pourtant, de le défamiliariser. D'où la deuxième caractéristique, l'utilisation du héros *marginal*. Sorti des archétypes populaires du sot et du fripon, il est souvent du peuple. Il sert à passer en revue la société, et non seulement par ses déplacements successifs et son optique moqueuse d'en-bas. Il participe à l'ordre social, mais d'une manière provisoire, en jouant des rôles et imitant des langages. Sa fonction est donc de doubler, d'extérioriser, ce qui "se fait". Il entretient avec les normes sociales et linguistiques ce que Bakhtine appelle un rapport dialogique. Ce dédoublement se répète par le fait que - le plus souvent - la narration se fait à la première personne. Le narrateur, d'une manière consciente cette fois, prend ses distances. Il pratique le style de l'ironie. Il met en évidence les contradictions

---

1. C'est l'un des cinq essais du grand critique russe réunis en traduction française sous le titre *Esthétique et théorie du roman* (Paris, 1978). Pour notre propos l'autre travail essentiel de Bakhtine est *L'Œuvre de François Rabelais* (traduction française : Paris, 1970).

dans les comportements humains et dans les discours y compris le discours littéraire. Ajoutons que le rôle même du roman selon Bakhtine est d'englober le réel et ses multiples discours. Le roman seul est, comme Gil, "propre à tout" (p. 411).[2] A tous les niveaux nous avons affaire à une figure mobile et ouverte, la joyeuse représentation de la réalité.

Ce type de roman remonte pour Bakhtine à l'*Ane d'or* d'Apulée. Mais pour lui il a trouvé sa réalisation "classique" dans le roman picaresque et ses successeurs. La formule, d'abord espagnole, est adoptée par une bonne partie des grands romanciers du dix-huitième siècle, dont Lesage, Marivaux, Crébillon, Defoe, Smollett, Fielding, Voltaire et Diderot.[3] Du *Lazarillo* jusqu'au *Neveu de Rameau*, sa signification a beaucoup changé. Dans le roman picaresque espagnol la formule traduisait un sens "baroque" sinon chrétien de la corruption des choses d'ici-bas. Au dix-huitième siècle on n'a presque plus affaire à la transcendance, et l'on s'occupe des possibilités humaines. La part de la vie sociale, celle de l'individualisme bourgeois, et de l'intériorité, vont grandissantes. Le *bildungsroman* s'esquisse. Chez Lesage on trouve peu d'individualisme et guère de densité "psychologique". Mais son roman marque un tournant historique. En adoptant le roman picaresque à de nouvelles fins il a montré la voie aux autres romanciers. Il en abolit les excès. La référence est moins vulgaire, et le ton plus modéré. Il donne un tableau assez complet (et moins caricatural) de la société. Et en particulier chez lui - le premier aussi - le roman du picaro devient le roman du parvenu. Presque par hasard, son héros monte. Lesage a infléchi légèrement le sens du trajet dans le vertical.

---

2. Les références sont à l'édition de Roger Laufer (1977) en Garnier Flammarion. Remarquons que le terme d'"*outil universel*" qui précède la phrase que nous avons citée est "une expression de notre tripot" : le concept est tiré, et traduit, d'une collocation argotique qui réunit le plus concret et le plus englobant. L'italique indique pourtant que ce niveau de langue est exceptionnel sinon insolite dans *Gil Blas*.

3. Robert Alter, dans son étude suggestive *Rogue's Progress : Studies in the Picaresque Novel* (Cambridge Mass., 1964), traite dans des chapitres successifs *Lazarillo de Tormès*, *Gil Blas*, *Moll Flanders* de Defoe, deux romans de Smollett et le *Tom Jones* de Fielding.

Le genre du roman, lui aussi, sera en ascension au cours du dix-huitième siècle. Sans provenance noble, lui aussi, il est mal vu par le classicisme français. Lesage (1668-1747) portera toujours l'empreinte de l'ordre classique, mais pratiquera les genres populaires (comédie, théâtre de la foire, récit à la première personne). Son roman de *Gil Blas*, comme sa vie, sont le lieu de rencontre de deux périodes. La première livraison de *Gil Blas* a été composée sous Louis le Grand. Elle est publiée en 1715 - l'année même du tournant constitué par la mort du Roi-Soleil. La livraison de 1724, et plus encore celle de 1735, font évidemment partie de la production des Lumières. L'œuvre porte les marques des deux âges. Elle est classique par la simplicité de sa structure, par la sobriété de son style, par son conservatisme idéologique, et par son pessimisme de moraliste sinon de chrétien. Elle possède pourtant un élément d'esprit, de satire sociale et d'ironie, un scepticisme de subalterne qui se mue en tendresse bourgeoise, et une part de méchanceté. On y trouve non seulement cette nouvelle représentation du social, mais en même temps une auto-référence (théâtre, écriture) ludique. Tout cela est à mettre au compte des Lumières.

Gil Blas se tourne donc vers le passé et vers l'avenir. Mais le texte est moins double que triple. Les trois livraisons s'étalent sur une vingtaine d'années. (Le roman seul, ou celui de cette période, se prête à une telle ouverture). La soudure narrative de 1724 est plutôt réussie, celle de 1735 - la continuation de la continuation - moins heureuse. Mais on peut affirmer que les trois livraisons ont chacune un caractère différent, et qui reflète la décennie de sa composition.

L'ouvrage de 1715 est le plus près du "picaresque". Gil se déplace beaucoup et change souvent de situation, par nécessité autant que par choix. Il reste parmi les désavantagés de la société et assez près des "choses". Mais le récit de sa vie est ponctué par d'autres histoires, dont plusieurs "nobles". Gil sera peu en évidence dans les deux derniers livres. Nous passons par le romanesque et l'exotique (Gil chez les bandits ; Aurore en travesti ; esclavage à Alger et intrigues italiennes dans l'histoire de Raphaël). La structure est linéaire et épisodique. Le *Gil Blas* de 1715 est une œuvre ouverte et fragmentée. Il est le produit d'un moment d'expérimentation importante dans le domaine de l'écriture romanesque. La période entre 1700 et 1715 nous a donné le mode des "mémoires", l'exotisme décousu des *1001 nuits* et le proto-réalisme (également à histoires multiples) des *Illustres françaises*.

La continuation de 1724 - la Partie III - est plus unie. Gil parvient, se laisse corrompre, est disgracié, et quitte le grand monde. Il s'agit d'une étude morale approfondie. Elle a été préparée par le livre VII où le milieu était déjà privilégié et les notations plus fines. La Troisième Partie a dû être composée pendant la Régence. On y voit inévitablement le reflet de cette période : la vie de cour, intelligence et raffinement, morale politique et pratiques sexuelles plutôt louches.

La suite de 1735 reprend bien des personnages des deux livraisons antécédentes. La situation centrale, Gil homme de confiance d'un premier ministre, est également reprise. Mais les rapports affectifs prennent de l'importance. Gil est très attaché à son patron, comme à son valet ; il s'occupe de ses parents, s'établit, se marie, devient père et perd son épouse, etc. La providence se met de la partie, car les gens de mauvaise vie - Raphaël, Ambroise, Laure - sont enfin punis. Il est clair que nous avons affaire dans la livraison de 1735 à un nouveau moralisme et au sentimentalisme bourgeois.[4] La vieillesse de l'auteur (Lesage a 67 ans en 1735) explique peut-être les faiblesses esthétiques de cette dernière partie. Mais son *ethos* est tout à fait moderne. Sa meilleure expression dans la production littéraire des années 20 et 30 se trouve dans l'œuvre de Marivaux.

---

4. L'intérêt de la nouvelle intimité entre maître et valet dans les dernières parties de *Gil Blas* est considéré - un peu naïvement - dans Glen Campbell, "Domestic alliances and misalliances in Lesage's novels", *Studies on Voltaire and the Eighteenth Century* 305 (1992), pp. 1710-13. Plus probant est l'article de Cécile Cavillac, "La Dialectique du service dans l'*Histoire de Gil Blas de Santillane*", *Revue d'Histoire Littéraire de la France* 89 (1989), pp. 643-60, qui relève la contradiction entre l'éthique bourgeoise et la mentalité de maître/serviteur dont Gil reste prisonnier. Nous verrons pourtant que dans l'optique bakhtienne ce dernier choix est préférable. Remarquons que pareilles tensions - qui traduisent l'attitude profondément ambiguë de l'écrivain bourgeois devant la chose aristocratique - se trouvent dans les romans de Marivaux, de Voltaire et de Rousseau.

Carrefour de périodes, de genres et de styles, *Gil Blas* est aussi le lieu de rencontre de deux pays. L'histoire se déroule en Espagne. Les noms propres, certaines institutions (la sainte Hermandad) ou pratiques sociales (les duègnes), certains aspects de la vie matérielle (l'*olla podrida*) sont parfaitement espagnols. Et pourtant nous sommes en France. Il ne s'agit pas seulement de la réécriture littéraire et idéologique - l'adaptation du picaresque aux normes françaises - que nous avons relevée. Ni seulement de l'universalisme du discours français classique. Il est question d'un système de double référence. A travers l'Espagne de 1600 *Gil Blas* dépeint la France de 1700. Pour certains lecteurs contemporains le double sens était évident.[5] Les plus avisés auraient été en mesure d'identifier des allusions précises et des portraits individuels - "Ventoleria" représente le comédien Baron (p. 171), "Triaquero" vise Voltaire (p. 483). Ces derniers exemples sont "satiriques"[6] dans le sens strict du terme. Mais *Gil Blas* peut être qualifié de satire par le fait même d'utiliser l'indirection. Remarquons que Lesage nous invite à cette double lecture dans sa "Déclaration de l'auteur". Il procède par suggestion : "On voit en Castille, comme en France, des médecins dont la méthode est de trop saigner leurs victimes". Et il pratique la contre-suggestion : "A Dieu ne plaise que j'aie eu dessein de représenter quelqu'un en particulier" (p. 19). L'auteur nous prépare au jeu.

Pour Bakhtine les jeux de la représentation doivent être ancrés dans le social et le quotidien. De prime abord on dirait que cette "réalité" doit fatalement manquer dans un texte qui relaie la France de 1700 par l'Espagne des *picaros*. Il se peut pourtant que ce déplacement ait au contraire contribué à faire entrer dans la littérature un nouveau réalisme. C'est par le burlesque que le réalisme a fait son entrée dans le roman français de la première

---

5. "La scène est en Espagne ; mais il n'est pas difficile de s'apercevoir que tout l'ouvrage est une satire sur les mœurs du temps" (Recension dans les *Nouvelles littéraires*, 1715 ; citée dans Roger Laufer, *Lesage ou le métier de romancier* (Paris, 1971), p. 24).
6. A partir de leurs noms "parlants", dont on peut voir le glossaire dans Laufer, éd. cit., pp. 619-20.

moitié du dix-septième siècle (Sorel, Scarron, Furetière). C'est par le picaresque que l'homme du peuple est maintenant admis comme héros et narrateur littéraire. Mais grâce aux normes littéraires françaises de 1700 - bienséance sociale, morale et stylistique - il a fallu que la référence soit élargie et la présentation moins négative.

De ce point de vue il est certain que *Gil Blas* fait date. Il est considéré aujourd'hui comme le premier roman en français qui présente sans dénigrement une large gamme de la réalité sociale.[7] Les nombreux personnages constituent ensemble le tableau de la société. On a pu affirmer que ce tableau est compréhensif.[8] Lesage nous propose d'ailleurs - c'est encore une nouveauté - un héros qui doit gagner sa vie. Ce roman est "l'histoire d'une existence laborieuse". Ainsi "la tentative de promotion littéraire du travail [...] se précise dans *Gil Blas* et s'affirme comme une réussite".[9] Le détail des activités professionnelles de Gil fait-il donc partie d'une représentation plus générale du quotidien, et de ses différents discours ?

Sur toutes ces questions il faut apporter plus d'une nuance. Dans le tableau de la société, on a assez peu affaire à la bourgeoisie mercantile, aux petits commerçants, aux artisans et aux paysans.[10] Ainsi les classes vraiment laborieuses font défaut. Quand le détail

---

7. Pour Henri Coulet *Gil Blas* est "le premier en France parmi les romans réalistes" : *Le Roman jusqu'à la Révolution* (Paris, 1967), p. 336. D'après Vivienne Mylne il n'y a guère de doute que *Gil Blas* ne soit "the first true *roman de mœurs* in French" : *The Eighteenth-century French Novel : Techniques of Illusion* (Cambridge, 1965), p. 71. Georges May trouve que "*Gil Blas* témoigne [...] de l'effort fait par Lesage pour suggérer dans son roman la diversité et la complexité du réel" : *Le Dilemme du roman* (Paris et New Haven, 1963), p. 55. Dans son *Aspects of Contemporary Society in "Gil Blas"* (Studies on Voltaire and the Eighteenth Century 110, 1973), Katharine Whitman Carson apporte bien des témoignages historiques et littéraires à l'appui des propos de ce roman sur la vie des couches sociales.
8. "Le tableau est complet ; chaque type social y figure, peuple des campagnes et des villes, aubergistes, brigands, barbiers, tailleurs, alguazils, comédiens, [...] riches bourgeois, petits nobles, [...] seigneurs, ecclésiastiques, ministres, jusqu'au roi d'Espagne" (Coulet, *op. cit.*, p. 336).
9. Cécile Cavillac, *L'Espagne dans la trilogie "picaresque" de Lesage* (2 t., Bordeaux, 1984), pp. 467, 469.
10. Laufer, *op. cit.*, p. 295.

des activités nous est fourni, il s'agit le plus souvent d'un emploi ou d'un cadre social vulgaire (Gil chez les bandits, ou chez le médecin Sangrado), bien que le ton soit neutre. C'est-à-dire que le concret va de pair avec l'infériorité. Les manières de s'exprimer sont légèrement différenciées selon le groupe social. Chez les classes populaires on trouve quelques indications du style oral, soit dans la conversation ("Ho ça, Gil Blas" dit l'oncle chanoine de village, p. 24), soit dans le récit ("Fernand Pérez de la Fuente, mon grand-père, je prends la chose de loin, [...] mourut [...]" débute le barbier Diego, p. 103). Les comédiennes font de l'esprit, les petits-maîtres de l'insolence, etc. Les nobles en général ont le parler correct et neutre, sauf quand ils racontent leurs aventures tragiques dans le style élevé qu'on connaît.

En ce qui regarde le réalisme externe, il varie beaucoup selon les domaines. On nous donne des précisions sur le costume, surtout quand il fonctionne comme un indice moral (pp. 171, 240-1, 338, etc.). Nous sommes renseignés avec un intérêt évident sur les repas, surtout les mauvais (p. 103) et les bons (pp. 435-6). Quelques champs lexicaux sont bien exploités. Le vocabulaire de l'argent en particulier est varié, et très largement répandu tout au long de ce roman. L'habillement fournit une liste imposante.[11] Encore une fois, on a l'impression que c'est très souvent dans un contexte socialement modeste ou moralement comique que ces détails sont fournis. Il y a peu de descriptions physiques, hors quelques-unes de type grotesque (l'oncle, p. 23 ; le capitaine Chinchilla, pp. 356-7). Les indications sont pour la plupart conventionnelles et sans couleur : un seigneur "doué de la plus aimable figure" (p. 524) ; une dame "merveilleusement belle, faite à peindre" (p. 109). Les amants sont presque sans corps ; l'acte charnel est totalement occulté, ou plutôt assimilé au discours socio-verbal ("entretien particulier/secret" : pp. 354, 580, 586). Les voies de fait, même entre subalternes, sont rares. Peu de détails sont fournis sur les voyages. Les villes sont nommées, avec quelques indications sommaires, mais on a peu de sens de leur spécificité. (Voir par exemple le voyage à pied, p. 232 ; la visite de la ville, p. 482.) En un mot, il faut dire que la nomination

---

11. Voir les statistiques établies par Laufer, *op.cit.*, pp. 292-4.

est quelquefois assez riche, mais la substance manque, le corporel est quasiment absent.

Sans corps, pas de carnavalesque ? Mais il faut tenir compte de l'époque et de son écriture. Je parlerai plutôt d'un carnaval géométrique. La réalité n'est pas très étoffée. Elle est découpée en unités. Mais Gil le protagoniste y voyage inlassablement, et Gil le narrateur la raconte dans son style ironique sinon joyeux. La réalité dans ce roman est aussi très verbale. Elle est moins vécue que nommée ; et elle est fournie autant par tous les interlocuteurs dont Gil transmet les histoires. On la passe en revue, et de plusieurs manières. Les figures de la totalité et d'autres éléments de la vision carnavalesque sont bien présents. Nous allons les faire ressortir.

Il a été beaucoup question de la multiplicité des couches sociales, dont on fait le tour. Mais il y a également dans ce roman la revue topographique, le tour de l'Espagne. Gil voulait quitter sa ville natale parce que, comme il l'explique, "je mourais d'envie de voir le pays" (p. 24). Plus tard il nous confie qu'il "formai[t] la résolution de parcourir l'Espagne et de [s]'arrêter de ville en ville" (p. 232). C'est ce qu'il fait. En commençant par Oviedo (dans le nord-ouest), il séjourne à Burgos (p. 61), Valladolid (p. 67), Olmedo (p. 123), Ségovie (p. 127), enfin à Madrid (p. 127) ; il fait un petit détour à Salamanque (p. 208), se rend à Tolède (p. 232), et après bien des aventures se trouve au château de Leyva (vers Valence) (p. 309) ; il prend la route de Grenade (p. 321), retourne à Madrid (p. 356), est emprisonné à Ségovie (p. 433), et regagne Madrid (p. 459) ; il rend visite à ses parents dans les Asturies, puis s'établit au château de Lirias (vers Ségorbe) (p. 476), repart, visite Valence, passe plus de vingt ans à Madrid (en faisant sans doute quelques voyages, comme celui de Tolède d'où il ramène Laure-Estelle et Lucrèce), et se retire encore une fois à Lirias.

La figure de la globalisation géographique se répète chez d'autres protagonistes populaires. Diego l'apprenti barbier rapporte la consigne qu'on lui a donnée. "Tu as besoin de voyager pour te dégourdir et pour te perfectionner dans ton art. Pars, et ne reviens à Olmedo qu'après avoir fait le tour de l'Espagne" (p. 105). (Il y a bien ici le sens d'un tour de formation professionnelle, traditionnel dans les corps de métiers : la figure est ancrée dans une pratique d'artisanat.) "Don" Raphaël, fils de comédienne madrilène, n'a pas besoin de conseils. "Je me suis mis dans le goût des voyages. Je veux faire le tour de l'Espagne" (p. 252). Scipion lui aussi fait de la route : enfant encore, il quitte Tolède (p. 502) pour Séville (p. 508), puis Cordoue (p. 514), et enfin Madrid (p. 532) où il s'attachera à Gil.

Au lieu d'englober le monde par le voyage, on peut en rassembler la plénitude dans un seul endroit. Gil pénètre dans l'appartement d'Arsénie :

> " Quel luxe ! [...] Je m'imaginai voir toutes les richesses du monde réunies dans un même lieu. Il est vrai qu'il y en avait de plusieurs nations, et qu'on pouvait définir cet appartement : le temple d'une décsse où chaque voyageur apportait pour offrande quelques raretés de son pays. " (p. 167)

Il s'agit d'une femme, pour qui la possibilité de voyager est moindre. Mais c'est une comédienne, qui réunit en elle-même une multiplicité de rôles. Fabrice sera "métamorphosé en auteur" sous la tutelle d'un écrivain qui fait "tantôt des sonnets ou des romances, tantôt des comédies, des dizains et des létrilles", enfin "tous les genres". Dans son appartement "la chambre et l'antichambre étaient tapissées de cartes géographiques, et de thèses de philosophie" (pp. 363-5). La version joyeuse de cet univers de lettres fait partie de la fête de village - festin, mariage, jeux, danses, fanfare et spectacle théâtral, en plein air - chez Diego. Le théâtre de carton est décoré de "devises grecques et latines" par l'oncle Thomas qui "sait par cœur une infinité de livres de collège" dont il "rapporte sans cesse des passages dans la conversation" (pp. 123-6). La bibliothèque de château sera une autre affaire. Cet univers est coupé de la vie orale et populaire ; il est respectable comme son nouveau propriétaire. A Lirias, Gil entre seul dans

> " un cabinet où régnaient tout autour des armoires basses remplies de livres, sur lesquelles étaient les portraits de tous nos rois. [...] Je donnai principa- lement mon attention à la bibliothèque. Elle était

composée de philosophes, de poètes, d'historiens et
d'un grand nombre de romans de chevalerie. " (p. 491)
Heureusement que ce dernier genre en fait partie, pour jeter toujours
un peu d'ironie sur le tout. Plus vivant et plus varié est le monde
des "histoires". Gil les accueille toutes et nous les rapporte. Ce
roman est "une mosaïque de discours à la première personne".[12]
Compte tenu des multiples emprunts et adaptations pratiqués par
Lesage, il est aussi en quelque sorte une encyclopédie de la littérature narrative et dramatique de l'âge d'or espagnol. Ainsi *Gil Blas*
"extériorise" le fait que tout énoncé un peu long est, comme le dit
Kristeva après Bakhtine, une mosaïque de citations.

Plusieurs "mondes" sociaux sont passés en revue. A Gil, valet
aspirant, on propose la liste des maîtres possibles :

" Il y a, continua-t-il, d'excellents postes vacants. Je
vais vous les nommer et vous choisirez celui qui vous
plaira. [...] Il faut un laquais au capitaine Torbellino,
homme emporté, brutal et fantasque. Passons à un
autre, m'écriai-je à ce portrait. [...] Dona Manuela de
Sandova, douairière surannée, hargneuse et bizarre,
[...] " (p. 76).

Plus tard on fera l'inspection des habitués de salon. A l'intention de
Gil - et du lecteur - "le gouverneur des pages, qui par hasard était
alors dans l'antichambre, [...] les dépeignait agréablement" (p. 229).
Ou bien on dépeint tous ceux dans "une grande salle" qui cherchent
audience auprès du premier ministre. "Il y avait là plus de monde
que chez le roi. Je vis [...]" (p. 386). Ou bien on est dans une salle
de théâtre. "Je m'arrêtai quelques moments à la porte pour considérer les personnes qui entraient. J'en remarquai de toutes les
façons. Je vis [...]" (p. 483).

Il s'agit dans ces derniers cas d'espaces intérieurs (qui font
contraste avec la grand-route et le pré, lieux ouverts au maximum),
où l'entrée est limitée aux privilégiés. La salle de théâtre réunit
pourtant "cavaliers", "dames" et "aventurières" - petit brassage
social qui constitue une figure hétérogène et mobile. "Ce concours

---

12. Francis Assaf, *Lesage et le picaresque* (Paris, 1984), p. 110.

confus de toutes sortes de spectateurs" inspire à Gil "l'envie d'en augmenter le nombre" (p. 483). Mais dans le café il se tient à l'écart de la bruyante assemblée des auteurs. Fabrice explique à Gil ce "tableau changeant" (pp. 367-8). Quand Gil les invite chez lui, tout le monde se met "à table fort gaiement". Mais bientôt "la nation des auteurs" se défait en querelles ; puis "ces furieux se lèvent de table et se battent à coups de poing" ; Gil les met dehors (p. 412). La figure est ici un peu plus riche : la multiplicité devient unité pour se désagréger ensuite ; les auteurs sont dehors, dedans, dehors ; ils sont debout, assis, debout. Mais ce sont pour Gil "de vilaines gens". La violence des corps est présentée d'une manière non joyeuse mais purement négative.

Les rares exemples de figures de corporalité joyeuse se trouvent bien sûr chez les gens du peuple. Présentés dans des récits de *picaros*, ils sont ainsi mis doublement à distance - par le genre et par l'encadrement. Diego le valet qui "marchait [...] dans la rue" pour aller chez la dame qui l'adore est tout d'un coup "coiff[é] d'une cassolette qui ne chatouillait pas l'odorat" (p. 112). Scipion, écolier en fugue sur "le grand chemin", déchire sa grammaire latine. "J'assouvissais ma vengeance en jonchant autour de moi la terre de déclinaisons et de conjugaisons" (p. 502). Il s'agit d'un baptême burlesque, et d'un code morcelé. Le sacré est détrôné. On le rabaisse et le démystifie en lui donnant un corps. Le topos du baptême-par-l'ordure est assez répandu dans la littérature comique ; celui du langage morcelé est plus remarquable dans un roman de 1700, bien qu'il ne soit utilisé que très brièvement et d'une manière quasiment métaphorique.[13]

Ces deux épisodes se passent le premier dans la rue, le deuxième sur la grand-route. Un autre "carrefour" sera le lieu de l'entrée dans la vie publique de Gil, et de Diego. Tous deux sont dupés dans

---

13. Le baptême-par-l'ordure se trouve dans la source espagnole de cette histoire (voir p. 622, n° 27) ; d'autres exemples dans Furetière, *Le Roman bourgeois* (dans *Romanciers du XVIIe siècle*, éd. Antoine Adam (Paris, 1968)), p. 924 ; Voltaire, *Candide*, fin du chapitre 3. L'image des conjugaisons jonchées par terre n'est pas sans rappeler les "paroles gelées" dans Rabelais, *Le Quart Livre*, ch. 56. Il est plus que probable que Lesage l'a reprise à un modèle ibérique.

l'auberge (et en partageant un repas). Avant d'être détrônés, ces personnages modestes sont tous deux couronnés (la cassolette viendra à son tour). Le premier fripon assure que "Le seigneur Gil Blas de Santillane [...] mérite d'être traité comme un prince" (p. 29). L'autre dira à Diego "Ça, mon gentilhomme [...] On va vous traiter comme un prince" (p. 104). Scipion enfant jouera dans une pièce de théâtre "le rôle du jeune roi de Léon". Il en est si content qu'il a hâte de "gagner la rue et [s]e sauver avec [s]es habits royaux" (p. 512). C'est Scipion aussi qui nous donne quelques indications sur la signification profonde de ce topos si répandu dans la littérature comique. Le récit de sa vie commence ainsi :

> " Je serais, dit Scipion, fils d'un grand de la première
> classe, ou tout au moins de quelque chevalier de Saint
> Jacques ou d'Alcantara, si cela eût dépendu de moi ;
> mais comme on ne choisit point son père [...] "
> (p. 500)

Le valet rêve d'être roi (Sancho Pança veut devenir gouverneur). Son "histoire" aurait pu être une autre histoire. L'inégalité, voire la vie, est l'œuvre du hasard.

La vie est sous le signe de la fortune. Les continuels retournements dans les aventures du *picaro* en apportent la preuve. De même les coïncidences, les rencontres inopinées, qui abondent dans *Gil Blas*. Revers et reconnaissances font également partie des histoires nobles. Mais les histoires nobles vont presque toujours dans le sens d'un destin. Elles se ferment sur la mort ou le mariage d'amour du héros unique. L'histoire du *picaro* reste ouverte. Lui garde ses distances, ou ne s'engage que provisoirement, ce qui signifie que rien n'est terminé. On affiche ainsi non seulement la liberté humaine mais, comme le dit Bakhtine, la joyeuse relativité de toutes choses. C'est Fabrice, dès son entrée dans le roman, qui explique cette grande leçon à Gil. Au triste récit des "aventures assez bizarres" de ce dernier, il répond :

> " Il faut se consoler, mon enfant, de tous les malheurs
> de la vie. Un homme d'esprit est-il dans la misère ? Il
> attend avec patience un temps plus heureux. Jamais,
> comme dit Cicéron, il ne doit se laisser abattre jusqu'à

ne se plus souvenir qu'il est homme. Pour moi, je suis
de ce caractère-là. Mes disgrâces ne m'accablent
point. Je suis toujours au-dessus de la mauvaise
fortune. " (pp. 72-3).
Gil continuera d'être ballotté par la vie. Il se plaint d'être "le jouet
de la fortune" (p. 320), ou de "tant de tours qu'elle [lui] avait joués"
(p. 321). Ce n'est pas qu'elle soit nécessairement hostile - Gil évoquera "les faveurs de la fortune" (p. 414). Sa qualité essentielle est
d'être toujours instable, toujours en jeu. C'est un diseur de bonne
aventure qui marque ainsi la différence entre fortune et destin. Dans
la vie de Gil il voit une succession bizarre de disgrâces et de
prospérités ! "mais vous avez déjà éprouvé une grande partie de ces
alternatives de fortune. Il ne vous reste plus guère de malheurs à
essuyer, et un seigneur vous fera une agréable destinée qui ne sera
point sujette à changement" (p. 351).

Mais "fortune" a aussi un autre sens. Les ducats de dona Mencia
inspirent à Gil l'idée de "tâcher de faire fortune dans le monde"
(p. 64). Cette notion ne dure que le temps de se faire dévaliser. Car
il ne s'agit pas du tout d'une volonté fixe de parvenir, comme on en
trouvera au dix-neuvième siècle. Effectivement, à la fin de la Partie
II, Gil refuse une offre très avantageuse :

" [Le] comte de Polan [...] me dit qu'il se chargeait de
faire ma fortune ; mais je le remerciai de sa générosité,
et je ne voulus point quitter don Alphonse. " (p. 310)
Malheureusement, au cours de la Partie III, Gil se laisse investir par
le social. Bien avant la période avec Lerme il s'en rend compte (ou
est-ce le narrateur qui parle ?). "Je m'étais chez mes derniers maîtres
trop affectionné aux commodités de la vie ; je ne pouvais plus
comme autrefois envisager l'indigence en philosophe cynique"
(p. 380).[14] A la cour c'est pire. Gil est tout à sa carrière. On en fait
le point.

---

14. Remarquons que la philosophie "cynique" - strictement, celle de Diogène
(voir p. 458) - *condamnerait* les richesses. La notation est donc inexacte, car si
le Gil de 1715 ne cherchait pas à parvenir, il n'était pas non plus hostile aux
plaisirs de la vie. Son attitude ressemblait à celle - de provenance picaresque -
affichée toujours par Fabrice et par Scipion. Le premier affirme "Je m'accom-

" L'avarice et l'ambition qui me possédaient changèrent entièrement mon humeur. Je perdis toute ma gaieté. [...] Fabrice, me voyant tout occupé du soin de sacrifier à la fortune [...] ne put même s'empêcher de me dire un jour : en vérité, Gil Blas, je ne te reconnais plus " (p. 425)

Le désir de la fortune (individuelle) fait perdre à Gil la joie et la liberté picaresques, qui reposaient sur la véritable philosophie de la fortune (qui "se joue" de tout). Gaieté, liberté et le sens du jeu sont trois éléments constitutifs de la vision carnavalesque. Nous allons les examiner.

La gaieté caractérise tous les principaux personnages populaires dans ce roman. Gil la possédait dès le début : enfant "si éveillé", en se mettant en route il "n'étai[t] pas maître de [s]a joie" (pp. 23, 25). Sa liaison avec Laure est lancée par la gaieté : "il nous prit même à tous deux une envie de rire que nous ne pûmes nous empêcher de satisfaire" (p. 152). Il se moque de Fabrice ("Toi, favori d'Apollon, m'écrai-je en riant" : p. 363) ; Fabrice se moque de Gil et de lui-même ("à ces paroles, il se mit à rire" : p. 368). Diego le garçon barbier qui racontera son histoire est "de bonne humeur" (p. 102). Avec Scipion l'on entrevoit le "grotesque" traditionnel : c'est "un de ces personnages comiques qui n'ont qu'à se montrer pour égayer une compagnie" (p. 500). Les indications corporelles sont totalement absentes. Mais métaphoriquement au moins il incarne la joie : "on aurait pu le surnommer à juste titre le Garçon de bonne humeur" (p. 454). Scipion remplace Gil ("un autre moi-même" : p. 454) dans son rôle de subalterne joyeux quand celui-ci est devenu trop respectable. Mais plus exactement, Gil est dédoublé dans le narrateur. Le ton du Gil narrateur est gai, jusqu'à l'épisode de Lerme, et restera ironique.

Deux autres groupes se distinguent par leur gaieté. Ils se composent eux aussi de marginaux. Le premier est celui des bandits et fripons. La bande du souterrain reçoit "avec de grandes démons-

---

mode également du grand monde et de la retraite, de l'abondance et de la frugalité" (pp. 364-5). Le deuxième expliquera pourquoi il ne s'est pas enrichi : "j'aime à faire circuler les espèces ; je ne thésaurise point" (p. 400).

trations de joie" les propositions de Rolando (p. 35). Raphaël et Ambroise habillés en ermites s'amusent d'eux-mêmes : "nous nous trouvions si plaisamment équipés, que nous ne pouvions sans rire nous regarder sous ces habits" (p. 293). L'autre groupe est constitué par les comédiens. Leur premier représentant, l'indigent Zapata, aborde Gil et Diego "d'un air riant" (p. 120). La compagnie théâtrale de Séville est qualifiée par Laure de "bande joyeuse" (p. 342).

Ils partagent tous également le goût du jeu. Ils sont adonnés au masque. La critique a souvent relevé l'importance du théâtre dans *Gil Blas*. Chacune des trois livraisons comprend un épisode théâtral. Remarquons que chacune des histoires "picaresques" intercalées passe aussi par le théâtre. Les deux oncles de Diego en font ; Raphaël est fils de comédienne ; Scipion monte sur les planches chez l'archevêque. Laure - Gil n'aura pas d'autre attachement sentimental avant son mariage - est surtout comédienne. Mais le masque implique aussi le jeu du déguisement. Gil et Laure ont commencé leurs amours sous de fausses identités. Le moment de la révélation est celui de la joie - nous l'avons vu - et des félicitations. "Vous avez fait votre rôle à ravir, et je ne me suis point mal non plus acquittée du mien" (p. 152). Même quand il est nécessaire le masque fait plaisir. Ou plus exactement on se plaît à l'idée du masque. Raphaël en utilise le vocabulaire à propos du projet de se déguiser en ermite. "J'approuvai cette bizarre imagination, moins pour les raisons qu'Ambroise me disait que par fantaisie et comme pour jouer un rôle dans une pièce de théâtre" (p. 293). Les personnages marginaux ont volontiers recours à ce métalangage théâtral. Gil protagoniste - et surtout narrateur - de même (pp. 29, 48, 187, 212, etc.). Il est assez largement répandu dans le texte de *Gil Blas*. J'y vois une thématique moins de la fausse apparence (baroque) que du jeu (rococo et carnavalesque).

Le principe de la réflexivité dans *Gil Blas* est manifeste surtout dans l'importance donnée au théâtral, et à l'écrivain. C'est ainsi que ce roman met en évidence son propre statut de produit et de représentation codée.[15] Le théâtral et le littéraire sont les domaines

---

15. Cette dimension réflexive est très bien développée dans le chapitre consacré à *Gil Blas* de Marie-Hélène Huet, *Le Héros et son double. Essai sur le roman*

des deux personnes les plus proches de Gil : Laure et Fabrice. Laure et Fabrice prônent tous deux leur liberté dans le jeu. Fabrice, nous l'avons vu, explique à Gil comment on peut à la fois accepter et dominer la fortune. Dans la vie sociale, continue Fabrice, on reste libre en "jouant [... un] rôle" devant son maître. Et il propose à Gil de se faire laquais, "qui n'engage à rien" (p. 74). Devenu auteur, à Gil courtisan il vantera "[s]a vie libre et indépendante" (p. 365). Dans l'"histoire de Laure" on vante "la condition libre" des comédiens.

> " Rien n'est plus convenable aux personnes d'esprit qui manquent de bien et de naissance. [...] Nos revenus nous sont payés en espèces par le public qui en possède le fonds. Nous vivons toujours dans la joie et dépensons notre argent comme nous le gagnons.
> Le théâtre, poursuivit-elle, est favorable surtout aux femmes. " (p. 343)

Lorsqu'elle était encore suivante, Laure avait expliqué à Gil comme

> " nous autres, dames de théâtre, nous vivons sans contrainte et pêle-mêle avec les hommes. Je conviens qu'il y paraît quelquefois ; mais le public en rit, et nous sommes faites, comme tu sais, pour le divertir. "
> (p. 152)

Ne peut-on dire que cette philosophie de la liberté, de la joie, et du jeu (social et artistique) est celle de Gil Blas et de *Gil Blas* ? En partie seulement. Dans le *Gil Blas* de 1715, Gil, Fabrice et Laure partagent plus ou moins cette philosophie. Tous les trois sont dans le service. Mais dans la livraison de 1724, Laure qui devient comédienne et Fabrice devenu auteur resteront libres d'esprit ; Gil, intendant puis courtisan, perdra sa liberté. Gil aime Laure et il aime Fabrice, mais il ne sera jamais comédien, ni même auteur littéraire, de profession. Son attitude envers Laure et la vie de théâtre est pourtant plus compliquée et, dès le début, profondément ambiguë.

---

d'ascension sociale au XVIIIe siècle (Paris, 1975) ; et dans Marie-Paule Laden, "Lesage's *Gil Blas* : Double imitation, duplicitous writing", *Degré Second* 7 (1983), pp. 1-25, qui utilise en partie une approche bakhtinienne.

"J'étais charmé de ma soubrette, quoique son caractère ne fût pas moralement bon" (p. 168). Ensuite, "les désordres de la vie comique commencèrent à [lui] faire horreur" (p. 176). Gil s'enfuit. Ce scénario - envoûtement puis fuite - se répète dans la Partie III (livre VII). Ce n'est pas par hasard que la séduction opérée par la vie théâtrale soit symbolisée par une femme subalterne et libre - dans les deux sens - et rejetée avec elle. Dans la livraison de 1735 il sera beaucoup moins question de ce domaine dangereux. Avec un parfait pharisaïsme, Gil le courtisan procurera la fille de Laure pour son roi, tout en reprochant à la mère son immoralisme. La petite en mourra de honte, et le narrateur nous apprend avec satisfaction que la mère s'est retirée dans un couvent pour pleurer sa mauvaise vie (p. 586).

L'Église condamne le théâtre - c'est Gil le narrateur qui nous le rappelle (p. 333). La position de l'Église vis-à-vis de la littérature d'imagination est plus nuancée. Celle de Gil également. Gil riche courtisan propose à son ami Fabrice auteur indigent "un poste honnête et lucratif" à condition "de ne plus composer d'ouvrages d'esprit". Fabrice répond que la condition est déjà remplie. "Un père de Saint-Dominique m'a fait abjurer la poésie, comme un amusement qui, s'il n'est pas criminel, détourne du moins du but de la sagesse." Gil lui donne une bourse et Fabrice exprime chaleureusement sa gratitude (pp. 554-5). Il récidive pourtant, pour occuper à la fin une position à tous points de vue incertaine (pp. 592-3). A travers Gil, Lesage refuse la vie libre et multiforme représentée par Laure et Fabrice. La vie du théâtre est condamnée pour son immoralisme (et son "féminisme" ?). Envers l'auteur, Lesage est moins hostile - et pour cause. L'auteur est moins nocif qu'absurde. Adonné à la préciosité et à l'obscurité, il récuse le "simple et [...] naturel" (p. 365) de Gil. Voué à une existence marginale sinon besogneuse, il refuse le confort social et financier de Gil. Mais Gil n'est pas le roman. Gil Blas n'est pas *Gil Blas*. Celui-ci, de par son genre "populaire", sa structure dialogique, et le génie de Lesage, ne se laisse pas récupérer. Ou pas tout à fait. Le roman de *Gil Blas* nous indique les possibilités et les limites du carnavalesque à cette époque : une représentation du social mais très peu du corporel, et des discours littéraires mais assez peu des idiolectes oraux ; juxtaposition plutôt qu'interpénétration ; ton ironique autant que joyeux. Moins le rire que le sourire.

Robin Howells
Birkbeck College, London

LES GAÎTÉS DE GIL BLAS
OU LES VIGILANCES DU MÉMORIALISTE

> " Et surtout je sais tout regarder sans y croire.
> Les guignols de la vie vraie sont encore plus bêtes
> que les pauvres chers guignols de mon enfance. "
> Norge, *Plusieurs malentendus* (1926)

Madame du Deffand, écrivant à Voltaire en 1759, lui réclamait, non "point de la philosophie mais du goût, de la grâce, de la gaîté".[1] Elle considérait la gaîté comme la marque d'une morale[2], mais aussi comme un espace rêvé de la civilité et l'une des modalités de la sociabilité. Un demi-siècle auparavant, Bussy-Rabutin affirmait à Madame de Sévigné que Dieu l'avait créé pour jouir des plaisirs de l'existence, et non pour se laisser envahir par le sérieux et la tristesse.

Il n'est pas certain que notre Gil, au cours de la rédaction de ses mémoires, eût cherché à donner des raisons, mondaines ou métaphysiques, à son propre goût pour la gaîté ; mais son esprit de gaîté se manifeste constamment dans les trois domaines des mœurs (manière de vivre, comportement) des sentiments (amour, amitié, fidélité, honneur), et des discours (paroles, écriture) ; de sorte que peuvent être analysées successivement : les gaîtés du corps, les gaîtés du cœur, et les gaîtés de l'esprit, dans les six premiers livres de l'*Histoire de Gil Blas de Santillane*. Serait-ce que Gil était gai de nature ? Ou que les circonstances de sa vie en auraient expulsé la rigidité, la sévérité, ou cette mélancolie si chère au cœur voluptueux

---

1. Lettre du 1er octobre 1759, in *Lettres à Voltaire* (préf. de Chantal Thomas, éd. Rivages pohe, 1994, p. 34).
2. *Cf.* le 21 octobre 1769 : "J'attends avec impatience ce que vous me promettez à la fin de l'hivers : cela sera-t-il gai ? Nous n'avons besoin à nos âges que de nous amuser.Vous avez assez instruit le genre humain, ne songez plus qu'à vous divertir et à divertir vos amis." (éd. citée, pp.131-132).

d'un La Fontaine[3] ? Gaîté spontanée ou gaîté cultivée ? Gaîté d'âme ou gaîté de volonté ?

Il est très tentant de penser que Gil s'initia à la gaîté comme il subit, tout au long de ses aventures, un apprentissage systématique qui lui révéla les surprenantes règles de la vie sociale et morale de son temps ; la gaîté devenant une façon de réagir à la découverte d'un monde trop différent de la culture idéaliste transmise par les grands textes du passé pour ne pas décevoir ou interloquer un jeune écolier brillant à peine sorti de ses livres de latin et de grec, pas encore "revenu" de quoi que ce soit quand il quitta son père et sa mère ; une gaîté se substituant à la misanthropie tellement à la mode à la fin du siècle précédent jusque dans l'augustinisme mondain d'un La Rochefoucauld[4] ; le plaisir serait la loi réelle de la vie et du monde, et lui Gil n'en serait pas l'un des bénéficiaires ? Serait-il exclu de cette attrayante sphère comme Alceste l'avait été du cercle de Célimène ? Devrait-il s'en exclure ? Allait-il, jouant au moraliste hautain ou à l'écrivain sublime, se fabriquer un système de représentation dans lequel la beauté héroïque de l'effort compenserait le déplaisir de l'abstinence ? Entre le Charybde de la misanthropie comique et le Scylla d'un jansénisme aristocratique, devait-il choisir, au risque de tranformer ses mémoires en "Mémoires"[5] désabusés et non en "Histoire"[6] plus proche de cet esprit moderne que Lesage sentait se développer autour de lui ?[7]

---

3. Les beaux vers sur lesquels s'achève le récit poétique des *Amours de Psyché et de Cupidon* (1669), splendide hymne consacré à la Volupté, y incluent la mélancolie : "*...il n'est rien qui ne me soit souverain bien, / Jusqu'au sombre plaisir d'un cœur mélancolique*". (Seuil, Coll. L'intégrale, 1965, p. 453)

4. *Cf.* sur cette question l'ouvrage de J. Lafond : *La Rochefoucauld ; augustinisme et littérature*, Klincksieck, 1986.

5. Sur ce genre pas tout à fait encore littéraire au XVIIème siècle, voir l'enquête magistrale de M. Th. Hipp : *Mythes et réalités, enquête sur le roman et les mémoires (1660-1700)*, Klincksieck, 1976.

6. Sur cette délicate question des dénominations des "récits fictifs" (pour reprendre une expression appropriée, proposée par B. Didier dans son *Histoire de la littérature française du XVIIIème siècle*, Nathan, 1992, p. 94) voir R. Démoris, *Le roman à la première personne. Du classsicisme aux Lumières* (Colin, 1975) et d'un point de vue plus esthétique, G. May, *Le dilemme du roman au XVIIIème siècle, 1715-1761* (P.U.F., 1963).

7. Sur le nouvel état d'esprit qui se répand en France entre 1680 et 1715,

I - Une existence au risque du désespoir.

Il n'est pas impossible de déceler, dans les aventures de Gil, des raisons de céder à la mélancolie ; ne serait-ce que du fait de certaines circonstances, de nature à pousser à la tristesse ou même au désespoir. Un jeune étudiant doit se rendre à l'Université ; à peine a-t-il mis les pieds hors de chez lui, qu'un mendiant le menace d'une escopette qui lui "parut plus longue qu'une pique". (I, 2, p. 6), tant sa frayeur est grande. Son émotivité métamorphose son rapport au monde, comme si sa petite âme tendre, davantage habituée aux dimensions médiocres d'Oviédo, ressentait soudain les événements à la manière excessive d'un Don Quichotte bourgeois. Le contraste est brutal entre la joie insouciante que sa toute neuve liberté et les quelques ducats soutirés à ses parents lui autorisent et le heurt avec une réalité qui ressemble plus à une chambre de dégrisement qu'à un paradis confirmant des espoirs juvéniles ; la mule, offerte par l'oncle chanoine, ajoute son inertie à la trahison d'un monde inhospitalier, en refusant de s'enfuir au grand galop loin du brigand :

> " il me donna autant de bénédictions que je donnai de
> coups de pied dans les flancs de ma mule, pour
> m'éloigner promptement de lui ; mais la maudite bête,
> trompant mon impatience, n'en alla pas plus vite ".
> (*ibid.*)

En quelques lignes, le récit s'est chargé d'enlever à Gil l'illusion que le monde coïnciderait spontanément à son humeur personnelle (la joie de la première liberté) et répondrait volontiers à ses souhaits (fuir le danger) : agressivité du mendiant puis placidité de la mule se font écho de part et d'autre d'un espace où notre adolescent pénètre joyeux d'être "maître de lui-même"[8] (p. 5) et dont il ressort effrayé et pessimiste : "Je ne tirai pas de cette aventure un augure favorable pour mon voyage." (p. 6) Cette tache grise qu'écrase le réel sur

---

consulter P. Hazard, *La crise de la conscience européenne*, (Paris, Boivin, 1935) et *Actes du Colloque Fontenelle*, (éd. A. Niderst, Paris, Puf, 1988).
8. On reconnaît dans ces expressions emphatiques, les prétentions du classicisme d'un Descartes et d'un Corneille.

l'image euphorique de la vie, naïvement intériorisée par Gil, ne sera pas réduite dans l'anecdote suivante ; au contraire, celle-ci, se déroulant sous les yeux de quelques témoins, humiliera son "orgueil" (p. 10) : victime d'un parasite qui en fait la risée de l'auberge où il dîne, il passe une mauvaise nuit : "Agité de ces pensées mortifiantes, enflammé de dépit, je m'enfermai dans ma chambre et me mis au lit ; mais je ne pus dormir" ; son réveil aussi en est gâché : "J'eus encore le chagrin de m'apercevoir que le bourreau - ainsi désigne-t-il, par amertume, son hôtelier qui lui présente la facture du dîner à son lever - se ressouvenait de mon aventure" (p. 11) ; mais surtout, le pauvre Gil en a le jugement brouillé et se trouve atteint d'une bouffée délirante de type paranoïaque : "Ah ! pauvre Gil Blas, meurs de honte d'avoir donné à ces fripons un juste sujet de t'avoir tourné en ridicule. Ils vont composer de tout ceci une belle histoire qui pourra bien aller jusqu'à Oviédo, et qui t'y fera beaucoup d'honneur." (p. 10) Comme si ces raisons imaginaires (elles ne bénéficieront d'aucune confirmation dans la diégèse) ne lui suffisaient pas pour se fustiger, il poursuit son délire, en cercles concentriques, jusqu'à entendre ses parents se repentir d'avoir un enfant aussi "sot" (p. 10).

Voici donc face à face les hommes concrets et un jeune homme à la fois démuni et cultivé ; capable, d'un côté, de manier avec succès les instruments de la dialectique verbale[9] ; confronté, de l'autre, à un monde réel qu'il ignore et découvre très différent de celui que façonnaient, dans son imagination d'écolier, les auteurs de l'antiquité (Sénèque, Horace, Homère, Virgile, Phèdre, Aristote) autant que les auteurs modernes (Corneille, Racine, Crébillon-père) dont ses mémoires nous indiquent qu'il a été effectivement très familier ainsi qu'il le prétend dans son premier chapitre (I,1, p. 4). Tête bien

---

9. Le mémorialiste prend soin de signaler la parfaite conformité de l'éducation scolaire dont Gil a bénéficié au cursus orthodoxe de l'enseignement sous l'Ancien Régime : "Je profitais si bien des instructions qu'on me donna, qu'au bout de cinq ou six années, j'entendis un peu les auteurs grecs et assez bien les auteurs latins. Je m'appliquais aussi à la logique, qui m'apprit à raisonner beaucoup. J'aimais tant la dispute, que j'arrêtais les passants, connus ou inconnus, pour leur proposer des arguments. Je m'adressais quelquefois à des figures hibernoises qui ne demandaient pas mieux, et il fallait alors nous voir disputer." (I, 1, p. 4).

pleine, Gil est un adolescent savant mais aussi une tête apparemment bien faite, puisque ses parents n'ont pas négligé de le pourvoir en rudiments d'éducation morale (politesse, pondération, respect d'autrui, des biens et des personnes) ; d'ailleurs lui-même ne cesse de rappeler que son éducation lui a laissé le goût de l'honneur et de la religion[10] ; son discours spontané confirme, dans sa forme virgilienne et dans son fond de morale rationaliste, la véracité de ses prétentions : "Heureux qui peut ainsi profiter des moments de raison qui viennent troubler les plaisirs dont il est trop occupé !" (p. 192) ; son attitude tout autant : il semble être habitué à une technique de retour sur soi propre à la religion chrétienne (catholique), l'introspection préalable à la confession :

> " Je me livrai à toutes sortes de voluptés. Mais je dirai en même temps qu'au milieu des plaisirs je sentais souvent naître en moi des remords qui venaient de mon éducation et qui mêlaient une amertume à mes délices [...] et par un effet de mon heureux naturel, les désordres de la vie (au milieu des comédiens) commencèrent à me faire horreur. "
>
> (III, 12, p. 191)

Et dans un élan très chrétien de révision de vie, le jeune Gil s'avoue et se confesse non tant sa perplexité que ses péchés d'enfant prodigue : "Ah ! misérable, me dis-je en moi-même, est-ce ainsi que tu remplis l'attente de ta famille ?" A partir de ce constat général de mauvais fils, il articule une à une ses trahisons ; d'abord, le choix d'un mauvais métier : "N'est-ce pas assez de l'avoir trompée en prenant un autre parti que celui de précepteur ?" ; ensuite le choix d'une mauvaise conduite : "Ta condition servile te doit-elle empêcher de vivre en honnête homme ?" ; enfin, le choix d'une mauvaise société : "Te convient-il d'être avec des gens si vicieux ?". Ne

---

10. *Cf.* Ses réflexions pour rendre vraisemblable son intolérance aux mœurs des comédiens : "Un reste d'honneur et de religion que je ne laissai pas de conserver parmi des mœurs si corrompues, me fit résoudre non seulement à quitter Arsénie, mais même à rompre tout commerce avec Laure, que je ne pouvais cesser d'aimer, quoique je susse bien qu'elle me faisait mille infidélités." (IV, 1, p. 192).

s'épargnant aucunement la "sévérité" propre à tout bon chrétien qu'un Voltaire déclarera trop "gothique" pour être honnête en 1734[11], Gil se fustige et énumère la liste malsonnante des vices sociaux qu'il a côtoyés et parfois partagés : l'envie, la colère, l'avarice, l'impudeur, l'intempérance, la paresse et l'orgueil qui, par leur nombre tout au moins, ne sont pas sans rappeler les sept péchés capitaux, et par leur nature, la "misère" de l'homme par quoi les jansénistes désignaient la triste condition d'une nature humaine privée de la grâce divine ; à leur manière, en faisant preuve de volonté et de force intérieure pour se libérer du mal, il n'oublie pas la "grandeur" de l'homme juste : "C'en est fait ; je ne veux pas demeurer plus longtemps avec les sept péchés mortels."[12] (p. 191).

Gil est donc bien un bon fils, un bon chrétien, un bon élève, qui découvre avec surprise et stupéfaction[13] la singularité d'un monde étranger à sa culture[14], à son éducation[15], à son projet personnel de formation universitaire et professionnelle[16]. Le monde dans lequel il pénètre n'est pas conforme à l'image construite par la littérature classique : délivré non du mal mais de la culpabilité, débarrassé non du vice mais de la vertu, soulagé non des péchés mais de la morale, ce monde est heureux sans âme, joyeux sans cœur, gai sans raison ; de même, ses habitants qui sont privés de toute légitimité spirituelle, tantôt du fait de leurs inclinations concupiscentes

---

11. *Cf.* ses *Lettres philosophiques,* 1, 2, 3 ; éd. G.F., 1964, p. 151.
12. Remarquons que le pécheur qu'il prétend être ne va pas jusqu'à une repentance explicite et se contente d'éprouver des "remords" (p. 191) : c'est plus que de simples regrets (contrariétés causées par la non-réalisation d'un souhait) mais moins que le repentir (sentiment de la faute doublée du désir de n'y plus retomber), même si l'attitude décidée correspond à un repentir ; Gil ne se résout-il pas à quitter Arsénie et à rompre tout commerce avec Laure, ses compagnes de débauche ?
13. *Cf.* cet aveu : "Je demeurai surpris, confus, déconcerté." (I, 12, p. 44).
14. Mis en prison, Gil considère un instant sa situation en des termes qui annoncent la grande tirade de Figaro dans *Le Mariage de Figaro* (V, 3).
15. *Cf.* les regrets de Gil après la scène du parasite : "loin de m'exhorter à ne tromper personne, (mes parents) devaient me recommander de ne pas me laisser duper." (I, 2, p. 11).
16. Son oncle ne lui conseille pas d'entrer à l'université par goût désintéressé des livres et de la pensée : "Avec l'esprit que je te vois, tu ne manqueras pas de trouver un bon poste." (I, 1, p. 4).

auxquelles ils cèdent activement comme le muletier (I, 3, p. 11) ou passivement comme le chanoine Sédillo, plein de cette complaisance et de cette passion aveugle pour sa gouvernante Jacinte (II, 1, p. 73) qu'un Orgon avait déjà, chez Molière manifestées pour Tartuffe ; tantôt du fait de leur attachement "enthousiaste" (II, 2, p. 89) à des idées irrationnelles, comme le médecin Sangrado préférant toujours à l'expérience le préjugé qui pourtant ne donne pas (à ses malades) "le temps d'appeler des notaires" (II, 2, p. 78) ; tantôt encore par attachement aux signes apparents de l'échange social, comme la fortune qui confère l'air du bonheur par les plaisirs et le luxe[17] ; comme le vêtement qui donne l'air de sa qualité[18] ; comme les femmes qui sont indispensables à l'accomplissement d'"un joli homme"[19] ; enfin comme le langage qui donne l'air cultivé ou spirituel[20].

Sans le systématiser, Lesage semble retrouver le discours d'un Pascal dénigrant l'ordre du corps (dimension matérielle et sensorielle de la vie, de l'économie et de la politique) et l'ordre de l'esprit (vie intellectuelle et culturelle) mais sans oser pour autant prôner la supériorité exclusive de l'ordre de la charité qui supposerait chez son héros la volonté et la capacité d'une conversion du cœur. Rien ni personne autour de lui n'est en mesure de lui enseigner la grandeur ou la beauté de cette hautaine, exigeante et sévère conception de la vie terrestre dont il ne subsiste plus dans son

---

17. comme le pense Arsénie dont l'appartement rassemble "toutes les richesses du monde" (III, 9, p. 179).

18. Décidé à ne pas rester un gueux, Gil passa une nuit entière à "rêver à l'habit qu'(il) devait prendre" : "je me résolus à prendre un habit de cavalier, persuadé que sous cette forme je ne pouvais manquer de parvenir à quelque poste honnête et lucratif." (I, 15, p. 55).

19. Gil en apprend l'utilité sociale par le valet de don Antonio : "il me fit compliment sur ma métamorphose, et me dit que, pour être un illustre, il ne me manquait plus que d'avoir des bonnes fortunes" (*ibid.*, p. 156).

20. Silva, l'un des valets des petits-maîtres, reproche à Gil sa timidé à prendre la parole par peur de mal parler : "et toutefois, lui assure-t-il, ce n'est qu'en hasardant des discours que mille gens s'érigent en beaux esprits. Veux-tu briller ? tu n'as qu'à te livrer à ta vivacité, et risquer indifféremment tout ce qui pourra te venir à la bouche ; ton étourderie passera pour une noble hardiesse... c'est ainsi qu'en doit user tout homme qui vise à la réputation d'esprit distingué." (II, 4, p. 152).

entourage et parfois en lui-même que quelques bribes. Dans les milieux qu'il traverse, notre adolescent cultivé, posé et sage par nature, comme le sera quinze ans plus tard le Des Grieux de l'abbé Prévost, ne perçoit aucun signe de pénitence ni même de regrets, mais satisfaction mais joie mais plaisirs et appétit inextinguible de vivre.

Sous le regard d'un Gil encore structuré par les valeurs morales de la civilisation chrétienne ou de l'honnêteté classique, les êtres humains, universellement attachés aux biens, aux idées et aux signes de l'échange social, se métamorphosent, jusqu'à la caricature, en pantins pitoyables[21] et en pécheurs invétérés, qui, insensibles à la moindre notion de devoir, n'en revendiquent pas moins leur droit au bonheur.[22] Au lieu de s'obstiner dans un indignation amère et misanthropique à la manière d'un Alceste arc-bouté sur sa rectitude morale et sa certitude de posséder la vérité, Gil semble supporter l'idée d'un assouplissement axiologique et préférer l'accès aux plaisirs de la vie et aux avantages de la société, quitte à oublier son idéalisme d'origine pour se jeter à son tour dans le tourbillon heureux des folies humaines ; il apprend lui aussi les gaîtés de la vie immédiate.

---

21. Lesage a réussi à rendre, en maître de la "peinture" (de l'illusion), l'écœurement d'un jeune homme, éduqué aux normes de l'honnêteté, devant l'appétit fiévreux d'un Sédillo happant les dernières miettes de plaisirs encore à la portée de son corps en ruine, alors qu'il aurait dû sagement adapter son comportement à sa situation corporelle (jugement rationaliste) ou contrôler ses désirs (jugement moral) et "mettre un frein à la force du naturel", pour reprendre l'expression de Voltaire qui évoque, dans l'article "Caractère" de son *Dictionnaire philosophique*, l'illusion morale dont est victime notre Gil : "Ne ressemblons-nous pas presque tous à ce vieux général de quatre-vingt-dix ans qui, ayant rencontré de jeunes officiers qui faisaient un peu de désordre avec des filles, leur dit tout en colère : "Messieurs, est-ce là l'exemple que je vous donne ?" " (G.F., 1964, p. 74).

22. Ce schéma d'inversion rhétorique n'est pas sans annoncer le cynisme libertin d'un Crébillon, quand dans *Les égarements du cœur et de l'esprit*, il impose au jeune Meilcour interloqué une impitoyable leçon de réalisme moral énoncée par Versac.

II - Les gaîtés du corps.

A - Les voluptés du boire et du manger

Ce bon fils de famille apprend à fréquenter sans réticence les tavernes, les cabarets, les hôtelleries où il passe d'heureux moments de gaîté.

C'est qu'il découvre chez tous ceux qu'il rencontre, valets ou maîtres, un appétit de plaisir inattendu pour lui et souvent contraire à ses projets personnels. Ainsi Fabrice, adepte de la vie sans souci et de bon vin, se gausse-t-il du souhait exprimé par son ami Gil de devenir professeur :

" Beau projet, s'écria Fabrice, l'agréable imagination !
Quelle folie de vouloir, à ton âge, te faire pédant !
Sais-tu bien malheureux à quoi tu t'engages en
prenant ce parti ?... Il faudra que tu te contraignes
sans cesse, que tu te pares d'un extérieur hypocrite,
que tu paraisses posséder toute les vertus. Tu n'auras
presque pas un moment à donner à tes plaisirs. "
(I, 17, p. 66)

Au contraire, un simple valet vivrait sans inquiètude dans une bonne maison : "après avoir bu et mangé tout son soûl, il s'endort tranquillement comme un enfant de famille, sans s'embarrasser du boucher ni du boulanger." (*ibid.*, p. 67) Assailli par tant de faconde enjouée et rieuse, Gil remise son vertueux projet d'enseigner le latin et la bienséance, et préfère la voie du service domestique. Il y connaîtra certes des moments pénibles quand le médecin Sangrado, l'un de ses maîtres, le forcera à suivre un régime diététique à base d'eau, mais parviendra à vivre dans la gaîté grâce au vin :

" je gagnais l'hôtellerie où j'avais donné rendez-vous à
Fabrice. Il y était déjà. Comme nous nous trouvâmes
en humeur de boire, nous fîmes la débauche, et nous
retournâmes chez nos maîtres en bon état, c'est-à-dire
entre deux vins " (II, 4, p. 88).

Gil apprécie ce breuvage que l'envie d'en goûter lui fait trouver encore meilleur qu'il n'est et le boit à longs traits avec plaisir :

> " n'en déplaise à l'oracle latin, à mesure que j'en
> versais dans mon estomac, je sentais que ce viscère ne
> me savait pas mauvais gré des injustices que je lui
> faisais. " (II, 4, p. 85)

Il n'est pas de rencontre qui ne soit l'occasion de bonnes rasades : ici, ses héros commandent "du meilleur vin" (III, 2, p. 138) ; là, ils se promettent un "vin des dieux" (III, 3, p. 149) ; ailleurs ils donnent de rudes accolades (II, 8, p. 123) à l'outre, qui ne fait "que passer des bras de l'un entre les bras de l'autre" (IV, 11, p. 275) ou qu'ils "baisent à la ronde" (V, 2, p. 335), jusqu'à ce qu'elle devienne "un corps sans âme" (VI, 1, p. 339) ; souvent, ils passent "la nuit à boire et à dire des gueulées" (III, 3, p. 150) ; l'essentiel étant d'accéder à la "volupté" (*ibid.*), ou à la gaîté (II, 7, p. 102).

Aux plaisirs du vin sont liés les plaisirs de la bouche : Gil l'apprend de Diego de la Fuente, jeune barbier de "bonne humeur" et d'"esprit agréable", qui, lors de ses voyages, ne s'encombre pas du superflu : "Je ne me charge point d'habit, de linge et d'autres hardes inutiles... Je ne mets dans mon sac que des munitions de bouche, avec mes rasoirs et une savonnette" (II, 6, p. 101). Ce goût pour la nourriture est souligné par l'austérité feinte d'un Raphaël déguisé en ermite qui, de manière parodique, offre à Gil et don Alphonse "un repas d'anachorète", composé de quelques ciboules, d'un morceau de pain et d'une cruche d'eau (IV, 9, p. 259). Gil se soucie, comme la plupart de ses compagnons de route, de disposer de "provisions" (VI, 1, p. 340) suffisantes pour manger comme si ses premières expériences vécues dans le grand monde lui laissaient des souvenirs de privations et de frustrations. Il faut reconnaître que Lesage ne le gâte pas pour ses débuts puisqu'à la fin du premier jour de voyage, il le conduit dans une auberge un vendredi, ce qui oblige le jeune affamé à se contenter d'une omelette et d'un poisson, que, comble de malchance, un parasite glouton enlève à son appétit (I, 2, p. 10). Religion et mœurs sociales se conjuguent pour enlever à Gil les joies légitimes d'un repas nécessaire ; et ce n'est pas un accident : il eut une autre occasion bien plus scandaleuse encore d'éprouver des sentiments de frustration ; devenu domestique de Sedillon, un vieillard perclus de goutte, il constate que ce dernier retrouve sans peine l'usage de ses membres dès que son repas lui est servi : il "s'en aida pour se débarrasser de son oreiller et de ses coussins, et se disposa gaiement à manger." (II, 1, p. 73). Le mémorialiste ne rapporte pas les sentiments du jeune domestique qu'il était alors, mais sa manière caricaturale d'évoquer la scène les suggère implicitement ; son regard s'attarde sur toutes les incongruités dégoûtantes et bouffonnes du repas : la main tremblante, les salissures de la nappe et de la serviette, les maladresses infantiles contrastant avec la délectation voluptueuse et vigoureuse du vieillard qui s'acharne sur les entrées, fait honneur aux petits-pieds, boit de grands coups de vin ; dans une si grande avidité de plaisirs, le jeune frustré ne voit qu'un vieillard bouffon qui s'empiffre ; il remarque de même que la dame Jacinte "avalait d'excellents coulis pendant le jour et en se couchant" (p. 75) mais ajoute que la fraîcheur de son teint est davantage dû à "une fontaine qu'elle avait à chaque jambe" (*ibid.*). Les sensations anciennement éprouvées semblent encore encombrer la mémoire du Gil âgé et affecter intensément le récit de ces moments décevants : il était au service du plaisir des autres et n'en partageait pas la moindre miette ni n'en recevait la moindre récompense, sinon dérisoire (cinq ou six ouvrages sans grand intérêt que lui légua généreusement Sédillo) ; le plaisir était octroyé à chaque instant sous ses yeux à des personnes qui ne le méritaient ni du fait de leur âme ni du fait de leur corps.

Au lieu de s'enfermer dans un sentiment d'amertume ou de sublimer ses frustrations par le geste dominateur du moraliste à la façon d'un La Bruyère, le jeune Gil s'évertue, au contraire, à chercher les voies d'accès à ces plaisirs si chers aux êtres humains qui l'entourent. Il progresse grâce aux petits-maîtres et à leurs valets : au vin et à la bonne chère, ils ajoutent la gaîté des bons moments :

> " Nous demeurâmes à table jusqu'à ce qu'il plût à nos maîtres de se retirer. Ce fut à minuit ; ce qui parut à mes camarades un excès de sobriété. Il est vrai que ces seigneurs ne sortaient de si bonne heure du cabaret que pour aller chez une fameuse coquette qui logeait dans le quartier de la cour, et dont la maison était nuit et jour ouverte aux gens de plaisir. " (III, 4, p. 153)

B - Les voluptés du sexe

Enfin tous les plaisirs du corps sont couronnés par le plus attirant : le plaisir de l'amour. Gil constate très rapidement combien les hommes ont un penchant très puissant pour l'amour ; à peine croit-il s'être prémuni du danger d'être attaqué par les voleurs de grand chemin en s'achetant une place dans une diligence que les violents désirs érotiques d'un muletier l'obligeront à fuir la police ; et pourtant la femme dont la "jeunesse et l'embonpoint donnèrent dans la vue du muletier était si noire et si peu piquante aux yeux de Gil, qu'il ne prenait pas grand plaisir à la regarder" (I, 2, p. 11) ; le juge devant lequel le brutal séducteur fut traîné eut la même impression et "jugea que l'accusé était indigne de pardon" (p. 13). Le désir conduit donc en prison et surtout à la violence tant il se rapproche de l'incontinence des mules (p. 12). Gil en fera une deuxième fois l'expérience dans le souterrain des brigands ; certains d'entre eux jetèrent sur une dame prisonnière (Mencia) "un œil profane" et témoignèrent "une brutale envie qu'ils auraient satisfaite, si Rolando ne les eût empêchés" (I, 10, p. 33). La décence narrative est sauve mais le mémorialiste n'offre pas pour autant à Gil le bénéfice d'un discours conforme à une éducation morale : Rolando puise, en effet, les éléments de son argumentation dans la sphère du plaisir ; il convainc ses soudards en leur rappelant qu'une dame, environnée "des ombres de la mort" (p. 32), risquait de ne pas éprouver de plaisir et en leur demandant "du moins d'attendre que la dame fût sortie de cet accablement de tristesse qui lui ôtait tout sentiment." (*ibid.*) Gil constate donc que la morale ne s'appuie pas exclusivement sur la vertu et que le principe de plaisir règle les choix des hommes qui l'entourent ; en même temps, il s'aperçoit que la force du désir est dangereuse[23] : elle a conduit le muletier

---

23. Le barbier, don Diego aura clairement averti son auditeur encore innocent, des malheurs du sexe : la force du désir est telle que l'esprit s'égare assez facilement, pour reprendre l'expression que Crébillon-fils mettra à la mode en 1736 : "Je doutai quelque temps si j'irais au rendez-vous la nuit suivante. Je n'avais pas meilleure opinion de cette seconde équipée que de l'autre ; mais le

incontinent en prison ; elle a menacé la belle prisonnière d'un viol répété ; les plaisirs érotiques, conduisant au seuil de drames, lui paraissent éloigner des gaîtés du corps ; trouvera-t-il une compensation dans les plaisirs amoureux du cœur, ou bien lui faudra-t-il de même dans le domaine des sentiments se donner une limite susceptible de lui préserver un cœur gai lui aussi ?

III - Les gaîtés du cœur.

A - Le danger des passions[24]

Gil découvre autour de lui des hommes et des femmes embarrassés de sentiments qui ne leur procurent que tristesses, pleurs et malheurs, les empêchant de trouver le repos, comme il le souligne à propos du malheureux Don Alphonse "trop plein de passion" pour quitter Séraphine (IV,11, p. 267) dont il a tué le frère. Gil ne peut que conclure aux dangers des sentiments, aux risques de rester attaché à des valeurs ou à des personnes. N'a-t-il pas vu mourir son polisson de maître don Mathias du fait d'un paradoxal fantôme d'honneur : le cœur sec de ce petit-maître insensible à l'amour n'était pas parvenu à se débarrasser de cette ultime survivance d'une morale noble en pleine décomposition ; ses continuelles débauches, expression dégradée de la dépense luxueuse propre à l'aristocratie, l'enchantaient ; chaque jour et chaque nuit, Mathias se corrompait gaîment dans "la grande chère et la joie qui est le meilleur assaisonnement des festins" (III, 8, p. 174) ; ne s'attachant à rien, il profitait de tout ; malheureusement pour lui, il n'avait pu se débarrasser de l'honneur qui constituait le trait essentiel de son identité spirituelle[25] : ce résidu formel de la morale aristocratique lui fut mortel.

---

diable qui nous obsède toujours, ou plutôt nous possède dans de pareilles conjonctures, me présenta que je serais un grand sot d'en demeurer en si beau chemin. Il offrit à mon esprit Mergelina avec de nouveaux charmes, et releva le prix des plaisirs qui m'attendaient." (II, 7, p. 121).
24. En 1757, paraîtront en France des anecdotes syriennes et égyptiennes sous ce titre.
25. Le narrateur reconnaît, dans une de ces incidentes discrètes et opportunément

Mais aussi, ne fut-il pas indirectement la victime d'une affaire d'amour ? En effet, il avait, au cours d'un joyeux dîner, exhibé, par plaisanterie et forfanterie, de fausses lettres d'une femme dont un convive "fort grave", Lope de Valesco, se déclara le chevalier servant[26] et pour la réputation de laquelle il réclama le duel fatal à l'aimable et insouciant Mathias.

La mort rôde autour des sentiments profonds ; l'amour, quand il saisit l'âme de façon passionnelle, le montre mieux encore que l'honneur. Il livre l'être humain aux aléas de l'existence et provoque directement ou indirectement cruels chagrins et mélancolie morbide. Blanche, triste héroïne d'une tragédie shakespearienne revue par Crébillon-père, paya de sa vie ses "douces espérances"[27] ; à la suite d'une série de malentendus, "elle tomba sur le corps mourant de son époux et le sang de l'innocente victime se confondait avec celui de son meurtrier" (IV, 4, p. 226). La conséquence funeste est parfois indirecte : l'amour est heureux et sincère entre dona Mencia de Mosquera et don Alvar de Mello qui ne possédent pour seule richesse que leur noblesse de titre et de cœur ; aucune traverse politique ou économique ne menace leur bonheur ; toutefois un duel, étranger à leur vie sentimentale, oblige Alvar à s'exiler peu de jours après leur mariage qui se conclut sur de "tristes adieux", raconte dona Mencias, avec des pleurs dans la voix :

> " Il me tendit les bras et nous ne fîmes, pendant un
> quart d'heure, que confondre nos soupirs et nos
> larmes. Enfin on vint l'avertir que le cheval était prêt.

---

intempestives dont il a le secret, que son maître "était assez brave pour un seigneur de son caractère".

26. Don Mathias, à qui le mémorialiste donne partiellement son esprit irrévérencieux de jeune homme moderne, interpelle son interlocuteur offensé par une référence aux romans d'aventures dont Cervantes avait romancé la parodie dans l'histoire de son "Ingénieux Hidalgo Don Quichotte de la Manche" (1605) en le comparant aux "chevaliers errants (qui) soutenaient la beauté de leurs maîtresses". (III, 8, p. 175).

27. Elle souhaitait tout simplement épouser celui qu'elle aimait, le prince héritier de Sicile, Enrique, seigneur de grande valeur doté des qualités les plus aimables, sans mêler à ce projet sentimental une quelconque ambition politique (IV, 4).

Il s'arrache d'auprès de moi ; il part et me laisse dans
un état qu'on ne saurait exprimer. " (I, 11, p. 38)
Les sentiments éprouvés lors de l'événement raconté restent si
intimement gravés dans le cœur de dona Mencia que le récit en est
interrompu par une invocation pathétique : "Heureuse si l'excès de
mon afliction m'eût alors fait mourir ! Que ma mort m'aurait
épargné de peines et d'ennuis". (*ibid.*) Le langage de l'amour est
envahi par le lyrisme funèbre de la plainte, par le désir de mort ; et
dans la tradition du récit tragique des amants séparés[28], dona
Mencia voit tout le restant de sa vie étouffée par la tristesse : "Je
passais les jours à pleurer l'absence d'un époux chéri dont je ne
recevais aucune nouvelle." (I, 11, p. 39) Ecoutant ce triste récit
d'une mélancolie amoureuse[29], Gil ne peut s'empêcher de calculer le
manque à gagner produit, même involontairement, par une sincère et
durable fidélité amoureuse : la jeune femme se retrouve seule,
sentimentalement accaparée par l'absence, mais en outre matériel-
lement plongée dans "une situation affligeante, ayant, retient-il, à
peine de quoi subsister et n'ayant qu'une femme pour tout
domestique, contrainte à mener une vie retirée." (*ibid.*)

L'amour est donc un risque pour l'être désirant et/ou une menace
pour l'objet désiré au même titre que l'honneur ou la jalousie et plus
largement que n'importe quelle passion ; par exemple la vanité qui
fut si humiliante pour Gil le premier soir de son entrée dans le

---

28. La culture antique et classique de Lesage permet d'évoquer Hector et
Andromaque, Didon et Enée, Astrée et Céladon, Madame de Clèves et Monsieur
de Nemours, etc.
29. Un lien existe entre mélancolie et amour dans la psychologie classique à
laquelle se réfèrent certains personnages du roman : dona Mencia, par exemple,
suppose que le vieux seigneur don Ambrosio Mesio Carillo, marquis de la
Guarda, tomba amoureux d'elle en voyant l'"air triste et languissant" que la
disparition de son premier mari, don Alvar lui donnait : "Ma mélancolie peut-
être fit naître son amour." (I, 11, p. 39) Il est même vraisemblable que Lesage se
souvienne de motifs romanesques caractéristiques de la période littéraire dite
baroque, telle qu'un Boileau la ridiculisa dans son *Dialogue des héros de
romans* rédigé entre 1664 et 1672, et récemment publié en 1713, comme s'il
opposait sans les exclure, deux types de récit : le récit "poétique" et le récit
"historique". (sur l'évolution du goût romanesque en France après 1660, voir les
analyses de H. Coulet, in *Le roman jusqu'à la révolution* (A. Colin, 1967, t. 1,
pp. 209-210).

monde si l'on en croit l'"avis important" que lui donne, d'un rire moqueur, son parasite :

> " Soyez désormais en garde contre les louanges.
> Défiez-vous des gens que vous ne connaîtrez point...
> N'en soyez point la dupe, et ne vous croyez point
> sur leur parole la huitième merveille du monde. "
> (I, 2, p. 10)

B - Les jeux de l'amour

Dans le domaine de l'amour, Gil ne semble pas avoir eu de mal à se prémunir contre ses malheurs. Le récit de sa première rencontre avec dona Mencia est caractéristique de l'esprit moderne que le mémorialiste affecte pour éviter à son jeune personnage les élans incontrôlables de l'affectivité : devant les larmes de la belle éplorée, il n'est pas encore capable de ne pas pleurer mais le motif que lui offre le mémorialiste n'est plus exclusivement sentimental ; s'y glisse une once de galanterie : "Je pleurai même aussi, tant il est naturel de s'intéresser pour les malheureux, et particulièrement pour une belle personne affligée." (I, 12, p. 44)

L'esprit de galanterie ne quittera plus Gil ; il se gardera comme de la peste, de l'amour véritable et profond, ou de l'amitié sérieuse ; il refusera toute fixation sentimentale ; par exemple, à la fin du duel qui oppose le jeune Mathias au grave Lope de Velasco, il laisse encore échapper quelques larmes à la vue du corps "presque déjà sans vie" de son maître : "Ce spectacle m'attendrit, et je ne pus m'empêcher de pleurer une mort à laquelle, sans y penser, j'avais servi d'instrument. Néanmoins, malgré ma douleur, je ne laissai pas de songer à mes petits intérêts." (III, 9, p. 177) Le mémorialiste enchérit sur l'attitude de son médiocre héros et conclut le chapitre consacré aux petits-maîtres par ces mots dérisoires en lieu et place d'épitaphe : "Ainsi périt le seigneur don Mathias de Silva, pour s'être avisé de lire mal à propos des billets doux supposés." (*ibid.*)

Gil suit, sur ce point, l'exemple de Diego de la Fuente, barbier rencontré sur la route, qui lui raconte une histoire d'amour comportant elle aussi des risques mortels ; mais au lieu de s'y enferrer, le barbier, à la suite d'un accident nocturne, s'en détournera, sans se soucier de son standing romanesque : un soir, caché sous le balcon de la belle Mergelina à qui il fait la cour, Diego est repéré par le vieux mari jaloux et rusé ; celui-ci lui lance un caillou que l'effronté amoureux reçoit en pleine tête : "Je fus si étourdi dans le moment que je pensais tomber à la renverse." Le jeune barbier ne recourt pas, dans le récit de ses amours, à la rhétorique noble, emphatique ni même burlesque, il se contente de constater le résultat physique du jet de pierre et d'en tirer la conclusion la plus prosaïque, soucieuse du salut ou plutôt de la santé et de la vie de sa propre personne : "Je sentis que j'étais bien blessé. Il ne m'en fallut pas davantage pour me dégoûter de la galanterie".[30] Insistance sur la blessure ("bien"), rapidité de la décision d'abandonner ("il ne m'en fallut pas davantage"), Diego ne recèle aucune aptitude à vivre en héros de roman ; il se découvre au contraire une facilité d'expression que le mémorialiste retrouvera à la suite de ses propres aventures ; en effet, Diego termine son histoire sur un énoncé qui combine adroitement brillant spirituel de la formule bien frappée et platitude narrative : "et perdant mon amour avec mon sang, je regagnai notre maison." (II, 7, p. 122) Ainsi, la narration, creusant l'écart entre le dit de l'événement (le piteux retrait d'un amoureux sans passion) et le dire du conteur (métaphore irrespectueuse et figure de l'alliance du concret - le "sang" - et de l'abstrait - "l'amour" à la vigueur toute populaire)[31], installe au cœur des *topoi* du cœur un rire muet.

Gil trouvera une autre source d'instruction en matière de scepticisme sentimental dans la vie mondaine qui se déploie autour de lui :

---

30. Il est difficile de ne pas se souvenir de l'un des premiers mots de *La Princesse de Clèves* : "La magnificence et la galanterie n'ont jamais paru en France avec tant d'éclat que dans les dernières années du règne de Henry second. Ce Prince était galand, bien fait, et amoureux." (in *Romanciers du XVIIème siècle*, Pléiade, 1958, p. 1107).
31. Serait-il sans intérêt de remarquer que le segment participial de cet énoncé forme un décasyllabe orthodoxe (6+4), et que la principale est constituée d'un octosyllabe, selon une combinaison fréquente dans les poèmes narratifs ou humoristiques d'un La Fontaine (voir, par exemple, *Le chien qui lâche sa proie pour l'ombre* : "A toute peine il regagna les bords, / Et n'eut ni l'ombre ni le corps" (*Fables*, VI, 17, vers 9-10) ? Discrète moquerie anti-poétique ?

quand les petits-maîtres se congratulent, lors de leur visite amicale, leur récent valet décèle dans leurs embrassades "plus d'art que de naturel." (III, 3, p. 145) ; lui-même sera le jouet d'une farce amoureuse, par laquelle il envisageait de séduire Laure,"une (fausse) jeune veuve de qualité qui cherche un amant" (III, 5, p. 159) ; "travesti en jeune seigneur" (II, 5, p. 157), il tentera de duper la belle en se jetant "avec transport aux genoux de (sa) nymphe", et en la pressant "d'une manière pétulante à faire (son) bonheur" mais celle-ci avait eu la même idée que lui et le lui avouera plaisamment au cours d'une soirée où ils accompagnèrent leurs maîtres respectifs et se reconnurent : "Nous nous regardâmes... l'un et l'autre sans nous déconcerter ; il nous prit même à tous deux une envie de rire, que nous ne pûmes nous empêcher de satisfaire." (II, 5, p. 161) Sans ressentir la moindre gêne ni le moindre remords, Laure se montre fière d'avoir su jouer avec autant de finesse son personnage et apprécie les compétences théâtrales de Gil :

> " Touchez-là, seigneur don César ; au lieu de nous
> faire des reproches réciproques, faisons-nous des
> compliments, mon ami ! Vous avez fait votre rôle à
> ravir, et je ne me suis point mal non plus acquittée du
> mien. " (*ibid.*)

L'instruction de Gil sera complétée par son essai encore plus drôle avec Aurore pour laquelle il joue un véritable sentiment, l'imaginant "vertueuse et tendre" (IV, 1, p. 194) ; la scène de déclaration tourne à la parodie du ton noble :

> " me jetant aux pieds d'Aurore, comme un héros de
> théâtre qui se met à genoux devant sa princesse, je
> m'écriai d'un ton déclamateur : Ah ! Madame, l'ai-je
> bien entendu ! est-ce à moi que ce discours
> s'adresse ? " (IV, 2, p. 197)

Aurore ne peut s'empêcher de rire, comme le mémorialiste qui code discrètement son texte en empruntant à une comédie de Molière[32] ces exclamations d'allure noble et tragique. Avec Aurore, Gil découvrira que l'amour même passe par la "ruse" (IV, 6, p. 236)[33] :

---

32. Il s'agit du *Misanthrope* (I, 2, v. 261).
33. Le titre du chapitre 6 du livre IV est explicite : "Quelles ruses Aurore mit en

Aurore est trop amoureuse pour accepter la réalité des infidélités de don Pacheco, comme le constate son valet :

> " Malgré le rapport fidèle que je lui avais fait de don Luis, elle aimait encore ce cavalier ; ou plutôt, n'ayant pu vaincre son amour, elle s'y était entièrement aban- donnée... Gil Blas, me dit-elle en soupirant, je ne puis oublier don Luis ; quelque effort que je fasse pour le bannir de ma pensée, il s'y présente sans cesse, non tel que tu me l'as peint, plongé dans toutes sortes de désordres, mais tel que je voudrais qu'il fût, tendre, amoureux, constant... " (IV, 3, p. 201)

Aurore s'attendrit, verse quelques larmes ; elle est représentative de cette attitude propre à l'être humain envahi par une passion (en l'occurrence la passion amoureuse) : non seulement, il est le lieu de mouvements physiologiques caractéristiques de l'être romanesque accablé et affaibli par son état intérieur (soupirs, larmes, lamen- tations) mais surtout il est la victime d'un "enthousiasme"[34] qui affecte son entendement[35] ou son intelligence[36].

---

usage pour se faire aimer de don Luis Pacheco ." (p. 236).

34. Ce mot que Voltaire utilisera avec humour dans sa première lettre philoso- phique pour caractériser son interlocuteur quaker exposant ses idées religieuses ("il n'y a rien à gagner avec un enthousiaste : il ne faut point s'aviser de dire à un homme les défauts de sa maîtresse, ni à un plaideur le faible de sa cause ni des raisons à un illuminé." (lettre 1, G.F., p. 22)), Lesage y a recouru dans un chapitre précédent de son roman, lorsqu'il décrit l'attitude de Sangrado plaidant la cause des cures d'eau qu'il inflige à ses malades jusqu'à les conduire à la mort.

35. Devant un Gil, qui, "fort altéré" par le vin bu récemment en compagnie de Fabrice, était pris d'un furieux besoin d'avaler de l'eau, le médecin Sangrado "s'imagina de bonne foi que son acolyte commençait à prendre goût aux boissons acqueuses" : "Il entreprit d'en faire un nouvel éloge, non en orateur froid, mais en enthousiaste." (II, 4, p. 89) Le rire sanctionne une fois encore cette erreur d'un entendement malade : "Pour m'accoutumer à cette boisson, je lui promis d'en boire une grande quantité tous les soirs ; et pour tenir plus facilement ma promesse, je me couchai dans la résolution d'aller tous les jours au cabaret." (*ibid.*, p. 90).

36. C'est le cas d'Aurore, qui met sur pied un "projet extravagant" ; Gil le juge "insensé", "déraisonnable", "fou" mais se garde bien "de faire le pédagogue" ; il se contente de prouver que ce n'est qu'un jeu d'esprit agréable et sans consé- quence : "elle se rendit à mes raisons, les amants étant bien aises qu'on flatte leurs plus folles imaginations." (IV, 3, p. 202).

Pour éviter les enthousiasmes dangereux ou les folies téméraires provoquées par les passions[37], Gil récusera toute croyance et tout sérieux intellectuel ou artistique : il atteindra ainsi le troisième degré de la sagesse : la gaîté de l'esprit.

IV - La gaîté de l'esprit.

Gil n'est pas doté naturellement d'un esprit gai ; outre les incidents de mauvaix augure qui se multiplient à son entrée dans le grand monde, comme on l'a vu précédemment, il a tendance à traduire en exclamations pitoyables les affres de ses aventures.

A - La tentation de l'abandon lyrique

Plongé dans une situation inattendue et pénible, confronté à un incident perturbateur, Gil ne maîtrise pas ses mouvements intérieurs et laisse échapper des tirades marquées au sceau de la lamentation lyrique :

> " O vie humaine ! m'écriai-je quand je me vis seul et dans cet état (en prison, nu sur la paille), que tu es remplie d'aventures bizarres et de contretemps ! Depuis que je suis sorti d'Oviédo, je n'éprouve que des disgrâces ; à peine suis-je hors de péril, que je retombe dans un autre. " (I, 12, p. 45)

Déjà, dans le souterrain où des brigands l'ont enfermé, il passe des nuits "à soupirer et à pleurer" (I, 6, p. 25), comme les femmes amoureuses qu'il écoutera avec condescendance ou que d'autres évoqueront en riant devant lui ; il trouve même des accents caractéristiques du héros de roman d'amour qu'il n'est ni ne sera : "Je pensai succomber les premiers jours au chagrin qui me dévorait. Je ne faisais que traîner une vie mourante." (I, 7, p. 25) Mais cette

---

37. Il n'est pas exclu que Lesage ait lu *L'Astrée* (1610), qui contient de fréquentes maximes sur les folies de l'amour, comme celle-ci : "Voyez, belles bergères, que c'est que l'amour ! Quelquefois il porte les esprits les plus abaissés à des témérités incroyables, et d'autres fois fait trembler les courages plus relevés en des occasions que les moindres personnes ne redouteraient point." (II, 6, Gallimard-Folio, 1984, p. 179).

rhétorique, propre au pathos romanesque à laquelle il recourt spontanément pour donner libre cours à ses émotions, est évacuée au profit d'une attitude toute différente fondée sur l'intelligence qui lui procure le moyen de reprendre une saine distance à l'égard des mouvements du cœur.

B - Les répliques de l'intelligence

Elles se manifestent d'abord par le génie de l'invention :
> " J'affectai de paraître moins triste ; je commençai à rire et à chanter, quoique je n'en eusse aucune envie : en un mot, je me contraignis si bien que Léonarde et Domingo y furent trompés. Ils crurent que l'oiseau s'accoutumait à sa cage. Les voleurs s'imaginèrent la même chose. Je prenais un air gai en leur versant à boire, et je me mêlais à leur entretien quand je trouvais l'occasion d'y placer quelque plaisanterie. "

Gil sera récompensé de cet effort d'abord par un compliment du chef des brigands : "Tu as bien fait, mon ami, de bannir la mélancolie ; je suis charmé de ton humeur et de ton esprit. "(I, 7, p. 26) ; ensuite par le romancier qui lui offrira le moyen de s'enfuir "six mois après" (I, 7, p. 27) "hors de son abîme" (I, 10, p. 37).

Elles se manifestent aussi par l'appel au "courage" de penser à l'avenir en termes optimistes. Autant que le romancier, Gil s'efforcera de sortir de l'état d'abattement où le plongent les événements de son existence, comme si le refus de la tristesse coïncidait avec un appétit de vivre, une force vitale étrangère à l'esprit classique dans sa version ultime (janséniste ?). Il lui arrive ainsi de s'admonester en de vigoureux monologues adressés à son versant mélancolique : "Te sied-il bien de te désespérer... Songe qu'après ce temps, il en viendra peut-être un plus heureux." (I, 12, p. 45)[38] L'une des expressions

---

38. A ce genre d'indices, il est possible de considérer *L'histoire de Gil Blas de Santillane* comme une fiction essentiellement intertextuelle, comme une réécriture critique et moderniste des récits classiques, sans véritables références aux mœurs réelles de son temps (Pour une lecture malencontreusement réaliste, voir l'étude de K.W. Carson, "French Society in G.B" ; *Studies on Voltaire*, vol.

favorites du jeune Gil lorsqu'il s'examine est : "réflexions inutiles" ; ainsi, lorsqu'il s'aperçoit qu'il a été la dupe de Camille et de Raphaël, il commence par se lamenter : s'en prenant "à la fortune" et maudissant "cent fois son étoile", à la manière boursouflée du héros malheureux des romans ; mais le mémorialiste le ramène vite à plus de sang-froid : "Lorsque j'eus, fort inutilement, bien déploré mon malheur, je fis réflexion qu'au lieu de céder à mon chagrin, je devais plutôt me raidir contre mon mauvais sort. Je rappelai mon courage." (I, 17, p. 62)[39] Le courage de Gil ne se confond pas avec celui des héros spectaculaires de la littérature dramatique ou romanesque ; il consiste surtout à sortir de l'état de tristesse où chaque nouvelle situation le pousse et l'enfermerait si le mémorialiste ne veillait : n'inspire-t-il pas à son tout jeune héros désireux de s'échapper du souterrain des brigands, une sentence digne d'un héros de Corneille : "Mon désespoir me prêtera des forces." (I, 7, p. 24) Il est vrai que cette emphase lui permet de se forger une illusion, mais non de s'évader : le réel reste maître de la situation sous la forme d'une "grille de fer bien fermée" : "Je me trouvai bien sot à la vue de ce nouvel obstacle." (*ibid.*) Pour ne plus être victime du récit, il faut

---

110 (1973) ; si l'on tînt à parler de réalisme à son sujet, il conviendrait d'écarter le réalisme de la peinture sociale des conditions, pour ne retenir qu'un réalisme moral, par opposition à la morale idéaliste des classiques. Marmontel avait bien perçu l'incompétence réaliste de Lesage : "Le roman satirique, tel que je le conçois, demanderait tantôt la plume de Lucien, de La Bruyère ou d'Hamilton, tantôt celle de Juvénal, je n'ose dire le pinceau de Molière : celui de Lesage y suffirait avec une étude plus savante des mœurs et une connaissance plus familière et plus intime d'une certaine classe de la société que l'auteur de *Gil Blas* n'avait pas assez observée ou qu'il ne voyait que de loin." (*Essai sur les romans considérés du côté moral*, 1787).
39. Dès sa première mésaventure, Gil réagit de cette manière : la nuit où il est jeté dans le souterrain par les brigands, il se lance dans une lamentation sur son affreuse destinée et commente : "Ces pensées qui me semblaient très mortifiantes, et qui l'étaient en effet, me faisaient pleurer amèrement. Je maudis cent fois l'envie que mon oncle ait eue de m'envoyer à Salamanque [...] Mais considérant que je me consumais en plaintes vaines, je me mis à rêver aux moyens de me sauver et je me dis en moi-même : Est-il donc impossible de me tirer d'ici ?" (I, 7, p. 24).

plus qu'une conversion du corps et du cœur : une conversion de l'esprit lui-même[40].

C - Le rire de l'esprit et la sagesse du mémorialiste

La volonté est peut-être nécessaire pour ne pas mourir mais elle n'est plus suffisante, même dans un roman ; il faut désormais, en outre, l'intelligence de la réalité, qui implique une prise de distance par rapport aux représentations de soi et du monde, et surtout par rapport à l'idéalisme cartésien et chrétien ; la volonté signale, toutefois, un état d'esprit qui ne quittera jamais Gil : le désir de vivre paisiblement à l'abri de deux tentations permanentes, celle de la passion attrayante et morbide (exemple Blanche), et celle de la liberté séduisante et incommode (exemple Rolando) ; le rire de l'esprit est le dernier moyen que Gil retiendra pour ne pas devenir la victime de lui-même et des autres du fait de ses passions person-nelles : il libère l'homme de ses croyances, des pesanteurs de sa culture, de ses "enthousiasmes" aveuglants, de ses emportements affectifs au risque d'effacer toute identité[41]. Rolando partage avec lui cette capacité à ne pas s'enfermer dans les sentiments narcis-siques : lorsqu'il apprend de sa servante Léonarde la comédie de la colique utilisée par Gil pour s'enfuir, il rit et avoue à Gil lui avoir pardonné "à cause de l'invention." (III, 2, p. 139). Le rire éloigne la fureur des ressentiments (vengeance, par exemple). Les brigands symbolisent les mouvements de fureur qui affectent les hommes

---

40. Il serait scientifiquement nécessaire de vérifier si cette allusion à la théorie des trois ordres pascaliens n'est qu'un jeu d'esprit du lecteur ou si le texte de Lesage en est réellement nourri ; un programme de recherches consacrées aux lectures de Lesage et de Gil narrateur et scripteur serait instructif quant à la dimension intertextuelle de l'écriture lesagienne.
41. Tout se passe comme si Lesage enfermait son personnage dans une aporie : vivre heureux comme une personne et disparaître comme personnage nettement caractérisé et clairement identifiable ; ou bien subsister comme personnage spectaculairement caractérisé, immédiatement identifiable et perdre la vie dans une catastrophe tragique ou romanesque ; entre le personnage littéraire et la personne paradoxalement anonyme, Lesage a choisi la banalité intelligente, critique et humoristique, peu compatible avec la "société du spectacle" qu'est la littérature classique.

privés, par la passion, de la ressource de l'entendement humain : aux supplications d'un cocher criées pour sauver la vie du fils unique de son maître, le corrégidor qui menaçait les activités des brigands, ils répliquent par des menaces :

> " Messieurs, dit l'un d'entre eux, ne laissons point échapper le fils du plus grand ennemi de nos pareils. Combien son père a-t-il fait mourir de gens de notre profession ! Vengeons-les, immolons cette victime à leurs mânes, qui semblent en ce moment nous la demander. " (III, 2, p. 138)

On retrouve, comme à chaque grandiloquence, le rire du narrateur qui traduit la scène en termes volontairement inappropriés pour provoquer le sentiment d'un écart grotesque entre la réalité et le comportement humain, entre les choses et les mots ; par la bouche de Rolando, il convoque la phraséologie antique du sacrifice (tragique ou biblique) : "Mon lieutenant... se préparait à servir de grand prêtre dans ce sacrifice, lorsque je lui retins le bras." (*ibid.*) Ailleurs, sous la moquerie railleuse, souffle un esprit de satire morale : lorsque le seigneur Thomas de la Fuente, maître d'école, organise une joyeuse "fête pastorale" (II, 9, p. 128), avec "festin superbe", danses, mille chansonnettes tendres et légères, représentations théâtrales, concerts, long repas à trois services, le narrateur, ici et là, glisse des remarques dégrisantes : l'une sur le peu de goût des contemporains pour la fête champêtre, l'autre sur la compétition orgueilleuse des différents participants, pourtant frères ; comme si, sous la joie apparente, subsistait le mauvais diable des vanités, comme si l'amitié la plus fraternelle n'était qu'une illusion vouée à l'échec tant que le cœur humain restait la proie des passions ; et de fait, la fête se termine sur une scène lamentable : une distribution de prix, destinés à récompenser les meilleurs élèves, est annoncée au son des "timbales et des trompettes" ; l'emphase du récit avertit le lecteur d'un probable dysfonctionnement : le maître d'école met en scène sa joie avec tant d'ostentation qu'il paraît plus animé par un enthousiasme aveuglant de célébration narcissique[42] que par une

---

42. Il est posssible de percevoir ici un écho diffus des fêtes que Louis XIV organisait à Versailles, non dans un but festif mais politique, en 1664, en 1668

conception moderne de la fête telle qu'un Rousseau la définira[43] ; la catastrophe arrive, comme prévu, dans les dernières lignes du chapitre, sous la forme d'une émeute de mères dévorées par une envie qui les échauffe et métamorphose la fête champêtre en champ de bataille :

> " Quelque envie toutefois qu'eût le maître d'école de renvoyer les spectateurs contents, il ne put en venir à bout, parce qu'ayant distribué presque tous les prix aux pensionnaires, ainsi que cela se pratique, les mères de quelques externes prirent feu là-dessus, et accusèrent le pédant de partialité : de sorte que cette fête, qui jusqu'à ce moment avait été si glorieuse pour lui, pensa finir aussi mal que le festin des Lapithes. "
> (II, 9, p. 130)

Conclusion : la raison narrative au service de la vie.[44]

La rédaction par Gil même de ses mémoires à la première personne témoigne de la capacité du personnage à dépasser sa condition d'être de papier, et à devenir un être réel capable d'entrer dans la vie concrète qui, ayant vaincu les forces de mort à l'œuvre dans la littérature, a composé l'histoire de sa vie et non son éloge funèbre, comme Madame de Lafayette le fit de la vertueuse Princesse de Clèves, ou Racine de la "triste" Bérénice, toutes deux

---

(année de naissance de Lesage), en 1674, en 1681 ; sur ce point, voir l'ouvrage de J.M. Apostolidès, *Le Roi-Machine, spectacle et politique au temps de Louis XIV*, (éd. de Minuit, 1981).

43. Les réflexions de J.J. Rousseau datent surtout de 1758 avec sa *Lettre à d'Alembert* ; voir par ailleurs : J. Proust, "La fête chez J.J. Rousseau et chez Diderot", in *Annales de la Société J.J. Rousseau* (1966-1968) 37, pp.175-196) et aussi A. CH. Gruber, *Les grandes fêtes et leurs décors à l'époque de Louis XVI* (Droz, 1972), *Les Fêtes de la Révolution*, (actes du colloque de Clermont-Ferrand, 1974 ; Paris, Société Robespierre, 1977).

44. Il ne serait pas impertinent de substituer, à "narrative", "humaine", à condition d'accepter le projet d'une lecture métaphorique du récit comme "pensée", s'il est du ressort de la littérature (de la fiction) de penser. Au moins à un premier degré, le XVIIIe n'y a pas répugné ; le genre du Conte philosophique nous inviterait à céder à la tentation.

victimes de la cruauté de leurs "historiens" magnifiques, galants même, mais impitoyables ; ces créateurs disposaient d'un adjuvant commode : la fatalité ou la noblesse morale. Gil ne croit plus à ces forces transcendantes, à ces mythes programmant par avance, de toute éternité et pour l'éternité[45], la vie humaine banalement quotidienne et animée par les besoins de sa constitution sensorielle : nourriture, commodités (y compris argent, pouvoirs), plaisirs (y compris amour et littérature). Cette sagesse banale fuit toute emphase de pensée, de comportement, de discours au profit d'un rire libérateur ; Lesage semble obsédé par la capacité des hommes à s'enfermer dans le malheur en s'abandonnant à des croyances les plus diverses : croyance en leurs propres idées, croyance en leur imagination, croyance en leurs sentiments, croyance enfin en la parole de l'autre ; la maxime de Gil pourrait être : ne pas donner foi et faire fi de toute crédulité en la grandeur sacrée de l'être humain.

La gaîté de Gil n'est donc pas la gaîté spontanée d'un caractère heureux par naissance, mais une gaîté acquise, ou plus exactement reconquise, nous dirions volontiers en pensant (inopportunément) à la cathédrale romanesque d'un Proust, une gaîté retrouvée ; comme si, sous la strate narrative, subsistaient quelques pâles traces d'une nature bucolique ; elle ressemblerait à une image du bonheur fugitivement ressenti au cours de leurs déambulations par les personnages du roman, tous particulièrement instables[46], au moment de pauses réconfortantes qui se déroulent sur un agréable gazon à l'ombre fraîche de chênes protecteurs, dans une atmosphère de fraternité et de convivialité populaires, comme celle qui rassemble don Raphaël, don Alphonse, Ambroise de Lamela et Gil lui-même :

> " Nous marchâmes toute la nuit, et nous commencions à nous sentir fort fatigués, lorsqu'à la pointe du jour nous aperçûmes le bois où tendaient nos pas. La

---

45. Sur cette idée d'une programmation de l'histoire humaine par une autorité antérieure à sa réalisation, voir, entre autres, le *Discours* de Bossuet *sur l'histoire universelle* (1681).
46. Le faux vieil ermite s'adresse à Gil et ses compagnons d'errance en ces termes : "Vous voyez (en moi) un homme en butte comme vous aux caprices de la fortune." (IV, 11, p. 273).

vue du port donne une vigueur nouvelle aux matelots lassés d'une longue navigation. Nous prîmes courage et nous arrivâmes enfin au bout de notre carrière avant le lever du soleil. Nous nous enfonçâmes dans le plus épais du bois, et nous nous arrêtâmes dans un endroit fort agréable, sur un gazon entouré de plusieurs gros chênes, dont les branches entrelacées formaient une voûte que la chaleur du jour ne pouvait percer. Nous débridâmes le cheval pour le laisser paître, après l'avoir déchargé. Nous nous assîmes ; nous tirâmes de la besace de frère Antoine quelques grosses pièces de pain avec plusieurs morceaux de viandes rôties, et nous nous mîmes à nous en escrimer, comme à l'envie l'un de l'autre. Néanmoins, quelque appétit que nous eussions, nous cessions souvent de manger pour donner des accolades à l'outre, qui ne faisait que passer des bras de l'un entre les bras de l'autre. " (IV,11, p. 275)

Cet extrait concentre toutes les gaîtés du mémorialiste et de son personnage sans évacuer le sentiment d'une nostalgie : celle d'une sociabilité menacée, subsistant en de rares lieux : dans le monde nobiliaire, chez dona Elvire ou dans le monde populaire chez Thomas de la Fuente, Fabrice, Rolando, Raphaël, etc. L'exquise veuve, vieille dame "accablée de malheurs"[47] "qui, pourtant, savait mieux que femme du monde remplir les devoirs de l'hospitalité", "n'était pas de ces personnes qui font mal les honneurs d'un repas, en prenant un air rêveur ou chagrin." (IV, 3, p. 203) ; son "humeur

---

47. La salle à manger où elle reçoit ses hôtes est couverte de tableaux dont l'un attire le regard de Gil : "les figures en étaient merveilleusement bien représentées, mais il offrait aux yeux un spectacle bien tragique. Un cavalier mort, couché à la renverse et noyé de son sang, y était peint ; et, tout mort qu'il paraissait, il avait un air menaçant. On voyait auprès de lui une jeune dame dans une autre attitude, quoiqu'elle fût aussi étendue par terre. Elle avait une épée plongée dans son sein, et rendait les derniers soupirs, en attachant ses regards mourants sur un jeune homme qui semblait avoir une douleur mortelle de la perdre." (IV, 4, p. 204).

gaie", son "esprit" charme Aurore autant que Gil[48] : elle symbolise le refus du pathos grandiloquent que l'histoire de sa famille aurait rendu légitime ; elle représente la victoire de l'esprit sur la mélancolie ; Gil ne l'oubliera pas ; le mémorialiste en dresse un portrait rare et séduisant. L'esprit de gaîté se retrouve aussi dans la société populaire, parfois accompagné de cynisme, comme chez Fabrice, parfois doublé d'un bon cœur, comme chez Laure, Aurore, et la plupart des compagnons de route de Gil, qui se refusent à être, sentimentalement, moralement et philosophiquement, réduits à ces "oiseaux à qui on a coupé les ailes" (I, 12, p. 46). Ces personnages, pas toujours recommandables, préfèrent le rire à toutes les prisons de la tristesse : prisons réelles, prisons sentimentales, prisons intellectuelles. Raphaël, sous le masque de l'ermite en est le prototype :

> " On m'a noirci dans l'esprit de la justice, dont tous les suppôts doivent dès demain se mettre en campagne pour venir dans cet ermitage s'assurer de ma personne. Mais ils ne trouveront point le lièvre au gîte. Ce n'est pas la première fois que je me suis vu dans de pareils embarras. Grâce à Dieu, je m'en suis presque toujours tiré en homme d'esprit. "
> (IV, 11, p. 273)

Raphaël a dit le mot essentiel : Gil sera aussi un homme d'esprit libéré de tout le fatras des "embarras" culturels et sociaux qui alourdissent les hommes à préjugés que dénonçait peu de temps auparavant un autre écrivain en révolte contre les discours dominants de son temps : Pierre Bayle. On peut considérer Lesage comme un écrivain de second rayon ; il n'en représente pas moins une tentative pour arracher le roman à la fascination poétique, à l'emphase élégiaque ou tragique, au style de la grandeur et du malheur, à ce "poids du monde" auquel P. Handke a voulu rendre une innocence massacrée par l'histoire[49] ; l'écriture gaie marque une

---

48. Le cas est, sauf erreur, unique dans le roman, qui résiste mal aux tentations de la satire et de la caricature, utilisées parfois de façon trop mécanique : il est d'autant plus notable et précieux.
49. P. Handke, *Le poids du monde, journal 1975-1977* ; Gallimard, 1980.

victoire de l'esprit de dérision[50] sur l'imaginaire morbide et hyperbolique de la grande littérature ; ce moment de grâce[51] qu'est, malgré ses trop nombreuses faiblesses, le roman de Lesage ne durera pas longtemps : l'écriture romanesque sera vite rattrapée par l'esprit sombre de la fatalité (Prévost) ou par les inquiétudes de la raison (Diderot, Rousseau, Laclos, Bernardin de Saint-Pierre) ; seuls peut-

---

50. Outre le mouvement général de la sensibilité esthétique vers 1715 qui marque des préférences pour les espaces et les objets de dimensions réduites ou même pour l'intime, comme l'avaient justement signalé Ph. Ariès (*L'enfant et la famille sous l'ancien régime*), G. Duby (*Histoire de la vie privée*, t. 3, Seuil, 1986), Kibédi-Varga ("La désagrégation de l'idéal classique dans le roman français de la première moitié du XVIIIe siècle", in *Studies on Voltaire*) ou P. Pelckmans ("Les premières scènes de la vie privée dans le roman", 1680-1700 ; in *Travaux de littérature*, I, 1988, pp. 139-151), les auteurs modernes ne parviennent plus à maintenir une image statufiée dans la grandeur des personnages de leurs fictions ; Voltaire lui-même, 10 ans après l'exaltation optimiste de la raison dans les *Lettres philosophiques* (1734), en viendra à ce ton un peu désabusé de la dérision : "Zadig dirigeait sa route sur les étoiles. La constellation d'Orion et le brillant astre de Sirius le guidaient vers le pôle de Canope. Il admirait ces vastes globes de lumière qui ne paraissaient que de faibles étincelles à nos yeux, tandis que la terre, qui n'est en effet qu'un point imperceptible dans la nature, paraît à notre cupidité quelque chose de si grand et de si noble. Il se figurait alors les hommes tels qu'ils sont en effet, des insectes se dévorant les uns les autres sur un petit atome de boue." (*Zadig*, 1747, in *Romans et Contes*, Pléiade, 1954, p. 27).
51. S'il fallait le qualifier de manière plus explicite, nous hésiterions entre "écriture humoristique" et "écriture ironique" ; l'humour est permanent dans le roman et l'esprit de Lesage mais ce trait est un peu faible pour le caractériser pleinement ; l'ironie est très présente, mais n'est-elle pas limitée chez Lesage par son trop facile optimisme social, si elle est "ce pouvoir de relativiser toute manifestation d'un sens déterminé", comme le pense Jean Decottignies (*Ecritures ironiques*, Presses universitaires de Lille, 1988). Voir aussi V. Jankélévitch, *L'ironie*, Flammarion, 1964).

être Crébillon-fils et Voltaire se souviendront vraiment de lui et de sa gaîté désacralisante.[52]

Jacques Wagner
Université Clermont II

---

52. Il convient de rappeler ici la dernière phrase du roman dans sa version de 1735 : "Le ciel a daigné m'accorder deux enfants dont l'éducation va devenir l'amusement de mes vieux jours, et dont je crois pieusement être le père." (XII, 14, p. 354) Elle prouve que, malgré l'âge et ses tentations de moralisme conformiste, Lesage n'a rien perdu de son esprit de gaîté.

VIEILLESSES DE *GIL BLAS*

Héritier de la tradition comique et de ses ruées contre Géronte, *Gil Blas* aligne par ailleurs un nombre considérable de vieillards décrits avec sympathie, voire avec admiration. Les deux séries renvoient, à y regarder d'un peu près, à une expérience analogue. Les Géronte qui s'attardent à aimer et l'archevêque de Grenade sont ridicules de s'obstiner aux plaisirs d'un autre âge ; les vieillards admirables se singularisent au contraire par une façon particulièrement élégante de s'effacer. Lesage se trouverait ainsi témoigner, avant les changements qui s'imposeront dès la seconde moitié du siècle, d'un Ancien Régime du troisième âge : son roman aide à caractériser, dans le sillage de Philippe Ariès, une vieillesse apprivoisée.

C'est presque un lieu commun de la critique que, de s'être succédé à d'assez longs intervalles, les trois livraisons de *Gil Blas* donneraient à voir une maturation du protagoniste qui reflèterait à certain degré un enrichissement existentiel analogue de son auteur. L'idée remonte à un bref essai de Jean Cassou[1], qui opposait cette continuité ascendante aux perspectives plus abruptes du picaresque. A y réfléchir, il s'agit là typiquement d'une idée d'essayiste, séduisante au premier abord, mais difficile à préciser. Nous savons finalement fort peu de la personnalité intime de Lesage ; la maturation qu'on peut lui supposer est en fait extrapolée à partir de celle de son personnage. La question de savoir si d'autres personnages contemporains du dernier Gil Blas témoigneraient de la même évolution n'est guère posée ; le flibustier Beauchêne suggérerait plutôt le contraire. Il suffit même d'un rien de malveillance pour constater que le progrès moral de Gil Blas est sans doute plus

---

1. *Cf.* Jean Cassou, *Lesage* in *Tableau de la littérature française*, Paris, Gallimard, 1939, t. 2, pp. 195-200.

apparent que réel. Le vieux narrateur ironise volontiers sur les écarts de sa jeunesse folle ; lui-même se montre souvent capable d'un tranquille amoralisme, d'une inconscience complaisante qui atténue fortement le contraste[2]. *Gil Blas* glisse d'un registre quasi exclusivement comique à un ton composite, le rire y alterne avec des attendrissements faciles et avec quelques velléités vertueuses ; il faut beaucoup de bonne volonté, et surtout un regard plus global qu'analytique, pour saluer là une véritable évolution.

Si ces dérives peuvent donner l'impression d'un vieillissement harmonieux, c'est aussi que ce roman si proche de la tradition comique et de ses ruées contre Géronte comporte par ailleurs un nombre considérable de vieillards décrits avec sympathie, voire avec admiration. Là aussi toutefois, on aurait tort de croire à une quelconque évolution : à dresser un inventaire complet, le constat s'impose que ces silhouettes positives apparaissent dès la première livraison et ne se font pas sensiblement plus fréquentes par la suite. Elles continuent d'ailleurs à alterner jusqu'à la fin avec des épouvantails comiques. La présente étude voudrait donc situer ces va-et-vient dans une perspective moins étroitement biographique : *Gil Blas* m'a paru apporter son modeste témoignage à l'histoire, qui reste largement à écrire, des attitudes devant la vieillesse.

Ce serait évidemment oiseux de prétendre définir une limite d'âge à partir de laquelle les personnages deviendraient pertinents pour notre propos. Lesage ne fournit guère ces précisions-là et on sait que, parmi d'autres étourderies, il a très mal calculé l'âge de son protagoniste. Seront donc considérés comme des vieillards tous ceux que le texte désigne comme tels : la seule fréquence de ces personnages suffirait à montrer, en regard des espérances de vie de l'époque, que bon nombre de ces barbons devaient être, dans l'esprit de Lesage et conformément à une façon de parler alors commune,

---

2. *Cf.* à ce sujet les commentaires détaillés de René Démoris, qui conclut : "La première personne permet ici de représenter la distance du narrateur au héros et de faire penser que le premier détient le sens qui échappait au second. Mais il apparaît vite que l'un est le digne héritier de l'autre et que la conscience morale du narrateur est frappée d'extériorité" (*Le roman à la première personne. Du classicisme aux Lumières*, Paris, Colin, 1975, p. 375).

des quadragénaires qui se croiraient aujourd'hui dans la force de l'âge. A moins qu'on ne préfère croire - mais ce serait assez gratuit - à une entorse à la vérité statistique, qui attesterait à sa façon un nouvel intérêt. Le vrai problème est de comprendre pourquoi Lesage s'attarde si volontiers, et donc si souvent, à des personnages dont, quel que soit leur âge précis, la vie va déclinant.

On admet communément, depuis le bel essai de Jean-Pierre Gutton[3], que le nouvel intérêt pour la vieillesse qui s'impose parmi tant d'autres nouveautés vers le milieu du XVIIIème siècle, s'organise pour l'essentiel autour de deux filières. Il y aurait d'une part l'engouement des âmes sensibles pour les nobles vieillards, pères de famille et patriarches de Ferney ou d'ailleurs, chargés d'incarner en majesté les valeurs les plus diverses ; il contrasterait avec un nouveau refus des faiblesses et des déchéances de la vieillesse, soudain si intolérables qu'on s'acharne, pour longtemps avec plus de zèle que d'efficacité, à y remédier. Alternance curieuse de la ferveur et du déni, qui rappelle forcément les ambivalences que Philippe Ariès indique pour la même époque dans les nouvelles attitudes devant la mort : l'enthousiasme pour les belles morts y interfère de même avec les premiers affleurements du tabou thanatique moderne.

La vieillesse et la mort auraient-elles connu une histoire en gros analogue ? L'idée semble au moins assez plausible pour fournir, sur le chantier le moins exploré, une hypothèse de travail stimulante. Cela impliquerait que, côté vieillesse aussi, les attitudes inédites qui se dessinent au XVIIIème siècle contrasteraient avec une acceptation immémoriale, une foncière résignation devant des désagréments qu'on aurait acceptés sans regimber parce qu'ils apparaissaient comme une servitude commune. Risquons le mot : le parallélisme que nous venons d'indiquer requerrait, en amont de nos malaises modernes, quelque chose qui se définirait au moins mal comme une *vieillesse apprivoisée*.

L'étiquette correspond-elle à quoi que ce soit dans *Gil Blas* ? Les images les plus traditionnelles qu'on y rencontre sont des caricatures grinçantes, qui n'évoquent pas précisément la belle

---

3. *Cf.* Jean-Pierre Gutton, *Naissance du vieillard. Essai sur l'histoire des rapports entre les vieillards et la société en France*, Paris, Aubier, 1988.

sérénité des gisants du moyen âge. Elles les rejoignent pourtant dans la mesure où le rire, en l'occurrence, concerne moins la vieillesse en tant que telle que le refus de l'accepter. Le rire de l'âge classique s'attaque d'abord à ceux qui n'ont pas, qui ne veulent pas avoir l'esprit de leur état ou de leur condition ; Lesage nous fait rire plus d'une fois de vieillards qui s'obstinent à paraître jeunes. Le seigneur Carlos Alonso de la Ventoleria profite d'une heureuse négligence de ses parents :

> " Il est plus vieux que Saturne. Cependant, comme au temps de sa naissance ses parents ont négligé de faire écrire son nom sur les registres de sa paroisse, il profite de leur négligence, et se dit plus jeune qu'il n'est de vingt bonnes années pour le moins. D'ailleurs, c'est le personnage d'Espagne le plus rempli de lui-même. " (p. 679)[4]

N'être rempli que de soi-même plutôt que s'aligner sur la norme et le sort commun, c'est bien là le péché majeur que la satire classique ne pardonne pas. Les vieillards en sont susceptibles comme les autres : Lesage, en règle générale, ne se moque d'un visage ridé que si le propriétaire joue les vieux beaux :

> " Quand (Don Gonzale Pacheco) se leva, je crus voir la résurrrection du Lazare. Imaginez-vous un grand corps si sec... Le vieillard, après avoir écrit, s'arracha quelques poils de la barbe avec une pincette ; puis il se lava les yeux, pour ôter une épaisse chassie dont ils étaient pleins. Il lava aussi ses oreilles, ensuite ses mains ; et quand il eut fait ses ablutions, il teignit en noir sa moustache, ses sourcils et ses cheveux. Il fut plus longtemps à sa toilette qu'une vieille douairière qui s'étudie à cacher l'outrage des années. "
> (pp. 738-39)

Il va sans dire que pareil personnage a aussi la fatuité de se croire encore aimé, et que sa belle flatte cette illusion dans l'espoir d'un juteux héritage. La comédie se moquait depuis toujours de "ces

---

4. Références au texte fourni dans *Romanciers du XVIIIème siècle I*, Paris, Gallimard, 1960 (éd. R. Etiemble), pp. 491-1197.

barbons voluptueux à qui les coquettes vendent leurs bontés au prix de l'or" (p. 631). Don Gonzale, pour sa part, "avait l'air d'un agonisant quand il voulait faire les yeux doux" (p. 743). L'épisode finit par démentir ses prétentions en le transformant en dupe volontaire : quand Gil s'avise de lui révéler une infidélité de sa maîtresse, celle-ci réussit sans trop de mal à le faire renvoyer. Le narrateur conclut : "Le bon vieillard sentait assez qu'en me congédiant pour plaire seulement à sa maîtresse, il ne faisait pas une action des plus viriles... " (p. 745) où le choix de l'adjectif final se passe de commentaire.

L'archevêque de Grenade ne réussit pas mieux à consentir, l'heure venue, aux faiblesses de l'âge. On se souvient qu'il prend ses précautions : cet homme éloquent et qui aime à l'être demande à Gil de l'avertir au premier affaissement. On ne prêche pas "depuis vingt ans" (p. 857) sans se douter au moins en théorie des ruses infinies de l'amour-propre :

> " Je voudrais bien éviter le défaut des bons auteurs qui écrivent trop longtemps, et me sauver avec toute ma réputation. Ainsi, mon cher Gil Blas, continua le prélat, j'exige une chose de ton zèle : quand tu t'apercevras que ma plume sentira la vieillesse, lorsque tu me verras baisser, ne manque pas de m'en avertir. Je ne fie point à moi là-dessus. Mon amour-propre pourrait me séduire. " (p. 860)

Le rythme endiablé du roman n'aurait guère permis de détailler un affaiblissement progressif. L'archevêque prévoit donc qu'il risque de "tomber tout d'un coup" (p. 860) ; quelques mois plus tard, une apoplexie le condamne, sans transition, à "une rhétorique de régent usé" (p. 864). Quand Gil Blas s'exécute, il découvre pour son dam que l'amour-propre a mieux résisté au coup. Lesage parachève sa satire en imaginant une échappatoire particulièrement appropriée : convaincu d'office que son esprit "n'a rien encore perdu de sa vigueur", le vieux prélat se reproche d'avoir choisi un confident "trop jeune pour démêler le vrai du faux" (p. 865).

Don Gonzale et ses pareils comme l'archevêque de Grenade sont ridicules de n'avoir su s'apprivoiser à leur vieillesse. Tous les cas ne sont bien sûr pas si nets. Le premier portrait de vieille de *Gil Blas* évoque une laideur qui ne dément à vue de pays aucune prétention. Dame Léonarde, qui fait la cuisine des brigands dans leur repaire souterrain, a le physique de l'emploi :

" Outre un teint olivâtre, elle avait un menton pointu
et relevé, avec des lèvres fort enfoncées ; un grand nez
aquilin lui descendait sur la bouche, et ses yeux
paraissaient d'un très beau rouge pourpré. " (p. 509)

Encore peut-on estimer que, pour un certain type de romanesque, la beauté est une prétention pour ainsi dire co-naturelle à la femme, que le portrait n'avait même pas à indiquer. Par la suite, Dame Léonarde paraît un instant ridicule de se prêter un peu trop facilement, sous la menace, à l'évasion de Gil : "Quoique très avancée dans la carrière, elle se sentit encore assez attachée à la vie pour n'oser me refuser ce que je lui demandais." (p. 530) comme si elle avait tort, à son âge, de tenir encore à la vie !

D'autres vieilles gardent des prétentions explicites, que le texte ridiculise par divers biais. La gouvernante du chanoine Sedillo, "déjà parvenue à l'âge de la discrétion" (p. 564), s'épuise à conserver sa fraîcheur et y réussit grâce à une médecine de comédie et à une infirmité secrète :

" Outre qu'elle prenait tous les matins un clystère,
elle avalait pendant le jour, et en se couchant,
d'excellents coulis. [...] Mais ce qui peut-être
contribuait encore plus que toutes ces choses à lui
rendre le teint frais, c'était [...] une fontaine qu'elle
avait à chaque jambe. " (p. 569)

La suivante Béatrix devient elle aussi une dupe volontaire : "Ravie à son âge de voir un jeune homme à ses trousses, elle ne souciait guère d'être trompée pourvu que je la trompasse bien." (p. 743). La duègne Sephora, chez Don Alonso, a droit à une réaction plus nuancée. Quand Gil, jusque-là assez accueillant à ses avances, apprend du pharmacien qui vient la panser chaque soir qu'elle a "au dos un cancer invétéré" (p. 849), ce secret suffit à le dégoûter définitivement. Il n'en choisit pas moins, malgré les récriminations de la délaissée, de ne pas divulguer son secret. Des années plus tard, la nouvelle de "la triste fin de Sephora" (p. 1045) aboutit de même à une réaction uniment attendrie ; il est vrai que le narrateur soupçonne qu'il avait mis peut-être quelque complaisance à la croire morte de chagrin d'amour plutôt que de son mal :

> " Je ne pus m'empêcher de soupirer en me rappelant
> cette duègne infortunée ; et, m'attendrissant sur son
> sort, je m'imputai son malheur, sans songer que c'était
> plutôt à son cancer qu'à mon mérite qu'il fallait
> l'attribuer. " (p. 1045)

Comme quoi c'est Gil lui-même, cette fois, qui ébauche le faux pas que nous devinons à travers les divers ridicules de nos vieillards : mieux vaut, dans l'Ancien Régime de Lesage, ne pas se donner plus d'importance qu'au cours ordinaire des choses.

Cette règle trouve une illustration inattendue, mais d'autant plus éclairante, avec le meilleur ami de Don Gonzale Pacheco, qu'on prendrait au premier abord, lors de son entrée en scène, pour un vieillard parfaitement inséré dans sa condition :

> " Le comte de Asumar [...] laissait voir ses cheveux
> blancs, s'appuyait sur un bâton, et semblait se faire
> honneur de sa vieillesse, au lieu de vouloir paraître
> jeune. " (p. 739)

La suite oblige à rabattre de notre admiration. Conversant avec Don Pacheco, le Comte dénigre le présent au détriment du passé. Les courses de taureaux et les tournois ne seraient plus ce qu'elles avaient été et même les "fort belles pêches" servies au dessert ne vaudraient pas celles d'autrefois : "la nature s'affaiblit de jour en jour" (p. 739). Ces illusions de *laudator temporis acti* conviennent plutôt mal au personnage admirable du début ; aussi me demandé-je si le premier ne relèverait pas d'une illusion d'optique, d'un contresens typiquement moderne sur une phrase que Lesage a pu écrire avec moins d'admiration que nous n'y lisons aujourd'hui. C'est une chose en effet de s'identifier, en temps utile, à sa condition de vieillard ; c'en est une toute autre de prétendre s'en faire une gloire. La *vieillesse apprivoisée*, si tant est qu'elle ait existé, ne pouvait pas ne pas être une manière de repli, un effacement discret ; il n'est pas dit qu'aux yeux de Lesage, cet homme fier de sa vieillesse, fier aussi de se rattacher en l'étalant à ce passé grandiose sur lequel il ne tarit pas, était tellement moins ridicule que le vieux beau, son ami, qui voudrait paraître éternellement jeune.

Le rire de Lesage résonne dans un monde où il semble moins indiqué d'en faire à sa tête, de prendre les choses en main que de s'aligner sur leur cours le plus ordinaire. Cette "culture de la soumission"[5] explique aussi, aux lisières si l'on ose dire des histoires de la vieillesse et de la mort, la plaisanterie apparemment la plus inusable du roman : il semble évident, dans *Gil Blas*, que les bons soins des médecins ne réussissent qu'à tuer leurs malades.

Il y a là une manière de scie, qu'il serait lassant d'inventorier. Relevons donc seulement, pour en sourire un bref moment, quelques variations : Don Alphonse guérit d'une "grosse fièvre avec des redoublements" (p. 843) parce qu'il a la chance de tomber malade dans une ville où il n'y pas de médecins ; Gil s'abandonne aux médecins de Ségovie parce que, prisonnier, il se sent "las de vivre" (p. 1015). La critique se contente le plus souvent de reconnaître dans ces brocards un héritage de Molière ; quelques-uns se félicitent de dégager ainsi, au travers des emprunts massifs au picaresque, un filon proprement français. Cela ne fait, dans la perspective que j'adopte ici, que déplacer le problème. Si Lesage, après Molière, s'en prend aux médecins plus souvent qu'à leur tour, il s'agit d'abord de comprendre les raisons d'un tel acharnement, qui déborde de toute évidence le rôle objectivement assez marginal des disciples d'Hippocrate dans les sociétés d'Ancien Régime. Là aussi, il convient de se méfier de toute erreur de perspective : ce serait un peu court de croire que les auteurs se gaussaient simplement des prétentions abusives d'une médecine aujourd'hui déphasée. Les prestiges modernes du médecin ont précédé les progrès de son art ; ceux-ci ne se sont sans doute accomplis que pour faire face à une nouvelle demande, que les contemporains de Lesage auraient encore

---

5. J'emprunte le terme à Mireille Laget, *Naissances. L'accouchement avant l'âge de la clinique*, Paris, Seuil, 1982, p. 125.

eu du mal à imaginer. Les plaisanteries stéréotypées de *Gil Blas* ne les auront pas lassés : elles rejoignaient un texte alors évident. L'idée d'agir sur la vie, d'en modifier le cours par des interventions concertées semblait, en tant que telle, foncièrement grotesque.

Ce comique ne concerne pas que les soins proprement médicaux. Lesage se moque aussi de tels vieillards souffreteux qui, au lieu de subir sans broncher les désagréments de la longévité, s'aménagent, avec l'aide d'un entourage intéressé, un confort douillet :

> " Nous aperçûmes le vieux podagre enfoncé dans un fauteuil, un oreiller sous la tête, des coussins sous les bras, et les jambes appuyées sur un gros carreau plein de duvet. [...] Comme il riait de toute sa force, il lui prit une toux si violente que je crus qu'il allait passer. Il n'avait pas encorc fait son testament ; jugez si la gouvernante fut alarmée ! " (pp. 565-66)

Comme l'épisode doit déboucher sur le testament, le podagre ne tarde pas à attraper une maladie supplémentaire. Elle l'amène, "pour la premièrc fois de sa vie qui avait été longue" (p. 569), à faire appel à un médecin. Le docteur Sangrado jure par les saignées ; le bon sens populaire de la gouvernante y découvre une possibilité inespérée de précipiter la fin de son maître. Sangrado s'obstine aussi à déconseiller le vin ; cela nous vaut, face à ce patient de soixante-neuf ans, un diagnostic farfelu :

> " Justement, répliqua le médecin ; une vieillesse anticipée est toujours le fruit de l'intempérance. Si vous n'eussiez bu que de l'eau claire toute votre vie [...], vous ne seriez pas présentement tourmenté de la goutte. " (p. 570)

La caricature a dû paraître assez amusante pour valoir un prolongement. Repassant des années plus tard par la ville de ses premiers emplois, Gil s'empresse de rendre visite à Sangrado, devenu entre temps un très vieil homme ; il aime s'offrir désormais un vin, il est vrai, très trempé d'eau et ne sait pas trop quoi répondre aux railleries de Gil à ce sujet. L'épisode serait nettement moins gai s'il avait le courage d'avouer franchement qu'il en use enfin comme tout le monde.

Lesage estime que la vieillesse, si intolérable, voire interdite[6] au regard de nos individualismes, devrait pouvoir s'accueillir comme une échéance commune. Qu'on soit ridicule de prétendre s'excepter de cette règle donnerait à penser qu'elle ne paraissait pas, à l'époque, particulièrement difficile à respecter. Le lecteur moderne apprécierait de découvrir quelques mises en scène plus directes de cette aisance aujourd'hui largement perdue ; il n'est à la réflexion pas surprenant qu'elles soient plutôt rares. La *vieillesse apprivoisée*, si tant est qu'elle ait existé, ne devait pas se vivre comme une performance, une pose impressionnante - pour un peu, ce serait là le ridicule particulier du Comte d'Assumar -, mais comme une soumission quasi naturelle, dont on ne songeait pas à se prévaloir. Tout le monde en faisait à peu près autant. Le rire sanctionne des écarts, les moralistes recommandent de hautes vertus ; le type de vieillesse que nous cherchons à cerner serait plutôt de ces évidences silencieuses qu'on n'abordait guère pour elles-mêmes, non certes qu'on les censurait mais plutôt parce qu'on n'avait guère de raisons de beaucoup en parler.

Ces vieillesses ordinaires n'apparaissent donc, dans ce roman qui plaisante et qui moralise mais qui n'en est pas encore à raconter le monde comme il va, qu'à la faveur de quelques instantanés. Je me sens assez touché par ce bref paragraphe de l'histoire de Raphaël, qui est une des rares notations proprement pittoresques de Lesage :

> " Nous aperçûmes une hôtellerie d'assez belle apparence pour ce lieu-là. L'hôte et l'hôtesse étaient à la porte, assis sur de longues pierres. L'hôte, grand homme sec et déjà suranné, raclait une mauvaise guitare pour divertir sa femme qui paraissait l'écouter avec plaisir. " (p. 785)

---

6. La vieillesse interdite serait d'abord celle qu'on relègue dans les seigneuries et autres maisons de retraite. C'est aussi, de façon plus surprenante, celle que Simone de Beauvoir préconise comme un idéal réservé par malheur à de rares privilégiés : qui conserve des buts ou des idéaux valables oublie en les poursuivant de se sentir vieux. L'auteur précise à deux reprises qu'en ce cas "la vieillesse est pour ainsi dire passée sous silence" (S. de Beauvoir, *La vieillesse*, Paris, Gallimard, 1970, pp. 518, 544).

La guitare est l'instrument traditionnel des sérénades - et symbolise ainsi toute la verdeur des amours juvéniles ; le vieil hôte et sa femme se contentent sagement d'un instrument médiocre, qui consonne avec des souvenirs chers sans prétendre les égaler. Je relève aussi "un bon vieillard qui ne se mêlait plus de rien que de dire son rosaire et de raconter ses exploits guerriers" (p. 512) : le retour au passé, ridicule quand on l'oppose dédaigneusement au présent, semble acceptable quand il meuble un repli. Il s'agit alors, comme Gil le dit dans une autre circonstance, d'un "défaut qu'on doit pardonner aux vieillards" (p. 687), autant dire une manière de sénilité douce. La femme de qualité qui devient la grande amie de Laure se doit d'échapper même à ce léger défaut :

> " On jugeait encore à ses traits et à la vivacité de ses yeux qu'elle devait dans sa jeunesse avoir fait racler bien des guitares. Aussi était-elle veuve de plusieurs maris de noble race, et vivait honorablement de ses douaires. " (p. 878)

Plutôt que de rabâcher le passé, cette douairière se montre "très compatissante aux malheurs des filles" (p. 878) ; elle ne diffère en somme que par son rang de ces duègnes qui, chez Lesage, favorisent quasi invariablement les intérêts de cœur de leurs jeunes maîtresses. Le narrateur leur réserve, sauf quand il s'agit d'amours vénales dont elles sont alors les entremetteuses, une approbation souriante : comment mieux s'effacer qu'en jouant les utilités ?

Aux côtés de ces vieillesses anodines, Lesage en évoque quelques-unes qui paraîtraient plutôt admirables. Ce sont même là - dans notre perspective s'entend - ses créations les plus originales : rien ne prédisposait ce romancier si proche de la tradition comique et de sa dérision des Géronte à proposer aussi une contrepartie positive. On serait tenté, pour un peu, d'y flairer un pressentiment de ce nouvel intérêt pour la vieillesse qui s'imposera vers le milieu du siècle. Mieux vaut, je crois, ne pas trop appuyer sur cette filiation possible : la nouveauté, à supposer qu'elle se manifeste déjà ici, se serait coulé par pseudomorphose dans une forme tout ancienne. Il se trouve en effet que ces vieillards sont surtout admirables par une façon inédite ou particulièrement efficace de s'identifier au repli imposé par l'âge.

Le vieil invalide de guerre don Annibal de Chinchilla reste proche du registre comique. Les infirmités du corps n'appelaient pas toujours, en ce début du XVIIIème siècle, l'apitoiement secrètement gêné qui semble aujourd'hui de mise ; la répugnance venait aussi à se libérer par le rire :

> " Outre qu'il lui manquait un bras et une jambe, il avait la place d'un œil couverte d'un large emplâtre de taffetas vert et son visage en plusieurs endroits paraissait balafré. A cela près il était fait comme un autre. " (p. 897)

Le trait nous paraît dur ; il se combine ici sans problème apparent avec une réelle sympathie pour le vieil homme, qui se recommande par une discrétion exemplaire[7]. Ce vieux soldat ne se vante pas de ses blessures ; "il ne lui échapp(e) aucun trait de fanfaron, pas un mot à sa louange" (p. 897). Annibal passe ses jours à présenter des placets que personne ne lit : cela ne l'écœure ni ne l'aigrit. Apitoyé, Gil Blas le défraie en attendant ; Annibal en profite avec une réserve que la plupart des quémandeurs n'auraient pas eue. L'anecdote est écrite en vue d'un dénouement qui prétend illustrer les mœurs de la cour : le placet jusque-là si malheureux est enfin agréé quand un vieux valet de Chinchilla, retrouvé par hasard dans les bureaux du duc de Lerme, y intéresse la maîtresse du premier sécrétaire du ministre ! Annibal bénéficie de l'entreprise mais n'aura guère participé à la manœuvre ; il sera resté jusqu'à la fin un solliciteur discret.

Quand la discrétion s'étend aux affaires du cœur, nous quittons le registre de la comédie. Abusée par une fausse nouvelle, dona Mencia de Mosquera épouse en secondes noces "un de ces vieux seigneurs qui, par leurs manières galantes et polies, font oublier leur

---

7. La fusion est parfaite dans une seconde plaisanterie, qui souligne précisément la rare modestie d'Annibal. Le narrateur lui eût "volontiers pardonné de vanter la moitié qui lui restait de lui-même pour se dédommager de la perte de l'autre" (p. 897).

âge et savent encore plaire aux dames" (p. 533). Il n'en faut bien entendu pas plus pour que le prétendu défunt se trouve enfin revenir d'un "long esclavage" (p. 536) africain. Dona Mencia préfère son premier devoir, qui est aussi son seul véritable amour. Elle le retrouve pour quelques jours seulement : le malheureux se fait tuer, pour de bon cette fois, par une bande de voleurs. Le vieux mari, "frappé de sa fuite comme d'un coup de foudre" (p. 545), n'avait rien entrepris. Il s'en explique quand, quelques semaines plus tard, la fugitive lui revient :

> " Puis-je blâmer (votre) conduite ? Non, Madame,
> j'aurais tort d'en murmurer. Aussi n'ai-je point voulu
> qu'on vous poursuivît, quoique ma mort fût attachée
> au malheur de vous perdre. Je respectais dans votre
> ravisseur ses droits sacrés et le penchant même que
> vous aviez pour lui. Enfin je vous fais justice, et par
> votre retour ici vous regagnez toute ma tendresse. "
> (p. 546)

Le vieil homme s'efface admirablement, de façon d'autant plus émouvante que sa discrétion respecte le "penchant", les droits du cœur, autant que la priorité juridique. Sa mort vaudrait presque une discrétion de plus : la reprise des secondes noces serait délicate et la séparation à l'amiable, qui semblerait s'imposer, vouerait Dona Mencia à la pauvreté ou à l'aumône. Elle l'en remercie par une affliction qui métamorphose, au moment suprême, son mariage de raison :

> " Je ressentis et fis éclater une douleur immodérée. Je
> doute que la mort de Don Alvar, que j'adorais, m'ait
> fait verser plus de larmes. " (p. 546)[8]

La vieille marquise d'Almenara réussit une discrétion sentimentale moins pathétique. Elle n'a pas à mourir, il lui suffit d'épouser le cadet de bonne famille qu'elle veut enrichir. Sa bonne

---

8. Signalons une variante qui, elle, pourrait bien engager un effet de l'âge. Dans l'édition de 1747, Lesage, qui a alors cinquante-neuf ans, ne se contente plus de tenir la balance égale entre le jeune et le vieux mari. Dona Mencia, dès lors, ne "doute" plus : "Don Alvar, que j'adorais, m'a fait verser *moins* de larmes" (p. 546, var. c.).

intention lui permet de faire fi des convenances, voire de les fronder. Lesage n'a peut-être jamais imaginé un personnage plus émancipé que cette douairière : elle s'offre une noce somptueuse et affiche, le lendemain, une bonne humeur qui appelle le malentendu. Car c'est bien d'un malentendu qu'il s'agit ; le monde ignore que la marquise a parachevé sa générosité en se contentant d'un mariage blanc :

> " Nous passerons la nuit dans des chambres séparées,
> et le jour nous vivrons ensemble comme une mère et
> son fils. " (p. 1099)

Elle aussi a su se placer en retrait. Une lecture féministe indiquerait sans doute que, dispensant son conjoint du devoir conjugal, la marquise assure aussi sa propre indépendance ; le jeune mari n'aura jamais de quoi se croire de son côté indispensable. Lesage fait raconter l'histoire par le valet Scipion ; il ne se montre sensible qu'aux avantages de son maître.

Le "vieux marchand de drap" (p. 1088) Baltazar Velasquez devient le héros de l'épisode le plus noir du roman tout entier. Il se profile d'abord comme un père de comédie ; le jeune premier et le valet s'entendent, de la façon apparemment la plus classique, pour saigner régulièrement son coffre-fort. Le ton change quand le père fait "mettre [...] une nouvelle serrure, dont il porta toujours depuis la clé dans ses poches" (p. 1093) ; affolé de se voir couper les vivres, le fils conçoit alors "l'horrible dessein" d'empoisonner le gêneur. Alerté par le valet, qui a dû estimer à juste titre que pareille extrémité débordait les conventions du genre, le père trouve d'instinct la parade juste. Il entraîne son fils, sous un prétexte, "dans un endroit aussi chéri des voleurs que redouté des passants" (p. 1095) et s'y offre à ses coups :

> " Il est un moyen plus sûr de contenter ta rage, sans
> t'exposer à une mort ignominieuse ; nous sommes ici
> sans témoin, et dans un endroit où se commettent
> tous les jours des assassinats... " (p. 1095)

Le ton est assez impressionnant pour ramener le fils à des sentiments plus naturels ; il nous importe ici que ce père s'est sauvé - et qu'il a sauvé son fils d'un crime - en pratiquant à son tour, et avec le pathétique que comporte la circonstance, l'art de s'effacer.

Au vu de ces sommets, la vieillesse de Gil Blas lui-même est décevante. Lesage ajoute une touche éclairée en écartant ostensiblement toute velléité ascétique ; nous avons droit au confesseur intéressé qui invite son pénitent malade à mourir, contre "une donation de tous (ses) biens", "sous l'habit de saint-Dominique" (p. 1189). Gil Blas préfère le repos plus riant de son château de Lirias. Il ne tarde même pas à se remarier avec une jeunesse ; le narrateur évoque cette félicité suprême avec un curieux mélange de complaisance et de dérision de soi. Le détail n'en vaut même pas la façon d'une analyse : ces va-et-vient entre la suffisance et l'auto-ironie prouvent surtout, mais on le savait du reste, que *Gil Blas* est de ces romans foncièrement narcissiques où il n'est pas question que le héros s'astreigne sans plus à la loi commune.

Paul Pelckmans
UFSIA - Université d'Anvers

LA VIOLENCE CHEZ CHALLE ET LESAGE ROMANCIERS

Challe a lu le *Don Quichotte* de Lesage, il le précise dans sa correspondance ; Lesage a probablement lu *Les Illustres Françaises* et le tome VI de la *Continuation* de Challe, parus avec grand succès en 1713, deux ans avant le premier tome du *Gil Blas*[1] . Tous deux ont lu les mêmes bons romans, écrivent au même moment : leur involontaire connivence ne doit pas étonner. Leur situation dans l'histoire du roman occidental et leurs ambitions esthétiques les rapprochent : ils savent que seule une combinatoire neuve des *topoi* et sous-genres narratifs déjà institués peut faire avancer une réflexion sur l'homme, vocation essentielle du roman. Tous deux placent la violence au principe de toute action humaine, individuelle et collective, comme agressivité, combativité, revendication ; tous deux voient qu'elle menace la stabilité des relations des hommes entre eux. Elle implique l'idée d'une infraction par rapport aux règles naturelles ou légales, donc aux critères en vigueur dans un groupe, nécessairement évolutif : la violence peut appeler la

---

1. **Robert Challe** :
- *Les Illustres Françaises*, édition critique publiée par Frédéric Deloffre, 2 tomes, Paris, Les Belles Lettres, 1959. Cette édition fut retirée par photocomposition (Troisième tirage en 1973). L'édition originale est de 1713. *Les Illustres Françaises*, édition nouvelle publiée par Frédéric Deloffre et Jacques Cormier,1 tome, Droz, 1991.
- *Continuation du Don Quichotte,* tome VI, édition critique publiée par Jacques Cormier et Michèle Weil, 1 tome, Droz, 1994. Edition originale : Compagnie des Libraires, Paris, 1713. Voir aussi l'autre version, éd. Thomas Amaury, Lyon, 1713. La demande de privilège est de 1702.
Lesage :
- *Gil Blas de Santillane*, tome I, Folio, 1973. L'édition originale est de 1715.
- *Nouvelles Avantures de l'admirable Don Quichotte de La Manche* [...], Compagnie des Libraires, Paris, 1716. L'édition originale : Barbin, 1704. Challe écrit dans sa correspondance : "Monsr Lesage a fait un sixieme tôme de Don Quixotte ; je ne le lui dispute point, [...] je l'ai lu". (Correspondance éditée par Frédéric Deloffre, "Robert Challes et le *Journal Littéraire* de la Haye, 1713-1718", *Annales Universitatis Saraviensis*, III, 1/2, 1954, p. 171).

violence, vengeance ou sanction, en un enchaînement infini, mais peut aussi aboutir à une juste réforme. Enfin tous deux savent que la représentation de la violence dans une histoire tragique, genre narratif archaïque, n'est pas celle d'une histoire comique ou d'un roman sérieux, car tout fait sens, surtout la forme.

Ils écrivent des histoires tragiques, où le cercle de la violence est hermétiquement clos, selon l'imaginaire des genres archaïques : terreur et pitié des grands tragiques grecs, fatalité maîtresse. Toutefois, ils enferment ces visions primitives de la violence constitutive de l'être humain, de la famille et de la société, dans un récit enchâssant qui, lui, instaure un genre narratif nouveau où la violence est maîtrisée par le dialogue. Les débats ainsi ouverts sont : la punition de l'adultère, l'abus de pouvoir des parents envers le fils ou la fille, l'enlèvement consenti, la violence envers des inférieurs, le duel, les formes d'agression sociale, en particulier le vol.

Challe romancier manifeste une sensibilité particulière aux nouvelles formes du débat privé-public et aux nouvelles formes de l'honneur, méditations et débats de conscience construisant un code nouveau, mais une insensibilité aussi particulière aux droits des paysans ou des petits : "canaille" et "populace" méritent d'être tenus en bride par la violence. En revanche, c'est à la toute-puissance de l'argent que Lesage se révèle sensible : le voleur peut-il devenir un nouveau type de héros ? Son individualisme et sa cynique lucidité le laissent deviner. Pour cerner la spécificité de chacun d'eux, une interrogation électronique de la base de données FRANTEXT sert d'appui, d'appoint (sans la remplacer) à une étude traditionnelle.

Au cœur de leurs formes ouvertes et inventives, Lesage et Challe enchâssent des noyaux durs de violence archaïque. La machine infernale de la violence s'est en effet mise en branle dès les grands mythes fondateurs, dès l'enlèvement d'Hélène ou la querelle d'Achille et d'Agamemnon. Les hommes ont vite compris que l'expression littéraire de ce scandale qu'est la violence fondatrice pouvait les aider à le maîtriser. En France, l'histoire tragique comme genre narratif bref se fixe dès Marguerite de Navarre, qui imite

Boccace, et devient un genre à succès au XVIIe siècle, avec Camus et Rosset.

"Le mariage de vengeance", histoire enchâssée dans *Gil Blas*, (chapitre 4, livre IV du tome I), illustre parfaitement cette violence en vase clos, en genre clos.

Au début était la violence. Deux frères et leur sœur s'entre-détruisent au royaume de Sicile. Mainfroy se soulève, "guerre sanglante", contre son frère le roi Roger. Le lecteur ne connaît pas les motifs de sa révolte. Comme le Gaster de Rabelais, Violence "toujours va davant" : point n'est besoin de l'expliquer puisque c'est elle qui est à l'origine. Roger victorieux, tenté par la "clémence", laisse la vie à Roger, mais une partie de ses sujets le jugent "barbare", car la princesse Mathilde, "qui avait toujours haï ce prince", son frère Mainfroy (on ne sait pourquoi, c'est ainsi), "ne cessa point de le persécuter" en sa prison, "sentiments dénaturés"[2]. Il en meurt, puis elle, "juste punition".

La violence est donc imposée dès l'ouverture, *causa sui*, auto-fondatrice, Minerve née casquée et armée de sa lance ; la narratrice se fait voix blanche, ne donne d'explication ni historique ni psychologique. C'est pourtant la petite-fille de Siffredi, le ministre, rouage important dans cette machinerie de violences d'où personne n'a la moindre chance d'échapper. L'engrenage qui a broyé la première génération broie la seconde, les enfants, selon l'enchaî-nement inéluctable de la vengeance. Le roi Roger, qui n'a pu faire périr son neveu et successeur Enrique, l'oblige, par un testament pervers, à épouser Constance, fille de Mathilde, Mathilde qui justement a torturé à mort son propre frère Mainfroy. Comment Enrique pourrait-il ne pas haïr la fille du bourreau de son père ?

---

2. Le roi "se contenta de lui ôter la liberté pour le punir de sa révolte. Cette clémence ne servit qu'à faire passer Roger pour un barbare dans l'esprit d'une partie de ses sujets. Ils disaient qu'il n'avait sauvé la vie à son frère que pour exercer sur lui une vengeance dure et inhumaine. Tous les autres, avec plus de fondement, n'imputaient les traitements durs que Mainfroy souffrait dans sa prison, qu'à sa sœur Mathilde. Cette princesse avait en effet toujours haï ce prince, et ne cessa point de le persécuter tant qu'il vécut. Elle mourut peu de temps après lui et l'on regarda sa mort comme une juste punition de ses sentiments dénaturés".

Ici intervient une figure narrative emblématique de l'ensemble de l'histoire tragique : "la feuille blanche". Enrique aime Blanche, fille du ministre. Le jeu subtil sur le mot "blanche" est souligné à deux lignes de distance. "Prenant une feuille blanche", il la signe et "ce prince présenta la feuille à Blanche" (p. 308) pour lui prouver qu'il n'épousera qu'elle. Signer une "Feuille blanche", c'est une façon de se livrer pieds et poings liés au destin et... à l'auteur qui remplit la page d'un autre nom, celui de Constance. Si Enrique avait écrit de sa main, exerçant sa liberté de choix, le nom de Blanche, il eût maîtrisé son destin et rompu le cercle tragique.

Barbaries et cruautés s'enchaînent désormais jusqu'à la destruction de tous[3]. Rhétorique et style l'expriment fortement : "Vous

---

3. Enrique devient roi à la mort de son oncle. Il donne une feuille en blanc signée de son nom à Blanche, en présence de Siffredi, père de Blanche, pour lui promettre de l'épouser. Malheureusement, le perfide testament impose à Enrique d'épouser Constance ou de perdre la couronne. "Cédant à la violence qu'il se faisait", (p. 311), Mainfroy décide de feindre et d'épouser en fait celle qu'il aime, Blanche, une fois assuré du pouvoir. "Le cruel Siffredi lui en ôta l'espérance. Ce ministre, qui lisait dans le cœur de ces deux amants, et voulait prévenir les malheurs que la violence de leur amour pouvait causer dans l'Etat", écrit le nom de Constance sur le papier en blanc. "Affreux supplices" pour Blanche (p. 313), "coup mortel", "transports d'affliction si violents que tous ses moments devenaient pour elle des supplices nouveaux". Enrique refuse : "N'ai-je point à me plaindre de votre cruauté ? C'est vous, barbare Siffredi, qui m'avez ravi mon repos. [...] Fallait-il tyranniser le cœur de Blanche en lui faisant épouser un homme qu'elle n'aimait pas ? Et quel droit avez-vous sur le mien, pour en disposer en faveur d'une princesse que je hais ? Avez-vous oublié qu'elle est fille de cette cruelle Mathilde qui, foulant aux pieds les droits du sang et de l'humanité, fit expirer mon père dans les rigueurs d'une dure captivité ? Et je l'épouserais ? Non, Siffredi. Perdez cette espérance. Avant que de voir allumer le flambeau de cet affreux hymen, vous verrez toute la Sicile en flammes et ses sillons inondés de sang", "cruel ami", (p. 327).Pour "punir" Enrique de l'"avoir si cruellement trompée", (p. 315), Blanche, le croyant à tort infidèle, accepte d'épouser sans amour, le lendemain, le connétable amoureux d'elle : "ce sera me venger aussi de toi". Mais le connétable, "naturellement jaloux" a pour elle "la passion la plus ardente". Enrique réussit à voir Blanche, qui lui apprend, "paroles cruelles", son "mariage de vengeance". Le nouveau roi a un entretien avec Blanche, entendu par le mari jaloux. "Il ne faut plus nous voir. Quelle barbarie !" Le mari et l'amant se battent en duel. Le connétable s'enferre lui-même, mais il a le temps de plonger son épée tout entière dans le sein de Blanche avant d'expirer. "Je suis la victime que le sort impitoyable demandait. Puisse-t-elle apaiser sa colère et assurer le bonheur de votre règne ! ". (p. 333).

vous plaignez de [...]. N'ai-je pas à me plaindre de [...] ?". la "violence de l'amour" se dresse (p. 312) contre la "violence" faite à l'amour (p. 311). Blanche, ignorant les intentions d'Enrique, se venge par son mariage, la princesse Constance se venge des mépris d'Enrique en épousant le frère cadet : tous deux enfin se révoltent contre le roi Enrique et tout recommence comme au début.

A chaque page du roman de *Gil Blas* la violence se manifeste, de l'éducation brutale du lieutenant des voleurs au récit de Don Alphone : "je suis cet enfant malheureux [...]" (pp. 376-392). Les "enchaînements d'infortune" (p. 84), belle expression synthétique de Lesage, forment·la trame de la fiction narrative. De même dans sa *Continuation du Don Quichotte*, la nouvelle du "Riche désespéré" est condensée, resserrée en histoire tragique à partir du récit d'Avellaneda.

De même encore chez Robert Challe, dans les histoires tragiques de Marie-Madeleine de L'Epine et de Silvie, dans *Les Illustres Françaises*, ou dans celle de Sotain dans le tome VI de la *Continuation du Don Quichotte*. Dépossédés de la maîtrise de leur destin, promis au désespoir et à la mort, les personnages se voient imposer la violence, en eux ou par les autres - violence de l'auteur. Silvie l'enfant trouvée ne réussit pas à échapper à la malédiction de sa naissance, à son hérédité ou à l'exemple de sa mère. Ses efforts maladroits, condamnés par plusieurs personnages et par l'auteur-même, pour changer d'identité, sont voués à l'échec. Sa vertu, sa générosité et sa volonté de sagesse ne lui servent de rien. Histoire tragique, point de liberté. Elle en meurt, inéluctablement, au terme d'un long enchaînement d'épisodes où elle tente de vivre, sans jamais amadouer la fatalité qui veut sa perte.

Briser la clôture par la parole polyphonique, tel est le projet esthétique de nos deux romanciers. Enfermant ces visions archaïques de la violence dans un récit enchâssant qui s'efforce de les neutraliser, il leur faut développer une forme narrative longue, car, telles les têtes de l'Hydre, elles ressurgissent ailleurs : le roman, forme moderne souple, ouverte, matière élastique et compréhensive, mais résistante grâce à une structure et à des sutures pensées, doit sans cesse se prolonger et se relancer pour en venir à bout.

Ainsi, la narratrice du "Mariage de vengeance", Elvire, de la troisième génération, échappe à l'engrenage des violences en s'en faisant la mémoire et l'historienne.

> "Elle me reçut d'un air gracieux [...]. Je dirai seulement qu'Elvire était [...] très polie et qu'elle savait mieux que femme du monde remplir les devoirs de l'hospitalité. [...] Elle avait l'humeur gaie, et soutenait agréablement la conversation. Elle s'exprimait noblement et en beaux termes. J'admirais son esprit et le tour fin qu'elle donnait à ses pensées. Aurore en paraissait aussi charmée que moi. Elles lièrent amitié et se promirent réciproquement d'avoir un commerce de lettres. [...] Charmes dans l'entretien d'Elvire. " (pp. 301-2).

> "Elles y passèrent le reste de la journée à s'entretenir. Elles ne s'ennuyaient point l'une avec l'autre ; et le lendemain, quand nous partîmes, elles eurent autant de peine à se quitter, que deux amies qui se sont fait une douce habitude de vivre ensemble " (p. 334).

La puissance du langage et de la sociabilité qui lui est liée est fermement valorisée : civilité polie, amitié, plaisirs de la table, entretiens, correspondance féminine. La même parole qui a raconté l'histoire "funeste" se fait voix plaisante et douce du bonheur de vivre, car seul un malheur narré peut se maîtriser. Robert Challe avant Lesage use du même procédé : narration faite, Des Frans va se remarier ; Des Prez est à la fois disculpé et éloigné. Chez nos deux auteurs, la neutralisation des forces tragiques est obtenue par la multiplicité des genres narratifs (plaisant, comique, sérieux, bourgeois, aristocratique, d'aventures), associée à la polyphonie des commentaires des narrateurs et devisants. Les débats s'ouvrent : la passion amoureuse est-elle néfaste ou réforme-t-elle les préjugés ? L'honneur génère-t-il une vengeance destructrice ou une autorégulation sociale ? la violence exercée par des parents doit-elle être respectée ou combattue ?

Ne faut-il pas désigner également la violence narrative exercée par l'auteur ? La mort de quelques victimes émissaires, Blanche ou Silvie, assure l'apaisement des conflits. Si Des Prez est exclu de la micro-société heureuse et pacifiée des *Illustres Françaises*, n'est-ce pas parce qu'il ne respire que la vengeance ? En revanche, comme la narratrice du "Mariage de vengeance", le narrateur de l'histoire tragique de Des Prez rétablit ensuite le ton plaisant dans une petite société paisible : Dupuis se fait narrateur de sa propre histoire, comique et libertine, qui certes inclut des éléments de tragique mais pour mieux aboutir au sérieux d'une vie quotidienne heureuse. Challe et Lesage, par le pouvoir des mots, confient au roman la tâche d'interrompre le cycle de la violence.

Pour cerner cependant la spécificité de l'imaginaire de chacun de nos deux auteurs, une interrogation de la base de données FRANTEXT-INALF peut servir d'appui et d'appoint, sans prétention mathématico-scientifique aucune. Le champ lexical a été limité à "VIOL...= violence, violent(es), violemment, viol, violer, violenter" et à "BARBAR... = barbarie, barbare(s)". L'ordinateur en a fourni 53 occurrences pour le roman entier des *Illustres Françaises*. Pour pouvoir comparer, j'ai sélectionné les 53 premières occurrences du tome I de *Gil Blas*, ce qui nous mène au seuil du livre 8.

La répartition et la progression d'histoire en histoire offrent un schéma inversé :

5, 4, 6, 10, 20, 3, 3 occurrences pour les sept premiers livres de *Gil Blas* ;

7, 3, 4, 2, 5, 21, 10 pour les sept histoires des *Illustres Françaises*.

Il est surprenant que les pointes de violence au début et à la fin encadrent le roman de Challe, au contraire de celui de Lesage, où la violence ne se manifeste que par crises, dans les histoires tragiques, puis se dilue. L'histoire de Dupuis (histoire 7), trop vite réduite par la critique à son comique et à son libertinage, se signale par la fréquence de ses occurrences de violence, nécessaire ingrédient, selon Challe, de la vie et du bonheur. Une curiosité chez Lesage, quinze occurrences du beau nom de "Violante" dans le livre 5, prouve sa sensibilité poétique aux connotations du prénom (mérité) de cette terrible héroïne.

Que lire dans ces réponses ?

Lesage (1 occurrence) s'intéresse beaucoup moins que Challe (6 occurrences) à la sexualité vécue comme rapport de forces. Certes les limites d'un telle enquête apparaissent nettement dans l'absence de mots désignant la violence dans l'histoire du muletier (*Gil Blas*, I, 3) qui tente de violer la jeune mariée ; en effet, Lesage écrit "tentative pour obtenir ses bonnes grâces", façon ironique de nommer une tentative de viol[4].

Lesage (2 occ.) s'intéresse moins que Challe (19 occ.) aux relations de violence entre parents et enfants. L'acte de forcer la volonté d'un enfant est nommé "violenter" par Challe, ce qui équivaut chez lui à une nette condamnation de l'autorité parentale drastique. La mère de Des Frans "savait qu'on ne gagnerait rien sur son esprit par la violence".

Lesage en revanche est plus sensible à l'omniprésence de la violence dans la physiologie, le corps individuel (7 occ. (goutte, tranchées, toux, maux de ventre, transports de douleur, fièvre) et aucune chez Challe), le corps social (10 occ. chez Lesage contre une seule chez Challe). De même Lesage utilise 5 intensifs - tels qu'"orage violent", "violent dessein", "violemment soupçonné" -, sans compter les 15 occurrences du prénom Violante, alors que Challe n'en emploie aucun et préfère des prénoms de douceur tels qu'Angélique et Marie-Madeleine.

Tous deux à égalité (9 occ. pour Challe, 8 pour Lesage), sont sensibles aux lois de l'honneur[5], respect de la parole donnée et

---

4. La machine ne remplacera jamais un lecteur intelligent, car elle ne peut comprendre la figure rhétorique de l'ironie.
5. Le héros récompensé de sa sensibilité à l'honneur : "J'ai pensé qu'il ne convient point à un jeune homme qui a des principes d'honneur de vivre avec des gens ausssi vicieux que Don Rafaël et Lamela. Que si par malheur un jour le succès d'une fourberie est tel que nous tombions entre les mains de la justice, j'aurais la honte d'être puni avec eux comme un voleur, et d'éprouver un châtiment infâme", (p. 496).

obligation morale de se venger, dont dépend la réputation[6]. Tous deux s'accordent à voir en la passion amoureuse la source essentielle de la violence (14 occ. pour Challe, concentrées dans l'histoire de Silvie et Des Frans, 10 pour Lesage).

Les chiffres, pourra-t-on dire, confirment ce que verrait un bon lecteur, mais le repérage de tels termes, noyés dans un millier de pages, n'est pas aisé. La machine rassure, confirme une intuition, étonne parfois[7].

Lesage, plein d'indulgence, voire de tendresse pour une humanité si vite souffrante et victime, ne punit pas le mariage secret, ne punit pas les voleurs, ou si peu. Il pardonne leurs erreurs à ses héros, récompense l'honneur retrouvé. La violence lui apparaît comme étape nécessaire dans la recherche du bonheur, dans une telle société. Mais dans son histoire tragique, il s'avoue plus pessimiste encore que Challe : le cycle ou cercle infernal des violences enserre les héros, jusqu'au désespoir de tous. La faute est diffuse, difficile à désigner : le destin mène le bal des malentendus, des haines et des amours, du goût du pouvoir jusqu'à l'abus inclus, qu'il soit de roi, de ministre, de père ou d'époux, tous tyrans et tyrannisés à leur tour. "Pris comme un rat dans une ratière" (p. 47).

Ces deux romanciers savent que l'institution du pouvoir est violente, que la volonté de bonheur passe par des conflits, mais ils tentent de donner à leurs personnages le pouvoir de briser le cercle, en remplaçant l'ancienne réflexion religieuse (mythes païens ou péché originel) par une réflexion sociale et en s'appropriant le Verbe créateur. Ils rendent compte de leur société historique, de ses formes de crimes, des répressions des particularismes, des tyrannies du père et du mari, mais tous deux se rattachent à une philosophie de la violence : déchirements et affrontements, manifestations de l'être, de la vie, témoignent de la dignité humaine. La régulation

---

6. Duel, "affaire d'honneur", dit Lesage (p. 383).
7. La base de données de la société internationale SATOR, logiciel TOPOSATOR créé à l'Université de Montpellier III, constitue depuis 1988, en collaboration avec l'Université de Toronto, un *thesaurus* des *topoi* narratifs avant 1800.

romanesque passe par le langage polyphonique et par l'exclusion de victimes sacrificielles.

La violence à l'œuvre dans *Les Illustres Françaises* correspond à l'exercice d'une liberté. Par une progression vers le tragique et l'horreur, Challe montre les dangers qu'encourt l'homme seul, livré à ses "contrariétés". Son esprit de contestation ne peut se mettre en doute, mais, effrayé par les abîmes de l'âme humaine, il prend comme unité fondatrice de son rêve une petite société amicale et choisie : la femme, qui est au cœur de l'interrogation challienne sur la violence, y règne.

Pour Lesage, la violence règne en-deçà et au-delà des domaines challiens : en-deçà, dans le corps, tapie dans les toux, les coliques, les fièvres et les rhumatismes ; au-delà, dans le corps social, voleurs, bandits, brigands et barbares en tout genre sont partout. Lui, auteur, et ses héros ont une lucidité plus douloureuse ou cynique que ceux de Challe. Au-delà de leurs différences apparentes, ces deux esprits modernes comprennent le rôle de la fiction narrative dans la prise de conscience du public : la sensibilisation par le roman aux problèmes humains fondamentaux est déterminante. Lire est un plaisir mais lire rend responsable.

Michèle Weil,
Université Montpellier III

LESAGE ET LA NOUVELLE-FRANCE

Tous les écrivains de l'époque des Lumières, de Marivaux dans son premier roman, *les Effets surprenants de la Sympathie,* à Chateaubriand dans *Atala* ou *les Natchez*, en passant par l'abbé Prévost dans *Manon Lescaut* ou Voltaire dans *l'Ingénu*, tous ont sacrifié au mythe américain. Lesage n'a pas échappé à l'appel de l'Ouest. Il est vrai qu'absorbé par Paris et Madrid il ne s'est intéressé à la Nouvelle France qu'une fois, pendant l'espace d'un an ou deux, mais alors il lui consacre un gros ouvrage et deux pièces de théâtre.

C'est sa vision du Canada qui va nous retenir. Le mot vision peut recouvrir des aspects différents, vision *documentaire,* portée avec plus ou moins de justesse sur des réalités, vision *idéologique,* propre à tout homme qui réfléchit, et l'Amérique est un grand sujet de réflexion depuis sa découverte, enfin vision *littéraire,* par laquelle l'observateur, se faisant écrivain, livre au public ses découvertes sous une fiction qui les rend aisément accessibles. En l'occurrence, Lesage recourra au genre des Mémoires (ou pseudo-mémoires), et, ce qui est plus inattendu et peu connu, au genre de la comédie-vaudeville.

I - Autour de Lesage.

La coexistence de ces regards multiples n'est pas propre à Lesage. On en trouve l'équivalent chez ses contemporains les plus proches, qu'ils soient de peu ses aînés, comme La Hontan et Challe, ou de peu ses cadets, comme l'abbé Prévost. Il n'est pas sans intérêt de voir rapidement comment chacun d'eux fait la part entre le vécu historique, la réflexion philosophique et la création littéraire. Les particularités du cas Lesage en ressortiront mieux.

Les deux premiers, Challe et La Hontan, ont vu ce dont ils parlent dans de longs et pénibles voyages, entrecoupés d'épisodes militaires. Challe, l'aîné (il est né en 1659) a bien connu le Canada. Il a fait au moins cinq séjours de plusieurs mois en Acadie. En 1682 il participe à la fondation ou refondation de la colonie de Chedabouctou, près du cap Canseau. En 1683 il est allé à pied et en canot avec deux sauvages de la côte Atlantique jusqu'à Québec ; une pleurésie attrapée en cours de route l'a seule empêché de pousser jusqu'à Montréal. En 1684, dans une navigation de trois mois, il en a examiné toutes les côtes de l'Acadie au cours d'un voyage cartographique. Finalement, en 1688, un corsaire de Salem a attaqué la barque qu'il commandait, lui tuant plusieurs hommes et le blessant. Fait prisonnier, il est conduit à Boston et peut revenir en France par l'Angleterre juste avant la déclaration de guerre. Son témoignage historique comporte deux aspects, l'un immédiat (lettres, rappports pour Seignelay, requête en forme aux autorités du Canada, compte rendu de mission) ; l'autre différé, puisqu'il consiste dans plusieurs pages de ses *Mémoires* et de son *Journal de voyage, aux Indes*. Composées longtemps après l'événement, ces pages sont de ce fait moins fiables, car Challe, qui écrit sans notes, commet des inexactitudes. Il ne se garde pas non plus d'accès de méchante humeur contre ceux qu'il rend responsables de ses déboires. C'est là qu'on trouve la partie idéologique de son œuvre "américaine". Elle est double. Elle consiste d'abord dans le récit qu'il fait - à titre de témoin occulaire, dit-il, ce qui est inexact - du discours d'un chef iroquois, la Grand Gueule, qui lui donne l'occasion d'attaquer les jésuites et de formuler les linéaments d'une "religion naturelle" proche du déisme. L'autre partie de son message est politique. Elle tient dans l'esquisse d'un plan de colonisation de la Louisiane marqué par la crainte et l'espoir : espoir ardent mis dans une "Nouvelle France" plus grande, plus prospère, plus heureuse, mais aussi amer pressentiment que l'on travaillera pour les Anglais.

Notons que Challe, romancier de génie, se refuse à introduire l'Amérique dans son œuvre de fiction. A la différence de l'abbé Prévost, et plus tard de Voltaire ou Châteaubriand, il n'utilise pas de héros exotique dans ses *Illustres Françaises,* et ne fait pas voyager ses héros français hors de l'Europe.

A certains égards, le cas de La Hontan, né en 1666, est comparable. Lui aussi a, comme officier, une expérience réelle et concrète du Canada, où il est allé dès l'âge de 18 ans et où il a servi dix ans (1683-1693). Les lettres dans lesquelles il rend compte de ses activités américaines, réunies dans ses *Nouveaux Voyages* et ses *Mémoires de l'Amérique septentrionale (1702-1703),* ont été l'objet par Réal Ouellet et son équipe d'une très belle édition (Presses de l'Université de Montréal, 1990, 2 vol.) Il en ressort que son témoignage est beaucoup plus digne de foi qu'on ne l'avait cru jusqu'ici. Il décrit avec précision les lieux - qu'il a parfois découverts, comme la "rivière longue", dont on avait à tort contesté l'exploration -, les habitants et leurs mœurs, la flore et la faune du Canada. A cet aspect documentaire s'ajoute un aspect idéologique plus important encore que chez Challe. Ses *Dialogues* entre un Français et un sauvage (Adario, imaginé d'après un Indien authentique, "le Rat", un Huron qui vint en France), insérés dans la *Suite du voyage de l'Amérique,* relèvent non seulement la religion naturelle des sauvages, mais aussi tout leur système politico-économique aux dépens de l'Europe. Là où La Hontan se distingue de Challe, c'est qu'alors que le dernier est un ardent patriote, La Hontan, déçu dans ses ambitions, se tourne contre son pays et finit par proposer au roi d'Angleterre notre ennemi un plan de conquête de la Nouvelle France. Ce pourrait être une des raisons d'un certain discrédit de son œuvre en France. Comme Challe enfin, La Hontan n'utilise pas le décor du Nouveau Monde à des fins proprement littéraires, les dialogues avec Adario n'étant présentés que comme un aspect de son expérience personnelle.

Reste un auteur, l'abbé Prévost, le plus jeune, puisqu'il est né en 1697. Lui n'est pas allé en Nouvelle-France, et pourtant c'est lui qui a joué le plus grand rôle dans le mythe comme dans la connaissance de l'Amérique. L'intérêt particulier qu'il présente pour nous est que son œuvre américaine est presque exactement contemporaine de celle de Lesage. Curieusement, l'aspect romanesque a précédé chez Prévost la recherche documentaire. Il s'agit des épisodes marquants de ses deux romans les plus connus, l'*Histoire de M. Cleveland, fils naturel de M. Cromwell,* et l'*Histoire du chevalier Des Grieux et de Manon Lescaut,* l'un et l'autre rédigés pour l'essentiel en 1731.

Significativement, le centre d'intérêt s'est déplacé vers le Sud : les errances de Cleveland se placent dans une Géorgie d'ailleurs bien vague et à Cuba ; celle de son ami Bridge ont leur centre dans la colonie rochelaise de Sainte-Hélène, et c'est à la Nouvelle-Orléans que se retrouvent Manon et Des Grieux.

C'est dans ces romans que Prévost a logé ses rêves utopiques. Tout comme une héroïne de Le Sage que nous allons rencontrer, son Cleveland devient roi et colonisateur des "sauvages". Et dans la colonie huguenote de Sainte-Hélène, les trop rares représentants du sexe mâle sont tirés au sort, à leur corps défendant, entre d'avides demanderesses.

Mais en même temps, après avoir écrit ces romans, Prévost s'est consacré fort sérieusement à une *Histoire des voyages* en 40 vol. in-12 dont 16 sont consacrés aux récits de voyage en Amérique ; Prévost y a même joint les meilleures cartes qu'il a pu se procurer, au point que son recueil est encore fort utile aux historiens de la colonisation. Lui qui n'est jamais allé en Amérique s'est ainsi trouvé l'historien tout autant que le romancier de l'Amérique.

Challe, La Hontan, Prévost, ont, chacun à sa façon, assez clairement distingué dans leurs œuvres histoire et fiction. Les choses sont moins claires dans le cas de Lesage. Malgré les progrès faits assez récemment par la critique, il est souvent difficile de faire chez lui le départ entre le vrai et le romanesque. On peut au moins présenter les faits désormais connus, en réservant la part de possibles réinterprétations ultérieures.

II - Lesage et les réalités américaines.

L'œuvre à propos de laquelle se pose la question, parue en 1732, juste entre le moment où le roman de *Manon Lescaut* fut publié en Hollande (1731) et celui où il fut imprimé en France (1733), s'intitule *Les Aventures de M. Robert Chevalier, dit de Beauchesne, capitaine des flibustiers dans la Nouvelle France*. Comme on le voit, *Chevalier* est un nom de famille, non un titre. Nous n'en retiendrons que les épisodes qui touchent au Canada. Il s'agit de mémoires, rapportés à la première personne par Beauchesne, et dont Lesage se donne seulement pour l'éditeur : "Si dans quelques endroits vous trouvez le style un peu trop marin," dit l'Avertissement du prétendu Libraire (en fait l'auteur), "souvenez-vous que c'est celui d'un flibustier."

Né près de Montréal [en 1686] de parents français établis au Canada, Beauchesne est dès son plus jeune âge non seulement "indisciplinable", mais "querelleur furieux", voire cruel. Dès qu'il a une arme en main, il s'en sert pour tuer "chats, chiens et pourceaux du quartier". A peine âgé de sept ans, il se "tourne en fureur" contre un prêtre, l'abbé "Périac", qui lui apprend à lire. Sa mère a appelé le prêtre pour qu'il l'aide à lier son fils à un poteau, de façon à le corriger. Avec d'autres enfants rameutés par lui, il se venge en attaquant l'abbé à coups de pierre : il le tuerait si on ne venait à son secours. Sa victime lui prédit qu'il se fera tuer lui-même avant d'avoir de la barbe.

Son rêve serait de mener la vie des Iroquois dont on parle sans cesse, dans ces faubourgs de Montréal qui représentent les avant-postes de la colonisation française. Un jour que les Iroquois du terrible chef la Chaudière-Noire sont venus piller et brûler le village, il se fait volontairement enlever par eux pour pouvoir enfin "manier des armes à discrétion". Il n'a que trop satisfaction puisque, chez les Indiens qui l'ont emmené et adopté, "il y a tous les jours quelque tête cassée de sa façon". Au point que ses parents d'adoption, quoique l'aimant tendrement, le menacent de le ramener à Montréal ! Curieuse inversion, comme le remarque René Laufer, du thème de la mère qui menace son fieu de le donner au loup s'il n'est pas sage.

Dans une affaire avec les "Canadiens", qu'il place en 1695, il est pris par eux avec son père d'adoption et lié à un arbre en attendant le jour. Exhorté par son père, il lui promet de ne pas dire qu'il est Français. Son seul regret est que n'ayant pas encore tué d'ennemi il n'aura pas de quoi se vanter dans sa chanson de mort. Au matin, un Canadien vient à lui, le regarde, lui prend le menton et dit : "En voilà un bien jeune ! ce serait dommage de le faire rôtir, ce n'est qu'un enfant." Sur quoi Beauchesne en colère lui réplique : "Grand benêt, on n'a qu'à me délier et me lâcher après toi, tu verras si je ne suis qu'un enfant !" Reconnu pour Français et libéré par les Canadiens, avec son père, il s'engage avec un "Monsieur Legendre", qu'on apprendra plus tard être en réalité un certain comte de Monneville.

Lorsque celui-ci veut se rendre à Québec, Beauchesne l'accompagne. Passant par Montréal, il lui prend l'idée d'aller voir incognito ce que deviennent ses parents. Mais il est reconnu par eux et ils le gardent avec eux. Il se lie alors avec des Algonquins, dont il devient le chef de bande. Alors, malheur aux bourgeois de Québec qui le regardent de travers ! En compagnie de ses sauvages et de celle d'une centaine de Canadiens, il escorte en 1701 La Mothe-Cadillac, jusqu'à un poste sur la rivière, au-delà de Montréal, et trouve le moyen d'avoir avec lui une altercation. On le mène devant l'intendant Champigny qui se contente de lui infliger une punition symbolique pour ne pas mécontenter ses Indiens.

En 1704, il participe à une expédition infructueuse contre "Corlar", établissement anglais du New-York, aujourd'hui Shenectady.

Dans l'hiver 1706-1707, toujours avec ses Indiens, il accompagne Subercase et une centaine de Canadiens à Port-Royal, menacé par les Anglais. Il participe, à ce qu'il dit, à la défense de la petite bourgade en compagnie du baron de Saint-Castin, "roi des sauvages" abénaquis, et du corsaire Morpain. Beauchesne se laisse séduire par ces flibustiers et s'embarque avec eux sur *la Biche,* une petite frégate armée sur place.

Nous ne le suivrons pas dans ses courses aux Antilles, au Brésil et jusque sur les côtes d'Afrique. Les épisodes canadiens fournissent une matière suffisante à réflexion. Et d'abord à une vérification.

Ces aventures, Lesage dit les avoir trouvées dans le manuscrit de Robert Chevalier, mort, dit-il, dans un duel avec un Anglais à Tours le 11 décembre 1731. Lesage, qui publie ces aventures jusqu'à l'année 1712, ajoute qu'il donnera la suite si la veuve veut bien la lui céder. Dit-il la vérité, et s'il la dit, quelle est la valeur documentaire de ces Mémoires ?

Comme pour Challe et La Hontan, les opinions vont de l'acceptation inconditionnelle au rejet total. "Personne ne semble avoir mis en doute l'existence d'un manuscrit primitif rédigé à Tours entre deux parties de Tope et Tingue par un honnête flibustier retiré des affaires. Rien n'est moins certain cependant", écrivait par exemple Gilbert Chinard en 1913 (*XVIIIème Siècle,* I, 279-293), avant d'avoir fait la moindre recherche sur l'existence de Beauchesne. A l'inverse, La Roncière, sur la foi de la découverte par Harry Kurz (*Philological Quarterly,* juillet 1926) de l'acte de décès de Robert Chevalier, "Canadien", décédé à Tours à la date mentionnée par le roman de Lesage, affirme audacieusement que "rien n'est plus véridique" que le récit ; "tout est d'une exactitude absolue", "tout peut se contrôler". Le même La Roncière, certains s'en souviendront, avait accordé la même confiance aveugle au récit que Challe fait de la bataille de La Hougue. Un simple examen critique de la chronologie interne des Mémoires de Beauchesne, indiquée dans l'ouvrage sous la forme d'une année portée en note, aurait dû lui enseigner la prudence. Mais l'hypercritique de Chinard n'est pas moins à rejeter.

Dans ce genre de problèmes, seules des recherches d'archives peuvent apporter quelque lumière. Ce fut l'œuvre d'un érudit canadien. Dans un article paru dans le numéro II du *Cahier des Dix,* publication québécoise (1937), pp. 7-33, Aegidius Fauteux a montré que Lesage a dit la vérité sur l'origine de l'ouvrage. Il a aussi esquissé ce que l'Histoire peut retenir des *Aventures de Robert Chevalier.*

Il était né le 23 avril 1686 à la Pointe aux Trembles, près de Montréal, le 23 avril 1686, et mourut donc à l'âge de 45 ans, et non de 48, comme le dit son acte de décès.

Ainsi, Chevalier a bien existé. Ses Mémoires ont bien été communiqués à Lesage. Sinon, il y a des faits dont il parle qu'il n'aurait pu connaître (par exemple le nom du curé "Piriac" - en fait Yves Periat, sulpicien à Montréal - sur lequel tombe l'ire du gamin).

Mais d'un autre côté, on ne peut accepter que sous bénéfice d'inventaire le détail des faits rapportés par Beauchesne-Lesage. Les inconséquences sont nombreuses dans le récit. Beauchesne place après le départ de Frontenac pour la France sa capture par les Iroquois de la Chaudière Noire :

> " M. de Frontenac s'embarqua pour passer en France. A peine fut-il parti que les Iroquois voulurent profiter de son absence pour se venger des ravages qui avaient été faits l'année précédente dans leurs cantons par MM. Denonville, de Callières et de Vaudreuil ".

Or le seul passage en France de Frontenac, consécutif à son rappel, eut lieu en 1682, 4 ans avant la naissance de Beauchêne. Lesage lui-même s'aperçoit de l'erreur et dit en note après "cantons" : "C'est celui des Sonontouans, qui fut ravagé en 1687". Peut-être. Mais alors l'enlèvement eut lieu en 1688 et Beauchêne n'avait que deux ans : c'est bien jeune pour manifester de tels instincts guerriers et aller se livrer volontairement aux Indiens pour les satisfaire. Du reste, il dit plus loin qu'il a passé 6 ans chez les sauvages et qu'il a été délivré en 1695, ce qui ramène encore à 1689. Aegidius Fauteux a pu établir que l'abbé Periat est arrivé au Canada à l'été de 1695. Beauchesne s'est donc rajeuni en contant ces épisodes.

En fait, travaillant de mémoire, sans documents, il mêle à des souvenirs d'enfance authentiques (ses exploits de garnement, l'abbé Periat, la peur des Indiens...) des faits qu'il a entendu raconter : un Iroquois fut ainsi mis au poteau de torture en 1693 par représailles, à la requête d'Indiens Hurons et malgré les prières des ecclésiastiques, jésuites notamment. Qu'en est-il de l'épisode le plus curieux, l'enlèvement par les Iroquois et le séjour chez eux ? Certes il peut avoir eu lieu, mais si c'est le cas, il fut bien plus court que ne le laisse entendre Beauchesne.

Quelques exemples significatifs montrent comment procède le narrateur, relayé par Lesage. Il ne ment pas consciemment, mais, comme Challe, il multiplie les erreurs de dates. Ainsi, il dit être allé à fort Frontenac (dans le "Détroit", *cf.* la ville de Detroit) avec La Mothe-Cadillac en 1701 ; il aurait eu quinze ans. Aegidius Fauteux a retrouvé la liste de ceux qui avaient accompagné Cadillac en cette circonstance : il n'y figure pas. En revanche, c'est en 1706 qu'il est allé au Détroit et a connu Cadillac. Cette fois Fauteux a retrouvé l'acte par lequel le 15 juin 1706 les trois frères Chevalier, Paul, Jean et Robert s'engagent par-devant notaire à porter au fort Pont-chartrain un canot chargé de marchandises, et un autre plus tard chargé de pelleteries. Fait intéressant relevé par Fauteux : seul Robert signe, les autres déclarant ne pas savoir écrire.

De même la participation de Beauchêne au siège de Port-Royal en 1706 avec une soixantaine de Canadiens est très vraisemblable, ainsi que son engagement comme corsaire à la fin du siège en septembre ou octobre 1707. Mais son récit de la mort du fameux corsaire Montauban dans un combat auquel il aurait assisté est fantaisiste. C'est à Bordeaux qu'est mort Montauban, et cela dès 1700. Comme Beauchesne dit qu'il fut choisi pour lui succéder, cela aurait été avant 14 ans et avant d'avoir vu la mer !

Concluons sur ce point. Les Mémoires de Beauchesne, présentés comme un document par Lesage, en sont effectivement un pour ce qui est de l'atmosphère d'un lieu et d'une époque. En les lisant, on comprend les "coureurs de bois", qui, comme dit Challe, savent "drosser" dans les bois comme des sauvages, vivre de leur pêche et de leur chasse, à l'occasion de chair humaine. On lira aussi avec un vif intérêt d'autres passages, comme le récit du séjour des prisonniers français à Kinsale, en Irlande, pendant la guerre de Succession d'Espagne : rien ne peut faire mieux comprendre la détérioration des rapports humains entre Français et Anglais pendant cette guerre. Les nombreux épisodes de transfuges, de déserteurs ou de renégats (comme le cas de ce Français qui commande une ville portugaise et incite ses compatriotes à s'engager contre leur patrie) sont aussi à retenir. Ils éclairent le cas de La Hontan, ou les réflexions de Challe sur les conséquences de la Révocation de l'Edit de Nantes. Ces

Mémoires appartiennent donc à l'imagerie, une imagerie qui met en contact avec le réel, mais ils n'appartiennent pas à l'histoire.

III - L'utopie dans les *Mémoires de Beauchesne.*

Outre l'histoire de Beauchesne, l'ouvrage contient un hors-d'œuvre très important. C'est l'histoire de ce Legendre, qui, comme on l'a dit, se trouvera être un certain comte de Monneville. Cette histoire, peut-être basée elle aussi sur quelques indications provenant de Robert Chevalier, est démesurément grossie par l'imagination de Lesage, aidée de la lecture de *Cleveland* ou de *Manon Lescaut.* De cette histoire très romanesque, truffée d'enlèvements, de reconnaissances, d'échanges de sexe, etc., nous retiendrons un nouvel épisode canadien. Il contient en effet une utopie américaine, à la façon de celles de Challe, La Hontan ou Prévost, et c'est cet épisode canadien qui va se développer dans l'esprit de Lesage au point de donner naissance à une, voire deux pièces de théâtre.

Sur le vaisseau qui emporte Beauchesne vers les îles, après son évasion des prisons d'Irlande, se trouve un officier français qui, prié de raconter son histoire, le fait comme Enée devant ses auditeurs attentifs : *Conticuere omnes, intentique ora tenebant.*

Elle occupe trois livres entiers. Après diverses indélicatesses, Monneville a été arrêté, conduit au Châtelet. Il n'en sort, suivant une formule où l'on reconnaît l'ironie de Lesage, que "pour être transporté à Québec, en 1690, avec tous les honnêtes gens que la cour envoyait alors dans cette colonie". Sur la charrette qui les mène à La Rochelle, se trouvent de jeunes aventuriers et des filles sorties de l'Hôpital ; mais parmi elles "une jeune fille de 24 à 25 ans se faisait remarquer par un dehors noble et sage, et paraissait plongée dans une mélancolie que rien ne pouvait dissiper." Son désespoir augmente lorsqu'un père Récollet qui les accompagne dans le bateau lui apprend qu'à Québec il lui faudra se laisser marier sans avoir la consolation de choisir un partenaire qui lui convienne. C'est une dame Bourdon qui compose les couples selon les demandes des colons et au mieux des intérêts de la colonie. Menacé du même sort, Monneville imagine de reprendre le stratagème de Des Grieux et

Manon : ils se diront mari et femme. Ils arrivent à Québec, peu de temps après qu'a été repoussée la tentative du général Phipps de prendre la ville. Protégés par le bon religieux, qui se fait leur caution, ils ne sont pas inquiétés ; on les envoie dans un poste éloigné, à la limite du territoire des Hurons.

Monneville devient l'adjoint du gouverneur du fort. Mlle Duclos n'est jamais devenue effectivement sa femme, car le mariage n'a pas été consommé, Mlle Duclos préférant s'assurer un destin indépendant de Monneville. Très vite elle déploie les ressources de son esprit "adroit et fertile en expédients". Elle apprend la langue huronne, fait cultiver le froment et le chanvre ; aidée d'une autre femme, elle installe une boulangerie et un atelier de confection. L'habitation devient un marché. Elle y attire des filles huronnes, fait venir des graines et des instruments de cuisine. Plus tard, tandis que Monneville crée son propre établissement, elle va habiter chez les Hurons où elle se fait tellement apprécier qu'ils en font leur reine ou "sagkamé". Lorsque Monneville lui rend visite, il a la révélation d'un petit domaine florissant, bien cultivé, et d'un petit bourg bien construit au lieu des wigwams indiens.

Utopie donc, mais utopie relative. La date de sa fondation est précisée, 1691, et Monneville la visite deux ou trois ans plus tard. Le lieu est à peu près défini : ce n'est pas une île comme celle que civilise Emander dans les *Effets surprenants de la sympathie* de Marivaux ou la colonie rochelaise de l'abbé Prévost. On sait même qu'il est situé à 60 lieues de la terre de Monneville, elle-même placée sur une petite rivière qui se jette dans le Saint-Laurent, entre le lac Ontario et Montréal.

La colonie est protégée par deux forts que la prudente sagkamé a fait bâtir par un soldat ; l'accès en est couvert par deux petits bastions palissadés de pieux de 12 pieds, le tout bordé d'un bon parapet. Les terres basses y sont "hérissées de froment, d'autres de maïs, pois, légumes et chanvre. Les vignes sauvages ont été provignées ; des forêts de jeunes châtaigniers, pommiers et noyers (de pécan ?) frappent les regards." Les collines voisines sont plantées de tabac. Les métiers commencent à se différencier. Une certaine politesse s'introduit dans les relations sociales.

Encore n'est-ce qu'une "ébauche" de ce que Marguerite Duclos voudrait faire. Elle se sépare ainsi implicitement de Cleveland qui laisse ses Abaquis dans leur misérable oisiveté pour ne pas "corrompre leur simplicité".

Pour les mœurs, Mlle Duclos a introduit et généralisé l'usage du linge, sauf pour les jeunes guerriers. Si elle a répandu le goût du pain, elle s'est gardée d'abolir le plat traditionnel, si rare et si distingué, la bouillie de maïs ou sagamité agrémentée, pour les invités de marque, d'un "chacora", "chez nous appelé chien". Mlle Duclos sait que le changement doit être progressif.

Sa conception à l'égard du mariage est notable. Elle encourage ses suivantes à faire comme la reine des Amazones qui allait demander, disaient nos vieux auteurs, "de sa graine" à Alexandre. Il s'agit de "donner des défenseurs au pays". A Monneville qui est "scandalisé" de ces façons, elle répond :

> " Ici le mariage n'est pas regardé comme un engagement qui vous lie pour toujours. On se marie aujourd'hui et demain on se quitte. Qu'un mari soit absent, sa femme en prend un autre qu'elle garde jusqu'à son retour. Est-il revenu ? Elle renvoie celui des deux qu'elle aime le moins. "

Cette morale est à mettre en relation avec la conception religieuse de Mlle Duclos. Sa religion est tolérante et syncrétique. Comme Cleveland, elle se refuse à changer le culte de ses sujets. Lorsqu'un étranger de marque arrive, on commence le repas en fumant, après avoir adressé ces mots au soleil : "Tiens, soleil, fume." Quoique chrétienne au fond du cœur, elle interdit l'entrée de ses états aux missionnaires : avec toute leur bonne volonté, ils froisseront les sentiments religieux des sauvages :

> " au lieu de commencer par vouloir le bien temporel des sauvages, pour les conduire insensiblement au spirituel, ils commencent par déclamer contre leur religion dans des termes qui révoltent ces malheureux qui s'imaginent entendre des blasphèmes. "

(On notera que les jésuites faisaient eux-mêmes des reproches de ce genre aux missionnaires.) Du reste, Mlle Duclos veut bien envisager leur conversion : "je ne crois pas qu'il soit impossible d'en faire de bons chrétiens. Si vous m'envoyez quelque habile missionnaire qui veuille ne rien précipiter, ne rien faire à sa tête, je lui sauverai le martyre, et l'aiderai à convertir ce canton de sauvages."

Pour le moment, elle se contente de les accoutumer "à ne rien entreprendre d'important sans lever les yeux au ciel pour demander l'assistance du grand Onontio qui a fait le ciel, la terre, la lune et tous les astres, qui nous a créés pour l'adorer et le servir, et qui ne veut pas que nous fassions le mal."

A propos du cannibalisme, sujet rebattu depuis Montaigne, Mlle Duclos se lance dans une défense des sauvages dont le procédé paraît emprunté aux *Lettres persanes.* Elle imagine des sauvages racontant leur arrivée en Europe.

" Nous remarquâmes que ces sauvages n'avaient point de dieux ; du moins nous ne leur en vîmes pas porter à qui ils rendissent hommage. Ils ont cependant une vénération superstitieuse pour les sauterelles, les chauves-souris et les lézards, parce qu'ils nous empêchèrent d'en manger. "

" Ils ne croient pas non plus qu'après cette vie il y en a une autre dans le pays des morts, puisqu'ils ne donnent même aux chefs ni maïs, ni ustensiles, pas même des esclaves pour le servir dans l'autre monde. "

Comme les Hurons portent dans ce qu'ils croient un "temple" leur grand dieu Widzipulli "en exhortant les Européens à reconnaître leur erreur et à profiter de l'avantage qu'ils avaient de jeter la vue sur le plus grand des dieux", ils se fâchent et les Hurons ont grand peine à leur échapper. "Je vous demande présentement, ajouta Mlle Duclos, si cette relation que ferait un Américain serait insensée ?"

"Vous voilà devenue Américaine", lui répond Monneville. Effectivement, c'est là le point. Certes, Mlle Duclos n'approuverait pas La Hontan, qui non content de déserter, se dit prêt à ouvrir aux Anglais et Hollandais les portes de la Nouvelle France. Elle dit même en passant qu'elle espère que ses Hurons "n'auront pas le cœur moins français que s'ils vivaient au centre de la France", mais ce n'est manifestement pas son souci. "Si vous demeuriez dans ce pays," dit-elle à Monneville en l'engageant à rester avec elle, "et que la France vous fût aussi indifférente qu'à moi, vous verriez dans dix ans le canton de mes bons amis aussi beau que la plus fertile des provinces."

C'est ici que la comparaison fait ressortir les particularités de la pensée de Lesage. Aussi éloigné de La Hontan qui, par dépit, offre aux Anglais de leur ouvrir les portes de la Nouvelle-France, que de Robert Challe, ardent patriote pour qui l'Amérique fournira "à une infinité de gens" la possibilité "de chercher sous un ciel plus heureux la tranquillité et la facilité de vivre que la fortune et leur pauvreté leur dénient dans leur patrie", Lesage s'inscrit dans la lignée du cosmopolitisme des Lumières, à la façon de Montesquieu ou de Voltaire, avec une touche de Jean-Jacques Rousseau.

IV - "La scène est à Québec".

Par la façon dont Lesage a certainement "récrit" le manuscrit original de *Beauchesne*, et surtout par l'épisode de Monneville, les *Aventures de Robert Chevalier* sont déjà au moins à mi-chemin entre le document et l'œuvre littéraire. Ecrivain de métier, Lesage n'a pas manqué l'occasion de trouver une utilisation plus "professionnelle" encore de l'histoire qu'il avait entre les mains. Il n'en a pas tiré moins de deux scénarios, deux pièces "américaines" jouées l'une et l'autre sur le théâtre dont il était le principal fournisseur. Laissons de côté *La Fille sauvage*, jouée en 1734. Les aventures d'Angolette, une esclave noire, se rattachent en effet au thème antillais, comme le personnage du même nom qui intervient vers la fin du premier livre des *Mémoires de Beauchesne*. La seule allusion canadienne se trouve dans le vaudeville final où l'on chante "le plaisir de voir bientôt / La belle souffler l'allumette." *Les mariages du Canada*, joués à la Foire Saint-Laurent en 1734, nous retiendront davantage. Comme on le sait, les théâtres de la Foire, qui n'avaient pas le droit d'utiliser les acteurs "parlants", les faisaient chanter leurs répliques sous forme de brefs couplets sur des airs connus, indiqués par l'orchestre ; nous en mentionnerons quelques-uns dans l'analyse qui suit.

La couleur locale est donnée par le décor : "Le théâtre représente la ville de Québec. On voit dans le fond un grand hôtel, dont la mer bat les murs, et les maisons dans les ailes".

La scène 1 met en présence Damis et son valet Mezzetin, personnage traditionnel du théâtre de la Foire. Le premier confie au second qu'il est venu à Québec "chercher la fin de son amoureuse peine", en la personne de Lucile, déportée sur intervention de sa famille.

La scène 2 va montrer que la chose n'est pas si aisée. Arrive en effet Boniface, "cuisinier de l'hôtel", qui chante, sur l'air "En plein repos" :

> " Toute fille de Paris/ Ou laide ou jolie / Qu'on amène
> en ce pays / Pour la colonie, / On la fait loger céans /
> Et puis sans perdre de temps / On vous la /
> Talera lera / Leratala, talera lala, / On vous la marie. "

"Au premier venu ? demande Mezzetin. - Non pas, s'il vous plaît, répond Boniface. C'est à celui que veut lui donner Mme Bourdon, directrice de cet hôtel." Et il chante sur l'air "Comme un coucou que l'amour presse" :

> " En regardant une mignonne, / Elle sait s'il faut lui
> donner / Un épouseur qui la bâtonne / Ou qui s'en
> laisse bâtonner. "

A la demande de Damis et de Mezzetin, Boniface consent à aller consulter le livre de Mme Bourdon sur lequel sont inscrits les mariages prévus.

Resté seul avec son valet dans la scène 3, Damis se désole, et Mezzetin lui récite pour l'encourager un couplet tragique, "Seigneur, point de faiblesse", qu'il tourne en parodie.

La scène 4 commence avec l'arrivée de Clitandre, un petit-maître qui danse et qui chante. Mezzetin explique :

> " C'est le fils d'un libraire / Qui quoique roturier /
> Prend d'un air mousquetaire / Le nom de chevalier. "

Ledit chevalier fréquentait une fille du faubourg Saint-Germain, Clarice. Pour l'en séparer, son père l'a envoyé "en ce pays-ci". Il craint pour sa belle, "orpheline sans bien et sans appui" : "Mon père, dit-il, la gâtera dans l'esprit de la police", c'est-à-dire qu'il demandera qu'elle soit enfermée comme femme de mauvaise vie.

Quant à lui, avant de partir, il s'est vengé de son père en déchirant des pages de ses plus beaux livres, livres anciens, sacrés et profanes, romans comme *Cléopâtre, Clélie, Séthos* :

" Orateurs et poètes / Voyageurs, interprètes, /
Savants commentateurs / Tous les dictionnaires /
Et même les grammaires / Ont subi mes fureurs. "

A la scène 5, Mezzetin, resté seul après le départ de Damis et du chevalier, évoque curieusement la Louisiane à propos de Québec :

" Les enfants de famille / Sont envoyés ici / Pour
oublier les filles. / L'eau du Mississipi / En fait perdre
la mémoire / C'est un fleuve d'oubli, / Biribi, / J'en
veux boire. "

En fait de filles, c'est sa femme Colombine qu'il veut oublier. Pour y parvenir il est tout disposé à accepter celle que Mme Bourdon lui destine. Comme il dit, "changement pique l'appétit".

La scène 6 voit le retour de Boniface. Il rend compte de sa consultation des registres : Lucile est destinée à un nommé Clitandre. Il chante sur l'air "Adieu paniers, vendanges sont faites" :

" Lucile, m'a dit le commis, / Est venue ici de Paris /
Avec un appelé Clitandre. / Ils disent qu'ils sont sous
les lois / Du dieu d'Amour depuis six mois. "

Après que Boniface est resté seul un moment (sc. 7), arrivent Lucile et Clitandre (sc. 8). Lucile feint de croire que sa chasteté est en danger si elle épouse Clitandre dans ces conditions. En fait, elle l'aguiche sur l'air "Oui je le crois bien, je n'en crois rien" :

" Près d'une belle de mon âge, / Qu'un garçon soit
quelque temps sage, / Je le crois bien. / Mais qu'il
puisse avoir la constance / De garder toujours le
silence, / Je n'en crois rien. "

Sc. 9. Boniface, qui est allé chercher Damis et Mezzetin, revient avec eux. Damis est au désespoir de voir en quels termes sont Lucile et Clitandre ; Mais Lucile le rassure : "Clitandre n'est point mon époux, / Damis détrompez-vous."

Damis s'explique à son tour :

" Sitôt que j'ai su l'injustice de vos parents, j'ai vendu à Paris tous les effets pour venir vous épouser au Canada, et passer mes jours dans une agréable habitation que je suis en état d'acheter. "

Sc. 10. Lucile, restée seule avec Damis, le presse d'aller chercher la directrice afin "d'achever dès ce jour le bonheur de nos feux." Ils sortent.

Sc. 11. Mezzetin revient ; il chante :

" Je ne reverrai jamais mon épouse, / Trop de mers nous séparent / Rien ne doit m'arrêter. / Je suis l'époux de Colombine / Mais personne ne le sait. / Au reste je ne suis ni roi ni prince. / Je crois que cette bonne dame / Mérite un époux polygame. "

A ce moment, le théâtre s'ouvre sur une sorte de temple. Dans une chaire de régent, un notaire écrit sur un registre. A côté de lui, Mme Bourdon, modestement vêtue.

Sc. 12. On fait venir Lucile et Damis. Le notaire les marie :

" D'un amour sincère / Sans cesse enflammés/ Soyez animés / Du soin de vous plaire. / Ce sont les amours / Qui font les beaux jours. " - Ils saluent et se retirent.

Sc. 13. A son tour Mezzetin réclame une femme : "quelque minois qui soit mignon". On lui en amène une voilée. Sur l'air "J'entends le moulin taqueter", il chante : "Ah ! déjà je sens tique tique tique, / Oui je sens mon cœur taqueter."

Sc. 14 et 15. Mme Bourdon lui présente la femme voilée en lui chantant : "Tiens, je t'amène mon poulet, / Une aimable poulette." Il répond : "Madame en vérité, / Vous avez bien de la bonté. / A sa vue je sens en dépit de moi / Je sens un je ne sais qu'est-ce, / Je sens un je ne sais quoi."

Mme Bourdon les marie, puis fait enlever le voile à la femme voilée : C'est Colombine. "Ah ! c'est vous, Madame la carogne !" s'écrie Mezzetin. Colombine réplique : "Qui croyait en Canada trouver ce misérable ?" Faute de mieux, ils se réconcilient. "Tu viens d'apaiser mon courroux", chante Colombine. Et Mezzetin ; "Tu rallumes mes feux, coquine !"

Sc. 16. C'est au tour du chevalier de venir réclamer une femme. Sc. 17, Mezzetin et Colombine reviennent. Le chevalier à Mezzetin : "Avec femme si jolie / Un garçon de bonne humeur / Va faire à la colonie / J'en suis sûr beaucoup d'honneur."

Sc. 18. Mme Bourdon amène une femme au chevalier ; elle est voilée. Sur le champ le chevalier s'enflamme pour elle : "Oui déjà je lui rends les armes." C'est Clarice, qu'il a fréquentée naguère au faubourg Saint-Germain. "Papa Moréri", le père libraire, a fait exiler la belle :

> " Mais le puissant Dieu de Cythère / L'appui des
> amants malheureux / Pour nous venger de votre père /
> Nous a rejoints ici tous deux. "

Sans le vouloir, il a réuni les amants.

S'adressant à tous les nouveaux mariés, Mme Bourdon leur apprend le lieu de leur destination : un vaisseau va les porter au canton où ils feront leur demeure. Sur l'air "Tout le long de la rivière", elle chante :

> " Vite qu'on s'assemble / Adieu mes enfants, / Allez
> tous ensemble / Joyeux et contents / Tout le long de
> la rivière / Laire / Lonlairela / Tout le long de la rivière
> / Ah qu'il fait bon là. "

Suivant l'usage, la pièce se termine par un vaudeville chanté par tous :

> " N'appréhendons point des Hurons / Les farouches
> visages / Ou nous les apprivoiserons / Par de plus
> doux usages ; / Ou plus heureux nous deviendrons /
> Peut-être aussi sauvages. "

De toute évidence, la pièce joue sur l'immense succès de *Manon Lescaut,* diffusée en France en 1733. Mais la matière provient pour l'essentiel des *Aventures de Beauchêne.* Ainsi, l'épisode des pages arrachées aux livres du père libraire, aussi bien que le personnage de "Mme Bourdon". La fausse déclaration du mariage de Lucile et de Clitandre découle de celle de Monneville et Mlle Duclos, ainsi que la non-consommation du mariage (prétendue dans la comédie). Lesage s'était déjà comporté comme des hommes de lettres de nos jours en "réécrivant" les Mémoires de Chevalier pour en faire une manière de roman. En adaptant son roman au théâtre, il fait profiter ses opéras comiques de la vogue des romans de Prévost. Du même coup, il peut espérer relancer le succès des *Mémoires de Beauchesne* par celui des *Mariages du Canada.* En termes modernes, on pourrait dire qu'il y a un grand sens du marketing dans cette démarche à double détente.

En prêtant les agréments de sa plume aux aventures de Robert Chevalier, Canadien flibustier, Lesage affirme sa modernité. Il met à la portée de son public un document sinon toujours digne de confiance, du moins original et suggestif, tant sur la flibuste que sur les mœurs canadiennes. Il marque sa place dans l'histoire du mouvement philosophique à propos du thème du bon sauvage. Surtout peut-être, il fait preuve d'un sens aigu de l'actualité. Actualité littéraire, on l'a vu, mais aussi actualité politique dans la mesure où les *Mariages du Canada* présentent une image piquante et somme toute plutôt attirante de la Nouvelle-France. A l'occasion du thème américain, Lesage illustre parfaitement la réputation qu'il s'est faite d'avoir été un des tout premiers écrivains à vivre de sa plume dans l'indépendance et dans la dignité.

Frédéric Deloffre
Université de Paris-Sorbonne

LESAGE POUR LES ENFANTS ?

LES *GIL BLAS* DE LA JEUNESSE

En 1960, dans la préface à son édition de *Gil Blas* dans la Bibliothèque de la Pléiade, Etiemble observait avec surprise que les jeunes lecteurs d'aujourd'hui ne connaissaient plus le héros de Lesage[1]. Ce constat marque la fin d'une époque longue d'un siècle environ, au cours de laquelle *Gil Blas de Santillane* a fait figure de classique de la jeunesse et n'a cessé de toucher, au prix de remaniements plus ou moins lourds, un jeune public auquel l'ouvrage n'était pas originellement destiné.

Ces versions abrégées à l'usage de la jeunesse ne se confondent pas avec les extraits annotés publiés en 1934 par Félix Guirand et André Pierre dans la collection des "Classiques Larousse" : leur objectif, en effet, n'est pas de constituer un ensemble de pages choisies en objet d'étude, mais de rendre accessible à de jeunes lecteurs, sous la forme d'un récit suivi, une œuvre de qualité, en apportant au texte toutes les modifications jugées nécessaires.

"Infidèles" par nature et pas toujours "belles", ces adaptations ont joué un rôle trop important dans la diffusion et le rayonnement du roman de Lesage pour qu'on puisse les négliger. Sans entrer dans le détail d'une étude bibliographique qui déborderait le cadre de ce propos, il suffira de rappeler que, du milieu du XIXe siècle aux années cinquante, ces *Gil Blas* de la jeunesse ont accompagné les éditions intégrales destinées aux adultes et ont soutenu, autant que ces dernières, la fortune littéraire du roman. En élargissant le cercle des lecteurs de Lesage, ces versions adaptées ont contribué à faire du personnage de Gil Blas un héros véritablement populaire qui a trouvé sa place, parmi les figures les plus vivantes de notre littérature, dans cette galerie prestigieuse des "types universels" que Mgr Calvet avait entrepris, en 1932, de présenter à la jeunesse pour

---

1. *Romanciers du XVIIIe siècle*. Textes établis, présentés et annotés par Étiemble, Bibliothèque de la Pléiade, 1960, t. I, p. 256.

l'inciter à la découverte des grandes œuvres[2]. Ce n'est pas un hasard si l'idée de proposer aux jeunes lecteurs des versions adaptées de *Gil Blas* est née au XIXe siècle, à une époque où le développement de l'éducation primaire et secondaire stimule la production de livres susceptibles de répondre aux besoins d'un public nouveau. Le prestige littéraire du roman de Lesage ne pouvait qu'encourager ce travail d'adaptation. Il est probable aussi que la belle édition publiée par Paulin en 1835, abondamment et savoureusement illustrée par Jean Gigoux, a donné à *Gil Blas* une vie et un pouvoir de séduction renouvelés, révélant la jeunesse d'un classique capable de conquérir un public étendu. Enfin, par la diversité de ses aventures et la vivacité narquoise de sa narration, le personnage de Gil Blas pouvait prétendre séduire les adolescents, qui aiment à suivre la destinée d'un héros-narrateur confronté aux aléas de l'existence. Encore fallait-il, pour rendre le roman accessible à ce nouveau public, alléger un récit trop copieux, corriger des écarts de conduite alarmants et gommer certaines audaces de pensée et de plume qui heurtaient les strictes convenances morales auxquelles la littérature pour la jeunesse était assujettie.

Mais comment resserrer le roman sans en affaiblir l'intérêt ? Comment adoucir la satire sans faire disparaître tout le sel de la critique ? Comment donner à l'aventure picaresque les couleurs plus rassurantes du roman de formation ? Tous les *Gil Blas* pour la jeunesse ont tenté, avec plus ou moins de bonheur, de surmonter ces difficultés. Pour éclairer la diversité de ces tentatives et les préoccupations qui s'y font jour, j'ai retenu, parmi la douzaine d'adaptations publiées du XIXe siècle à nos jours, cinq versions abrégées de *Gil Blas* qui ont connu, autant qu'on puisse en juger, la plus large diffusion. Appartenant à des époques différentes, elles apportent des repères significatifs et devraient permettre de dégager, sans trop d'arbitraire, les grandes lignes d'une évolution qui nous conduira de l'époque de la Bibliothèque rose illustrée à la "belle époque" des *Gil Blas*, puis au déclin de l'après-guerre.

---

2. J. Calvet, *Les Types universels dans la littérature française*, F. Lanore, 1932, 2 vol. - Gil Blas est présenté dans le tome Ier, pp. 153-174.

L'époque de la Bibliothèque rose illustrée.

En 1861, la Librairie Hachette publiait, dans la Bibliothèque rose illustrée, une version abrégée de *Gil Blas* qui devait s'imposer, pendant un demi-siècle, comme la meilleure introduction à la lecture de Lesage. Réduite à cinquante-six chapitres brefs, ornée de cinquante vignettes dessinées par Leroux et Didier, cette adaptation soignée fut réimprimée dix fois entre 1863 et 1908. La collection qui l'accueille comprend trois séries distinguées par l'âge des lecteurs. La série destinée à l'adolescence propose aux jeunes gens comme aux jeunes filles des voyages, des ouvrages historiques et quelques œuvres littéraires adaptées. C'est là que les *Aventures de Gil Blas de Santillane* ont trouvé place, aux côtés d'Homère et de Virgile, de Cervantès et de Molière, de Bernardin de Saint-Pierre et de Xavier de Maistre. Le nom de l'adaptateur est parfois indiqué : c'est le cas notamment d'Alphonse Feillet, dont la qualité d'érudit apporte à la collection une garantie de sérieux[3]. Si *Gil Blas* est une adaptation anonyme, c'est sans doute qu'elle est l'œuvre d'un collaborateur plus obscur. Mais cet effacement de l'adaptateur contribue aussi à entretenir l'illusion que cette "édition destinée à l'adolescence", selon la formule employée par l'éditeur, a su préserver les qualités littéraires du chef-d'œuvre de Lesage, dont le nom est mis en vedette au centre de la page de titre.

En réalité, le *Gil Blas* abrégé et moralisé de la Bibliothèque rose ne connaît qu'une loi, celle de la soumission aux convenances, qui conduit à vider le roman de son contenu critique en censurant tous les passages jugés scabreux et pousse aussi, dans les passages conservés, à redresser scrupuleusement l'expression, en vue de faire

---

3. Alphonse Feillet est l'auteur d'une étude sur *La Misère au temps de la Fronde et saint Vincent de Paul* (Didier, 1862) et d'une *Histoire de la Littérature grecque* (Hachette, 1865). Il a publié en 1870 une bonne édition de l'opuscule de Chapelain, *De la lecture des vieux romans*, et a apporté une contribution importante à l'édition des *Mémoires* de Retz dans la collection des Grands Écrivains de la France. Pour la Bibliothèque rose, il a adapté Homère, Plutarque, Virgile et Retz.

de cette version amendée un livre moralement et stylistiquement exemplaire[4].

Sous l'effet conjugué de ces retouches de détail et des nombreuses coupures qui témoignent d'un travail d'expurgation poussé, le roman change de visage. Une bienséance sévère fixe des limites étroites à la peinture des faiblesses humaines et bride la satire des institutions et des mœurs. Les adolescents ne risquent donc pas de respirer le poison de l'irrespect dans un roman qui épargne les gens de justice, tempère le procès de la médecine, évite de faire de Gil Perez un chanoine ignorant et de donner à l'administrateur de l'hôpital de Valladolid, Manuel Ordonez, le visage de Tartuffe, la répugnance à satiriser les gens d'Église trouvant sa confirmation dans la disparition du chanoine Sedillo et de l'archevêque de Grenade.

On sera encore moins surpris de voir disparaître les chapitres évoquant le libertinage des petits-maîtres, l'inconduite des comédiennes et les mœurs relâchées des serviteurs et des soubrettes, dont Lesage avait évoqué avec ironie les entretiens peu édifiants et fort éloignés des ouvrages d'instruction pour la jeunesse[5]. Les lecteurs de la Bibliothèque rose illustrée n'auront donc pas à méditer, avec Gil Blas, sur "les désordres de la vie comique" (Livre III, chap. XII ; Pléiade, p. 685). Ils ne connaîtront rien non plus des aventures romanesques et galantes d'Aurore de Guzman, et s'ils entendent l'histoire de Raphaël, c'est un récit d'un picaresque fort assagi, que l'adaptateur a non seulement réduit mais partiellement

---

4. Il est à peine besoin de préciser que cette pratique zélée de l'adaptation rencontre la banalité et le conformisme. Ainsi, la platitude est la rançon de la décence quand l'exclamation de Fabrice à la vue du riche habit porté par Gil Blas : "Malepeste ! cela sent diablement les bonnes fortunes" (Livre I, chap. XVII ; Pléiade, p. 558) se réduit à cet écho affadi : "Malepeste ! il faut que tu aies fait fortune" (Bib. rose, édit. de 1863, chap. XVII, p. 91) ; et la tyrannie de la correction peut entraîner à d'étranges abus lorsqu'elle pousse à transformer, dans le même chapitre, un innocent "cul de sac" (Pléiade, p. 561) en "une rue écartée" (Bib. rose, p. 95).
5. "Si l'on eût écrit toutes les belles choses qui se dirent cette nuit chez Arsénie, on en aurait, je crois, composé un livre très instructif pour la jeunesse" (Livre III, chap. V ; Pléiade, p. 656).

recomposé en interpolant, au début de la narration, toute une séquence empruntée à l'histoire du jeune Scipion.

Dans cet univers purifié, l'image morale de Gil Blas est sensiblement amendée. S'il fait fortune au service du duc de Lerme, c'est par des voies apparemment honnêtes qui excluent le trafic d'influence. Plus question pour lui, on s'en doute, de jouer les Mercure et de "déterrer des beautés obligeantes" (Livre VIII, chap. X ; Pléiade, p. 970) pour corrompre le prince d'Espagne : mais puisqu'il doit être malgré tout emprisonné, son arrestation aura pour seule cause une négociation secrète avec l'ambassadeur de Portugal. Enfin, au plus haut de sa fortune, Gil Blas n'a pas manifesté d'ingratitude à l'endroit de sa famille, si bien que la mort de son père et la maladie de son oncle, le chanoine Gil Perez, révèlent la sensibilité du héros sans éveiller en lui le moindre sentiment de culpabilité. Il ne reste plus qu'à récompenser les mérites d'un personnage qui a été exempté de la plupart des défaillances morales de son modèle. La retraite de Gil Blas à Lirias et son mariage avec la belle Antonia marquent l'aboutissement heureux d'une histoire qui, plus directement que chez Lesage, conclut au triomphe de la sagesse et du bonheur familial.

Le plus sûr reproche que l'on puisse adresser à ce *Gil Blas* expurgé, c'est d'avoir sacrifié le meilleur du talent de Lesage, sa légèreté souriante, sa liberté de ton, le piquant de la satire, aux impératifs écrasants de convenances éducatives rigides. Ces exigences sont le reflet d'une époque. Il me semble juste d'ajouter qu'elles se sont imposées avec d'autant plus de force à l'adaptation de *Gil Blas* que cette édition destinée à la jeunesse se devait de prévenir les critiques de ceux qui, à l'exemple de Louis Veuillot, voyaient dans le roman de Lesage un "mauvais livre" contenant "du venin contre la religion"[6]. On comprend que l'éditeur se soit senti tenu d'offrir une version moralement irréprochable, fût-elle d'un conformisme bien fade.

---

6. Ce jugement de Louis Veuillot a été rappelé par l'abbé Louis Bethléem, qui a rangé *Gil Blas*, *Le Diable boiteux* et *Le Bachelier de Salamanque* dans la catégorie des "romans à proscrire en vertu de la morale chrétienne" (*Romans à lire et Romans à proscrire*, 1ère éd. 1919 ; 10e éd. 1928, pp. 135-137).

Les *Gil Blas* de la Belle Époque.

Avec le développement des techniques d'impression en couleurs, la Belle Époque a donné un air de fête aux beaux livres illustrés pour les enfants. Deux éditions abrégées de *Gil Blas*, parues respectivement en 1899 et en 1907, témoignent de cet enrichissement. Remarquables par la qualité de l'illustration, elles ont aussi apporté la preuve que l'adaptation du roman de Lesage n'était pas incompatible avec un respect accru du texte et de ses qualités littéraires.

Le *Gil Blas* publié par Charavay et Martin en 1899 est sans doute le plus bel hommage que l'édition pour la jeunesse ait rendu à Lesage. Il ne s'agit pas seulement d'un livre luxueux, qui se distingue par son cartonnage décoré, l'élégance de sa typographie et la finesse des illustrations de Maurice Leloir. C'est aussi une version établie avec beaucoup de soin par celui qui, à cette époque, s'était imposé comme le meilleur avocat de Lesage romancier, Léo Claretie[7]. Soucieux de faire partager aux jeunes lecteurs son admiration pour l'auteur de *Gil Blas*, l'éditeur a tenu à justifier les quelques allégements apportés au roman. Puisqu'il fallait réduire l'ouvrage aux dimensions d'un volume accessible à des adolescents, les retranchements ont porté sur les longs récits intercalés qui forment digression, ainsi que sur la dernière partie du roman, dont Léo Claretie estimait, non sans raison, qu'elle était "plus sujette aux longueurs". Quant aux "omissions exigées par la morale", les jeunes gens et les jeunes filles auxquels cette édition est destinée sont invités à considérer qu'il vaut mieux avoir la possibilité "de lire de fort belles pages amendées que de ne pas les lire du tout". Mais ce *Gil Blas* abrégé et discrètement expurgé revendique un respect religieux de la prose de Lesage, en vue d'offrir aux jeunes lecteurs, outre un plaisir de qualité, un modèle de vivacité légère et de fine ironie.

---

7. Rappelons que la version publiée de la thèse de Léo Claretie, *Lesage romancier*, parut chez A. Colin en 1890. Outre son adaptation de *Gil Blas*, l'auteur a donné une "édition revue à l'usage de la jeunesse" des *Aventures du flibustier Beauchêne*.

Cet accent porté sur la formation du goût littéraire du lecteur relègue au second plan le souci de l'instruction morale et témoigne d'une conception plus ouverte et plus souple de l'éducation. Il est clair que Léo Claretie, en adaptant *Gil Blas*, s'est plu à desserrer le carcan du moralisme bien-pensant. A l'exclusion des traits grivois, qui sont naturellement écartés, la satire a conservé sa vivacité et son piquant : qu'il s'agisse des officiers de justice, des gens d'Église ou des médecins, l'adaptation ne se sent pas tenue de pratiquer l'atténuation ; et si l'évocation des jeunes seigneurs frivoles et des gens de théâtre est estompée, elle n'a pas complètement disparu d'un récit qui a su réduire le roman de Lesage sans l'appauvrir à l'excès et l'amender sans l'affadir.

Grâce à Léo Claretie, les adolescents ont pu découvrir l'essentiel de *Gil Blas*. Aux enfants en revanche, Louis Tarsot[8], chef de bureau au Ministère de l'Instruction publique, ne pouvait présenter qu'une version fortement réduite. Publiée en 1907 chez l'éditeur Henri Laurens, cette adaptation de *Gil Blas*, joliment illustrée par Henry Morin, a pris le parti d'insérer dans un résumé qui assure la continuité du récit quelques épisodes de la vie du héros de Lesage. Sept chapitres permettent d'évoquer le départ d'Oviedo, la rencontre du soldat mendiant, l'aventure du parasite, le séjour chez les voleurs, la fuite et l'arrestation de Gil Blas, son apprentissage médical sous la conduite du docteur Sangrado, ses contacts, chez don Mathias, avec le monde des grands seigneurs éventés, sa découverte, dans la maison de la marquise de Chaves, du salon d'une femme d'esprit, son expérience des effets de la vanité chez l'archevêque de Grenade et de l'ingratitude des maîtres chez le seigneur Galiano, enfin son entrée dans le monde de la politique au service du duc de Lerme et, après sa disgrâce et la mort de son père, sa retraite à Lirias.

---

8. Louis Tarsot a adapté pour la jeunesse les ouvrages suivants : *Contes des Mille et une nuits* (1902), *Les Voyages de Gulliver* (1904), *Don Quichotte* (1905), *Robinson Crusoé* (1906), *Gil Blas* (1907), *Fabliaux et contes du moyen âge* (1908), *Le Roman de Renard* (1909). Plusieurs de ces adaptations seront rééditées dans la collection "Je raconte" au cours des années 1930 : c'est notamment le cas de *Gil Blas* en 1938.

Si l'on veut bien considérer que cette sélection s'adresse à des enfants, le choix paraît judicieux et permet de donner, autant qu'il est possible de le faire, la parole à Lesage dans une adaptation qui transforme en récit suivi un recueil de pages choisies. A défaut de pouvoir découvrir l'intégralité des aventures de Gil Blas, les jeunes lecteurs auront pu faire la connaissance d'un personnage dont Louis Tarsot n'a pas voulu masquer les faiblesses, observant avec justesse que "son exemple [était] moral comme l'expérience". Mais les enfants sont surtout invités à goûter l'esprit et l'enjouement d'un conteur de talent, autrement dit un plaisir d'art dans lequel cette adaptation, comme celle de Léo Claretie, a trouvé sa meilleure justi- fication.

Le temps du déclin.

Solidement inscrit au répertoire des classiques dont la lecture, sous réserve de quelques remaniements, peut être recommandée à la jeunesse, *Gil Blas de Santillane* a trouvé naturellement sa place, après la première guerre, dans le catalogue de la Librairie Delagrave, puis dans la collection des "Œuvres célèbres pour la jeunesse" publiée par Fernand Nathan[9]. Ces éditions de large diffusion ont rompu avec la tradition du beau livre. Elles révèlent aussi, sur le plan des exigences littéraires, un relâchement inquiétant qui engage l'adaptation sur la voie du déclin. Dans la version de *Gil Blas* publiée à partir de 1924 par la Librairie Delagrave, des coupures hasardeuses et mal contrôlées affadissent le récit et vont même jusqu'à mettre en péril en plusieurs endroits la cohérence et la clarté de la narration[10]. Pire encore, l'édition Nathan attribue à Lesage un

---

9. Le *Gil Blas* de la Librairie Delagrave paraît en 1924 : nous avons consulté un retirage de 1937 (septième mille selon l'éditeur). Le *Gil Blas* de Nathan est publié sans date. Ces deux adaptations sont anonymes.

10. Notons, par exemple, que les retrouvailles de don Alphonse et de Séraphine, au chapitre 27, deviennent fort obscures dès lors que l'histoire de ces deux personnages a été effacée. Ailleurs (chap. 45), l'adaptateur a maintenu une référence à la marquise de Chaves en oubliant que ce personnage avait été sacrifié. Le lecteur enfin aura du mal à comprendre le sens de l'expression "le fils de la Coscolina", puisque la clef de cette énigme a disparu en même temps que l'histoire de Scipion. La liste des négligences pourrait être allongée.

récit qui n'est qu'un plat résumé : cette falsification est une insulte à l'auteur de *Gil Blas* et marque un assez grand mépris à l'endroit des jeunes lecteurs.

Cette pratique désinvolte de l'adaptation a donné des arguments à ceux qui estiment que le respect des œuvres littéraires interdit la fabrication d'éditions remaniées. Si ce grand débat reste ouvert, *Gil Blas* en est exclu, puisque notre époque semble avoir renoncé à considérer le roman de Lesage comme l'une des œuvres majeures pouvant permettre aux jeunes lecteurs d'accéder au monde de la littérature. Est-ce à dire que l'on ait cessé de reconnaître en *Gil Blas* un classique de premier rang ? Il est symptomatique à cet égard que les "classiques abrégés" de l'École des Loisirs, seule collection vivante qui continue de défendre en France, dans l'édition pour la jeunesse, la cause de l'adaptation, n'aient pas admis Lesage parmi les auteurs susceptibles de retenir l'attention des lecteurs du collège et de leurs professeurs. Une adaptation de présentation médiocre, parue en 1982 dans la collection "Lecture et loisir", aux éditions Dargaud jeunesse, ne semble pas de nature à modifier cette situation : force est de constater que les *Gil Blas* de la jeunesse appartiennent aujourd'hui au passé.

On retiendra de cette enquête que les efforts déployés pendant plus d'un siècle pour rapprocher *Gil Blas de Santillane* des jeunes lecteurs ont porté leurs plus beaux fruits lorsqu'ils ont été soutenus par le désir fervent de rendre hommage au talent de Lesage. Même si cette ferveur doit prendre aujourd'hui des formes différentes et s'orienter en direction d'un public plus âgé, il importe qu'elle s'exprime avec une égale conviction si l'on veut préserver la jeunesse de *Gil Blas*, à défaut d'en faire un classique de la jeunesse.

Jacques Chupeau
Université de Tours.

ÉTAT PRÉSENT DES ÉTUDES SUR LESAGE (1970-1994)

INTRODUCTION

I - Lesage face à la critique.

Avant de proposer un "état présent" des études sur Lesage (1970-1994), il convient d'esquisser succinctement quelles ont été à son égard les grandes tendances de la critique et de la recherche universitaire avant 1970[1]. Pour ses contemporains, plus qu'un homme de théâtre, Lesage est l'auteur du *Diable boiteux* (1707) et de *Gil Blas* (1715-1735). Le second de ces deux romans apparaît d'emblée comme un de ces chefs-d'œuvre consacrant un écrivain. On loue dans *Gil Blas* dès sa parution la satire de mœurs et le naturel du style : "La scène est en Espagne ; mais il n'est pas difficile de s'apercevoir que tout l'ouvrage est une satire sur les mœurs du temps [...] On convient d'ailleurs que ce livre est écrit d'une manière propre à se faire lire avec plaisir". Les plus moralistes s'offusquent de voir le héros fréquenter les milieux troubles de la société et par conséquent de ne pas faire preuve d'une moralité exemplaire : "On se plaint de voir toujours Gil Blas, le héros de la pièce, en compagnie de gueux, de laquais, et de tout ce qu'il y a de plus vil parmi le peuple"[2]. Le succès du *Diable boiteux* et *Gil Blas* va croissant comme le montre le tableau de Roger Laufer recensant les éditions des romans de Lesage au cours du XVIIIᵉ siècle[3] : Trente éditions de *Gil Blas* avant 1756, quarante-cinq de 1756 à la Révolution, soit soixante-quinze au total. Les Lumières ont lu et

---

1. Pour la période précédente, voir H. Cordier : *Essai bibliographique sur les Œuvres de Lesage* (Paris, 1910).
2. Du Sauzet, *Nouvelles littéraires contenant ce qui se passe de plus considérable dans la République des Lettres*, La Haye, 1715, t. I, p. 248.
3. Roger Laufer, *Lesage ou le métier de romancier*. Paris : Gallimard, 1971. p. 28. Laufer comptabilise plus de deux cents éditions de *Gil Blas* de 1715-1735 à 1970 (p. 18).

connaissent les romans de Lesage. Voltaire est le plus hostile et avance l'accusation de plagiat[4]. Rousseau célèbre indirectement son réalisme et son sens de l'observation : "Elle [Mlle du Châtelet] aimait les romans de Lesage, et particulièrement *Gil Blas* ; elle m'en parla, me le prêta, je le lus avec plaisir ; mais je n'étais pas mûr encore pour ces sortes de lectures ; il me fallait des romans à grands sentiments"[5]. Quant à Diderot, sans doute le plus sensible à l'esthétique romanesque, dans *Le paradoxe sur le comédien*, il montre à travers l'éloge du comédien Montménil, fils de Lesage, qu'il connaît et estime le romancier : "Entre tous ceux qui ont exercé l'utile et belle profession de comédiens ou de prédicateurs laïques, un des hommes les plus honnêtes, un des hommes qui en avaient le plus la physionomie, le ton et le maintien, le frère du *Diable boiteux*, de *Gil Blas*, du *Bachelier de Salamanque*, Montménil..."[6]. Lesage est un des rares écrivains à être devenu un auteur "classique" de son vivant. Dans sa *Correspondance littéraire, philosophique et critique*[7], Grimm lui rend un hommage d'autant plus significatif qu'il n'apprécie pas particulièrement ses romans : "Lesage qui vient de mourir, a fait des romans dans un autre genre [que l'abbé Prévost] : il peint les mœurs bourgeoises avec une naïveté, une simplicité, un sel, une vérité qui frappent peut-être plus que les extravagances les plus marquées ; on lit avec un plaisir singulier *Le Diable boiteux* et *Gil Blas de Santillane*". Avec Grimm, tout le siècle s'est accordé à voir la réussite de Lesage dans le réalisme satirique de la peinture des mœurs.

---

4. Pour Roger Laufer (*Ibid*, p. 51), l'hostilité de Voltaire est due avant tout à la rivalité des théâtres : "Les rivalités des théâtres de la Foire et des Italiens expliquent l'incompréhension des deux écrivains [Lesage et Marivaux], comme celles de la Foire et du Théâtre-Français l'animosité de Lesage et de Voltaire l'un pour l'autre".
5. J.J. Rousseau, *Les confessions*. [*In*] *Œuvres complètes*. Paris : Gallimard, 1959. t. I, p. 171.
6. *Paradoxe sur le comédien* [*In*] *Œuvres esthétiques*. Paris : Bordas / Classiques Garnier, 1988, p. 341.
7. *Correspondance littéraire, philosophique et critique*. Paris : Garnier, 1877, t. I, pp. 138-140.

Très vite, le succès de Lesage passe les frontières : le romancier Thomas Smollett[8] se charge de la traduction anglaise de *Gil Blas*, le Père Isla[9] de la traduction espagnole. Nombreuses sont également les continuations, les imitations, les adaptations en langues étrangères. Citons par exemple *La vie de don Alphonse Blas de Lirias, fils de Lesage* (1774), roman apocryphe anonyme[10], ou encore *Le nouveau Gil Blas, ou Mémoires d'un homme qui a passé par les épreuves les plus durs de la vertu* (1778) d'Hertzberg, écrivain de langue allemande. On le voit dès le XVIIIe siècle, le personnage imaginé par Lesage est devenu un type littéraire à part entière.

Le XIXe siècle assoit et confirme la notoriété de l'œuvre de Lesage ; à peu près tous les ans paraît une nouvelle édition de *Gil Blas*[11]. Les plus grands romanciers du siècle (Stendhal, Balzac, Hugo, Flaubert) l'ont lu et apprécié. Stendhal écrit à sa sœur Pauline : "Le tableau le plus ressemblant de la nature humaine, telle qu'elle est au XVIIIe en France, est encore le vieux *Gil Blas* de Lesage ; réfléchis sur cet excellent ouvrage"[12]. Pour Balzac, "*Gil Blas* est fatigant comme forme : l'entassement des événements et des idées a je ne sais quoi de stérile", mais "l'idée, devenue personnage, est d'une plus belle intelligence"[13]. Les observations les plus représentatives que l'on possède sont fournies par Sainte-Beuve. Dans ses *Causeries du lundi*, il insiste sur le réalisme universel de l'œuvre majeure du romancier : "Gil Blas, tout à l'opposé de René, c'est vous, c'est moi, c'est tout le monde"[14]. A l'encontre du héros romantique, Gil Blas incarne l'idéal bourgeois, l'exemplarité du

---

8. *Cf.* R.D.S. Putney, "Lesage and Smollett". [*In*] *Diss. Abstr.* XXXI (1970-71) p. 238A. / R. Runte, "Gil Blas and Roderick Random". [*In*] *FR* L (1976-77) pp. 698-705.
9. P. Husquinet-García, "Le *Gil Blas* du P. Isla, traduction ou trahison du roman de Lesage". [*In*] *Etudes de philologie romane et d'histoire littéraire offertes à Jules Horrent à l'occasion de son soixantième anniversaire.* Liège : J.-M. D'Heur, N. Cherubini, 1980, XXIII, 853 p.
10. *Cf.* l'article de K. Heinz [*in*] *LR* XXXV (1981) pp. 285-300.
11. Roger Laufer, *op. cit.*, p. 29.
12. *Correspondance.* Paris : Le Divan, 1933. t. II, *Marginalia*, p. 154, 2 août 1838.
13. *Œuvres complètes.* Paris : Lévy, 1873. t. XXIII, p. 691.
14. Sainte-Beuve, *Causeries du lundi.* Paris : Garnier, t. II, p. 363.

héros à la conquête de la réussite sociale, la grandeur et le mérite du *self-made-man* qui traversant les épreuves de la vertu reste maître de son destin. A la suite de Sainte-Beuve, d'autres critiques d'envergure, de tendance conservatrice, ont mis en avant le réalisme bourgeois de Lesage et se sont plu à voir dans le *Gil Blas* la fidèle peinture de l'homme ou plus exactement du héros bourgeois : Désiré Nisard[15], Francisque Sarcey[16], Emile Faguet[17]. Citons par exemple cette remarque de Sarcey : "Gil Blas a ce grand mérite, c'est que le commun des hommes peut s'y reconnaître comme en un vivant miroir"[18].

Le prestige de Lesage se dégrade au cours du XXe. L'héritage des grands romanciers du siècle précédent, de Stendhal à Zola, en passant par Balzac et Flaubert, rend délicate toute tentative qui vise à en faire un précurseur du roman réaliste. La valeur du romancier est même contestée. La critique s'évertue à montrer que son écriture n'est pas celle du roman mais du théâtre. "Lesage n'est pas un romancier. C'est un auteur dramatique qui a écrit en auteur dramatique *Le Diable boiteux* et *Gil Blas*. C'est le successeur direct de Molière", écrit René Bizet dans son article *Lesage est-il romancier ?*[19]. D'une remise en cause à un jugement négatif, il n'y a qu'un pas que franchit V. Mylne pour qui Lesage est un mauvais romancier[20]. Cette tendance à replacer les qualités de l'écrivain dans un contexte théâtral est un trait dominant de la critique contemporaine. Nicolas Wagner décèle l'unité de composition de *Gil Blas* dans la structure dramatique des douze livres[21]. Alors que le siècle précédent avait fait de Lesage l'un des précurseurs du roman bourgeois, le XXe siècle ayant reçu en héritage le roman réaliste et naturaliste éprouve de la gêne à ranger un *Gil Blas* ou un *Diable boiteux* à côté

---

15. *Histoire de la littérature française*. Paris, 1863. 3e édition, t. IV.
16. Introduction à *Gil Blas*. Paris : Librairie des bibliophiles, 1873. t. I, p. X.
17. *Dix-huitième siècle*. Paris : Lecène et Oudin, 1890.
18. F. Sarcey, *op. cit.*, p. XIV.
19. *La Revue universelle*. XXXIX, n° 14 (le 15 octobre 1929), pp. 170-189.
20. Vivienne Mylne, *The eighteenth-century french novel, techniques of illusions*. Manchester : Manchester U.P., 1965.
21. Nicolas Wagner, "Quelques cadres d'étude pour *Gil Blas*". *Information littéraire* (1956), I, pp. 29-38.

des volumes de *La Comédie Humaine* et des *Rougon-Macquart,* il préfère voir en Lesage le digne successeur de Molière et s'applique à discerner dans ses romans la transposition d'une thématique théâtrale.

Ce qu'il faut préciser, c'est que l'aspect hétérogène de l'œuvre de Lesage, la polyvalence de l'écriture, n'ont cessé d'embarrasser les exégètes, désireux de trouver une unité conceptuelle entre des formes d'expression aussi différentes que le roman et le *Théâtre de la Foire.* Face à la difficulté d'établir un raisonnement critique où l'ensemble des écrits s'éclaireraient mutuellement restituant dans toute sa complexité la biographie de l'auteur, les travaux sur Lesage se sont souvent orientés en fonction des deux genres qu'il a pratiqués. Comme le signale Roger Laufer, des deux thèses qui au XIXe siècle ont été consacrées à Lesage, l'une s'intéresse au romancier, l'autre à l'homme de théâtre[22]. Etudier Lesage semble imposer une dissociation entre le romancier et le dramaturge. Celle-ci est encore manifeste dans l'"état présent" que nous avons établi. Sur les cent-vingt occurrences, soixante-dix-huit concernent en priorité le roman, quarante le théâtre, seulement deux articles abordent con-jointement les deux genres[23]. Notons également la thèse de doctorat de A. Rodriguez préparée depuis octobre 1993 sous la direction de M. Delon : *Théâtralité et romanesque dans l'œuvre d'Alain-René Lesage* (Univ. Paris-X).

Si l'on considère uniquement la production romanesque, la tâche de la critique n'est pas non plus des plus aisée. L'unité de composi-tion pose problème. Un point surtout qui a été longuement étudié a alimenté les querelles de la critique entre les partisans du plagiat et de l'originalité, celui de l'espagnolisme de Lesage. Au début des

---

22. Roger Laufer, *loc. cit.,* p. 7 : V. Barberet, *Lesage et le théâtre de la Foire.* Nancy : Impr. Sordouillet, 1887. 266 p. / L. Claretie, *Lesage romancier, d'après de nouveaux documents.* Paris : A. Colin, 1890. 447 p.
23. R. J. Pelletier, "The interrelationship between prominent character in *Le Diable boiteux, Gil Blas* and le *Théâtre de la Foire* by Lesage". [*In*] *Diss. Abstr.* XXXVIII (1977-78) pp. 310A-311A. / R. Runte, "Parallels between Lesage's theatre and his novels". [*In*] *Enlightenment studies in honnour of Lester G. Crocker.* Oxford : The Voltaire Foundation at the Taylor Institution, 1979. pp. 283-299.

années 70, Roger Laufer y met un point final. Certes, les romans de Lesage ne forment pas à proprement parler un "tout réel ou conceptualisable"[24], dans la mesure où ils sont le produit d'un certain nombre de contraintes (les critères esthétiques en vigueur, les mutations politiques et sociales, les exigences du public, le hasard) et de choix personnels quant à la matière première qu'il utilise (l'Espagne bien sûr, mais aussi l'Orient). Cette prédilection pour l'Espagne qu'il partage avec d'autres écrivains à la mode au début du siècle (Gabriel de Brémond, Mme d'Aulnoy, le chevalier de Mailly) est liée à l'actualité politique - la guerre de Succession accroît les relations avec la France -, mais s'explique aussi par la prééminence d'une littérature encore inexploitée. La variété de la production romanesque de Lesage, utilisant le remaniement et la traduction, et qui, en cela fidèle à l'esthétique classique et à son principe d'imitation et de réécriture, se fonde sur l'impersonnalité de l'œuvre littéraire, reflet d'une aventure commune plus qu'expression d'une singularité, cependant toute proche. Bien plus, les romans de Lesage écrits à la fin du règne de Louis XIV et pendant la Régence portent l'empreinte de l'esprit des Lumières et manifestent la prise de conscience de la contradiction qui sévit entre les aspirations désuètes de l'Ancien Régime et l'apparition d'une nouvelle classe dirigeante, la bourgeoisie. Comme le précise Roger Laufer, qui hésite à trancher entre le classicisme et la modernité de Lesage, il "apparaît moins comme un précurseur (mot qui n'a de sens qu'anachronique) du roman réaliste bourgeois du XIXe siècle et plus comme un écrivain du dernier siècle de l'Ancien Régime, vivant la contradiction historique des deux idéologies dominantes, celles de la noblesse et de la bourgeoisie, et la vivant singulièrement dans sa condition d'homme de lettres"[25]. Bien qu'il existe un lien de parenté, Gil Blas n'est ni Don Quichotte (il ne défend pas les valeurs d'un ordre révolu) ni Lucien de Rubempré (il ne connaît pas en tant que picaro l'épreuve douloureuse de la réalité). Lesage apparaît comme l'un des grands maîtres du style rococo de la Régence, ce "style de la contradiction reconnue, de la philosophie des Lumières,

---

24. Roger Laufer, *op. cit.*, p. 8.
25. *Ibid.*, p. 10.

de l'esprit, de l'entre-deux entre la bourgeoisie et la noblesse : le style de la société d'Ancien Régime avant la Révolution"[26]. Roger Laufer propose une approche originale de l'écrivain, à la fois artisan d'une écriture impersonnelle et créateur d'une forme nouvelle : "la contradiction interne d'une longue entreprise tiraillée entre le picaresque exemplaire et l'individualisme bourgeois exprime une contradiction historiquement vécue"[27] et confère à l'œuvre toute sa valeur.

II - Méthodologie et usage scientifique.

En ce qui concerne l'œuvre de Lesage, il n'existe pas de bibliographie exhaustive répertoriant l'ensemble des éditions. L'œuvre théâtrale avait été jusqu'à présent la plus négligée, surtout si l'on tient compte des dizaines de pièces qu'il a écrites pour le *Théâtre de la Foire* et que l'on s'est empressé de reléguer dans le domaine de la paralittérature comme pour ne pas avoir, en rendant inepte la comparaison romans/livrets de la Foire, à admettre implicitement que l'auteur de *Gil Blas* ait pu se commettre dans des spectacles forains. Depuis ces vingt-cinq dernières années, le *Théâtre de la Foire* fait l'objet d'études sérieuses ; quelques articles[28] apportent des précisions intéressantes, mais surtout deux thèses universitaires : *Monde renversé, théâtre renversé ; Lesage und das "Théâtre de la Foire"* d'Andrea Grewe (Univ. Münster, 1987) et *Le "Théâtre de la Foire" sous la Régence (1715-1723)* de Florent Meyer (Univ. Paris-IV, 1988). Il faut y ajouter une thèse en préparation : *Lesage et le "Théâtre de la Foire"* d'Alain Rodriguez (Univ. Rennes-II). Quant à l'œuvre romanesque, bien qu'elle ait été privilégiée par la critique, les éditions des romans de Lesage n'ont jamais été recensées dans une bibliographie complète. Dans le corpus étudié, les points de repère les plus intéressants sont fournis par Roger Laufer dans ses éditions critiques du *Diable boiteux* et de *Gil Blas*, ainsi que dans son ouvrage sur Lesage (*op. cit.*) et la note

---

26. *Ibid.*, p. 18.
27. *Ibid.,* p. 302.
28. Notamment l'article d'A. Grewe : "Lesage et le *Théâtre de la Foire*". Pour un état présent des connaissances. [*In*] *RZL* XIV (1990) pp. 434-455.

bibliographique qui l'accompagne, où il se réfère à l'*Essai biblio-graphique sur les Œuvres d'Alain-René Lesage* d'Henri Cordier (Paris : Leclerc, 1910), aux catalogues imprimés de la Bibliothèque Nationale et du British Museum, et au *Bulletin des bibliothèques de Bretagne* (n° 4, 1945). Pour les éditions en langues étrangères, l'article "Lesage and Smollett"[29] de R.D.S. Putney propose une liste des éditions anglaises, des traductions et des imitations du travail de Lesage.

De même, nous ne possédons pas de bibliographie des études critiques consacrées à Lesage du type de celle de F. A. Spear sur Diderot. Pour établir un "état présent", il a donc fallu consulter les bibliographies de thèse, le répertoire du C.N.R.S., les recensions de certaines revues spécialisées (*Modern Language Studies*, *Studi Francesi*, etc.), et surtout deux recueils annuels : la *Bibliographie de la littérature française du Moyen-Age à nos jours* de René Rancœur (Paris : Armand Colin.) et la *Bibliographie des französischen literaturwissenschaft* d'Otto Klapp (Frankfurt-am-Main : V. Klostermann). Bien que ne correspondant pas à la période de référence, mais utiles pour une approche des grandes tendances de la critique antérieures à celle-ci, on peut citer trois autres bibliographies : la *Bibliographie de la littérature française du XVIIIe siècle* d'Alexandre Cioranescu (Editions du Centre National de la Recherche Scientifique, 1969), *A critical bibliography of french literature* publiée sous la direction de Cabeen (t. IV, *Eighteenth century* de George R. Havens et Donald F. Bond, Syracuse U.P.,1951) et le *Supplément* de Richard A. Brooks (1968), le *Manuel de bibliographie littéraire pour les XVIe, XVIIe, XVIIIe siècles français* (t. III. Paris : Nizet, 1956 ; Vrin, 1958 ; Nizet, 1970).

Après avoir dressé une liste des textes et travaux concernant Lesage édités entre 1970 et 1994, ainsi que des comptes rendus qui leur sont consacrés dans des revues spécialisées, notre objectif a été de doter cette matière première d'un ordre de classement suivant l'intention du critique et la nature du sujet traité, faisant ainsi ressortir les points sur lesquels la critique se montre féconde ou au

---

29. [*In*] *Diss. Abstr.* XXXI (1970-71) p. 238A.

contraire ceux qu'elle délaisse totalement. Ce classement comprend quatre grandes parties : l'édition des textes, les études biographiques, les études critiques (le roman, le théâtre, le style, les personnages, les emprunts), les études comparatives (la typologie, le roman picaresque, Lesage et l'Espagne, Lesage et l'Angleterre, Lesage et le France, la relation des œuvres avec l'esprit du temps, la comparaison roman-théâtre, l'influence de Lesage).

La première remarque que suggère ce recensement est le nombre restreint des éditions des œuvres de Lesage (I) et l'absence d'édition des œuvres complètes. Précisons que jamais aucun éditeur ne s'est attaché à une telle entreprise ; seules des compilations succinctes ont vu le jour, telle l'édition des *Œuvres choisies* de 1783 (omission des écrits antérieurs à 1715), celle de 1810 (ajout des derniers écrits), celle de 1821 et 1828 (omission du *Théâtre de la Foire* et ajout des *Nouvelles aventures de Don Quichotte*), ou encore les *Œuvres de Le Sage*, précédées des éloges de Le Sage par MM. Malitourne et Patin (Paris, 1823). Ces exemples de collections partielles sont significatifs, dans la mesure où ils mettent en évidence les embarras et les choix des éditeurs face à une œuvre considérable et disparate, où se mêlent les remaniements, les traductions, les inventions romanesques et théâtrales, les livrets de spectacles forains. L'inexistence d'une édition des œuvres complètes ouvre la voie à d'éventuels projets d'études et travaux susceptibles de combler cette lacune. Ce recensement des éditions modernes de Lesage suscite une seconde remarque : parmi l'imposante production du romancier-dramaturge, seuls deux romans, *Le Diable boiteux* et *Gil Blas de Santillane*, et une pièce, *Turcaret*, subsistent au sein du circuit éditorial depuis ces vingt-cinq dernières années. Signalons cependant la récente réédition (1991) des *Aventures de Beauchesne*, ainsi que la parution (1987) aux Editions du Diable Amoureux de deux volumes de pièces de théâtre, le premier comprenant *Crispin* et *Don César Ursin*, le second *Le point d'honneur* et *La Tontine*. Le fait que ce soit les trois œuvres mentionnées ci-dessus qui perdurent n'a rien d'étonnant. Ce sont trois chefs-d'œuvre dont la valeur n'avait pas échappé aux contemporains de Lesage. Avec *Turcaret*, un genre nouveau prend naissance, la comédie sociale.

C'est à ce titre que cette pièce figure dans les manuels scolaires et les précis d'histoire littéraire comme le seul exemple du théâtre de Lesage, où s'exerce avec talent, dans la lignée de Molière, un réalisme satirique, une ironie mordante à l'égard d'un régime aristocratique en perte de vitesse et d'une société où commence à régner la spéculation bourgeoise. Quant à *Gil Blas* et au *Diable boiteux*, ils ont connu d'emblée un succès qui ne s'est pas démenti au cours des siècles.

Peu nombreuses sont les études biographiques (II). Avec l'ouvrage de Roger Laufer qui tient lieu de référence, on peut citer le *Lesage* de Richard Daignault et quelques articles, notamment l'étude de R. Joly sur la fiction autobiographique. André Suarès affirme dans son essai *Trois grands vivants*, qu'il ne faut pas distinguer Don Quichotte de Cervantès. On perçoit dans de nombreuses critiques sur Lesage, cette volonté de ne pas dissocier fiction et vécu, Gil Blas et le "moi" de l'écrivain.

Comme l'édition des textes (I), la plus grande partie des études critiques (III) est consacrée à *Gil Blas* et à *Turcaret*. Paradoxalement, le *Diable boiteux* est peu étudié. Outre le regain d'intérêt déjà signalé pour le *Théâtre de la Foire*, trois articles s'intéressent aux *Aventures de Beauchêne*, rééditées en 1991 chez Phébus : un à l'authenticité des Mémoires de Robert Chevalier, d'après lesquelles selon Lesage lui-même il a composé son roman (*cf.* la préface) ; deux à la société "utopique" de Mlle Duclos devenue souveraine (sakgame) d'une tribu de Hurons. Dans le corpus théâtral, deux pièces régulières sont commentées et étudiées, *Crispin* et surtout *Turcaret* dont on analyse la structure dramatique, différents thèmes et les conditions de la représentation. Les études stylistiques tiennent également une place importante. Cinq grands thèmes ont été abordés : les rapports entre la forme et le sens, le style comique, le style rococo, la situation du narrateur et la fonction de la description. Ce dernier thème comprend deux articles d'orientations radicalement opposées, "Lesage ou le regard intérieur. Recherches sur la place et la fonction de la description dans *Gil Blas*" de

Jacques Proust[30] et "Le refus de la description dans *Gil Blas*" de Jacques Robichez[31]. Sont également à l'honneur les études de personnages, notamment le type littéraire du picaro (cinq articles auxquels il faut ajouter les études sur les évolutions typologiques, sur le roman picaresque et sur l'Espagne), mais aussi le personnage d'Arlequin (une thèse de doctorat lui est consacrée : *Le personnage d'Arlequin dans le "théâtre de la Foire" de Lesage* de Martine Marragou[32]) et le valet (quatre études). De plus, R. J. Pelletier étudie la relation entre les personnages principaux dans *Le Diable boiteux*, *Gil Blas* et le *Théâtre de la Foire*[33]. Le problème des emprunts, de l'imitation, de la réécriture, est également un domaine qui suscite l'intérêt de la critique. La querelle sur l'espagnolisme de Lesage entre ceux qui admettent le plagiat et ceux qui considèrent l'imitation comme un acte littéraire original est encore d'actualité. Il faut surtout retenir la thèse érudite de Heinz Klüppelholz, *La technique des emprunts dans "Gil Blas" de Lesage* (Univ. Graz, 1980).

Dans cet "état présent", les études comparatives (IV) occupent une place non négligeable. Parmi celles-ci, quelques travaux d'ensemble qui confrontent l'œuvre de Lesage à la production de divers écrivains, contemporains ou non, mais surtout plusieurs écrits sur les correspondances et la filiation avec le roman picaresque : pas moins de six thèses de doctorat se sont intéressées à ce problème, parmi lesquelles *L'Espagne dans la trilogie "picaresque" de Lesage* de Cécile Cavillac (Univ. Bordeaux-III, 1979). Sous la rubrique concernant les études typologiques se dégagent deux grands axes, soit avec Rainer Schönhaar[34] le picaro entretient des

---

30. [*In*] *Beiträge zur französischen Aufklärung und zur spanischen literatur*. Berlin : Akademie Verlag, 1971. pp. 289-314.
31. [*In*] *TLL* XIII, 2 (1975) pp. 483-489.
32. Univ. Montpellier-III, 1977.
33. [*In*] *Diss. Abstr.* XXXVIII (1977-78) pp. 310A-311A. [Thèse Univ. of Massachusetts, 1977].
32. Univ. Montpellier-III, 1977.
33. [*In*] *Diss. Abstr.* XXXVIII (1977-78) pp. 310A-311A. [Thèse Univ. of Massachusetts, 1977].
34. "Pikaro und eremit. Unsprung und abwandlungen einer grundfigur des europäischen romans vom 17. ins 18. jahrhundert". [*In*] *Dialog, literatur und*

liens de parenté avec la figure de l'ermite du siècle des Lumières, soit avec A.K. Chanda[35] le picaro évolue vers le type du jeune homme de province dans les romans du XIXe siècle. La relation avec la littérature anglaise est également traitée, plus particulièrement par rapport à Daniel Defoe et Tobias Smollett. En ce qui concerne la France, la comparaison entre Lesage et Marivaux est la plus exploitée ; elle est abordée dans deux articles et fournit le sujet d'une thèse : Maria Joao Brilhante, *Roman et Théâtre au XVIIIe siècle ; Les pratiques de Lesage et de Marivaux* (Univ. Lisboa, 1985). La relation des œuvres avec l'esprit du temps fait aussi l'objet d'une thèse ; Katharine Whitman Carson analyse les aspects de la société française dans *Gil Blas* (Univ. Columbia, 1973). Enfin, quatre études s'intéressent à l'influence de Lesage, aux traductions de ses œuvres et aux romans apocryphes qu'elles suscitent.

Olivier Margerit
Université Clermont II

---

literaturwissenschaft im zeichen deutsh-französischer begegnung. Berlin : Erich Schmidt, 1973. pp. 43-94.
35. "From the Picaro to the young man from the province. The theme of social climbing in European and American fiction". [*In*] *Diss. Abstr.* XXXIX (1978-79) p. 270A [Thèse Univ. of Illinois at Urbana-Champaign, 1978].

BIBLIOGRAPHIE[36]

I - Edition des textes.

A - Romans

[1]- *Aventures de Beauchesne, capitaine des flibustiers (Les)*. Paris : Phébus, 1991. 304 p.

[2]- *Diable boiteux (Le)*. Texte de la deuxième édition avec les variantes de l'édition originale et du remaniement de 1726, précédé d'une étude de bibliographie matérielle, par Roger Laufer. Paris / La Haye : Mouton, 1970. 223 p. (Ecole pratique des Hautes Etudes, Sorbonne, IVe section. Livres et Sociétés. Etudes et Mémoires pour servir à l'histoire de la civilisation du livre, 4).

---

36. Liste des abréviations : *AJFS* : *Australian Journal of French Studies*. Melbourne. / *AnS* : *Archiv für das Studium der neueren Sprachen und Literaturen*. Berlin. / *BbdB* : *Börsenblatt für den deutschen Buchhandel*. Franckfurt/Main. / *BCLF* : *Bulletin Critique du Livre Français*. Paris. / *BJECS* : *The British Journal for Eighteenth-Century Studies*. Southampton. / *Cf.* : confère. / C.R. : compte rendu. / *Diss. Abstr.* : *Dissertation Abstracts International*. Ann Arbor (Mich.). / *DLZ* : *Deutsche Literaturzeitung*. Berlin. / *DS* : *Dix-huitième Siècle*. Paris. / *EF* : *Etudes Françaises*. Montréal. / *Escr* : *L'Esprit créateur*. Minneapolis. / *Et. litt.* : *Etudes littéraires*. Québec. / *FL* : *Le Figaro Littéraire*. Paris. / *FR* : *Thre French Review*. Baltimore. / *FSt* : *French Studies*. Oxford. / *Inf. litt.* : *L'Information littéraire*. Paris. / *LR* : *Les Lettres romanes*. Louvain. / *Mag. litt.* : *Magazine littéraire*. Paris. / *MLR* : *Modern Language Review*. Cambridge. / *NL* : *Les Nouvelles Littéraires*. Paris. / *PBSA* : *The Papers of the Bibliographical Society of America*. New Haven. / *PFSCL* : *Papers on French Seventeenth Century Literature*. Seattle. / *QL* : *La Quinzaine Littéraire*. Paris. / *Rbph* : *Revue belge de philologie et d'histoire*. Bruxelles. / *Rddm* : *La Nouvelle Revue des deux mondes*. Paris. / *RF* : *Romaniche Forschungen*. Frankfurt/Main. / *RhL* : *Revue d'histoire Littéraire de la France*. Paris. / *RJb* : *Romanistisches Jahrbuch*. Hamburg. / *RlC* : *Revue de littérature Comparée*. Paris. / *RoR* : *The Romanic Review*. New York. / *RoSt* : *Romance Studies*. Swansea. / *RSH* : *Revue des Sciences Humaines*. Lille. / *RTG* : *Recherches et Travaux*. Univ. de Grenoble. U.E.R. de lettres. Bulletin. / *RZL* : *Romanistische Zeitschrift für Literaturgeschichte*. Heidelberg. / *StCl* : *Stendhal Club*. Lausanne. / *StF* : *Studi Francesi*. Torino. / *StV* : *Studies on Voltaire and the Eighteenth Century*. Genève. / *TLL* : *Travaux de Linguistique et de Littérature*. Paris. / *TLS* : *The Times*. Literary Supplement. London. / Univ. : Université, University, Universität.

C.R. : *BbdB* 26 (1970) : Aus dem Antiquariat, pp. A255-A256 (D. Briesemeister) ; *BCLF* 25 (1970) p. 1214 ; *RhL* 71 (1971) pp. 510-512 (Y. Coirault) ; *Annales. Economies, Sociétés, Civilisations* 26 (1971) pp. 783-784 (Fr. Garrigue) ; *StF* 15 (1971) p. 356 (G. Cerruti) ; *Fst* XXVI (1972) pp. 332-333 (D. Shaw) ; *Rapports* XIII (1972) pp. 69-70 (H. Kers) ; *Rbph* L (1972) pp. 234-235 (R. Godenne) ; *RSH* XXXVII (1972) pp. 307-309 (Fr. Laugaa) ; *XVIIIe Siècle* IV (1972) pp. 381-382 (Jeroom Vercruysse) ; *LR* XXVII (1973) pp. 104-105 (R. Pouillart) ; *Et. litt.* V (1972) pp. 321-323 (Raymond Joly) ; *RoR* LXIV (1973) pp. 236-238 (Jean Alter) ; *AJFS* X (1973) pp. 334-336 (Jeroom Vercruysse) ; *Francia* 15 (sett.-dic. 1975) pp. 104-105 (Enzo Giudici).

[3]- *Diable boiteux (Le)*. Edition établie et présentée par Roger Laufer. Paris : Gallimard 1984. 352 p. (Collection Folio, 1591).
C.R. : *Littératures* 15 (automne 1986) pp. 182-183. (Jean Dagen).

[4]- *Diable boiteux (Le)*. [*In*] *Romanciers du XVIIIe siècle* (t.1). Edition établie par René Etiemble. Bibliothèque de la Pléiade. Paris : Editions Gallimard, 1988. 1632 p.

[5]- *Hinkende teufel roman (Der)*. Übersetzt von G. Fink. Neu Herausgeber und eingeleitet von Otto Flake. Nördlingen : Greno, 1987. 266 p. (Greno 10/20, 31).

[6]- *Histoire de Gil Blas de Santillane*. Edition établie, présentée et annotée par René Etiemble. Paris : Gallimard, 1973. 533 et 533 p. (Collection Folio, 498/499).

[7]- *Histoire de Gil Blas de Santillane*. Chronologie, introduction, bibliographie, établissement du texte, glossaire, notes par Roger Laufer. Paris : Garnier-Flammarion, 1977. 638 p. (Garnier-Flammarion : Texte intégral, 286).

[8]- *Histoire de Gil Blas de Santillane*. [*In*] *Romanciers du XVIIIe siècle* (t.1). Edition établie par René Etiemble. Bibliothèque de la Pléiade. Paris : Editions Gallimard, 1988. 1632 p.

B - Théâtre

[9]- *Crispin, rival de son maître*. Editions du Diable Amoureux ; Jean Capdeville. Paris : 7 bis, rue Fabre d'Eglantine, 1987.

[10]- *Don César Ursin*. Editions du Diable Amoureux ; Jean Capdeville. Paris : 7 bis, rue Fabre d'Eglantine, 1987. [publié avec *Crispin, rival de son maître*].

[11]- *Point d'honneur (Le)*. Editions du Diable Amoureux ; Jean Capdeville. Paris : 7 bis, rue Fabre d'Eglantine, 1987.

[12]- *Tontine (La)*. Editions du Diable Amoureux ; Jean Capdeville. Paris : 7 bis, rue Fabre d'Eglantine, 1987. [publié avec *Le point d'honneur*].

[13]- *Turcaret*. Edition with an introduction by T.E. Lawrenson. University London Press, 1969, VII. 128 p.
C.R. : *XVIIIe siècle* 3 (1971) pp. 376-377. (R.S. Tate jr.).

[14]- *Turcaret*. [*In*] *Théâtre du XVIIIe siècle* (t.1). Edition établie par Jacques Truchet. Bibliothèque de la Pléiade. Paris : Editions Gallimard, 1972. 1568 p.

II - Etudes biographiques

A - Ouvrages

[15]- Daignault, Richard : *Lesage*. Montréal : Libre Expression, 1981. 302 p.

[16]- Laufer, Roger : *Lesage ou le métier de romancier*. Paris : Gallimard, 1971. 440 p. (Bibliothèque des idées).
C.R. : *Mag. litt.* 61 (fevr. 1972) pp. 49-50 (J. Roudaut) ; *RLC* XLVI (1972) pp. 300-302 (A. Cioranescu) ; *Stf* XVI (1972) p. 157 (G. Cerruti) ; *Et. litt.* V, 1 (avr. 1972) pp. 138-141 (J. Molino) ; *FSt* XXVII (1973) pp. 66-67 (J.S. Spink) ; *XVIIIe siècle* 5 (1973) pp. 480-481 (Raymond Trousson) ; *Rhl* LXXXIII (1973) pp. 696-702 (Henri Coulet) ; *RF* LXXXIII (1973) pp. 213-216 (Christian Wentzlaff-Eggebert) ; *Escr* XIII (1973) pp. 175-176 (Philip Stewart) ; *Aevum* XLIX (1975) p. 206 (F. Pival) ; *Kritikon Litterarum* III (1975) pp. 125-127 (Rudolf Harneit).

B - Articles

[17]- Chevallay, Sylvie : "Lesage, [né à] Sarzeau". [*In*] *Comédie-Française* 17 (mars 1973) pp. 19-20.

[18]- Didier, Béatrice : "L'auteur de *Gil Blas*". [*In*] *QL* 139 (16 avr. 1971) p. 9.

[19]- Joly, R. : "La fiction autobiographique [*Gil Blas*]". [*In*] *The triumph of culture. 18th century perspectives*. Edition : Paul Fritz, David Williams. Toronto : Hakkert, 1972. 387 p. (Publications of the Mc Master Univ. Association for 18th century Studies, 2) pp. 169-189.

[20]- Pritchett, V.S. : "Lesage, *Sofa and Cheroot*". *In* V.S. Pritchett, *A man of letters*. Selected essays. London : Chatto and Windus, 1985. XII, 305 p. (pp. 193-196).

III - Etudes critiques.

A - Romans

1 - Gil Blas

[21]- Cook, Malcolm : *Lesage, "Gil blas"*. London : Grant & Cutler, 1988. 75 p. (Critical guides to French texts, 72).
C.R. : *BJECS* XIV (1991) pp. 102-103 (John Dunkley) ; *LR* XLV (1991) pp. 274-275 (Heinz Klüppelholz) ; *FR* LXIV (1990-91) pp. 349-350 (Glen Campbell) ; *Eighteenth-Century Fiction* III (1990-91) p. 117 (Paul H. Meyer).

[22]- Fazziola, Peter Joseph : "A critical study of *Gil Blas*". [*In*] *Diss. Abstr.* XXXVI (1975-76) p. 809A. [Thèse Univ. of Iowa, 1975. 249 p.].

[23]- Heitmann, Klaus : "Lesage, *Gil Blas de Santillane*". [*In*] *Der französische roman*. Vom Mittelalterbis zur Gegenwart. Herausgeber. Von Klaus Heitmann. Dusseldorf : Bagel, 1975. 392 et 358 p. (t.1, pp. 146-167, 368-370).

[24]- Pingaud, Bernard : *"Gil Blas*, ou le dégagement". *In* B. Pingaud, *Comme un chemin en automne*. Ecriture, politique. Inventaire II. Paris : Gallimard, 1979. 402 p. [déjà publié en 1969]. pp. 153-169. Publié aussi *in* B. Pingaud, *L'expérience*

romanesque (Essais). Paris : Gallimard, 1983. 288 p. (Collection Idées, 478). pp. 46-65.
C.R. : *NL* 2691 (14 juin 1979) p. 25 (Gilles Pudlowski).

[25]- Stewart, Philip : *"Gil Blas"*. [*In*] *Rereadings. Eight early french novels.* [XVIIᵉ et XVIIIᵉ siècles]. Birmingham, Alabama : Summa Publications, 1984. VII, 262 p. (pp. 89-127).

[26]- Williams, Ioan : *"L'histoire de Gil Blas de Santillane* (1715)". *In* I. Williams, *The idea of the novel in Europe, 1600-1800.* London : MacMillan, 1978. XIII, 253 p. (pp. 118-132).

[27]- Williams, Ioan : "Lesage's *further adventures*". The failure of *Gil Blas.* [*In*] *ibid*, pp. 137-140.

2 - Beauchêne

[28]- Assaf, Francis : "Utopian beginnings, dystopian end. Mlle Duclos' Indian "Nation" in Lesage's *Beauchêne*". [*In*] *RF* XCVIII (1986) pp. 81-95.

[29]- Hare, John : "L'authenticité des *Mémoires de Robert Chevalier*, rédigés par Lesage (1732)". [*In*] *Mélanges de civilisation canadienne-française offerts au professeur Paul Wyczynski.* Avant-propos par Pierre Savard. Editions de l'Univ. d'Ottawa, 1977. 302 p. (Cahiers du Centre de Recherche et Civilisation Canadienne-française, 10).

[30]- Runte, Roseann : "A utopian construct in the canadian desert. Lesage's experiment in the empowerment of the female". [*In*] *Escr* XXXIV, 4 (Winter 1994) pp. 18-33.

3 - L'illustration

[31]- Mrozinska, Maria : "Daniel Chodowiecki illustrateur de la littérature française". [*In*] *L'illustation du livre et de la littérature au XVIIIᵉ siècle en France et en Pologne.* Actes du colloque organisé par l'institut de Littérature Française de l'Univ. de Varsovie. Novembre 1975. Editions de l'Univ. de Varsovie 1982. 320 p. , 75 illustrations. (Les Cahiers de Varsovie, 9). [Allocution d'ouverture et conclusion par Jean Ehrard]. pp. 105-118, avec une discussion : pp. 119-121.

B - Théâtre

1 - Etudes générales

[32]- Striker, Ardelle : "The theatre of Lesage". [*In*] *Diss. Abstr.* 32 (1971-72) p. 403A. [Thèse Columbia Univ. 1968. 241 p.].

2 - Turcaret

a - Structure dramatique

[33]- Cuche, François-Xavier : "La formule dramatique de *Turcaret* ou le rythme et le jeu". [*In*] *TLL* X, 2 (1972) pp. 57-59.

[34]- Dunkley, John : "*Turcaret* and the techniques of satire". [*In*] *BJECS* II (1979) pp. 107-122.

[35]- Parish, Richard : "Marine chassée. A reconsideration of the dramatic structure of Lesage's *Turcaret*". [*In*] *En marge du classicisme. Essays on the french theatre form the Renaissance to the Enlightenment.* Edited by Alan Howe and Richard Waller. Liverpool University Press, 1987. VI, 310 p. (pp. 173-199).

b - Etudes thématiques

[36]- Gripari, Pierre : "*Turcaret*". (Théâtre Français). [*In*] *Ecrits de Paris* 480 (juin 1987) pp. 84-85.

[37]- Le Roy Ladurie, Emmanuel : "*Turcaret*. Les financiers". [*In*] *Comédie-Française* 155 (janvier 1987) pp. 6-7.

[38]- Reish, Joseph G. : "Lesage's dramatization of a social cycle. The ups and downs of the likes of *Turcaret*". [*In*] *Theater and society in french literature.* The Univ. of south Carolina : Dept. of Foreign Languages and Literatures, College of Humanities and Social Sciences, 1988. 181 p. (French literature series, 15). pp. 31-40.

c - Représentation

[39]- Galey, Matthieu : "La foire d'empoigne" [*Turcaret* au Festival du Marais]. [*In*] *NL* 2387 (25 juin 1973), p. 20.

[40]- Gasc, Yves : "*Turcaret*. Pourquoi ? Comment ? Avec qui ?". [*In*] *Comédie-Française* 154 (décembre 1986) p. 13.

[41]- Sénart, Philippe : "*Turcaret*" (Théâtre de la ville). [*In*] *Rddm* (avril-juin 1975) pp. 175-177.

[42]- Sénart, Philippe : "*Turcaret*" (Comédie-Française). [*In*] *Rddm* (avril-juin 1987) pp. 192-195.

3 - Crispin

[43]- Evans, George : *Lesage, "Crispin rival de son maître" and "Turcaret"*. London : Grant & Cutler, 1987. 86 p. (Critical guides to French texts, 63).
C.R. : *LR* XLIII (1989) pp. 327-329 (Heinz Klüppelholz) ; *FSt* XLIV (1990) p. 213 (Philip Robinson) ; *MLR* LXXXV (1990) pp. 187-188 (Graham E. Rodmell) ; *BJECS* XIV (1991) p. 101 (John Dunkley) ; *FR* LXIV (1990-91) pp. 349-350 (Glen Campbell).

[44]- Rex, Walter E. : "Crispins inventions". *In* Rex W.E., *The attraction of the contrary. Essays on the literature of the French Enlightenment*. Cambridge University Press, 1987. XII, 251 p. (pp. 73-82, 222-223).

4 - Théâtre de la Foire

a - Etudes générales

[45]- Berthiaume, Pierre : "Lesage ou le spectacle forain". [*In*] *E.F.* XV, 2 (avril 1979) pp. 125-141.

[46]- Grewe, Andrea : *Monde renversé, théâtre renversé. Lesage und das "Théâtre de la Foire"*. Avec un résumé en français. Bonn : Romanistischer Verlag, 1989. 474 p. (Abhandlungen zur Sprache und Literatur, 19). [Thèse Univ. Münster (Westfalen) 1987].
C.R. : *DS* XII (1990) pp. 560-561 (François Moureau) ; *AnS* CCXXVIII (1991) pp. 454-456 (Wilfried Floeck) ; *RF* CIII (1991) pp. 322-324 (Peter Brockneier) ; *RHLF* XCI (1991) pp. 975-976

(François Moureau) ; *Das Argument* XXXIII (1991) pp. 115-116 (Peter Jehle).

[47]- Grewe, Andrea : "Lesage et le *Théâtre de la Foire*". Pour un état présent des connaissances. [*In*] *RZL* XIV (1990) pp. 434-455.

[48]- Meyer, Florent : *Le "Théâtre de la Foire" sous la Régence (1715-1723).* Thèse 3e cycle Univ. Paris-IV, 1988.

b - Etudes thématiques

[49]- Baggio, Pauline : "The ambiguity of social characterization in Lesage's *Théâtre de la Foire*". [*In*] *FR* LV (1981-82) pp. 618-624.

[50]- Blanc, André : "Le comique du *Légataire universel*". [*In*] *Thèmes et genres littéraires aux XVIIe et XVIIIe siècles. Mélanges en l'honneur de Jacques Truchet*. Paris : P.U.F., 1992. pp. 303-310.

[51]- Evans, George : "Lesage and two forms of farce". [*In*] *RoSt* 4 (Summer 1984) pp. 51-64.

[52]- Evans, George : "Lesage and d'Orneval's *Théâtre de la Foire*, the commedia dell'arte and power". [*In*] *Studies in the commedia dell'arte*. Edited by David J. George and Christopher J. Gossip. Cardiff : University of Wales Press, 1993. pp. 107-120.

[53]- Guichemerre, Roger : "*La princesse de Carizme* de Lesage. L'adaptation d'un conte persan au *Théâtre de la Foire*". [*In*] *L'art du théâtre. Mélanges en hommage à R. Carapon*. Paris : P.U.F., 1992. pp. 371-379.

[54]- Heartz, Daniel : "Terpsichore at the fair. Old and new dance airs in two vaudeville comedies by Lesage" [*Arlequin Roi de Sérendib, Les couplets en procès*]. [*In*] *Music and context. Essays for John M. Ward*. Edited by Anne Dhu Shapiro (Harvard Univ., Dept. of Music 1985) pp. 278-304.

* Voir aussi : [72], [73].

C - Etudes stylistiques

1 - Esthétique

a - Rapports entre la forme et le sens

[55]- Penke, Olga : "Les rapports entre la structure et la signification dans *l'Histoire de Gil Blas de Santillane*". [*In*] *Analyses de romans*. Debrecen : Kossuth Lajos tudomanye-gyetem, 1985. 106 p. (Studia Romanica Univ. Debreceniensis de Ludovico Kossuth nominatae. Series litteraria XI). pp. 37-55.

b - Le comique

[56]- Fazziola, Peter : "Classical allusions and Lesage's comic style". [*In*] *Classical and Modern Literature* (winter 1993) pp. 117-125.

* Voir aussi [34], [51].

c - Le rococo

[57]- Mauriac, Claude : "Un maître du style rococo". [*In*] *FL* 1314 (23 juil. 1971) p. 9.

[58]- Laufer, Roger : "The true rococo novelist". [*In*] *TLS* 70 (1971) p. 1232.

d - La description

[59]- Batley, Jenny H. : "L'art du portrait dans *Gil Blas*. Effet d'esthétique à travers le mouvement". [*In*] *StV* CXXIV (1974) pp. 181-189.

[60]- Proust, Jacques : "Lesage ou le regard intérieur. Recherches sur la place et la fonction de la description dans *Gil Blas*". [*In*] *Beiträge zur französischen Aufklärung und zur spanischen literatur*. Festgabe für Werner Krauss zum 70. Geburtstage. Herausgeber. Von Werner Bahner. Berlin : Akademie Verlag, 1971. 632 p. (Deutsche Akademie der Wissenschaften zu Berlin. Schriften des Instituts für romanische Sprachen und Kultur, 7). pp. 289-314. Publié aussi *in* Jacques Proust, *L'objet et le texte. Pour une poétique de la prose française du XVIIIᵉ siècle*. Genève : Droz, 1980. 314 p. (Histoire des idées et critique

littéraire, 183). pp. 75-105. C.R. : *MLR* LXXV (1980) pp. 889-890 (Peter France).

[61]- Robichez, Jacques : "Le refus de la description dans *Gil Blas*". [*In*] *TLL* XIII, 2 (1975) pp. 483-489.

[62]- Runte, Roseann : "A tapestry of sensual metaphors. The vocabulary of Lesage's theatre". [*In*] *Eighteenth-century french theatre. Aspects and contexts*. Studies presented to E. J. H. Greene. Edited by Magdy Gabriel Badir and David J. Langdon. Univ. of Alberta : Departments of Romance Languages and Comparative Literature, 1986. XVIII, 136 p. (pp. 44-52).

2 - Narratologie

[63]- Frautschi, Richard L. et Hackel, Roberta : "Le comportement verbal du narrateur dans *Gil Blas*. Quelques observations quantitatives". [*In*] *StV* CXCII (1980) pp. 1340-1352.

[64]- Laden, Marie-Paule : "Faces of the first person. The eighteenth-century novel in France and England" [Lesage, *Gil Blas* ; Marivaux, *La vie de Marianne*, *Le paysan parvenu*]. [*In*] *Diss. Abstr.* XLI (1980-81) p. 5091A [Thèse Brown Univ. 1980. 165 p.].

[65]- Oudart, Jean : "Récit et *histoires* dans les romans de Lesage". [*In*] *RTG* XIII (mars 1976) pp. 31-40.

[66]- Wolff, Maria Tai : "The telling situation" [A.R. Lesage ; L.F. Céline...]. [*In*] *Diss. Abstr.* LI (1990-91) p. 158A. [Thèse Yale Univ. 1985. 461 p.].

D - Personnages

1 - Le picaro

[67]- Bjornson, Richard : "The picaresque hero arrives. Sentiment and success in Lesage's *Gil Blas*". *In* R. Bjornson, *The picaresque hero in european fiction*. (Univ. of Wisconsin Press 1977) pp. 207-227.

[68]- Campbell, Glen : "The search for equality of Lesage's picaresque heroes" [résumé]. [*In*] *StV* CCXVI (1983) pp. 195-196.

[69]- Huet, Marie-Hélène : *"Gil Blas de Santillane"*. [*In*] *Le héros et son double. Essai sur le roman d'ascension social au XVIIIe siècle.* Paris : Corti, 1975. 171 p. (pp. 11-30).

[70]- Serroy, Jean : "Epées et Picaros". [*In*] *Recherches et travaux.* Univ. de Grenoble. U.E.R. de lettres. Bulletin 1 (mai 1970).

[71]- Wehle, Winfried : "Zufall und epische integration. Wandel des enzählmodells und sozialisation des schelms in der *Histoire de Gil Blas de Santillane"*. [*In*] *RJb* XXIII (1972) pp. 103-129.

* Voir aussi : [83] à [85], [86] à [91], [93].

2 - Arlequin

[72]- Gasparo, Rosalba : "La foule et les tréteaux. L'enjeu d'Arlequin au *Théâtre de la foire"*. [*In*] *Dramaturgies, langages dramatiques. Mélanges pour Jacques Scherer.* Paris : Nizet, 1986. 557 p. (pp. 193-199).

[73]- Marragou, Martine : *Le personnage d'Arlequin dans le "Théâtre de la Foire" de Lesage.* Thèse 3e cycle Univ. Montpellier-III 1977. 196 feuilles.

3 - le valet

[74]- Campbell, Glen : "Domestic alliances and misalliances in Lesage's novels". [*In*] *Transactions of the Eight International Congress of the Enlightenment.* Bristol, 21-27 july 1991 : Actes du Huitième Congrès International des Lumières. Oxford : The Voltaire Foundation, 1992. XXXVII, 1928 p. [en trois volumes]. (*StV*, pp. 303-305). pp. 1710-1713 (vol.III).

[75]- Cavillac, Cécile : "La dialectique du service dans *l'Histoire de Gil Blas de Santillane"*. [*In*] *Rhl* LXXXIX (1989) pp. 643-660.

[76]- Gouvernet, Gérard : *Le type du valet chez Molière, et ses successeurs Regnard, Dufresny, Dancourt et Lesage. Caractères et évolution.* New York / Berne... : P. Lang, 1985. IX, 260 p. (American Univ. Studies, Series 2 : Romance language and literatures, 15).

[77]- Ribaric Demers, M. : "Les valets et les suivantes de Lesage". *In Le valet et la soubrette de Molière à la Révolution.* Paris : Nizet, 1970. 223 p. (pp. 105-140).

4 - Etudes comparatives

[78]- Pelletier, Raymond-Joseph : "The interrelationship between prominent character in *Le Diable boiteux, Gil Blas* and le *Théâtre de la Foire* by Lesage". *[In] Diss. Abstr.* XXXVIII (1977-78) pp. 310A-311A [Thèse Univ. of Massachusetts 1977. 262 p.]. C.R. : *Rhl* LXXXI (1981) pp. 297-298 (Heinz Klüppelholz).

E - Les emprunts

[79]- Adams, Georgia : "The technique of interpolation in selected novels of the seventeenth end eighteenth centuries". *[Gil Blas,... La vie de Marianne]. [In] Diss. Abstr.* XXXVIII (1977-78) pp. 4145A-4146A. [Thèse City Univ. of New York 1977. 271 p.].

[80]- Garguilo, René : "*Le Diable boiteux* et *Gil Blas de Santillane* de Lesage. Manipulations culturelles ou créations originales". *[In] Traducción y adaptación cultural, España - Francia.* Edición Maria Luisa Donaire y Francisco Lafarga. Universidad d'Oviedo : Servicio de Publicaciones, 1991. 655 p.

[81]- Klüppelholz, Heinz : *La technique des emprunts dans "Gil Blas" de Lesage.* Ffm ; Berne : Lang, 1980. 212 p. (Publications universitaires européennes, XIII, 72). [Thèse Univ. Graz 1980]. C.R. : *Rhl* LXXXII (1982) pp. 903-904 (Cécile Cavillac).

[82]- Laden, Marie-Paul : "Lesage's *Gil Blas.* Double imitation, duplicitous writing". *[In] Degré Second* VII (july 1983) pp. 1-25.

* Voir aussi [53], [96].

IV - Etudes comparatives

A - Typologie littéraire (évolution)

[83]- Chanda, Asoke Kumar : "From the Picaro to the young man from the province. The theme of social climbing in European and American fiction". [...Stendhal, Lesage, Balzac...]. [*In*] *Diss. Abstr.* XXXIX (1978-79) p. 270A [Thèse Univ. of Illinois at Urbana-Champaign 1978. 258 p.].

[84]- Mansau, Andrée : "Eclat de rire et modification du donjuanisme de Tirso de Molina à Stendhal". [Lesage]. [*In*] *StCl* XXX (1987-88) pp. 22-30.

[85]- Schönhaar, Rainer : "Pikaro und eremit. Unsprung und abwandlungen einer grundfigur des europäischen romans vom 17. ins 18. jahrhundert". [Lesage, abbé Prévost, Marivaux]. [*In*] *Dialog, literatur und literaturwissenschaft im zeichen deutshfranzösischer begegnung.* Festgabe für Joseph Kunz. Herausgeber. Berlin : Erich Schmidt 1973. 274 p. [C.R. : *Journal of European Studies* IV (1974) pp. 86-87 (H.M. Klein)]. pp. 43-94.

B - Le roman picaresque

[86]- Assaf, Francis Beshara : "Lesage et le picaresque". [*In*] *Diss. Abstr.* XLI (1980-81) p. 312A [Thèse Univ. of California, Berkeley 1980. 233 p.]. Publication : Paris : Nizet, 1984. 158 p. C.R. : *StF* XXIX (1985) pp. 393-394 (Franco Piva) ; *FR* LX (1986-87) pp. 256-257 (Charles J. Stivale) ; *PFSCL* XIV (1987) pp. 367-371 (Henri Coulet).

[87]- Bensadon, Michel Emile : "Transformations of the self in the european picaresque novel. *Guzman d'Alfarache, Moll Flanders, Gil Blas de Santillane*". [*In*] *Diss. Abstr.* XLVIII (1987-88) p. 2865A [Thèse NewYork Univ. 1987. 284 p.].

[88]- Derragui, Zoubir : *Le genre picaresque dans les littératures arabe, espagnole et française.* Thèse d'état Paris-IV, 1988.

[89]- Pizarro, Agueda : "Lesage, picaresque paradox and the french eighteenth-century novel". [*In*] *Diss. Abstr.* XXXV (1974-75). p. 6101A [Thèse Columbia Univ.,1974. 227 p.]

[90]- Vidal, Didier : *Le picaresque : étude d'un genre, approche d'un mythe.* Thèse 3e cycle Univ. Poitiers, 1981.

* Voir aussi : [67] à [71].

C - Lesage et l'Espagne

[91]- Cavillac, Cécile : *L'Espagne dans la trilogie picaresque de Lesage. Emprunts littéraires, empreinte culturelle.* Thèse Univ. de Bordeaux-III, 1979. [*Cf.* la présentation par l'auteur dans *Inf. litt.* XXXII (1980) pp. 142-144]. Edition : Bordeaux : Presses Univ. de Bordeaux, 1984. 1110 p. Aussi : Lille : Atelier national de reproduction des thèses, Univ. de Lille-III, 1984. 1120 p.
C.R. : *Inf. litt.* XXXVII (1985) p. 166 (Jacqueline Biard) ; *LR* XL (1986) pp. 75-78 (Heinz Klüppelholz) ; *StF* XXX (1986) pp. 492-493 (Olivier Bivort) ; *Rhl* LXXXVIII (1988) pp. 771-772 (Daniel-Henri Pageaux) ; *RIC* LXIII (1989) pp. 119-121 (Daniel-Henri Pageaux).

[92]- Holtz, Uwe : *Der hinkende teufel von Guevara und Lesage. Eine literatur und sozial kritische studie.* Wuppertal-Elberfeld : Henn, 1970. 172 p. [Thèse Köln 1970].
C.R. : *DLZ* 92 (1971) pp. 422-424 (W. Krauss) ; *Kritikon Litterarum* I, 1 (1972) pp. 34-35 (J. Schmidt-Radefeldt).

[93]- Longhurst, Jennifer : "Lesage and the spanish tradition. *Gil Blas* as a picaresque novel". [*In*] *Studies in eighteenth-century french literature presented to Robert Niklaus.* Edited by John H. Fox, Mark H. Waddicor and D.A. Watts. Exeter : Univ., 1975. XVIII, 345 p. (pp. 123-137).

* Voir aussi : [118].

D - Lesage et l'Angleterre

[94]- Hargreaves, Susan : *The Picaresque in the Enlightenment. Morality in "Gil Blas" and "Moll Flanders".* Thèse Univ. of Alberta (Canada), automne 1978. [*cf.* le résumé dans *Littérature comparée au Canada* X (1978) p. 34].

[95]- Kent, John P. : "The *Diable boiteux* in England. The Tonson translation and the fake chapter". [*In*] *PBSA* LXVIII (1974) pp. 53-63.

[96]- Laden, Marie-Paule : "*Gil Blas* and *Moll Flanders* [Defoe]. Imitation, disguise and mask". *In* M.-P. Laden, *Self-imitation in the eighteenth-century novel*. (Princeton University Press, 1987) pp. 23-68.

[97]- La Roche, Mary Heughes Gibson : "Challe, Lesage, Defoe, Marivaux, Prévost and Richardson. Technical developments in the early eighteenth-century novel". [*In*] *Diss. Abstr.* XXXVIII (1977-78) p. 3470A [Thèse the Univ. of Michigan 1977. 349 p.].

[98]- Putney, Rufus Delancey Seely : "Lesage and Smollett". With a list of english editions, translations and imitations of the works of Lesage. [*In*] *Diss. Abstr.* XXXI (1970-71) p. 238A. [thèse Yale University, 1936. 159 p.].

[99]- Runte, Roseann : "Gil Blas and Roderick Random". [Tobias Smollett]. [*In*] *FR* L (1976-77) pp. 698-705.

* Voir aussi : [64].

E - Lesage et la France

1 - Corpus romanesque

[100]- Binni, Lanfranco : *Quattro studi francesi. Lesage, Diderot, Zola, Breton*. Roma : Bulzoni, 1980. 122 p. (Biblioteca di cultura, 174).

[101] Brooks, Bill : *The uses of parody in french eighteenth-century prose fiction* [Lesage, Marivaux, Crébillon, Diderot]. [*In*] *StV* 323 (1994) pp. 1-30.

[102]- Brooks, W.G.A. : *The uses of parody in french eighteenth-century prose fiction from "Gil Blas" to "Jacques le fataliste". Humour and the enigma of realism.*. Thèse Univ. of Exeter, 1984.

[103]- Coulet, Henri : "Remodelages romanesques, retouches et révisions dans quelques romans français du XVIIIe siècle" [Prévost, Lesage, Louvet]. [*In*] *Transactions* II. Oxford (1992) pp. 1293-1296.

[104]- Gorra, Marcella : "Il diavolo nelle biblioteca di [I.] Nievo, ossia Lesage e De Vigny". [*In*] *Belfagor* XL (1985) pp. 576-588.

[105]- Proust, Jacques : "De Lesage à Balzac, deux styles, deux conceptions du monde". [*In*] *RZL* VII (1983) pp. 45-52.

[106]- Theile, Wolfgang : "Motiv, Enzählform und Wirklichkeitsbegriff". [Lesage, Butor]. [*In*] *Etudes et recherches sur le XVIIIe siècle*. Aix-en-Provence, 1980. 322 p. (pp. 45-60).

2 - Corpus théâtral

[107]- Brereton, Geoffrey : "The cynical generation. Dancourt, Regnard, Dufresny, Lesage". *In* Geoffrey Brereton, *French comic drama, from the sixteenth to the eighteenth century.* London : Methuen, 1977. X, 290 p. [C.R. : *Journal of European Studies* VII (1977) pp. 293-294 (C.W. Smith)]. pp. 163-193.

[108]- Kadler, Erich H. : "Fontenelle, J.B. Rousseau, Lesage, Montesquieu, Diderot, Beaumarchais". [*In*] *Literary figures in french drama. 1784-1834.* The Hague : Nyhoff, 1969. X, 149 p. (Archives internationales d'histoire des idées, 26). pp. 71-86.

[109]- Richards, J.M. : *The treatment of the theme of marriage and the family in the comedies of Regnard, Dancourt and Lesage (1685-1715).* Thèse Univ. of Liverpool 1992. [Résumé dans : *Index to theses* XLIII (1994) p. 32].

3 - Lesage et Marivaux

[110]- Desvignes, Lucette : "Du théâtre au roman et du roman au théâtre, un échange de bons procédés entre Lesage et Marivaux". [*In*] *Stf* XV (1971) pp. 483-490.

[111]- Joao Brilhante, Maria : *Roman et théâtre au XVIIIe siècle. Les pratiques de Lesage et Marivaux.* Thèse Univ. Lisboa, 1985. 313 p.
C.R. : *StF* XXXI (1987) p. 483 (Maria Rosaria Ansalone).

[112]- Mambrino, Jean : "*Arlequin poli par l'amour* de Marivaux, *La tête noire* de Lesage au Théâtre Garnier". [*In*] *Etudes* CCCLXV (juillet-décembre 1986) pp. 216-217.

F - Relation des œuvres avec l'esprit du temps

[113]- Carson, Katharine Whitman : "Aspects of the contemporary french society in *Gil Blas*". [*In*] *Diss. Abstr.* XXXII (1971-72) pp. 3991A-3992A. [Thèse Columbia univ., 1971. 240 p.]. Banbury (Oxfordshire) : The Voltaire Foundation, 1973. 148 p. (*StV*, CX).
C.R. : *FR* XLVIII (1974-75) pp. 209-210 (Charles A. Porter) ; *Rhl* LXXVI (1976) pp. 271-272 (Roger Laufer) ; *MLR* LXXI (1976) pp. 413-414 (John Dunnkley) ; *FSt* XXX (1976) pp. 466-467 (Vivienne Mylne).

[114]- Novak, Maximilian E. : "Freedom, Libertinism and the Picaresque". [*In*] *Racism in the eighteenth century.* Edited by Harold E. Pagliaro. Cleveland : Press of Case Western Reserve Univ., 1973. 468 p. (Studies in Eighteenth Century Culture, 3). pp. 35-48. [*Cf.* le résumé dans *MLA* Abstracts, t. II, n°1813 (1973)].

G - Comparaison roman / théâtre

[115]- Runte, Roseann : "Parallels between Lesage's theatre and his novels". [*In*] *Enlightenment studies in honour of Lester G. Crocker.* Edited by Alfred J. Bingham and Virgil W. Topazio. Oxford : The Voltaire Foundation at the Taylor Institution, 1979. LXIII, 404 p. (pp. 283-299).

H - L'influence de Lesage

[116]- Bismut, Roger : "Une source probable de Manon Lescaut. *Gil Blas de Santillane*". [*In*] *LR* XXIX (1975) pp. 52-58.

[117]- Hirsbrunner, Theo : "Zur Dramaturgie der oper *La caverne* von Jean-François Lesueur". [Livret d'après *Gil Blas de Santillane*]. [*In*] *Aufklärung. Studien zur deutsch-französischen musikgeschichte im 18. jahrhundert. Einflüsse und wirkungen.* Vol. II. Herausgeber von Wolfgang Birtel und Christoph-Hellmut Mahling. Heidelberg : Winter, 1986. 243 p. (Annales Universitatis Saraviensis, 20). pp. 128-131.

[118]- Husquinet-Garcìa, Presentación : "Le *Gil Blas* du P. Isla, traduction ou trahison du roman de Lesage ?". [*In*] *Etudes de*

philologie romane et d'histoire littéraire offertes à Jules Horrent à l'occasion de son soixantième anniversaire. Edités par Jean-Marie D'Heur et Nicoletta Cherubini. Liège : Jean-Marie D'Heur, Nicoletta Cherubini, 1980. XXIII, 853 p.

[119]- Klüppelholz, Heinz : "*La vie de don Alphonse Blas de Lirias, fils de Gil Blas de Santillane* (1774). Un apocryphe du roman de Lesage" [*In*] *LR* XXXV (1981) pp. 285-300.

[120]- Klüppelholz, Heinz : "Lesage, *Histoire de Gil Blas de Santillane.* Anonym, *La vie de don Alphonse de Lirias, fils de Gil Blas de Santillane*". *In* Heinz Klüppelholz, *Die innovation als imitation. Zu fortsetzungen französischen romane des 18. jahrhunderts.* Frankfurt / Main : Klostermann, 1995. 303 p. (Analecta Romanica, 54). pp. 22-52.

* Voir aussi : [95], [98], [99].

CONCLUSION

En France, la recherche universitaire contemporaine ne néglige pas l'œuvre d'Alain-René Lesage. Deux thèses de doctorat sont en cours de préparation :

* Le Govic, Danièle : *Lesage et le Théâtre de la Foire.* Thèse préparée sous la direction de Wagner Jacques.

* Rodriguez, Alain : *Théâtralité et romanesque dans l'œuvre d'Alain-René Lesage.* Sous la direction de Delon Michel. Univ. Paris-X. Thèse préparée depuis octobre 1993.

LESAGE MIS EN LUMIÈRES

(Aperçu du Colloque international à l'occasion du tricentenaire
de l'entrée en littérature de Lesage 1695-1995)

Il était temps, à la suite de R. Laufer, de rendre à Lesage la place
qui lui convenait parmi les écrivains des Lumières naissantes. Le
colloque international qui, à l'initiative du professeur J. Wagner,
s'est déroulé les 5 et 6 mai 1995 à l'occasion du tricentenaire de
l'entrée en littérature de l'auteur a fortement œuvré en ce sens.
Cette rencontre, première à être exclusivement consacrée à Lesage, a
permis aux nombreux participants de démontrer l'intérêt que
peuvent susciter des recherches sur une œuvre si injustement
délaissée. Plus qu'un simple écrivain de métier, plus qu'un laborieux
traducteur, Lesage semble en effet pleinement participer, par son
engagement intellectuel et son originalité scripturale, tant dans ses
récits que dans sa production théâtrale, à l'essor des Lumières.

Reflet de la modification morale de la fin du siècle classique,
Lesage convertit la conception traditionnelle de l'égoïsme en
sociabilité heureuse, la croyance et la morosité laissant place au
plaisir de la lucidité et des sens, plaisir dépouillé de toute culpabilité
(H. Coulet, A. Mackenna)[1]. Moderne, le romancier l'est également
dans sa réécriture, dans son travail d'adaptation libre de textes de
référence (B. Bray, F. Gevray, J. Cormier). Son entreprise narrative
définit une esthétique et une poétique nouvelles qui, par exemple,
dénaturent le principe de révélation propre à la tradition chrétienne
(B. Berthiaume), ou encore qui, en réaction contre la notion
normative d'unité, refusent de considérer l'œuvre comme achevée et
préconisent les enchâssements (F. Assaf, G.W. Campbell), sans
toutefois étouffer la voix unique du narrateur lucide et critique
(C. Cavillac, R. Howells). Cette sensibilité moderne, ironique et

---

1. Les noms cités dans les parenthèses renvoient aux auteurs des articles
recueillis dans ces actes.

irrespectueuse, est encore mise au jour par l'étude de diverses thématiques romanesques : l'art de vieillir semble intimement lié à celui de s'effacer (P. Pelckmans), le langage - le roman - s'avère un facteur de civilisation, un rempart contre la violence et le sentiment tragique (M. Weil).

A l'instar de celle du romancier, l'entreprise de l'auteur dramatique, qui collabora avec Fuzelier dans la création d'un répertoire pour le théâtre de Foire (D. Trott), est remarquable par sa nouveauté et sa variété (G. Evans). Ironie et parodie sont les expressions du "je" moderne et du "rire jaune" du critique (F. Rubellin, Y. Moreau).

Héritier de la culture jésuite bretonne du début du XVIIIème siècle (J. Balcou), enfant de Sarzeau (Y. Borius) émigré à Paris (J.L. Debauve), l'auteur de *Gil Blas*, trouvant par son intelligence "gaie" une réponse au pessimisme classique, semble annoncer l'esprit heureux du Voltaire des *Lettres Philosophiques* (J. Wagner). C'est bien cette attitude que confirme la "vision américaine" du romancier (F. Deloffre), même si sa verve ironique et sa liberté d'esprit, son insolence et sa désinvolture furent souvent dénaturées, comme en témoignent les versions moralisées de *Gil Blas* pour la littérature enfantine qui, en dépossédant le texte de son caractère irrespectueux, n'ont retenu que la succession des péripéties (J. Chupeau), ou bien encore son adaptation cinématographique par R. Jolivet qui transforme le naïf et souvent pleutre bachelier en héros séducteur et impétueux, digne successeur de D'Artagnan ou de Thierry la Fronde.

Toutefois, si ce colloque a permis, avec bonheur, de tirer Lesage de la pénombre dans laquelle il somnolait depuis deux siècles en dépit de l'intérêt constant des universitaires et des chercheurs (O. Margerit), toutes les lumières n'ont cependant pas encore été jetées sur une œuvre que l'on découvre chaque fois plus riche et plus variée.

Nicolas Miteran

TABLE DES MATIÈRES